Studien zur Geschichte der Europäischen Integration (SGEI)
Études sur l'Histoire de l'Intégration Européenne (EHIE)
Studies on the History of European Integration (SHEI)

HERAUSGEGEBEN VON / EDITED BY / DIRIGÉ PAR
Jürgen Elvert

IN VERBINDUNG MIT / IN COOPERATION WITH / EN COOPÉRATION AVEC
Charles Barthel / Jan-Willem Brouwer / Éric Bussière / Antonio Costa Pinto /
Desmond Dinan / Michel Dumoulin / Michael Gehler / Brian Girvin /
Wolf D. Gruner / Wolfram Kaiser / Laura Kolbe / Johnny Laursen / Wilfried Loth /
Piers Ludlow / Maria Grazia Melchionni / Enrique Moradiellos Garcia /
Sylvain Schirmann / Antonio Varsori / Tatiana Zonova

Band / Volume 36

STRATÉGIES ET ACTEURS
STRATEGIES AND ACTORS

Construire l'Europe au XXe siècle
Building Europe in the XXth century

Liber Amicorum Éric Bussière

dirigé par / edited by
Michel Dumoulin / Jürgen Elvert /
Sylvain Schirmann

Franz Steiner Verlag

Bibliografische Information der Deutschen Nationalbibliothek:
Die Deutsche Nationalbibliothek verzeichnet diese Publikation in der Deutschen
Nationalbibliografie; detaillierte bibliografische Daten sind im Internet über
<http://dnb.d-nb.de> abrufbar.

Dieses Werk einschließlich aller seiner Teile ist urheberrechtlich geschützt.
Jede Verwertung außerhalb der engen Grenzen des Urheberrechtsgesetzes
ist unzulässig und strafbar.
© Franz Steiner Verlag, Stuttgart 2022
Druck: Beltz Grafische Betriebe, Bad Langensalza
Gedruckt auf säurefreiem, alterungsbeständigem Papier.
Printed in Germany.
ISBN 978-3-515-13099-8 (Print)
ISBN 978-3-515-13101-8 (E-Book)

TABLE DES MATIERES

Michel Dumoulin, Jürgen Elvert, Sylvain Schirmann
Un liber amicorum..9

PARTIE I : ACTEURS

Jean-François Eck
Tirard et le projet rhénan (1919–1930) 19

Catherine Lanneau
Le Comité d'Entente franco-belge et son congrès de Liège
(septembre 1930) : Un « lobby » bilatéral à l'épreuve des réalités...................37

Paul Feltes
Coopération entrepreneuriale et sociabilité patronale dans l'Europe
de l'entre-deux-guerres : le cas des cartels internationaux de l'acier...............55

Caroline Suzor
Electrorail, archétype de la Societas Europea ?..69

Pierre Tilly
De l'argent avec la betterave et non le contraire : sucreries belges
et anglaises face à la crise de l'entre-deux-guerres...................................81

PARTIE II : LES ETATS

Pascal Deloge
Défendre la Belgique à l'heure des alliances..97

Étienne Deschamps
La Belgique coloniale face au projet de Communauté
européenne de défense (1952–1954)...109

Piers Ludlow
The Fragilities of British Europeanness...123

Jan-Willem Brouwer
Plus petits qu'avant ? La position internationale des Pays-Bas
au lendemain du premier élargissement de la Communauté Européenne..........135

Enrique Moradiellos
L'Espagne de Franco et le processus
d'intégration européenne (1945–1975)...151

Antonio Varsori
Italian reaction to the construction and the fall
of the Berlin wall (1961 and 1989)..165

PARTIE III : INDIVIDUS ET GROUPEMENTS

Françoise Berger
Retour sur « l'esprit de Westminster » (1949) :
l'urgence d'une Europe économique unie ………..……………………………..177

Martial Libera
L'Europe des chambres de commerce rhénanes (1949 – fin des années 1960)...195

Jürgen Elvert
Enlightenment, Balance, Naval Supremacy, and Divergence.
A Search for the Beginnings of Modern European Thought………………….....207

Marie-Thérèse Bitsch
La vision européenne de Robert Schuman, entre coopération et intégration…....221

Sylvain Schirmann
Georges Pompidou : l'économie au cœur de la politique
étrangère et d'une nouvelle diplomatie…………………………………………..235

Michel Dumoulin
« Sauvegarder la paix et la liberté ». Naissance et développement
de la première Commission de la C.E.E. (1958–1962)……………………….....247

PARTIE IV : EXPERTS

David Burigana
Experts et décideurs politiques dans le secteur des sciences
et de la technologie : toute une autre diplomatie…………………………….…..265

Barbara Curli
Une rhétorique de transition : la naissance d'Euratom
et le discours sur la modernité technoscientifique européenne......................279

Ivo Maes
L'importance croissante de la recherche économique dans
les banques centrales : le cas de la Banque nationale de Belgique................293

PARTIE V : NOUVELLES DONNES

Guia Migani
Après la mondialisation : les effets de l'Uruguay Round
sur les rapports entre l'UE et les pays ACP...309

Youssef Cassis
Brexit et la constellation des places financières européennes.....................321

Frédéric Clavert
Histoire de la construction européenne et mise en données du monde............333

Résumés – Abstracts...345

Auteurs – Authors 355

Éric Bussière

UN LIBER AMICORUM

Michel Dumoulin / Jürgen Elvert / Sylvain Schirmann

Si le parcours d'historien d'Éric Bussière était celui d'un médiéviste, nul doute que le recueil d'études aujourd'hui publié en son honneur aurait été d'emblée qualifié d'hommage, ce mot renvoyant au lien social caractéristique du moyen âge. Mais Éric Bussière, s'il ne dédaigne pas les autres périodes de l'histoire que ce soit au point de vue de la peinture, de l'architecture ou de la musique, est un contemporanéiste. Dès lors, sans renoncer au rite de l'hommage tel qu'il se pratique au sein d'un « petit monde » universitaire qui n'est pas seulement celui que David Lodge se plait à mettre en scène[1], nous avons hésité entre deux appellations. S'agirait-il de composer des « Mélanges », mot qui, en chimie, désigne une association hétérogène ou homogène de plusieurs substances, ou, au contraire, un *liber amicorum*, un livre d'amis ?

Fruit de la tradition humaniste, le *liber amicorum*, à l'origine, contenait dédicaces et témoignages d'affection recueillis par son propriétaire – un professeur ou encore un…étudiant – au fil des rencontres faites à l'occasion de voyages d'études. C'est dire si ces « volumes renferment toujours des renseignements biographiques très précis sur ceux qui les composèrent et sur ceux qui y apportèrent leur part de collaboration. Feuilleter un recueil de l'espèce, c'est accompagner, pendant plusieurs années de son existence, celui à qui il a appartenu (…), c'est le suivre dans ses voyages, entrer dans le cercle de ses amis, connaître ses goûts et ses aspirations »[2].

Mutatis mutandis, nous croyons pouvoir affirmer que le *liber amicorum* offert à Éric Bussière illustre bien le propos qui vient d'être cité. Les 23 contributions[3] qu'il contient sont en effet le fruit d'une forme de compagnonnage avec un ami « imprégné de culture savante » ou, comme l'écrit Georges Duhamel dans *Les maîtres*, qui compte parmi ceux « qui ont donné leur vie pour apprendre à connaître quelque chose et à faire correctement un travail déterminé »[4].

---

1   D. Lodge, *Small World*, Londres, 1986 traduit en français sous le titre *Un tout petit monde* (Paris, Payot, 1991).
2   A. Roersch, « Les 'Albums Amicorum' du XVIe et du XVIIe siècles », in *Revue belge de philologie et d'histoire*, t. VIII, 1929, n°2, p. 531.
3   Plusieurs « compagnons » (Jesús Baigorri Jalón, Charles Barthel, Geneviève Duchesne, Federico Romero, Arthe Van Laer) ont été contraints de renoncer, pour de bons motifs, à apporter leur contribution à ce volume non sans demander explicitement d'être moralement associés à l'initiative.
4   G. Duhamel, *Les maîtres*, Paris, Mercure de France, 1937, p. 90.

Le compagnonnage auquel il vient d'être fait référence s'est développé avec un historien dont il convient de retracer les grandes lignes du parcours.

QUELQUES DATES

Né le 20 décembre 1955, jour où le journal *Le Monde* annonce que « les Etats-Unis sont prêts à soutenir l'Euratom si celui-ci comporte un pouvoir supranational »[5], Éric Bussière, agrégé d'histoire en 1980, enseigne pendant une courte période au lycée de Chauny dans l'Aisne avant d'être nommé maître de conférences à l'Institut d'Etudes Politiques de Paris en 1982. La thèse de doctorat qu'il prépare sous la direction de François Caron porte sur *La France, la Belgique et l'organisation économique de l'Europe (1918–1935)*. Soutenue en janvier 1988 à l'Université de Paris IV, elle est publiée en 1992 dans la série « Etudes générales » de la collection « Histoire économique de la France » éditée par le Comité pour l'histoire économique et financière de la France.

Maître de conférences à l'Université de Paris IV (1989–1994), il obtient l'habilitation en 1993. Nommé professeur à l'Université d'Artois à Arras l'année suivante, il retrouve son Alma Mater parisienne en 1998, époque à laquelle il devient titulaire de la chaire Jean Monnet d'Histoire de la construction européenne.

Il appartient à d'autres que nous de témoigner du rôle qu'il a joué en tant qu'enseignant et chercheur dans le cadre de son université car ce dont on ne peut parler, il faut le taire. En revanche, il est permis d'insister sur le fait qu'il y a dirigé le LabEx EHNE (« Ecrire une histoire nouvelle de l'Europe ») jusque 2018, d'une part ; l'UMR Identités, Relations internationales et civilisations de l'Europe (IRICE), Paris I, Paris IV et CNRS, de 2012 à 2016, d'autre part. Enfin, car il s'agit là d'une sorte de clin d'œil que certains compagnons lui adressaient à l'heure de l'émérita, mentionnons qu'Éric Bussière a été « Fernand Braudel Fellow » de l'Institut Universitaire de Florence en 2019.

---

5   *Le Monde*, 20 décembre 1955.

« APPRENDRE A CONNAITRE QUELQUE CHOSE »

Éric Bussière s'est d'abord intéressé à l'histoire industrielle et bancaire dans l'entre-deux-guerres, plus particulièrement à celle de la sidérurgie[6] et à celle du pétrole[7] sur laquelle il reviendra[8], d'une part ; de la Banque de l'Union Parisienne (BUP), d'autre part. C'est dans la foulée de ces premiers travaux qu'il développe ensuite ses recherches dans le domaine de l'histoire de la construction européenne.

Cette orientation découle assez naturellement des jalons posés dans le cadre de sa thèse de doctorat. En effet, celle-ci constitue une solide contribution à l'histoire des origines de la construction européenne entre les deux guerres. Elle montre combien, malgré les ruptures et les échecs qui rythment les tentatives d'une organisation régionale, un capital d'expériences se constitue qui sert en quelque sorte de socle aux initiatives qui marquent les lendemains du second conflit mondial. C'est dès lors, nous dirons assez naturellement, qu'Éric Bussière a exploré cet après-guerre à la fois en généraliste et en spécialiste. De ce dernier point de vue, ses intérêts se traduisent par des recherches et des publications dans trois secteurs.

Le premier est celui de l'idée européenne au XXe siècle à travers les schémas conceptuels auxquels elle a donné naissance[9]. Le deuxième concerne les milieux et mouvements qui ont porté cette idée, plus particulièrement les « cercles économiques »[10] dont l'étude de l'attitude, des objectifs et des stratégies au fil des étapes franchies par la dynamique communautaire a donné lieu à plusieurs publications[11].

---

6   « La sidérurgie belge durant l'entre-deux-guerres: le cas d'Ougrée-Marihaye (1919–1939) », in *Revue Belge d'Histoire Contemporaine/Belgisch Tijdschrift voor Nieuwste Geschiedenis*, t. XV, 1984, n° 3–4, p. 303–379; « Stratégies industrielles et structures de management dans la sidérurgie française: le cas de Marine-Homecourt dans l'entre-deux-guerres », in *Revue Historique*, n°567, juillet–septembre 1988, p. 27–52; « La Banque de l'Union Parisienne et l'existence d'un courant national dans les milieux pétroliers français dans l'entre-deux-guerres », in *Relations Internationales*, n°43, automne 1985, p. 305–322.

7   « La France et les affaires pétrolières au lendemain de la Première Guerre Mondiale : la politique des groupes financiers à travers celle de la banque de l'Union Parisienne » in *Histoire, économie et société*, vol. 1, 1982, n°2, p. 313–328.

8   A. Beltran, É. Bussière, G. Garavini (dir.), *L'Europe et la question énergétique. Les années 1960–1980*, Bruxelles, PIE-Peter Lang, 2016, 330 p.

9   É. Bussière, M. Dumoulin, G. Trausch (dir.), *Europa, l'idée et l'identité européennes de l'Antiquité grecque au XXIe siècle*, Anvers, Fonds Mercator, 2001, 400 p ; « Des conventions du début du XXe siècle au plan Schuman : les permanences d'une approche contractuelle du processus d'unification économique de l'Europe », in *Parlement[s], Revue d'histoire politique*, 2007, n° 3 (n° hors-série, 3), p. 11–23 ; « Premiers schémas européens et économie internationale durant l'entre-deux-guerres », in *Relations internationales*, n°123, automne 2005, p. 51–68.

10 « Les milieux économiques français et la question de l'unité économique de l'Europe des années vingt aux années cinquante », in A. Ciampani (dir.), *L'altra via per l'Europa. Forze sociali e organizzazione degli interessi nell'integrazione europea*, Milan, Franco Angeli, 1995, p. 53–65.

11 É. Bussière – M. Dumoulin (dir.), *Les cercles économiques et l'Europe au XXe siècle. Recueil de textes*, Louvain la Neuve, Centre d'étude d'histoire de l'Europe contemporaine, 1992, 258

Enfin, l'histoire de la construction de l'Europe monétaire depuis les années 1960 est le troisième secteur qu'il faut citer[12]. Ses compétences dans celui-ci lui valent d'occuper, en cotitulature, la Chaire Robert Triffin d'intégration monétaire à l'Institut d'études européennes de l'Université catholique de Louvain[13].

Attentif à la fois aux concepts et aux institutions[14], notamment dans le cadre de la construction européenne où « coopération et intégration constituent deux options en général perçues comme alternatives, voire contraires, mais qui souvent se complètent, voire s'enchevêtrent étroitement »[15], et aux mécanismes économiques et financiers en action[16], Éric Bussière n'en dédaigne pas pour autant le rôle des hommes et des milieux. A cet égard, il faut citer la biographie du banquier Horace Finaly[17], venant en quelque sorte compléter par le biais d'une approche « incarnée » le beau volume consacré à l'histoire de la banque Paribas[18]. Cet intérêt pour l'histoire bancaire ne s'est jamais démenti comme en témoigne, d'une part, la rédaction d'un petit ouvrage fort intéressant portant sur cette institution méconnue qu'est la Banque de développement du Conseil de l'Europe[19], son active participation à la rédaction de l'histoire de la Banque européenne d'investissement (BEI)[20] ou encore ses contributions à celle du Crédit lyonnais[21].

---

p ; Idem (dir.), *Milieux économiques et intégration européenne en Europe occidentale au XXe siècle*, Arras, Artois Presses Université, 1998, 430 p. ; É. Bussière, M. Dumoulin, A. Teichova (dir.), *L'Europe centrale et orientale en recherche d'intégration économique (1900–1950)*, Louvain–la–Neuve, Institut d'études européennes, 1998, 175 p. ; É. Bussière, M. Dumoulin, S. Schirmann, (dir.), *Europe organisée ou Europe du libre-échange*, Bruxelles…Vienne, PIE–Peter Lang, 2006 ; Idem (dir.), *Milieux économiques et intégration européenne au XXe siècle : La crise des années 1970*, Bruxelles…Vienne, PIE-Peter Lang, 2006; Idem (dir.), *Milieux économiques et intégration européenne au XX e siècle : la relance des années 1980*, Paris, Comité pour l'histoire économique et financière de la France, 2007.

12 É. Bussière – O. Feiertag (dir.), Banques centrales et convergences monétaires en Europe du début des années 1920 au début des années 1970, in Histoire économie et sociétés, 1999, n° 4.

13 I. Maes – É. Bussière, «Robert Triffin: The arch monetarist in the European monetary integration debates? », in K. Dyson – I. Maes I. (Ed.), *Architects of the Euro*, Oxford, Oxford U.P., 2015, p. 30–50.

14 Faut-il rappeler qu'Éric Bussière a participé activement à l'élaboration des trois volumes que la Commission Européenne a consacrés à son histoire ?

15 M.-Th. Bitsch Marie – É. Bussière, « Coopération et intégration dans le processus de la construction européenne », in R. Frank (éd.), *Pour l'histoire des relations internationales*, Paris, Presses Universitaires de France, 2012, p. 579–609.

16 É. Bussière – Y. Cassis, (dir.), *London and Paris as International Financial Centres*, Oxford, Oxford UP, 2005.

17 Horace Finaly. Banquier. 1871–1945, Paris, Fayard, 1996, 456 p.

18 *Paribas, l'Europe et le monde. 1872–1992*, Anvers, Fonds Mercator, 1992, 320 p.

19 Avec É. Willaert, La Banque de développement du conseil de l'Europe, 1956–2006, Strasbourg, CEB, 2006, 80 p.

20 É. Bussière, M. Dumoulin, E. Willaert (dir.), *La banque de l'Union européenne. La BEI, 1958–2008*, Luxembourg, BEI, 2008, 400 p.

21 « La stratégie européenne du Crédit lyonnais de l'après–guerre à Europartenaires (des années 1950 aux années 1970) », in B. Desjardins (éd.), *Le Crédit lyonnais (1863–1986). Études historiques*, Genève, Librairie Droz, 2003, p.679–701, et « Regards sur la politique internationale

L'attention portée aux hommes est également illustrée par ses travaux consacrés à François-Xavier Ortoli, premier Français à avoir présidé la Commission européenne[22]. Le début du mandat de ce dernier coïncide quasiment avec le début de celui de Georges Pompidou en tant que président de la République. Éric Bussière, qui a présidé le conseil scientifique de l'Association portant le nom de l'ancien président, n'a pas manqué de s'intéresser au projet européen de ce dernier[23], de même qu'à ses conceptions au point de vue de la réponse que la France et l'Europe se devaient d'apporter au « Défi américain » tel que posé par Servan-Schreiber[24].

Le grand intérêt manifesté pour l'histoire de la construction européenne n'en a pas pour autant conduit Éric Bussière à négliger l'impérieuse nécessité de replacer cette dynamique dans le contexte beaucoup plus large, aussi bien sur le plan géographique que chronologique, voire mémoriel[25], du développement économique européen depuis le XIXe siècle[26].

De même, Éric Bussière dont les racines familiales le rattachent non seulement au nord de la France mais aussi à la Belgique qu'il n'oublie pas, y compris dans ses travaux[27], démontre que l'idéal de certains historiens est de couvrir des champs d'investigation qui requièrent une approche tantôt trans- et supranationale, tantôt focalisée sur des espaces nationaux, voire régionaux qui se prêtent à des études de cas particulièrement révélateurs. C'est ce qu'illustre une fort belle brochette de travaux et de directions d'ouvrages consacrés à la région du Nord-Pas-de-Calais[28].

---

du Crédit lyonnais, 1945–1990. Entretien avec Georges Smolarski ». Propos recueillis par Éric Bussière, François Gallice, Roger Nougaret, *Ibidem*, p. 663–677.

22 Avec L. Badel, *François-Xavier Ortoli. L'Europe, quel numéro de téléphone ?*, Paris, Descartes et Cie, 2011, 253 p. Voir aussi É. Bussière – P. Massis-Desmarest, *François Xavier Ortoli et l'Europe. Réflexion et action*, Bruxelles, PIE-Peter Lang, 2016, 267 p. (coll. Georges Pompidou – Archives).

23 É. Bussière – E. Willaert, *Georges Pompidou un projet pour l'Europe*, Bruxelles, PIE-Peter Lang, 2010, 447 p. (coll. Georges Pompidou – Archives).

24 É. Bussière (dir.), *Georges Pompidou face à la mutation économique de l'Occident, 1969–1974*, Paris, PUF, 2003, 420 p. ; É. Bussière, R. Frank, N. Vaicbourt (dir.), *Georges Pompidou et les États–Unis*, Bruxelles, PIE-Peter Lang, 2013, 238 p.

25 É. Bussière – E. Moradiellos (eds.), *Memorias y lugares de memoria de Europa*, Bruxelles, PIE–Peter Lang, 2012, 267 p. (Cuadernos de Yuste, 6)

26 É. Bussière, P. Griset, C. Bouneau, J.-P. Williot, *Industrialisation et sociétés en Europe : 1880–1970*, Paris, Armand Colin, 1998, 380 p. ; D. Barjot – É. Bussière, *Industrialisation et sociétés en Europe occidentale au XXe siècle. Nouveaux aperçus*, in Histoire, Economie et Sociétés, 1998, n°1.

27 « La politique européenne de la Belgique vue de France à l'époque de la CECA et de la CED (1950–1954) », in M. Dumoulin, G. Duchenne et A. Van Laer (dir.), *La Belgique, les petits États et la construction européenne*, Bruxelles, PIE-Peter Lang, 2003, p. 199–212.

28 É. Bussière (dir.), *Le Grand Lille*, Anvers, Fonds Mercator, 2000, 270 p. ; É. Bussière – A. Lottin, (dir.), *Deux mille ans du Nord-Pas-de-Calais*, T. II : *De la révolution au XXIe siècle*, Lille, La Voix du Nord, 2002, 245 p. ; É. Bussière, P. Marcilloux, D. Varachin, (dir.) *La grande reconstruction. Reconstruire le Pas-de-Calais après la Grande Guerre*, Arras, Artois presses Université, 2002, 477 p. ; É. Bussière, *Histoire des provinces française du nord*, T. 5 : *le 19e siècle*, Arras, Artois presses Université, 2012, 276 p.

Cette sensibilité à la dimension régionale dans un cadre aussi bien national qu'européen et mondial est en quelque sorte le moteur d'une réflexion et d'une recherche qui sont en cours[29]. Cette approche vient à son heure dans la mesure où l'on assiste à ce qui constitue sans doute une mutation dans l'organisation de l'ordre mondial allant de pair avec une certaine multiplication des pôles régionaux dans l'environnement global qui est le nôtre. A cet égard, les questions que pose, en termes d'identité, de projet et de gouvernance, la construction de l'Europe, région du monde, sont essentielles au sens premier du mot[30]. Ce questionnement est au cœur même de plusieurs travaux d'Éric Bussière. Ils portent, en attendant le résultat de ses recherches actuelles sur Jacques Delors et l'Europe au début des années 1990, tantôt sur les années Barroso[31] ; tantôt, plus ponctuellement, sur plusieurs facettes de l'histoire globale[32].

Si les publications d'Éric Bussière traduisent les grandes orientations de ses recherches, elles sont aussi le miroir de ses préoccupations historiographiques. Dans un texte dans lequel il s'interroge sur l'autonomie des facteurs et sur celle des acteurs dans le cadre des relations entre l'économique et le politique, il constate que « les relations entre histoire économique et histoire des relations internationales ont fait l'objet de bien des analyses et de bien des débats depuis que ces deux disciplines se sont constituées en champs spécifiques au sein de l'histoire contemporaine ». Et il ajoute :

> L'école historique française est toutefois restée fidèle à une approche globalisante de la réalité historique. D'un côté, l'histoire économique a fortement investi le champ du social et ne s'est jamais coupée du politique tout en prenant de plus en plus en compte la dimension internationale des faits qu'elle analysait (…). De l'autre, les historiens des relations internationales ont, à travers le concept de « forces profondes » (…) cherché à interpréter les données auxquelles ils étaient confrontés à l'aune de l'économie. La rencontre des deux disciplines fut donc constante depuis plusieurs décennies (…). Comme ceux de l'économie, les historiens des relations internationales furent aussi conduits dans leur démarche par les interrogations de leur temps[33].

La rencontre entre les deux disciplines auxquelles il est fait référence n'est possible que moyennant une ouverture à la multidisciplinarité, ce qui implique d'être nécessairement sensible à l'approche des historiens et des économistes mais aussi des géographes et des juristes, notamment. Dans le cas d'Éric Bussière, cette approche

---

29 « Régionalisme monétaire et identité européenne depuis le traité de Rome », in *Relations internationales*, n°139, automne 2009, p. 25–36 ; É. Bussière (dir.), *Régionalisme européen et gouvernance mondiale au XXe siècle*, Paris, IRICE, 2012, 170 p.

30 « Régionalisme européen et mondialisation au XXe siècle », in *Bulletin de la Classe des lettres et des sciences morales et politiques* [de l'Académie royale de Belgique], t. 24, 2013. p. 27–49.

31 É. Bussière – G. Migani, *Les années Barroso. 2004–2014*, Paris, Tallandier, 2014, 304 p.

32 É. Bussière – L. Warlouzet, « Mondialisations financières et histoire globale. Connexions et controverses historiographiques », in *Monde(s)*, n°13, 2018/1 ; p. 9–23 ; « Le président François Mitterrand et la mondialisation économique », in *Matériaux pour l'histoire de notre temps*, n°101–102, 2011/1–2, p. 57–63.

33 « L'économique et le politique : autonomie des facteurs, autonomie des acteurs ? », in R. Frank (dir.), *Pour l'histoire des relations internationales, op. cit.*, p. 293.

pluridimensionnelle du système international et, au cœur de celui-ci, du « système » européen, permet de récuser le propos de Pierre Nora selon lequel « les Français ont la fâcheuse habitude de ne s'imaginer la construction de l'Europe que sous la forme d'une France dilatée »[34].

Ce qui précède aide à mieux comprendre, espérons-le, d'autres caractéristiques du parcours d'Éric Bussière. Gardien du principe de l'absolue liberté de la recherche et de l'enseignement, et convaincu de l'exigence de préserver l'union étroite entre les activités du chercheur et celles du pédagogue qui se nourrissent mutuellement, il est indubitablement un mentor. En témoignent le nombre considérable de publications où le nom d'un jeune chercheur ou d'une jeune chercheuse est associé au sien. Il est aussi, ce qui paraît normal mais ne l'est pas toujours de la part d'un historien dont la principale spécialité est le secteur économique, un « entrepreneur d'histoire ». Qu'il en soit à l'origine ou s'y soit associé, les projets de recherche et de publication élaborés et développés en équipe illustrent bien la notion même de collaboration entrepreneuriale. Mais pas seulement comme en témoigne ce *liber amicorum*, juste reflet d'une partie non négligeable de ces aventures intellectuelles à visage humain vécues avec Éric Bussière au fil du temps.

Ce côté humain des choses est une donnée essentielle du compagnonnage. S'il est vrai que « les esprits de bonne étoffe se reposent en travaillant »[35], il est tout aussi vrai que le brassage de personnalités et de sensibilités aussi riches que diverses qu'implique la réalisation d'un projet collectif donne le plus souvent raison à l'auteur anonyme de la formule, certes un peu paternaliste, « bien travailler, bien s'amuser ». Au-delà des nombreuses publications qui en sont issus, l'« ambiance », aurait dit Duroselle, de projets tels que « Identités européennes au XXe siècle »[36], « Milieux et intégration économique au XXe siècle »[37] ou encore « Ces chers voisins »[38] sans omettre les initiatives du réseau Socio-Economic Governance and European Identity (SEGEI) en collaboration avec la Fundación Academia Europea e Iberoamericana de Yuste[39], a joué un rôle déterminant au point de vue de leur cohé-

---

34 Allocution prononcée par Pierre Nora le 17 novembre 2005 à Louvain-la-Neuve à l'occasion de la remise du doctorat honoris causa de la Faculté de philosophie et lettres de l'Université catholique de Louvain.
35 G. Duhamel, *op. cit.*, p. 164.
36 Voir note 11 ci-dessus.
37 Idem.
38 M. Dumoulin, J. Elvert, S. Schirmann (dir.), *Ces chers voisins. L'Allemagne, la Belgique et la France en Europe du XIXe au XXIe siècles*, Stuttgart, Franz Steiner Verlag, 2010 (Études sur l'Histoire de l'Intégration Européenne, 2) 311 p. ; Idem, *Encore ces chers voisins. Le Benelux, l'Allemagne et la France aux XIXe et XXe siècles*, Stuttgart, Franz Steiner Verlag, 2014 (Études sur l'Histoire de l'Intégration Européenne, 7) 256 p.
39 Voir n. 25 ci-dessus, et É. Bussière, M. Dumoulin, J. Elvert, S. Schirmann (dir.), *Relaciones entre Europa y Rusia en los siglos XIX y XX. Les relations entre l'Europe et la Russie aux XIX et XXe siècles*, Yuste, Fundación Academia Europea de Yuste, 2005 (Cuadernos de Yuste, 3) ; Jürgen Elvert y Sylvain Schirmann (dir.), *Zeiten im Wandel : Deutschland im Europa des 20.Jh./ Tiempos de cambio. Alemania en la Europa del siglo XX*, Bruxelles, PIE-Peter Lang, 2008 (Cuadernos de Yuste, 4).

rence et de leur cohésion mais aussi à celui d'une saine émulation entre leurs nombreux acteurs. Un des artisans de cette « ambiance », et non des moindres, a été, et reste Éric Bussière. Pour ceci, pour son apport à la science historique, pour tant de forts moments de partage intellectuel, de complicité dans les bons et les moins moments de l'existence, nous le remercions de tout cœur.

PARTIE I : ACTEURS

TIRARD ET LE PROJET RHENAN (1919-1930)

Jean-François Eck

Il n'est pas fréquent, dans le monde universitaire, que le récipiendaire d'un volume d'hommages fournisse à l'un des participants la source de sa contribution. C'est pourtant ce qu'a fait involontairement Eric Bussière lorsque, pour un travail que nous envisagions de consacrer aux responsables français de toute obédience concernés au XXe siècle par les relations économiques franco-allemandes, il nous a communiqué, voici quelques années déjà, de gros registres cartonnés en sa possession qui ne sont autres que les agendas du haut-commissaire de la République française dans les territoires rhénans entre 1919 et 1930, Paul Tirard.

L'homme est loin d'être un inconnu. Plusieurs travaux portant sur la politique rhénane de la France au lendemain de la Première Guerre mondiale lui ont accordé une place importante, à commencer par ceux de Stanislas Jeannesson[1]. Il nous semble toutefois mériter encore attention. L'étude de sa personnalité, malgré quelques zones d'ombre difficiles à dissiper, permet de mieux comprendre le sens de son action. Sa formation intellectuelle et morale le rattache pleinement aux élites dirigeantes de son temps. La longévité de ses fonctions est remarquable. Il a conservé son poste durant les douze années qu'a duré l'occupation française de la rive gauche du Rhin, de 1919 à 1930, en dépit des revirements successifs de la politique rhénane de la France. Le haut-commissaire n'a pas endossé ces changements d'orientation sans réagir. A l'arrivée du Cartel des gauches au pouvoir, il présente sa démission, puis la retire lorsqu'Aristide Briand l'autorise à ne plus venir en Allemagne que quelques jours par mois, à l'occasion des séances de la Haute commission interalliée dont il est de droit président. Désormais c'est depuis son bureau parisien de la rue Boissy d'Anglas qu'il surveille de manière lointaine la bonne marche des services du Haut-Commissariat. L'activité de ceux-ci, progressivement réduite dans la perspective du prochain retrait des troupes d'occupation, est placée sous l'autorité du délégué général résidant sur place.

Cette menace de démission et l'éloignement du terrain d'action posent question. Tirard se jugeait-il trop lié à la politique de Poincaré pour appliquer la nouvelle orientation ? Cette dernière était-elle trop peu conforme à sa propre conception du rôle de la France en Rhénanie, et plus largement à sa vision des relations à établir entre la France et l'Allemagne ? Dans la période où il réside quelle action a-t-il engagée ? Les moyens dont il dispose, les cercles qui composent son entourage en

---

1   S. Jeannesson, *Poincaré, la France et la Ruhr 1922–1924. Histoire d'une occupation*, Strasbourg, Presses universitaires de Strasbourg, 1998 ; *id.*, *Jacques Seydoux, diplomate 1870–1929*, Paris, Presses de l'Université de Paris-Sorbonne, 2013.

ont-ils fait un artisan efficace de la politique rhénane ? Pour tenter de répondre à ces questions nous analyserons d'abord la rencontre qui s'est établie, autour d'un projet rhénan partagé, entre les objectifs gouvernementaux et la conception qu'il avait de son rôle, puis nous montrerons comment, au contact des réalités, cette ambition s'est délitée jusqu'à conduire à un constat d'échec.

TIRARD, L'HOMME DE LA SITUATION

Formation, expérience, convictions

Quand Clemenceau le nomme haut-commissaire dans les provinces du Rhin lors de la signature du traité de Versailles, poste de confiance entre tous, quels acquis possède Tirard pour légitimer pareille désignation ?

Il appartient à une famille de bonne bourgeoisie provinciale installée en région parisienne peu avant sa naissance, survenue en 1879[2]. Comme bien des membres de sa classe sociale, il a reçu une formation où prédominent les matières littéraires et juridiques. Ses études secondaires au lycée Carnot, fréquenté par les fils des familles de la plaine Monceau, puis supérieures, à l'Ecole libre des sciences politiques et à la Faculté de droit, enfin la réussite au concours de recrutement du Conseil d'Etat dont il devient auditeur à l'âge de 24 ans, prouvent la solidité de sa formation et sa facilité à gravir les étapes du *cursus honorum* qui mène au service de l'Etat. Un autre trait qui le rattache à la bonne bourgeoisie est l'aisance matérielle. Au tout début des années 1930, celle-ci semble réelle. Lorsque l'évacuation anticipée de la Rhénanie l'amène à prendre une semi-retraite, tout en conservant son titre de conseiller d'Etat honoraire, il siège au conseil d'administration de nombreuses sociétés (Crédit lyonnais, Pechiney, Compagnie des assurances générales, Comité des études minières pour la France d'outre-mer) et préside deux d'entre elles (Chemins de fer du Midi et sa filiale, la Société hydroélectrique du Midi) ainsi que, à titre honorifique, Air France. Il demeure rue Puvis de Chavannes, non loin du lycée où il a fait ses études. On peut ajouter à ce tableau une probable adhésion au protestantisme dont témoignent, sur ses agendas l'adresse soigneusement notée du pasteur français de Wiesbaden ainsi que la place qu'il occupe en 1934 lors des obsèques au temple protestant de l'Etoile de William d'Eichthal, associé gérant de la banque Mirabaud et régent de la Banque de France, aux côtés d'autres membres de la haute société protestante[3]. Est-ce suffisant pour le créditer, comme on le fait parfois,

---

2 Son père, ingénieur du Génie maritime, abandonne le service de l'Etat pour diriger pendant quelque temps une fabrique de chapeaux de feutre possédée par son frère, située à Nogent-le-Rotrou, en Eure-et-Loir. La famille s'établit ensuite à Croissy, puis Paris, dans le quartier de la Plaine Monceau. Sur cette manufacture, voir le mémoire de maîtrise de V. Deray, *Les Etablissements Tirard 1873–1956*, dirigé par Michel Lescure, Université de Tours, 1996–1997.

3 *Le Figaro*, 19/7/34. On peut ajouter que le Perche dont la famille Tirard est originaire a été l'un des hauts-lieux du protestantisme français, notamment la ville de Nogent-le-Rotrou où fut enterré Sully.

d'une grande fortune et d'un vaste pouvoir d'influence[4] ? La réponse est d'autant moins aisée que sa personnalité n'est guère saisissable. Même lorsque ses fonctions le poussent sur le devant de la scène[5], il masque, sous une jovialité apparente, une réserve qui rend souvent indiscernable le fond de sa pensée et il demeure retranché derrière la neutralité incombant aux hauts fonctionnaires. Sa situation personnelle conforte sans doute cette attitude : resté célibataire toute sa vie, son isolement à Coblence est à peine interrompu par de brefs séjours des membres de sa famille. En décembre 1945, il décède au domicile de sa nièce.

Sa formation intellectuelle est à la fois républicaine et profondément libérale. Il l'a reçue à l'Ecole libre des sciences politiques et à la Faculté de droit, de la part de juristes et de hauts fonctionnaires dont les enseignements l'ont durablement influencé. Il leur reste fidèle toute sa vie. Dans l'hommage rendu en 1936 à l'un d'entre eux, Georges Teissier, commissaire du gouvernement auprès du Conseil d'Etat, devenu président des Chemins de fer du Midi auquel il succède à l'Académie des sciences morales et politiques, il déclare partager ses vues et condamne fermement « l'Etat totalitaire [...] et les juristes d'Italie, d'Allemagne ou de Russie qui échafaudent des doctrines qui tendent à justifier par le droit le fait de la force ou de la révolution »[6]. Il rappelle enfin l'appui que lui a apporté Teissier lors de l'occupation de la Ruhr, quand il a envoyé sur place des équipes de cheminots pour évacuer vers la France le charbon accumulé sur le carreau des mines. Et, lorsqu'en 1936-1937, l'Ecole libre des sciences politiques paraît menacée dans son monopole de préparation aux concours de recrutement de la haute fonction publique par le projet d'Ecole nationale d'administration du gouvernement Léon Blum, il fait partie, en tant que président de son conseil d'administration, de ceux qui, lors de rencontres avec le ministre de l'Education nationale Jean Zay, s'efforcent de trouver un compromis permettant de préserver la qualité de la formation dispensée par l'école et son rayonnement international.

La deuxième expérience importante vécue par Tirard l'a été auprès de Lyautey. Jeune auditeur au Conseil d'Etat, après avoir participé à plusieurs cabinets ministériels, il devient en 1913 secrétaire général du protectorat marocain. Il n'y reste qu'une année et demie, demandant dès l'entrée en guerre son retour en métropole et son affectation sur le front. Toutefois, en dépit de sa brièveté, le séjour au Maroc

---

4   Pour Annie Lacroix-Riz, c'est « l'un des plus gros capitalistes français » (*Industriels et banquiers sous l'Occupation. La collaboration économique avec le Reich et Vichy*, Paris, Armand Colin, 1999, p. 569, n. 40). L'appréciation rejoint la campagne menée au temps du Front populaire contre les « 200 familles » dont Tirard était l'une des cibles. Voir l'article d'Augustin Hamon dans *L'Humanité* du 10/3/36 qui l'accuse de « siég[er] dans 17 conseils d'administration, ce qui lui donne un revenu annuel de plus d'un million ».

5   Photographies dans *L'Illustration*, 25/6/21 et 24/9/21. Sur la première, prise à l'inauguration d'une exposition artistique, intitulée « Un gala officiel où l'on riait de bon cœur », Tirard figure au premier rang de l'assistance, entouré de Loucheur, du général Degoutte et du général Allen, haut-commissaire des Etats-Unis, accompagné de son épouse. Sur la deuxième, l'avion où il a pris place est piloté par le commandant des escadrilles américaines de la région de Coblence.

6   Institut de France, Académie des sciences morales et politiques, Notice sur la vie et les travaux de M. Georges Teissier par M. Paul Tirard, lue dans la séance du 5/13/36, Paris, Firmin-Didot, 1936, p. 22.

revêt pour lui un caractère décisif. D'abord par les amitiés qu'il y lie : beaucoup lui serviront ensuite sur le Rhin, à commencer par celle de son chef de cabinet Maurice Silhol, fils du général Louis Silhol, ancien camarade de Lyautey à Saint-Cyr et oncle de Mathilde Fornier de Clausonne, future épouse du diplomate Jacques Seydoux[7]. On peut y joindre l'adjoint de Silhol, André Sagot, qui, après son passage en Rhénanie, revient en Afrique du Nord diriger la Compagnie générale du Maroc, filiale de la Banque de Paris et des Pays-Bas. Ensuite par les méthodes de gouvernement qu'il y apprend. Supériorité de l'administration indirecte, articulation entre les pouvoirs civils et militaires dans l'organisation administrative, recherche d'un appui auprès des notables sont autant de leçons dont il s'inspire dans sa politique rhénane, reconnaissant explicitement sa dette envers les « lumineux enseignements du maréchal Lyautey »[8]. Enfin le contenu même de l'œuvre de ce dernier lui fournit un modèle. L'Allemagne occupée n'est certes pas comparable au protectorat nord-africain. Pourtant, en combinant respect du passé et réalisations d'avenir, en joignant action économique et politique culturelle, mise en valeur des richesses naturelles et formation d'une élite capable, le jour venu, d'administrer le nouvel Etat, en menant de front pacification par les armes et construction d'un pays moderne, l'action de Lyautey représente pour Tirard une école d'énergie, un gage de régénération. De même, la politique rhénane dynamisera la France au lendemain de sa victoire, proposera à sa jeunesse des réalisations concrètes, transformera l'affrontement entre les peuples en rencontre pacifique susceptible de garantir l'avenir. Dans les responsabilités qu'il assume en Rhénanie à partir de 1918, Tirard reste fidèle au Maroc et à tout ce qui s'y rattache. Il continue de vouer à Lyautey une profonde reconnaissance. En 1930, promu grand-officier de la Légion d'honneur, c'est lui qu'il choisit pour le recevoir dans son nouveau grade et lui en conférer les insignes, tout comme il l'avait fait en juin 1914 lors de sa nomination au grade d'officier[9].

Enfin son expérience militaire se révèle déterminante. Même si Tirard est un diplomate de carrière, il a aussi, en tant que capitaine de réserve, participé aux combats en Haute-Alsace au début de la guerre et assuré la liaison entre l'état-major de la 8e Armée et le Grand Quartier général. Puis, après une mission en Russie en 1916–1917, il est appelé dès le lendemain de l'armistice à l'état-major du maréchal Foch où on lui confie le contrôle général des territoires occupés. La Haute Commission interalliée des territoires rhénans, créée par l'arrangement rhénan annexé au traité de Versailles, est dès le départ présidée par lui. Civil, mais bien accepté des militaires, possédant des relations dans de nombreux milieux, en France et chez les Alliés, il paraît tout désigné pour remplir avec succès les fonctions que le gouvernement a choisi de lui confier.

---

7   A. Le Révérend, *Lyautey*, Paris, Fayard, 1983, p. 63 et 308 ; S. Jeannesson, *Jacques Seydoux, diplomate (...)*, *op. cit.*, p. 62 et 93.
8   P. Tirard, *La France sur le Rhin. Douze années d'occupation rhénane*, Paris, Plon, 1930, p. 40, n. 1.
9   Dossier de Légion d'honneur de Paul Tirard, Archives nationales, base Léonore, cote LH 201/PG/FRDAFAN84.

La France et la Rhénanie :
une approche barrésienne et culturelle

La conception que Tirard se fait de son rôle repose en partie sur le souvenir et la célébration de la France révolutionnaire et impériale. L'influence de Barrès y prédomine. On sait le rôle joué par ce dernier dans la glorification des soldats de la Révolution et de l'Empire et, à travers eux, de la vingtaine d'années où les pays rhénans furent annexés à la France ou placés sous son influence immédiate. Durant la guerre, Barrès s'est rapproché de toute une partie du personnel politique républicain qu'il combattait avant 1914, notamment de Poincaré, et a soutenu l'action du Comité de la rive gauche du Rhin. Lorsqu'après la victoire, il réclame un statut d'autonomie pour la Rhénanie lui permettant d'échapper à la domination prussienne subie depuis 1815, lui et Tirard se trouvent à l'unisson, même si Barrès ne paraît guère en Rhénanie où il semble n'avoir été reçu qu'une seule fois, en octobre 1923, deux mois avant sa mort[10]. Enfin, tout comme Tirard, Barrès plaide pour une politique rhénane qui sache convaincre les Rhénans des avantages d'un rapprochement avec la France, y compris sur le plan économique, car il accorde à cette dimension une place importante qui ressort nettement de ses discours prononcés à la Chambre aux temps du Bloc national[11].

Pour transmettre aux générations nouvelles les valeurs affirmées naguère en Rhénanie, Tirard célèbre régulièrement la mémoire des généraux de la Révolution, dont plusieurs reposent à Coblence comme Hoche ou Marceau, et des grands administrateurs de l'Empire comme Lezay-Marnésia ou Jean-Bon Saint-André. Il organise des cérémonies sur leurs tombes, parfois filmées par les Actualités cinématographiques, terminées généralement par une revue aux flambeaux à laquelle la population est invitée à participer. Pour lui la Rhénanie fait partie intégrante de la « bonne Allemagne », celle des penseurs, des poètes et des artistes, que le philosophe spiritualiste Elme Caro avait, au lendemain de la défaite de 1870, opposée à la « mauvaise Allemagne », celle de la Prusse, de ses capitaines d'industrie et de ses chefs de guerre[12]. Très attaché à cette présentation qui a profondément marqué les mentalités françaises de sa génération, il juge possible le dialogue entre France et « bonne Allemagne », pourvu que chacune demeure fidèle à ses idéaux et sache les faire respecter. Une autre marque de l'idée qu'il se fait de la Rhénanie se trouve dans sa préface à un recueil de conférences faites à l'Ecole libre des sciences politiques en 1921. Récusant fermement toute velléité d'annexion de la part de la France, il se dit convaincu que « l'occupation qui, pendant de nombreuses années, mettra nos jeunes soldats issus de la conscription nationale au contact des populations rhénanes permettra d'établir avec elles des relations confiantes, fondées sur

---

10 Voyage à Trèves, Mayence et Coblence relaté dans *Mes Cahiers*, in *L'œuvre de Maurice Barrès*, tome XX, annotée par Philippe Barrès, Paris, Club de l'honnête homme, 1969, p. 178.
11 M. Barrès, *Les grands problèmes du Rhin*, Paris, Plon, 8ᵉ éd., 1930, discours du 27/3/20, reproduit sous le titre : « Aidons la Rhénanie à s'organiser ! », pp. 50–54.
12 Voir à ce sujet l'ouvrage de Cl. Digeon, *La crise allemande de la pensée française (1870–1914)*, Paris, PUF, 1959, qui demeure en dépit de son ancienneté une référence incontournable.

une connaissance réciproque des deux cultures »[13]. La réputation qui s'attache aux conférenciers, leur proximité avec les milieux barrésiens ou avec Raymond Poincaré, le rôle joué ultérieurement par certains lors de l'occupation de la Ruhr : tout confirme que Tirard partage leur souhait d'une politique rhénane cohérente.

Pour renouer avec l'œuvre accomplie par la France durant le quart de siècle où elle a annexé la rive gauche du Rhin, il s'attache à redonner son lustre au palais édifié à Coblence à la fin du XVIIIe siècle par le cardinal archevêque de Trèves. L'édifice, situé en bordure du fleuve, abritait avant 1918 la présidence supérieure de la Prusse rhénane. Affecté désormais au Haut-Commissariat français, il sert de résidence à Tirard qui y reçoit ses hôtes, donnant de somptueuses réceptions dans un cadre quasi-monarchique[14]. Ce palais témoigne du sens qu'il entend donner à sa mission qui apparaît aussi dans un volume publié à l'occasion d'une exposition[15]. S'y ajoutent des festivités qui présentent l'occupation française sous une façade brillante et soulignent le prestige du vainqueur. Les principales villes, Coblence, Düsseldorf, Bonn, Mayence et surtout Wiesbaden, surnommée le « petit Paris », semblent animées par une fête perpétuelle, emportées dans un tourbillon où la vie mondaine occupe une place centrale[16].

Tout en permettant à Tirard de remplir ses fonctions de représentation et d'entretenir des contacts avec ses homologues des autres puissances occupantes, ce cadre festif complète une action culturelle riche en réalisations. L'enseignement, notamment supérieur, est privilégié. Tirard crée en 1921 à Mayence une école de droit et un institut universitaire[17], lance une collection de recherches historiques, organise des rencontres scientifiques. Il promeut la musique, le théâtre, les beaux-arts. En fervent wagnérien, comme bien des membres de sa génération, il assiste aux opéras donnés à Wiesbaden, Mayence ou Bonn, *Tannhäuser*, *Tristan et Yseult*, *Le vaisseau fantôme*, *Lohengrin*, et donne en l'honneur de la cantatrice Germaine Lubin un souper de dix-sept couverts. Il fait venir en Rhénanie des formations de musique de chambre, des pianistes réputés. Il favorise les tournées théâtrales, dont celles du Vieux Colombier et de l'Atelier avec Dullin et Jouvet. Il organise à Wiesbaden en 1921 une exposition de cinq mois qui brosse le panorama des réalisations françaises contemporaines en matière de peinture et de sculpture, ainsi qu'une rétrospective de l'art français depuis Louis XIV. Assisté dans sa tâche par un

---

13 F. Baldensperger et al., *La Rhénanie. Conférences organisées par l'Association des anciens et des élèves de l'Ecole libre des sciences politiques*, Paris, Félix Alcan, 1922, pp. XVI–XVII.
14 Il occupe ce logement quand il reçoit des hôtes de marque ou bien les membres de sa famille. En temps ordinaire, il réside plutôt à Parkstrasse, dans le quartier résidentiel d'Oberwerth, à l'écart du centre-ville.
15 P. Tirard, *L'art français en Rhénanie pendant l'occupation 1918–1930*, slnd, édité sous le timbre du Haut-Commissariat de la République française dans les provinces du Rhin, 193 p.
16 Déjà étudiée dans l'Allemagne du Troisième Reich par F. d'Almeida, *La vie mondaine sous le nazisme*, Paris, Perrin, 2008, elle mériterait aussi de l'être en Rhénanie occupée entre 1919 et 1930.
17 C. Defrance, *Sentinelle ou pont sur le Rhin ? Le Centre d'études germaniques et l'apprentissage de l'Allemagne en France 1921–2001*, Paris, CNRS Editions, 2008.

commissaire général, le peintre Charles Duvent[18], il en préside le comité d'organisation qui, pléthorique, rassemble 63 membres, tous français. Cette manifestation permet au public allemand de découvrir ou redécouvrir les œuvres des peintres impressionnistes, néo-impressionnistes et fauves, les sculptures de Rodin, Bourdelle, Dalou, les meubles de Ruhlmann, les livres d'art illustrés par Dufy ou Lhote. S'agit-il bien, comme l'affirme Tirard, d'« une présentation d'ensemble des tendances du jeune mouvement artistique qui se sont confirmées trois ans plus tard sous une forme éclatante à l'Exposition des Arts décoratifs de Paris »[19] ? Les historiens de la vie culturelle d'aujourd'hui sont plus réservés[20]. Mais l'essentiel n'était-il pas de montrer que, dans ce domaine aussi, la France pouvait tenir son rang face au monde germanique et séduire les populations rhénanes ?

La tâche du haut-commissaire : impulser et coordonner l'action gouvernementale

Pour l'aider dans sa tâche, Tirard s'appuie sur des collaborateurs de qualité. Parmi eux, le premier rang revient au maître des requêtes au Conseil d'Etat Amédée Roussellier, son exact contemporain, avec lequel il entretient des relations confiantes et qui, en tant que délégué général du Haut-Commissariat, le seconde, voire le remplace lors de certaines réunions[21]. Puis viennent son chef de cabinet et l'adjoint de celui-ci, recrutés tous deux dans l'équipe de Lyautey, Maurice Silhol et André Sagot. Il faut également mentionner le directeur des services financiers, Edmond Giscard d'Estaing, sorti major du concours de l'Inspection des Finances, auteur d'importantes études sur les banques allemandes[22]. Son mariage avec la fille de Jacques Bardoux, membre d'une famille appartenant aux cercles dirigeants de la IIIe République, auquel Tirard assiste en tant que témoin, est célébré à Paris en 1923 en présence d'une brillante assistance[23]. Enfin Max Hermant, neveu d'un célèbre écrivain, à la fois normalien, polytechnicien et agrégé de lettres, est le secrétaire général du Haut-Commissariat. Assurant la liaison entre Coblence et les principaux services parisiens, il entame à l'ombre de Tirard une carrière qui le mènera au Comité

---

18 La notice du *Dictionnaire des peintres*, dirigé par Emile Bénézit, Paris, Gründ, 1999, t. 5, p. 936 le présente comme un spécialiste des scènes de genre, figures décoratives, paysages et comme un peintre aux armées.

19 P. Tirard, *L'art français en Rhénanie (...)*, op. cit., p. 79.

20 A. Kotska, « Une crise allemande des arts français ? Les beaux-arts entre diplomatie et propagande », in H. M. Bock – G. Krebs (dir.), *Echanges culturels et relations diplomatiques*, Asnières, Publications de l'Institut d'allemand, 2004, pp. 243–262.

21 Les deux hommes se tutoient, comme le montre une correspondance au sujet de l'approvisionnement en charbon des services publics (AJ9 4235, note Roussellier à Tirard, 17/3/23).

22 Adressées à la direction des Relations commerciales du ministère des Affaires étrangères, elles sont conservées *in* AJ9 4239. L'une d'entre elles, publiée sous le pseudonyme Valéry de Moriès, s'intitule *Misère et splendeur des finances allemandes* (Paris, Les Belles lettres, 1925).

23 Il a lieu en l'église Saint-Honoré d'Eylau. La bénédiction nuptiale est donnée aux jeunes époux par Mgr Rémond, aumônier de l'Armée du Rhin. Voir à ce sujet M. Bernard, *Valéry Giscard d'Estaing. Les ambitions déçues*, Paris, Armand Colin, 2014.

général des assurances, sans pour autant négliger l'Allemagne à laquelle il consacre plusieurs ouvrages[24].

Responsable des relations entre Paris et la Rhénanie, Tirard est très précisément informé des divers protagonistes des affaires rhénanes et de l'évolution de leurs positions respectives, y compris et peut-être surtout dans le domaine économique. Nulle part cela n'apparaît mieux que dans les agendas tenus par son secrétaire entre 1921 et 1924. Dans ces registres cartonnés où les dates figurent en allemand, destinés, semble-t-il, à établir des statistiques envoyées aux administrations parisiennes, sont recensés jour après jour tous ceux qui l'ont rencontré ou qu'il a conviés à des repas réunissant parfois plus de vingt convives. Certains, auxquels participent les épouses, sont de véritables banquets. D'autres forment plutôt des séances de travail autour de thèmes indiqués par les agendas : par exemple, « Dîner MICUM », « Déjeuner Régie », « Monnaie rhénane »[25]. Sont également notés les spectacles, réceptions et cérémonies auxquels participe le haut-commissaire ainsi que ses déplacements, à l'intérieur ou en dehors de la Rhénanie occupée. La série de ces agendas s'achève en 1924, dernière année de présence continue de Tirard à Coblence. En mettant leurs indications en rapport avec les différentes phases de la politique rhénane de la France et en les complétant par une consultation partielle du fonds conservé aux Archives de France sous le nom de « Papiers Tirard »[26], s'esquissent les grands traits des réunions tenues à Coblence.

A la lecture des agendas, le poids des militaires paraît écrasant. Même s'il culmine lors de l'occupation des têtes de pont de Dusseldorf, Duisbourg et Ruhrort en mars 1921, puis de l'ensemble de la Ruhr à partir de janvier 1923, il forme une constante durant toute la période étudiée. Il se manifeste à travers les nombreuses revues, remises de décorations, prises d'armes mentionnées ainsi qu'à l'accueil réservé aux grands chefs de l'armée française. Parmi les maréchaux de la Grande Guerre, malgré quelques absents, dont Lyautey, sans doute en raison de la disgrâce qu'il subit alors, beaucoup viennent fréquemment en Rhénanie, à commencer par le maréchal Pétain. On relève aussi les noms de nombreux généraux dont certains y font de véritables périples, tel le général Buat, chef d'état-major général des armées, durant cinq jours en juin 1921, dont plusieurs en compagnie de Barthou, alors ministre de la Guerre, venu conférer à Tirard les insignes de commandeur de la

---

24 Fr. Denord, notice « Max Hermant », in J.-Cl. Daumas (dir.), *Dictionnaire historique des patrons français*, Paris, Flammarion, 2010, pp. 354–356.
25 La MICUM (Mission interalliée de contrôle des usines et des mines), créée lors de l'entrée des troupes franco-belges dans la Ruhr pour surveiller la production et l'écoulement du charbon, est placée sous la direction d'Emile Coste, ancien directeur des Mines de Blanzy. Voir F. L'Huillier, « La préparation et les débuts de l'occupation de la Ruhr d'après l'inspecteur général des Mines Emile Coste (1921–1923) », in *Revue d'histoire diplomatique*, 1996, n° 2, pp. 101–121. Fondée au même moment, la Régie des chemins de fer des territoires occupés se substitue aux compagnies ferroviaires paralysées par l'ordre de résistance passive lancé par le gouvernement du Reich.
26 Sous la cote AJ9. Leurs 4 000 cartons occupent 600 mètres linéaires, auxquels s'ajoutent ceux de la Haute commission interalliée dont Tirard, en tant que haut-commissaire français, est président de droit.

Légion d'honneur[27]. De plus les militaires présents en Rhénanie sont parfois de véritables techniciens de l'occupation. On y trouve des spécialistes des chemins de fer de campagne, de la navigation fluviale, de certaines fabrications industrielles, notamment des poudres et explosifs, à l'expérience d'autant plus indispensable que la France occupe, à Ludwigshafen, l'un des principaux foyers de la grande industrie chimique allemande. Certains officiers, comme le commandant Carteron, directeur des services économiques du Haut-Commissariat français, y effectuent des carrières révélatrices de leurs compétences. C'est aussi dans leurs rangs que sont choisis les commandants de cercles qui sont les intermédiaires entre les autorités locales et le Haut-Commissariat. La place de l'armée est donc essentielle à tous égards, non seulement pour le maintien de l'ordre lors des périodes troublées, mais aussi parce que la vie quotidienne repose en grande partie sur elle. Aussi les commandants successifs de l'Armée du Rhin, les généraux Degoutte, puis Guillaumat, installés à Dusseldorf, ainsi que les chefs des grandes unités qui y sont stationnées, sont pour les services civils dirigés par Tirard des interlocuteurs quotidiens.

La place des civils est moindre, mais leur rôle souvent important. Ils transforment Coblence en véritable microcosme où se retrouvent la plupart des responsables économiques et politiques du moment. Les agendas mentionnent de nombreux hauts fonctionnaires et membres des grands corps techniques de l'Etat, envoyés en Rhénanie par leurs administrations respectives, formant parfois de véritables délégations telle celle conduite en octobre 1921 par Yves Le Trocquer, ministre des Travaux publics, qui rassemble neuf responsables. Parmi les inspecteurs des Finances, plusieurs occupent des postes clés dans les ministères et les grands établissements financiers : Jean Tannery, Olivier Moreau-Néret, Gabriel Dayras, Daniel Serruys, Roger Fighiera, Pierre Schweisguth…. D'autres dirigeants économiques viennent à Coblence de leur propre initiative : banquiers à la tête d'établissements désireux d'étendre leurs activités en Rhénanie comme la Société générale alsacienne de banque et la Banque nationale de crédit ou attirés par ce nouveau champ géographique comme Lazard frères qui souhaite participer à la création d'un institut qui émettrait une monnaie se substituant au mark, le thaler rhénan, gagée sur des bons du Trésor français[28]. Chez les industriels, on note de grands noms : Théodore Laurent, directeur des Forges et aciéries de la Marine et d'Homécourt, ainsi que son adjoint Léon Daum, Alexis Aron qui dirige l'Office des houillères sinistrées. Tous trois participent à une réunion rassemblant autour d'Emile Coste les membres de la MICUM, où sont peut-être évoqués les projets de réorganisation autour de la France des échanges charbonniers européens et le remplacement de l'Allemagne comme grande puissance industrielle du continent. Les dirigeants des grandes compagnies de transport figurent également dans les agendas

---

27 *Journal du général Edmond Buat 1914–1923*, présenté et annoté par F. Guelton, Paris, Perrin, 2015, pp. 1031–1034.

28 Voir les télégrammes échangés entre Tirard et le ministère des Affaires étrangères, 28/1 et 13/4/23, *in Documents diplomatiques français, 1923*, t. I, Bruxelles, PIE - Peter Lang, 2010, pp. 39–140 et 411–412, ainsi que, sur l'intérêt manifesté pour ce projet par les dirigeants de la Banque de Paris et des Pays-Bas, E. Bussière, *Horace Finaly, banquier, 1871–1945*, Paris, Fayard,1996, pp. 213–214.

: transports ferroviaires avec Margot pour le PLM, Teissier pour le Midi, fluviaux avec René de Peyrecave pour la CGNR[29], ainsi que ceux des principales organisations patronales, comme Henry de Peyerimhoff (Comité des houillères de France) et André Lebon (Fédération des industriels et des commerçants français).

Parmi les responsables politiques, se trouvent des ministres de tout premier plan. C'est le cas de Loucheur, ministre des Régions libérées du gouvernement Briand qui, le 6 octobre 1921, jour même de la signature des accords de Wiesbaden avec Walther Rathenau, vient en informer Tirard lors d'une rencontre en tête-à-tête, puis d'un déjeuner où les rejoignent quatre autres convives[30]. De même, durant l'occupation de la Ruhr, la plupart des ministres du gouvernement Poincaré sont recensés dans les agendas, notamment celui de la Guerre, André Maginot. Cette liste doit être complétée par d'autres dirigeants dont la carrière est pour l'essentiel soit antérieure, soit immédiatement postérieure à la Première Guerre mondiale (Viviani, Leygues, Paul-Boncour, Reynaud), ainsi que par des personnages aujourd'hui oubliés occupant alors d'importantes fonctions tel Adrien Dariac, président de la Commission des finances de la Chambre, venu en avril 1922 discuter avec Tirard d'un plan de règlement des réparations qui envisage neuf mois à l'avance l'occupation de la Ruhr[31].

La présentation des agendas Tirard serait incomplète si l'on ne tenait compte de la place tenue par les journalistes et professionnels des moyens d'information, notamment lors de la « formidable bataille d'opinion » que fut l'occupation de la Ruhr[32]. Les dirigeants français sont pleinement conscients de l'importance de cet enjeu. Poincaré envoie en Rhénanie un ancien fonctionnaire de l'administration préfectorale, Paul Valot, lui rendre compte jour après jour de l'évolution de la situation[33]. Tirard organise à intervalles réguliers des séances d'information destinées à faire le point sur les événements. Y figurent les journalistes des quotidiens français et étrangers, mais aussi des titres de province et des principaux périodiques comme *Le Monde illustré*, la *Revue des deux mondes* ou le *Journal des débats*[34]. Cet effort pour présenter l'occupation française sous un jour conforme aux directives gouvernementales nous est connu jusqu'à la fin de l'année 1924, date à partir de laquelle les agendas ne sont plus tenus.

---

29 Compagnie générale pour la navigation du Rhin. On sait que de Peyrecave deviendra ensuite directeur général des usines et principal collaborateur de Louis Renault.
30 Victor Rault, président de la commission de gouvernement en Sarre, Alexis Aron et deux autres personnages dont les noms n'ont pu être déchiffrés. Le lendemain, Tirard se rend à Paris, vraisemblablement pour savoir la suite que Briand entend donner à cette nouvelle politique en matière de réparations (Agenda Tirard, 6/10/21).
31 Agenda Tirard, 14/4/22. Ses entretiens avec Tirard sont facilités par le fait qu'il loge au palais archiépiscopal. Sur ce plan, voir S. Jeannesson, *Poincaré, la France et la Ruhr (...), op. cit.*, pp. 81–83.
32 *Ibid.*, p. 92.
33 Conservés dans les papiers Tirard (AJ9 4331), ses rapports qui présentent un visage de l'occupation dénué de toute complaisance mériteraient d'être publiés.
34 Agendas Tirard, 20/1/23, 10/9/23 (dîner avec dix journalistes de la presse de province), 23/11/23, 4/2/24, 17/8/24.

Tels sont les principaux cercles qui apparaissent à travers les agendas Tirard. D'autres encore, non abordés ici, concernent des aspects déjà abondamment traités par les historiens[35]. Précisons en outre qu'en raison de leur fonction, ils restent muets sur tout ce qui ne concerne pas directement l'emploi du temps du haut-commissaire. Il n'y faut donc pas chercher la mention d'événements, même dramatiques, comme l'accident qui ravage en 1921 la ville d'Oppau, près de Ludwigshafen, lors d'une explosion survenue dans les usines de la BASF, pas plus que des violences survenues dans la Ruhr ni des attentats perpétrés contre les forces d'occupation. Enfin les incertitudes de la situation politique locale sont évidemment passées sous silence, en particulier l'attitude ambiguë des occupants envers le séparatisme, y compris celle de Tirard qui, malgré ses dénégations ultérieures, rencontre plusieurs de ses chefs ou les fait recevoir discrètement par ses collaborateurs, ainsi que le montre la mention dans les agendas de visiteurs désignés par de simples initiales[36].

Quelles que soient leurs lacunes et insuffisances, les agendas sont significatifs de la manière dont Tirard entend remplir son rôle. Même si, en exécutant fidèle des instructions gouvernementales, il n'exprime aucune opinion personnelle sur la politique suivie, cela ne l'empêche pas de vouloir y imprimer sa marque. Dans quelles directions et pour quels résultats ? C'est ce qu'il faut maintenant examiner.

INITIATIVES ET DECEPTIONS

La place de l'économie

Paul Tirard n'est pas étranger à l'importance de l'économie. A l'automne 1916, il a été envoyé en Russie par le ministère des Affaires étrangères et celui du Commerce dans le cadre d'une mission de plusieurs mois conduite par Doumergue, Noulens et le général de Castelnau pour explorer les voies d'une politique capable, après la victoire, de remplacer la prédominance économique de l'Allemagne en Russie avant 1914 par celle de la France. Il s'y montre soucieux de promouvoir l'action des chambres de commerce, des banques, des firmes de travaux publics et de biens d'équipement, évoque des projets d'avenir comme la construction d'un métro à Moscou, d'installations portuaires à Odessa, d'usines d'engrais et de matériel agricole en Ukraine, suggère la création d'un réseau d'attachés commerciaux et d'instituts français et le recrutement de spécialistes de la Russie, notamment dans le monde universitaire. Souhaitant mettre l'économie française au niveau de ses

---

35 Sur les questions académiques et universitaires, C. Defrance, *Sentinelle ou pont sur le Rhin ? (...), op. cit.;* sur les affaires ecclésiastiques, R. Schor, *Un évêque dans le siècle : Mgr Paul Rémond 1873–1963*, Nice, Serre, 1984.

36 « AD » vraisemblablement pour Adam Dorten, « S » pour Josef Smeets. On le voit : l'incertitude plane sur ces contacts qui ont lieu à un rythme élevé, tous les quinze jours environ, surtout en 1923–1924.

concurrentes, y compris des Etats-Unis pour lesquels il manifeste un vif intérêt[37], il partage nombre de points communs avec maints représentants de sa génération, celle qui a connu la guerre, participé aux combats et voudrait entamer grâce à la victoire une profonde régénération de la France. Son capital relationnel, son désir de favoriser une communauté d'intérêts avec la Rhénanie le désignent comme l'artisan d'une politique économique repensée, ambitieuse, adaptée aux nécessités de l'heure. Il en esquisse les grands traits dans plusieurs rapports adressés à ses supérieurs hiérarchiques où, se départant de sa réserve coutumière, il brosse de vastes perspectives, faisant parfois preuve d'un véritable lyrisme. Dès avant la signature du traité de Versailles, depuis l'état-major du maréchal Foch, il rédige un long mémorandum relatif aux aspects économiques et politiques de l'occupation. Pour alléger les charges résultant pour la Rhénanie de l'entretien des forces d'occupation et du contrôle allié des infrastructures, il préconise des mesures spécifiques : allocations supplémentaires de charbon et de matières premières, débouchés garantis chez les Alliés et dans les pays neutres, ententes entre entreprises rhénanes et groupes français ou belges, contingents spéciaux sur le marché colonial, organisation bancaire et financière accompagnée par un régime monétaire spécial[38].

Aux premiers temps de sa présence à Coblence, il oriente son action en ce sens. Il communique aux ministères intéressés une « liste de produits qui manquent en France, à rechercher immédiatement dans les pays rhénans » dont il conviendrait de « favoriser très largement l'importation [...] en vue de la reconstitution nationale et en évitant de concurrencer directement la production française »[39], insiste sur les disponibilités en bois de mines, traverses de chemins de fer et matériaux de construction et sur l'abondance des stocks disponibles. Aux exportations, il recommande « d'amorcer la pénétration dans les territoires occupés de produits de provenance marocaine » et en fait dresser la liste par les autorités du protectorat. Enfin, pour en organiser le rapprochement avec la France, il institue sur la rive gauche du Rhin dix sections économiques. D'abord chargées du contrôle des usines susceptibles de produire du matériel de guerre, elles assument progressivement de multiples tâches : rassemblement de renseignements commerciaux, observation de la vie industrielle, services consulaires, devenant ainsi « l'outil essentiel de rétablissement des échanges commerciaux et des relations industrielles entre Français et Allemands sur le Rhin »[40]. Méconnues des historiens, ces sections économiques représentent une création durable qui subsistera jusqu'en 1926.

Or, malgré ces instruments spécifiques, la politique économique rhénane rencontre de nombreuses difficultés. Elle se heurte aux intérêts organisés qui redoutent la concurrence éventuelle des produits rhénans. Les fédérations professionnelles protestent contre leur promotion. C'est le cas de celles qui regroupent les fabricants

---

37 P. Jardin, « La mission Tirard en Russie (octobre 1916 – juin 1917) », in *Guerres mondiales et conflits contemporains*, n°187, pp. 95–115.
38 AJ9 4277, rapport Tirard sans indication de destinataire, 30/1/19.
39 *Ibid.*, procès-verbal d'une conférence tenue à Paris où sont représentés les ministères de la Reconstitution industrielle, des Régions libérées, des Travaux publics, de la Marine, des Colonies, du Commerce, 17/2/19.
40 P. Tirard, *La France sur le Rhin (...), op. cit.*, pp. 328–330.

de biens de consommation courante, aussi bien pour la faïencerie et la céramique que le papier peint ou le sel de table[41]. Leur ton comminatoire en dit long : les industriels de ces secteurs n'acceptent pas que l'occupation française remette en cause les avantages acquis. La situation est analogue pour les biens d'équipement. Les groupes de travaux publics refusent tout appel aux firmes allemandes pour satisfaire les besoins du Maroc[42]. Quant aux entreprises françaises présentes en Rhénanie, nombreuses dans des secteurs comme la sidérurgie, l'industrie du verre, la construction mécanique, elles souhaitent avant tout maintenir leurs liens avec leurs partenaires locaux. L'enthousiasme n'est pas de mise non plus côté rhénan, les entreprises rechignant à réorienter vers la France leur production et ne songeant qu'à rétablir leurs liens avec le reste de l'Allemagne[43].

Tous ces éléments limitent dès le départ les tentatives de Tirard pour développer les avantages mutuels que France et Allemagne trouveraient dans le fonctionnement de l'économie rhénane. Les réalisations concrètes obtenues dans ce sens semblent maigres. Elles profitent surtout à la petite industrie, l'artisanat ou l'agriculture. Ainsi, il fait accorder aux serruriers et forgerons de Prüm, dans l'Eifel, trois wagons de charbon, à la grande satisfaction des intéressés qui ont pu ainsi « compa[rer] la bienveillance de la Haute Commission à l'inertie des administrations allemandes »[44]. De même, soutenu par la présidence du Conseil et le ministère de l'Agriculture, il obtient que les aciéries sarroises vendent davantage de scories de déphosphoration aux agriculteurs du Palatinat[45]. Quant aux grands établissements industriels, sur lesquels il dispose pourtant de nombreuses informations, il ne paraît guère soucieux de tourner vers la France leur activité. Laissant passer plusieurs occasions de rachat de la BASF par des groupes chimiques français, il reste sourd aux avertissements d'un officier de contrôle sur des projets en cours en Grande-Bretagne et aux Etats-Unis[46]. Demeuré fidèle, dans ce domaine aussi, à la tradition républicaine qui privilégie la petite et moyenne industrie, il possède de l'économie rhénane une vision faussée par les partis pris politiques. Tout en reconnaissant qu'elle est reliée au reste de l'Allemagne par de multiples interdépendances, il n'en estime pas moins que, « sur bien des points, ses intérêts en demeurent encore [...] régionalement et techniquement distincts »[47]. Ceci illustre sa méfiance persistante envers l'unité allemande, sa profonde répulsion pour la manière dont elle s'est forgée et le rôle qu'y a joué la Prusse. De plus, indépendamment

41 AJ9 4278, Serruys à Tirard, 30/11/20 ; *ibid*., de Vitrolles (direction des Relations commerciales au ministère des Affaires étrangères) à Hermant, 13/12/20 ; AJ9 4277, note du Comptoir des sels d'Alsace-Lorraine sans indication de destinataire, 29/4/19.
42 AJ9 4277, sous-directeur d'Afrique au ministère des Affaires étrangères à l'état-major du maréchal Foch, 28/2/19.
43 *Ibid*., rapport de la Chambre de commerce d'Aix-la-Chapelle « à M. l'officier chargé de la circulation » sur les difficultés des relations avec la rive droite du Rhin, 7/1/19.
44 AJ9 4235, lettre du délégué du cercle de Prüm au Haut-Commissariat, 12/4/22.
45 Dépêche de Poincaré aux ministres du Commerce, des Finances et de l'Agriculture, 21/2/22, reproduite in *Documents diplomatiques français, 1922*, t. I, Bruxelles, PIE - Peter Lang, 2007, pp. 266–268.
46 AJ9 4277, note sur la Badische Anilin adressée à l'état-major du maréchal Foch, 30/1/19.
47 P. Tirard, *La France sur le Rhin (...), op. cit.*, p. 68.

même de ses choix personnels, l'indécision de la politique rhénane gouvernementale entrave son action.

Incohérences et irrésolutions gouvernementales

En ce domaine marqué par les fâcheuses conséquences des dysfonctionnements du parlementarisme français sous la Troisième République, Tirard souhaiterait de la part de ses supérieurs du Quai d'Orsay des directives claires. En juin 1920, à la veille de la conférence de Spa, signalant les difficultés rencontrées en Rhénanie par les commerçants français qui, attirés par la victoire, s'y sont établis, il les interroge sur la conduite à tenir. La réponse du sous-directeur des Relations commerciales mérite, malgré sa longueur, d'être largement citée :

> M. Seydoux ne peut que répéter à ce sujet ce qu'il a déjà écrit [...]. Il nous est impossible de demander aux Allemands de traiter différemment les Français qui sont établis sur la rive gauche du Rhin de ceux de nos compatriotes établis dans le reste de l'Allemagne. Il n'est pas non plus possible de recourir à l'art. 270 du traité de paix permettant d'instaurer un régime douanier spécial sur la rive gauche du Rhin [car] nos Alliés n'admettront jamais qu'il soit appliqué dans le seul intérêt des Français [...].

Et de souligner :

> A partir du 10 juillet, le gouvernement allemand pourra appliquer les taxes [douanières] qui lui conviennent et nous aurons, au point de vue du paiement de la dette, même intérêt que lui à ce que ces taxes soient aussi élevées que possible et il va sans dire qu'un tel système sera contraire aux intérêts de notre exportation. [...] En résumé, la politique que nous désirons suivre sur la rive gauche du Rhin se trouve limitée par celle que nous suivons dans l'ensemble de l'Empire et notre politique économique en Allemagne se trouve limitée par notre politique financière en ce qui concerne le paiement de la dette allemande[48].

Encore cette fin de non-recevoir est-elle dépourvue d'ambiguïté. Combien de mesures, abandonnées avant même d'avoir pu produire d'effets, ne le sont pas ! C'est le cas du cordon douanier qui isolerait la Rhénanie du reste de l'Allemagne. Pour ses partisans mêmes les objectifs restent confus. S'agit-il de réorienter durablement les courants d'échange commerciaux entre France et Allemagne ou seulement d'exercer sur cette dernière une pression temporaire pour l'obliger à respecter ses engagements en matière de réparations ? En mars 1921 le président du Conseil Aristide Briand semble opter pour le deuxième terme de l'alternative lorsque, le gouvernement allemand ayant repoussé l'état des paiements communiqué par les Alliés, il met en place le cordon douanier et fait occuper les trois têtes de pont de Duisbourg, Ruhrort et Düsseldorf. Or, six mois après, en une versatilité apparente, il le lève sur simple promesse d'un nouveau gouvernement allemand, puis s'engage dans une tout autre politique dont la pièce maîtresse est constituée par les accords de Wiesbaden signés en octobre 1921. Amorçant une reprise des exportations allemandes vers la France, ceux-ci déconcertent toute une partie de l'opinion. Dans un

---

48 AJ9 4278, Tirard au président du Conseil et ministre des Affaires étrangères, 30/6/20, et réponse de Jacques Seydoux, transmise par le sous-directeur d'Europe Jules Laroche, 6/7/20.

virulent article de *L'Echo de Paris,* Barrès qualifie la suppression du cordon douanier de « grosse faute, incompréhensible recul de notre action rhénane » et interpelle le gouvernement à ce sujet[49]. Pourtant, Briand ne persiste pas dans cette direction. Se rapprochant des positions britanniques pour la préparation de la conférence de Gênes qui doit traiter de la reconstruction de l'Europe au printemps 1922, il s'oriente bientôt vers d'autres voies.

A bien des égards la même irrésolution est présente chez Poincaré. Lorsqu'il succède à Briand en janvier 1922, il ne rétablit pas le cordon douanier, mais met en place un système de licences à l'importation et à l'exportation applicable à tous les territoires occupés par la France, qu'ils soient situés sur la rive gauche ou la rive droite du Rhin. De même, en ce qui concerne le sort futur de la Rhénanie, après avoir recommandé à ses exécutants de s'abstenir de tout contact avec les séparatistes, une consigne que Tirard n'a guère respectée, il soutient une République rhénane proclamée à Aix-la-Chapelle, en zone d'occupation belge, mais laisse les forces nationalistes écraser au même moment un soulèvement dans le Palatinat, en zone d'occupation française. Il ne tient guère compte non plus d'un projet que lui soumet Jacques Bardoux, établi pourtant à sa propre demande, comportant la création en Rhénanie de trois Etats autonomes qui continueraient toutefois à faire partie de l'Allemagne. Toutes ces incohérences forment une toile de fond peu propice à l'action du haut-commissaire.

L'impossible dialogue avec les Allemands

La dernière limite que comporte l'action de Tirard provient de sa cécité devant l'hostilité que suscite dans l'opinion publique allemande la présence étrangère. Tirant en 1930 le bilan de son expérience, il regrette que « l'Allemagne [...] ait demandé que nous abandonnions toute politique de prestige sur le Rhin et l'œuvre d'expansion ou de rapprochement politique, économique, intellectuel et social que l'occupation avait entreprise et, en partie, réalisée [...], y voyant une menace pour sa souveraineté et non, comme c'était notre désir, un simple jalon marquant le difficile passage, un fanal éclairant la route qui doit relier les deux nations »[50]. Tirard a-t-il réellement cru, lorsqu'il était en fonction, que les Allemands seraient prêts, quelques années après la guerre et, à plus forte raison, lors de l'occupation de la Ruhr, à accepter avec la France un rapprochement que, réciproquement, de l'autre côté du Rhin, seule une minorité de l'opinion publique était disposée à effectuer ? Rétrospectivement l'irréalisme semble total. Il est pourtant partagé par certains responsables français, et non des moindres, qui, face à l'impasse où s'enlisent les relations bilatérales, veulent croire à un avenir lointain fait de réconciliation et de paix. Jacques Seydoux, au lendemain de l'entrée des troupes franco-belges dans la

---

49 Article de *L'Echo de Paris*, 1/10/21, et interpellation à la Chambre, 19/10/21, suivie de la réponse de Briand, reproduits *in* M. Barrès, *Les grands problèmes du Rhin, op. cit.*, pp. 166–171 et 176–202.
50 P. Tirard, *La France sur le Rhin (...), op. cit.*, p. 416. C'est la conclusion de l'ouvrage.

Ruhr, se refuse à « imaginer une politique qui dresserait perpétuellement l'Allemagne contre nous » et estime qu'il faut

> préparer la voie à des arrangements qui faciliteront une entente entre les deux pays [...], rechercher dans l'avenir le désarmement moral de l'Allemagne, par conséquent son orientation vers une politique démocratique et résolument pacifique[51].

Tirard n'est donc pas seul à souhaiter pour l'avenir une réconciliation franco-allemande. Mais de quels moyens dispose-t-il pour la promouvoir autour de la Rhénanie ? Ses interlocuteurs se composent essentiellement d'officiers détachés de leur corps d'armée et de hauts fonctionnaires venus de Paris qui ne relèvent pas directement de lui, même s'ils partagent ses opinions sur la politique rhénane. Les Allemands n'apparaissent jamais dans son entourage proche ou lointain. Aisément compréhensible en ce qui concerne les fonctions de direction, le fait l'est moins s'agissant de la vie sociale. Tirard a-t-il cherché à se rapprocher des milieux culturels rhénans ? Ses tentatives ont-elles été trop timides ou découragées par l'hostilité que rencontraient les occupants dans la grande masse de la population ? Quelle qu'en soit l'explication, il semble fort isolé, en dépit de son assiduité aux concerts, opéras ou représentations théâtrales. Il y a certes quelques exceptions à cette absence de contacts : par exemple, dans le milieu financier, le banquier de Cologne Louis Hagen, associé-gérant de la banque Oppenheim, président de la Chambre de commerce, proche du bourgmestre Adenauer, qui participe aux discussions sur la création éventuelle d'une monnaie rhénane, ou encore Heinrich von Stein, associé de la banque du même nom à Cologne, qui l'informe régulièrement de l'actualité rhénane politique et financière. Il demeure que l'on reste entre Français, ou entre Alliés lorsque le cercle s'élargit aux autres occupants, belges, anglais et américains. Tout ceci le maintient dans une sorte de bulle au sein d'une société allemande avec laquelle il paraît peu désireux d'entretenir des relations.

CONCLUSION

Assez curieusement, le constat d'impuissance auquel se heurte Tirard entre 1919 et 1930 évoque ce qui se passera de 1945 à la fin des années 1960 en zone française d'occupation. Les situations présentent de nombreux traits communs. Les occupants français se voient adresser les mêmes propositions de la part d'individus isolés ou d'entreprises industrielles portant sur des brevets inédits. Ils reçoivent les mêmes offres émanant de firmes souhaitant écouler sur le marché français des matériels devenus invendables en Allemagne. Tout comme ils le feront après 1945, ils s'interrogent après 1919 sur l'intérêt présenté par le bas niveau des salaires en Rhénanie pour y faire exécuter du travail à façon. Eux aussi font état de rumeurs difficilement vérifiables sur les projets de tels ou tels groupes bancaires et industriels, souvent anglo-saxons, et regrettent les occasions perdues. Un net contraste oppose

---

51 Note du 16/2/23, citée par S. Jeannesson, *Jacques Seydoux diplomate (...), op. cit.*, pp. 220–221.

cependant les deux après-guerres : alors que le second débouchera sur d'importantes réalisations, le premier n'a donné lieu à aucun résultat économique convaincant.

Dans ce résultat décevant, il convient de faire la part du contexte général. En ces années de capitalisme libéral, au lendemain d'un affrontement qui avait dressé l'un contre l'autre les deux peuples, les circonstances étaient d'autant moins propices au rapprochement qu'il était destiné, selon Tirard, à convaincre les Rhénans d'accepter le relâchement de leurs liens politiques avec le reste de l'Allemagne. De plus, le haut-commissaire est demeuré jusqu'à la fin de son mandat dépourvu de certains des moyens qui lui auraient été nécessaires. Rappelons par exemple que la plus grande réussite de l'occupation franco-belge de la Ruhr, la Régie autonome des chemins de fer des territoires occupés, ne dépendait que du ministère français des Travaux publics, que ses services centraux étaient établis à Mayence, et non à Coblence, et que la MICUM, qui siégeait pour sa part à Düsseldorf, relevait directement des gouvernements sans que le Haut-Commissariat disposât sur elle de la moindre autorité. Mais certaines raisons de l'échec de Tirard lui incombent aussi personnellement. Malgré une évidente bonne volonté, il ne disposait sans doute, ni par son caractère, ni par sa formation, de toutes les qualités requises pour l'œuvre dont il rêvait. Resté d'abord un haut fonctionnaire, il a hésité à prendre des initiatives. Isolé du reste de la société allemande, il s'est montré aveugle face au rejet suscité en Rhénanie par la présence française. De l'hostilité ou de l'agacement ressentis envers la Prusse dans certains milieux, il a cru pouvoir conclure à la possibilité d'une rupture des multiples relations tissées entre la Rhénanie et le reste du Reich, y compris sur le plan économique. Quand les illusions dans lesquelles il s'était enfermé se sont dissipées, il était devenu trop tard pour concevoir et mettre en place une autre politique.

Tout l'intérêt du personnage de Tirard provient de cette marge étroite dans laquelle il évolue, sur un chemin où s'entremêlent politique et économie, réalités du présent et rêves d'un avenir d'autant moins atteignable qu'il le concevait à partir du passé. Durant la dizaine d'années où il a administré la rive gauche du Rhin, les atouts pour un rapprochement économique franco-allemand paraissaient pourtant non négligeables. La tentative concernait une région que son passé lointain prédisposait, du moins en apparence, à l'établissement de liens privilégiés avec la France. Elle bénéficiait des nombreux cercles de connaissance et réseaux d'influence possédés par le haut-commissaire, de l'expérience acquise au cours de sa carrière et d'un sens des réalisations concrètes dont il était loin d'être dépourvu. Son échec n'en est que plus significatif. L'économie était-elle, durant cette période un moyen inapproprié de rapprochement entre France et Allemagne ? Cette expérience négative tendrait à le laisser penser.

LE COMITE D'ENTENTE FRANCO-BELGE ET SON CONGRES DE LIEGE (SEPTEMBRE 1930)

UN « LOBBY » BILATERAL A L'EPREUVE DES REALITES

Catherine Lanneau

L'année 1930 est, à maints égards, une année symbolique pour la Belgique[1]. Elle voit se dérouler les diverses festivités du Centenaire, qui s'incarnent notamment dans une double exposition à Anvers et à Liège. Elle promulgue, dans la douleur, la néerlandisation totale de l'Université de Gand, au grand dam d'une partie de l'opinion publique et de la classe politique, surtout francophone. Elle voit aussi les nuages de la crise économique mondiale s'amonceler progressivement dans le ciel européen alors même qu'à la Société des Nations, on discute d'une trêve douanière mais également de la manière de concrétiser le Plan Briand de 1929 par la création d'une Commission d'étude pour l'Union européenne[2].

Cette question du rapprochement économique et de la facilitation des relations commerciales est au cœur des préoccupations et de l'action de nombreux comités, organisations et groupements tout au long des années 1920. Dans le cadre franco-belge, si bien étudié par Eric Bussière[3], l'un de ces organismes à vocation d'amitié bilatérale et de lobbying est le Comité d'entente franco-belge, créé durant la Première Guerre mondiale et dont l'activité se poursuivra jusqu'au déclenchement de la seconde. Du 26 au 29 septembre 1930, celui-ci tient un important congrès à l'Université de Liège, en marge de l'exposition. Organisé simultanément aux commémorations des journées de septembre 1830, devenues par ailleurs, dès 1913, l'occasion des Fêtes de Wallonie, ce congrès est également concomitant du premier

---

1 Le présent texte a été rédigé en temps de confinement lié au coronavirus. Les circonstances ne nous ont pas permis de consulter l'ensemble des documents ou des travaux auxquels nous aurions souhaité recourir. Nous prions le lecteur de nous en excuser.

2 A. Fleury, « Un sursaut antiprotectionniste dans le contexte de la crise économique de 1929 : le projet d'une trêve douanière plurilatérale », in *Relations Internationales*, n° 39, 1984, pp. 333–354 ; É. Bussière, « L'organisation économique de la SDN et la naissance du régionalisme économique en Europe », in *Relations internationales*, n°75, 1993, pp. 301–313 ; M. Dumoulin, « La Belgique et le Plan Briand : l'annonce de réformes de structures au plan européen », in A. Fleury – L. Jilek (dir.), *Le Plan Briand d'Union fédérale européenne : perspectives nationales et transnationales, avec documents. Actes du colloque international tenu à Genève du 19 au 21 septembre 1991*, Berne, Peter Lang, 1998, pp. 93–102 ; G. Duchenne, *Esquisses d'une Europe nouvelle. L'européisme dans la Belgique de l'entre-deux-guerres (1919–1939)*, Bruxelles-Berne, P.I.E.-Peter Lang, 2008, p. 86–103.

3 É. Bussière, *La France, la Belgique et l'organisation économique de l'Europe, 1918–1935*, Paris, CHEFF, 1992.

congrès de la Concentration wallonne qui vise – en vain – à rassembler, sous l'égide des fédéralistes, l'ensemble des forces militantes wallonnes, alors très divisées[4]. On peut imaginer qu'une partie du public potentiel a dû se partager entre ces deux événements même si le Comité d'entente se veut apolitique et prise fort peu les velléités de réformes de l'Etat belge.

LE COMITE D'ENTENTE FRANCO-BELGE ET SA *REVUE FRANCO-BELGE*

Né à Paris, en 1915, dans le but initial de soutenir les réfugiés belges en France et de favoriser le rapprochement franco-belge, le Comité d'entente a pour principale cheville ouvrière le philologue liégeois Maurice Wilmotte, qui lui consacre un chapitre dans ses mémoires[5]. Avant la Première Guerre, celui-ci avait animé l'Association pour la culture et l'extension de la langue française, l'une des multiples associations francophiles fleurissant en Europe à la faveur de la montée des tensions avec l'Allemagne. Elle tient congrès à Liège, en 1905, en marge de l'exposition universelle, puis à Arlon en 1908, aux portes du monde germanique, et enfin à Gand, en 1913, afin de combattre les ambitions de néerlandisation de l'université[6]. Ardent défenseur de la langue et de la culture françaises en Belgique, Wilmotte fonde le Comité d'entente à l'instigation du président de la Chambre française des députés Paul Deschanel, que sa naissance schaerbeekoise rendait sensible à la cause. L'activité du comité, organisé en diverses sections et commissions, se déploie dans le domaine culturel, scolaire et intellectuel mais plus encore dans le secteur économique, fiscal et commercial. Bien qu'il soit malaisé de déterminer l'efficacité exacte de son action, on sait qu'il se préoccupe d'équivalences de diplômes pour les jeunes Belges réfugiés en France[7] et qu'il appuie la longue négociation visant à exonérer les ports belges de la surtaxe française d'entrepôt. Il affiche aussi son soutien à la proposition Clémentel d'union douanière franco-belge formulée en 1916 et repoussée par la Belgique[8]. Wilmotte précise que, sous la présidence de

---

4   M. Libon, « Concentration wallonne », in *Encyclopédie du mouvement wallon(= EMW)*, Charleroi, Institut Jules Destrée, 2000, t. 1, p. 321.
5   M. Wilmotte, *Mes mémoires*. Bruxelles, La Renaissance du Livre, 1948, pp. 119–136. Wilmotte souligne qu'il est le seul à posséder toutes les archives du Comité d'Entente, comme secrétaire général de 1915 à 1940 (p. 131–132). Il semble bien que celles-ci aient disparu avec lui.
6   A. Colignon, « Maurice Wilmotte », in *EMW*, t. 3, p. 1677.
7   *Revue Franco-Belge* (= *RFB*), 1921, p. 1.
8   Nous savons qu'il existe un dossier aux Archives Nationales, dans le Fonds Deschanel (151AP/43, dossier thématique 4), sur l'entente douanière mais également des Procès-verbaux et rapports du Comité d'Entente franco-belge (1916–1919) sous la cote MB885 à la Bibliothèque de l'Université de Namur. Nous n'avons pas pu en prendre connaissance. Sur les négociations elles-mêmes, voir M. Suetens, *Histoire de la politique commerciale de la Belgique depuis 1830 jusqu'à nos jours*, Bruxelles, Librairie encyclopédique, 1955, pp. 167–169 ; voir également G.-H. Soutou, « La politique économique de la France à l'égard de la Belgique (1919–1924) », in *Les relations franco-belges de 1830 à 1934*, actes du colloque de Metz, 15–16

Deschanel, « des subventions gouvernementales nous permirent d'installer un bureau et de faire certaines publications »[9].

En temps de paix, le comité, qui compte environ deux cents membres, doit se réinventer[10]. Doté d'une section belge, relativement dynamique, et d'une section française, moins réactive dans un premier temps[11], il se réunit à intervalles réguliers, à Paris ou à Bruxelles, et se déploie dans quatre directions principales : fédérer les individus et les groupes (présidents de chambres de commerce, industriels, parlementaires, universitaires, littérateurs…) afin de maintenir les connexions bilatérales ; produire des rapports et des études sur les questions d'intérêts croisés ; agir en groupe de pression sur les gouvernements en faveur du rapprochement et de l'harmonisation franco-belges ; aplanir les malentendus et les incompréhensions en explicitant la position de l'autre partie. Quand Paul Deschanel devient – brièvement – président de la République, il désigne pour lui succéder Raoul Péret, député puis sénateur radical de la Vienne, longtemps président de la Chambre et plusieurs fois ministre[12]. « L'homme était très aimable et accessible », écrit Wilmotte. « Il n'avait pas, comme son prédécesseur, des raisons particulières de s'intéresser à la Belgique. Il le fit pourtant et, dans plus d'une occasion, il mit à notre service son expérience de vieux parlementaire et son autorité »[13]. Du côté belge, les présidents successifs jusqu'en 1930 sont le baron Beyens, Jules Carlier[14], président du Comité central industriel, le principal organisme patronal, et le sénateur libéral liégeois Charles Magnette, élu en décembre 1927[15]. Il faut encore mentionner les deux secrétaires successifs de la section belge, qui ont joué un rôle important dans sa gestion administrative et dans le suivi journalier de ses activités. Le premier, le libéral Gustave-Léo Gérard, est ingénieur civil des mines de l'Université de Liège et administrateur

    novembre 1974, Metz, Centre de Recherches Relations internationales de l'Université de Metz, 1975, pp. 257–273.
9   M. Wilmotte, *Mes Mémoires…*, p. 125.
10 Notons que le Comité d'entente franco-belge n'est pas la seule association de cette nature. Son plus célèbre homologue est le Comité France-Belgique, fondé par le Belge Léon Hennebicq et le Français Paul Doumer et animé, de nombreuses années durant, par le sénateur radical des Ardennes Lucien Hubert. Du côté belge, le libéral Paul-Émile Janson y côtoie le catholique Max Pastur et le socialiste René Branquart. On y trouve aussi le directeur de *La Nation Belge* Fernand Neuray et les animateurs du *Pourquoi Pas ?* Louis Dumont-Wilden et Léon Souguenet. Entre 1922 et 1924, le comité fait paraître la revue mensuelle *France-Belgique*, comme une extension de la *Revue de l'Ingénieur*, basée à Bruxelles mais propriété d'une société française, le Bureau d'organisation économique (sur ceci, voir la collection de la revue, notamment le n°1 de janvier 1922). En 1928, un rapprochement intervient entre le Comité d'entente franco-belge et le Comité France-Belgique (*RFB*, 1928, pp. 252–255 et 444).
11 *RFB*, 1921, p. 232, rapport du secrétaire général à la séance annuelle de juillet à Paris.
12 R. Sanson, « Un "président professionnel" Raoul Péret. (12 février 1920 – 31 mai 1924 ; 22 juillet 1926 – 10 janvier 1927) », in J. Garrigues (dir.), *Les Présidents de l'Assemblée nationale de 1789 à nos jours*, Paris, Classiques Garnier, 2016, pp. 137–151.
13 M. Wilmotte, *Mes mémoires…*, p. 126.
14 En juillet 1921, le baron Beyens devient ambassadeur près le Saint-Siège et prend congé du Comité. Il faut toutefois attendre octobre 1922 pour que Jules Carlier soit officiellement désigné pour le remplacer comme président de la section belge (*RFB*, 1923, p. 419).
15 *RFB*, 1928, p. 52.

directeur général du Comité central industriel[16]. Son successeur, le Verviétois Léon Lobet, est élu fin 1927 mais déploie déjà une intense activité au sein de la section depuis plusieurs années. Ingénieur industriel et ingénieur des mines, militant wallon et francophile, il œuvre pour le rapprochement économique franco-belge en produisant de très nombreux rapports et études[17].

L'observation de ce microcosme conduit à dégager quelques constantes : l'importance de la représentation bruxelloise, qui semble logique, mais aussi liégeoise, qui peut, quant à elle, s'expliquer notamment par le recrutement mené dans les milieux universitaires par Wilmotte et par le dynamisme de la Faculté technique, qui forme de très nombreux ingénieurs ; la prépondérance libérale, courant politique désormais minoritaire sur la scène parlementaire nationale mais qui demeure puissant dans le monde industriel et commercial ; l'interpénétration avec l'Assemblée wallonne, ce « shadow parliament » qui est progressivement devenu, après la guerre, le refuge des militants wallons modérés et « unionistes », c'est-à-dire opposés au fédéralisme et défenseurs des droits de la langue française dans l'ensemble du pays[18]. Magnette, Gérard et Lobet, pour ne citer qu'eux, sont trois figures actives de cette assemblée.

Dès 1921, le Comité d'entente franco-belge se dote d'une revue, dont Maurice Wilmotte est présenté comme le rédacteur en chef puis le directeur-fondateur. Le gérant puis secrétaire général est le Français Pierre Mélèse[19]. La maquette de cette *Revue Franco-Belge* mensuelle évolue au fil du temps, même si la tripartition entre questions économiques et commerciales, questions artistiques, historiques et littéraires et informations pratiques ou mondaines à destination des expatriés demeure la norme. La revue est, en outre, le lieu de publication privilégié des procès-verbaux de réunions du comité et des rapports plus substantiels produits à cette occasion. Il semble toutefois que son lectorat ne s'étende guère au-delà du cercle restreint formé par les membres du Comité d'entente et leur entourage privé et professionnel.

Tout comme le comité lui-même, la revue déclare s'astreindre à la neutralité politique. Dès 1923 toutefois, elle ouvre ses colonnes à des articles d'opinion qui, incontestablement, reflètent une prise de position politique, qu'ils concernent la question linguistique en Belgique ou les relations internationales. Dans la première catégorie, les textes sont souvent produits ou introduits par Maurice Wilmotte lui-même, qu'il s'agisse d'interroger Jules Destrée sur les raisons qui poussent les fédéralistes à quitter l'Assemblée wallonne[20] ou de suivre, tel un chemin de croix, les

---

16 P. Delforge, « Gustave-Léo Gérard », in *EMW*, t. 2, p. 714.
17 P. Delforge – J.-Fr. Potelle, « Léon Lobet », in *EMW*, t. 2, p. 1038.
18 P. Delforge, *L'Assemblée wallonne (1912–1923). Premier Parlement de Wallonie ?*, Namur, Institut Destrée, 2013.
19 On peut l'identifier, sans certitude absolue, comme docteur ès Lettres, professeur à l'École alsacienne de Paris puis à l'Université de Toronto (Bibliothèque nationale de France – BnF Data, « Pierre Mélèse », en ligne sur https://data.bnf.fr/fr/12305904/pierre_melese/, consulté le 24/5/2020).
20 *RFB*, 1923, pp. 383–387.

péripéties de la néerlandisation de l'Université de Gand[21]. La question des langues est parfois abordée également, de manière indirecte, par des philologues ou des écrivains comme Marie Delcourt[22] ou Franz Hellens[23]. Dans le registre de la politique extérieure, la *Revue Franco-Belge* soutient l'occupation de la Ruhr[24], promeut l'accord militaire franco-belge comme le meilleur atout sécuritaire à l'heure de Locarno[25] et ouvre largement ses colonnes au président de la section française du comité, Raoul Péret, pour une harangue anticommuniste et pro-Poincaré appelant à droitiser davantage encore la coalition ministérielle[26]. Enfin, mentionnons la parution, au printemps 1927, d'un article dans lequel Charles Magnette appelle la Grande-Bretagne à faire « un geste nécessaire » en faveur de l'Italie. Le sénateur libéral, par ailleurs critique à l'égard du fascisme, souhaiterait que Londres, « grande bénéficiaire de la guerre », « plus riche propriétaire du monde », satisfasse les légitimes aspirations coloniales de Rome en lui cédant, pour éviter la guerre, une partie de ses possessions africaines[27]. En 1935, Magnette prendra le parti de Mussolini dans la guerre italo-éthiopienne[28].

LA PREPARATION ET LE PROGRAMME
DU CONGRES DE SEPTEMBRE 1930

Quand et pourquoi le Comité d'Entente décide-t-il d'organiser un congrès franco-belge général ? Si la connexion à l'exposition du Centenaire est évidente, l'idée est en germe depuis de nombreux mois. Constatant que les relations officielles franco-belges sont chaotiques et estimant qu'elles pâtissent d'une série de malentendus ou de vexations réciproques, notamment sur le plan douanier, les membres du Comité s'assignent pour mission de jouer les intermédiaires ou les facilitateurs, non sans estimer souvent que les milieux politiques belges mènent une politique volontairement francophobe, par peur irraisonnée de l'impérialisme français et en raison de l'influence croissante exercée par la Flandre. La situation leur semble particulièrement dégradée à l'automne 1927 lorsque la France relève certains droits de douane, au détriment notamment des Belges, dans la foulée de la signature de l'accord commercial franco-allemand d'août 1927. Même si un accord commercial entre l'Union Economique Belgo-Luxembourgeoise et la France est finalement signé en février

---

21 *RFB*, 1923, pp. 36–38 ; 1929, pp. 677–679 ; 1930, pp. 281–288 (reproduction de l'intervention du sénateur socialiste Louis de Brouckère, justifiant son opposition à la néerlandisation complète de l'Université de Gand).
22 *RFB*, 1930, pp. 77–85, au prisme de la question alsacienne.
23 *RFB*, 1930, pp. 234–237 (reproduction d'un article dans la *Revue de Genève* sur son statut de Flamand de langue française).
24 *RFB*, 1923, pp. 99–100.
25 *RFB*, 1925, pp. 269–280.
26 *RFB*, 1927, pp. 451–458.
27 *RFB*, 1927, pp. 257–264.
28 C. Lanneau, « Magnette Charles », in *Nouvelle Biographie Nationale*, t. 12, Bruxelles, Académie royale des Sciences, des Lettres et des Beaux-Arts de Belgique, 2014, p. 189.

1928[29], l'incident laisse des traces. Le spécialiste « maison » des questions douanières, Léon Lobet, devient à ce moment secrétaire de la section belge et réclame la tenue d'un grand congrès franco-belge[30]. En mars 1929, une réunion de la section belge débouche sur la nécessité de créer un « comité d'études ayant pour but de déterminer et de préciser les raisons de sympathie et d'antagonisme de nos deux nations »[31]. Reste à en convaincre la section française. En juillet, celle-ci décide de reconstituer la section économique du Comité d'Entente, en sommeil depuis la guerre[32]. C'est chose faite fin novembre, lors de la réunion annuelle du Comité qui, par ailleurs, annonce officiellement le congrès de septembre 1930[33].

Dans un premier temps, Léon Lobet, cheville ouvrière de la nouvelle section économique, semble avoir voulu organiser une Journée économique franco-belge liée au congrès, ce dernier devant être, avant tout, selon Wilmotte, de nouvelles « assises de la pensée française », renouant le fil des réunions qu'il avait lui-même organisées entre 1905 et 1913. Toutefois, à l'intervention de l'industriel Émile Digneffe, sénateur libéral et ancien bourgmestre de Liège, membre de l'Assemblée wallonne et désormais président du conseil d'administration de l'Exposition, le programme du congrès lui-même est élargi à d'autres dimensions que les aspects intellectuels et artistiques : questions économiques et commerciales – rapatriées dans le programme général –, questions coloniales, questions philanthropiques et juridiques[34]. Le Congrès se fixe jusqu'à la mi-mai pour élaborer son programme définitif[35].

Celui-ci est rendu public dans le numéro de juin de la *Revue Franco-Belge*[36]. Le vendredi 26 septembre 1930, les congressistes sont reçus à l'Université de Liège. La séance inaugurale a lieu le samedi 27 en début de matinée, sous la présidence de Charles Magnette, qui cède ensuite la parole à Raoul Péret puis au représentant du gouvernement belge, le libéral verviétois Pierre Forthomme. Dans ses mémoires, Wilmotte rapporte : « Les officiels belges, qui avaient toujours boudé le comité (on en devine la raison) y parurent en la personne de M. Forthomme, alors ministre des Postes et des Télégraphes qui, tout en soulignant les « différences organiques essentielles » qu'on peut constater entre la France et notre pays, exposa quelques-unes des raisons pour lesquelles une entente économique entre l'un et l'autre était possible, et même nécessaire »[37]. En réalité, il a surtout plaidé pour la liberté des transactions internationales. À l'issue de la séance inaugurale, le travail des congressistes est organisé en sections parallèles. Le soir, un banquet est offert par la

---

29 M. Suetens, *La politique commerciale*..., p. 209 ; F. Vanlangenhove, *L'élaboration de la politique étrangère de la Belgique entre les deux guerres mondiales*, Bruxelles, Académie royale de Belgique, 1980, pp. 71–72 ; É. Bussière, La France, la Belgique..., pp. 282–284.
30 *RFB*, 1928, p. 211.
31 *RFB*, 1929, pp. 194–195.
32 *RFB*, 1929, p. 513.
33 *RFB*, 1930, pp. 38–45.
34 Ibidem.
35 *RFB*, 1930, p. 319.
36 *RFB*, 1930, p. 389.
37 M. Wilmotte, *Mes mémoires*..., p. 130.

Ville de Liège, en présence du bourgmestre, le libéral Xavier Neujean. Le dimanche est consacré à la visite de la Section française de l'Exposition puis à une excursion à Spa, avant une soirée artistique au Conservatoire. Le lundi 29, les sections achèvent leur travail et produisent leurs vœux, qui sont rendus publics durant l'assemblée générale de clôture, toujours dans les locaux de l'Université. En fin de journée, les congressistes entendent une conférence de Daniel Serruys, ancien directeur des Accords commerciaux au ministère français du Commerce, puis assistent à un gala au Théâtre du Gymnase. Le mardi 30 septembre, le congrès se referme par une visite de l'Exposition d'Anvers et une réception par les autorités de la ville. Charles Magnette conclut en proposant de transformer le congrès en institution permanente.

Durant trois jours, les travaux se sont déployés dans cinq sections distinctes : la section Artistique et littéraire, la section de l'Enseignement, la section Économique, la section Juridique et philanthropique et la section Coloniale. Chacune d'entre elles est coprésidée par des figures notables, l'une française et l'autre belge, du domaine concerné, et compte un ou plusieurs secrétaires et, parfois, un secrétaire général[38]. Ce cénacle est exclusivement masculin, alors que la *Revue Franco-Belge* ouvre régulièrement ses colonnes à des intellectuelles et à des femmes de lettres. Les comptes rendus de séances renseignent toutefois la présence de personnalités féminines, comme la philologue Rita Lejeune, disciple de Wilmotte et épouse de Fernand Dehousse, ou Marguerite Horion-Delchef, elle aussi romaniste et animatrice de l'Union des Femmes de Wallonie.

LA COUVERTURE DU CONGRES PAR LA PRESSE

Comment la presse a-t-elle rendu compte du Congrès franco-belge ? Les quelques indications que nous allons formuler ci-dessous n'ont aucune prétention à l'exhaustivité. Elles s'appuient sur un dépouillement des six quotidiens liégeois et, pour la

---

38 Section Artistique et littéraire : présidents : le baron Ernest Seillière, membre de l'Institut, et Hubert Krains, membre de l'Académie de langue et de littérature françaises de Belgique (ALLF) ; secrétaire général : Gustave Charlier, professeur à l'ULB et membre de l'ALLF ; secrétaire : Carlo Bronne, avocat – Section de l'Enseignement : présidents : Ferdinand Brunot, membre de l'Institut et professeur à la Sorbonne, et Jules Destrée, ancien ministre belge des Sciences et des arts ; secrétaires : R. Gallet, préfet d'athénée honoraire et Fernand Desonay, chargé de cours à l'Université de Liège – Section économique : présidents : Alfred Hirsch, industriel à Paris et Émile Digneffe, sénateur de Liège ; secrétaire général : Léon Lobet, industriel ; secrétaires : Georges Dor, avocat, professeur à l'Université de Liège et Henri Chevalier – Section juridique et philanthropique : présidents : Georges Blondel, juriste, historien et universitaire français et le comte André de Kerchove de Denterghem, sénateur provincial du Brabant ; secrétaires : Joseph Hanquet et Paul Laloux, avocats à Liège – Section Coloniale : présidents : Albert Lebrun, ancien ministre français des Colonies, sénateur et Henri Carton de Tournai, avocat, ancien ministre belge des Colonies ; secrétaire : Fred Van Der Linden, directeur de l'Agence économique (*RFB*, 1930, p. 390).

presse nationale, francophone et néerlandophone, sur la consultation des journaux numérisés sur BelgicaPress[39].

Plusieurs observations générales confortent les attendus : la presse francophone est beaucoup plus diserte que son homologue flamande[40] et, d'une manière générale, ce sont les journaux libéraux ou libéralisants, liés aux milieux commerciaux et industriels, qui consacrent le plus d'espace au congrès, mais bien davantage à Liège (*Express* et surtout *Journal de Liège*) et dans le Hainaut (*Gazette de Charleroi*) qu'à Bruxelles, où *L'Indépendance Belge* suit chaque journée de travail alors que *La Dernière Heure* et *L'Etoile Belge* assurent un service minimum. La presse catholique et, plus encore, la presse socialiste, se limitent souvent à des comptes rendus descriptifs et factuels. Elles insistent sur l'importance et la qualité de l'aréopage réuni (élus locaux et nationaux, diplomates, hommes d'affaires, industriels, hommes de lettres, artistes, universitaires…), sur le programme des activités et sur les passages saillants des discours. En outre, elles reproduisent tout ou partie des vœux formulés par les diverses sections.

La plupart des discours prononcés peuvent être qualifiés de convenus et appartiennent à ce que les observateurs critiques nomment les « discours de fin de banquet », ce que certains d'entre eux sont d'ailleurs, au sens tout à fait littéral et premier. L'amitié franco-belge et franco-liégeoise supposée indéfectible y est magnifiée, par le recours à l'histoire récente – la guerre – ou par des réminiscences historiques savamment choisies. Le partage d'une langue et d'une culture communes est également mis en exergue avec lyrisme. Néanmoins, si le bourgmestre de Liège Xavier Neujean délivre un vibrant plaidoyer francophile, il n'en souligne pas moins que Liège a beaucoup souffert pour la France depuis Louis XI…[41] Le fait que le Congrès ait été initialement organisé pour aplanir les malentendus et resserrer des liens qui s'étaient distendus est peu évoqué mais pas absent. Des appels à combattre la bureaucratie ou à favoriser la libéralisation des échanges sont ainsi lancés. Comme l'écrit Charles Bronne, par ailleurs co-organisateur du Congrès, dans *L'Express* : « Ce que les pouvoirs publics ne peuvent pas toujours réaliser est souvent possible par des interventions privées. C'est le rôle de l'entente franco-belge et elle est résolue à le remplir ; elle s'y est même attachée déjà au cours de ces dernières années »[42].

Les deux discours les plus commentés par la presse sont ceux de Raoul Péret et de Daniel Serruys. Le premier, président de la section française du Comité d'Entente et ministre de la Justice, disserte sur la question de la sécurité de la France et de la Belgique, soulignant l'inanité d'opposer politique de force et politique d'entente. Si la force n'est que la gardienne du droit, l'entente « ne peut aller jusqu'à l'abdication, se traduire par l'abandon des derniers avantages qui subsistent encore de la victoire ». Un an après la signature du Plan Young et alors que la Rhénanie

---

39   Il s'agit de l'interface de numérisation de la presse belge, gérée par la Bibliothèque Royale (KBR) : https://www.belgicapress.be/.
40   Le journal catholique anversois *Het Handelsblad*, désormais modéré sur la question flamande, lui consacre toutefois un article à la « une » (1/10/1930, p. 1).
41   *National Liégeois*, 29/9/1930, p.1.
42   *Express*, 25/9/1930, p. 1.

est évacuée par les troupes alliées, Péret s'exclame : « Par un renversement inattendu des rôles, les peuples vainqueurs, en même temps créanciers, vont-ils donc se trouver en posture d'accusés, leur faudra-t-il s'excuser parce qu'ils entendent que les signataires du pacte de Versailles tiennent leurs engagements ? »[43]. Ce discours de fermeté est remarqué et approuvé par *Le Journal de Liège*[44] et *L'Express*[45], tous deux partisans de l'accord militaire franco-belge et de la fermeté à l'égard de l'Allemagne.

Le second discours analysé par la presse belge est le long développement de la politique commerciale française et des rapports douaniers franco-belges par Daniel Serruys, ancien négociateur des accords commerciaux du côté français et désormais représentant de la France au Comité économique de la SDN. Dans *L'Express*, Charles Bronne le qualifie « d'adversaire » au moment de la discussion du traité de commerce franco-belge[46] tandis que *Le Journal de Liège* en brosse un portrait plus élogieux : « Daniel Serruys, en exposant avec tant de fine impartialité les circonstances qui ont influencé les négociations entre la France et la Belgique, aura fait beaucoup pour préparer et faciliter la recherche de nouvelles solutions »[47]. Mais c'est la *Gazette de Charleroi* qui lui accorde le plus d'attention et d'éloges en consacrant un important article à la « une » à son « admirable exposé ». L'auteur s'y réjouit de voir Serruys prôner les « ententes régionales » plutôt que les « accords internationaux de producteurs, de cartels et de trusts »[48]. Ainsi, le regard porté par la presse libérale wallonne sur l'ancien haut fonctionnaire français d'origine belge, reconverti dans le privé, est-il ambigu. Pour certains, Serruys reste perçu comme un protectionniste, voire un nationaliste français, qui a mené la vie dure aux Belges en négociations tandis que, pour d'autres, il fait plutôt figure de partenaire fiable et inventif, adepte d'une libéralisation progressive des échanges. Cette dualité de l'image de Serruys a été bien examinée par Laurence Badel qui le décrit finalement comme un libéral anglophile, soucieux par ailleurs d'œuvrer au rapprochement franco-allemand[49]. De son côté, Eric Bussière a décrit en détails le rôle important joué par Serruys lors de la Conférence de la trêve douanière de février-mars 1930. Celui-ci a profité d'une crise ministérielle laissant la délégation française sans réelles consignes pour prendre, comme représentant au Comité économique de la SDN, une initiative de compromis allant dans le sens de la position belge – une entente régionale européenne –, position combattue par la France sous la pression des milieux industriels et parlementaires et du ministère du Commerce[50]. On

---

43 *Express*, 30/9/1930, p. 1.
44 *Journal de Liège*, 30/9/1930, p.1.
45 *Express*, 1/10/1930, p.1.
46 *Express*, 25/9/1930, p. 1.
47 *Journal de Liège*, 30/9/1930, p.1.
48 *Gazette de Charleroi*, 1/10/1930, p.1.
49 L. Badel, *Un milieu libéral et européen : Le grand commerce français 1925–1948*, nouvelle édition, Vincennes, Institut de la gestion publique et du développement économique, 1999, chap 2, § 34, en ligne sur http://books.openedition.org/igpde/2202, consulté le 24/5/2020.
50 É. Bussière, *La France, la Belgique...*, pp. 327–335.

comprend d'autant mieux la raison pour laquelle le Comité d'Entente franco-belge en a fait l'un des invités d'honneur de son congrès.

Deux réactions méritent encore d'être mentionnées. Elles portent sur le congrès lui-même et sur le contexte politique et économique dans lequel il s'inscrit. Du côté socialiste, dans le *Journal de Charleroi*, le député de Soignies René Branquart[51], par ailleurs militant fédéraliste wallon et actif au sein du Comité d'Entente, dresse un constat en demi-teinte. Regrettant les tracasseries douanières permanentes et l'impossibilité d'y mettre un terme, il évoque le Congrès franco-belge de Liège avec un mélange d'espoir et de scepticisme. « Nous ne doutons pas de l'excellence des intentions des hommes de haute culture passionnément attachés à l'amélioration de nos rapports franco-belges ; nous savons la loyauté de leurs caractères et la sincérité de leurs opinions Seulement, leurs moyens d'action sont limités. Ils fonctionnent en marge des gouvernements et sans les engager ; ils ne peuvent qu'éclairer l'opinion et proposer des suggestions d'ordre pratique ; mais ce n'est pas une raison pour hésiter à s'y atteler de bon cœur ; les problèmes les plus utiles n'auraient jamais été résolus si on n'en avait pas parlé ! »[52]. Branquart épingle ici les limites du rôle des groupes de pression face à la puissance des intérêts économiques nationaux et aux stratégies politiques.

Enfin, mentionnons un entrefilet paru à la « une » du quotidien catholique bruxellois *Le XXe Siècle* et repris par un journal local, *L'Avenir du Luxembourg*[53]. Déployant volontiers une ligne francophobe et très critique à l'égard du mouvement wallon, *Le XXe siècle* présente comme « Wallingants » les participants au Congrès, que l'on peut certes qualifier de francophiles mais qui, pour la plupart, ont sur la question « communautaire » des opinions très mesurées. Il titre sur « Les extravagances de certains amis de la France » et déplore que la montée de Raoul Péret à la tribune ait été accompagnée de « frénétiques applaudissements et des cris « Vive la France » ». Les congressistes, « entraînés par les plus chauvins », auraient alors entonné la Marseillaise mais Péret aurait tempéré les ardeurs par un « Vive la Belgique », « auquel on n'accorda que de maigres applaudissements »[54]. L'objectif du journal catholique est de décrédibiliser le congrès en suscitant, dans l'esprit de ses lecteurs, un amalgame entre « séparatisme » ou antipatriotisme et lyrisme francophile. On notera toutefois que le lien n'est pas opéré avec le congrès concomitant de la Concentration wallonne et que les autres journaux « belgicistes » n'ont pas produit ce type de commentaires.

LES TRAVAUX DE LA SECTION ECONOMIQUE

Parmi les cinq sections thématiques du Congrès franco-belge, la plus importante est incontestablement la troisième, dédiée aux questions économiques. Placée sous la

---

51 J.-P. Delhaye, « René Branquart », in *EMW*, t. 1, p. 194.
52 *Journal de Charleroi*, 28/9/1930, p. 1.
53 *Avenir du Luxembourg*, 2/10, p.2.
54 *Le XXe siècle*, 1/10/1930, p.1.

présidence de l'industriel français Alfred Hirsch et du sénateur et industriel belge Émile Digneffe, elle est surtout portée par son secrétaire général, Léon Lobet. Les congressistes ne lisent ou n'entendent pas moins de quinze rapports sur les réussites et les échecs des relations boursières, financières, commerciales, sociales et économiques franco-belges. Les exposés généraux, comme celui consacré à la nécessité d'harmoniser les législations sociales[55], alternent avec les contributions plus circonstancielles, tel le plaidoyer du député socialiste montois Louis Piérard pour l'abolition d'une convention de 1820 qui interdit aux agriculteurs frontaliers de cultiver à moins de dix mètres de la frontière[56]. Mais, les rapports les plus étoffés et les plus attendus concernent évidemment les questions douanières et commerciales, qui sont le cœur des préoccupations du Comité d'Entente depuis sa création. Léon Lobet présente deux textes, l'un sur les caractères des échanges commerciaux franco-belges[57] et l'autre, lu en séance, sur les accords commerciaux bilatéraux[58].

Dans son premier rapport, Lobet regrette que des considérations d'ordre politique nuisent aux intérêts franco-belges : « des nécessités diplomatiques n'ont pas permis d'établir, entre la France et la Belgique, un statut économique répondant à l'affection profonde qui les unit ; elles sont obligées de s'appliquer des mesures générales prises à l'égard de pays hostiles ou indifférents. De là, de continuels incidents douaniers entretenant, à l'état permanent, un malaise dont profite l'active et sournoise propagande antifrançaise »[59]. Il s'emploie alors à démontrer que les statistiques officielles du commerce extérieur sont erronées ou impossibles à objectiver. Selon ses propres calculs, l'important déficit commercial belge à l'égard de la France est encore sous-évalué de moitié, ce qui peut partiellement expliquer une désaffection de la population à l'égard de la France, au bénéfice de la Grande-Bretagne et des Pays-Bas. Or, dit-il, la France n'aurait pas grand-chose à redouter d'un rapprochement avec la Belgique puisque les deux pays sont bien plus complémentaires que concurrents. Toutefois, il ne préconise pas l'union douanière « dont la Prusse prendrait inévitablement la direction »[60]. Lobet fait allusion ici aux effets de la clause de la nation la plus favorisée, concédée par la France à l'Allemagne dans le traité de commerce signé en 1927[61].

Le second rapport de Lobet évoque d'abord ce qu'il considère comme des occasions manquées – la proposition d'union douanière faite à la Belgique par le ministre français Etienne Clémentel en 1916, la convention commerciale de 1923 rejetée par la Chambre belge – pour s'arrêter ensuite sur la période 1927–1928, au cours de laquelle la France jugea nécessaire de rehausser certains de ses tarifs, au détriment notamment de la Belgique, pour ne pas trop pâtir des effets de la clause

---

55 R. Petitjean, député libéral de Bruxelles, et G. Dor, professeur à l'Université de Liège, in *RFB*, 1930, p. 668–681.
56 *RFB*, 1930, pp.649–650.
57 *RFB*, 1930, pp. 702–725.
58 *RFB*, 1930, pp. 726–742.
59 *RFB*, 1930, p. 702.
60 *RFB*, 1930, p. 716.
61 B. Nogaro – M. Moye, *Le régime douanier de la France*, Paris, Sirey, 1931, pp. 124–135 ; M. Suetens, *La politique commerciale...*, pp. 207–208.

de la nation la plus favorisée, accordée à l'Allemagne[62]. Constatant que les accords et arrangements franco-belges signés en 1928 et 1929 n'ont pas ramené la sérénité entre les deux pays, Lobet prône une rationalisation des productions de chaque côté de la frontière et de nouvelles modalités d'application de la clause de la nation la plus favorisée[63]. Il en appelle à une association économique souple et immédiate entre la France et l'UEBL, préalable à une union douanière régionale, ainsi qu'à la création d'un « organisme conciliateur » et d'une « commission permanente » qui seraient chargés d'interpréter et de modifier les accords bilatéraux en vigueur ainsi que d'arbitrer les différends entre industriels et fonctionnaires. Dans la foulée des interventions de Lobet, un rapport de Lucien Coquet, délégué général du Comité français d'Etudes pour l'Union douanière européenne[64], évoque le projet européen de Briand et la Conférence de la trêve douanière puis analyse les « avantages et possibilités d'une Union douanière régionale : France, Belgique et Luxembourg », tout en balayant les craintes que pourrait avoir Bruxelles : les Luxembourgeois ont-ils été absorbés par la Belgique ?[65]

Les séances de travail de la section Économique du Congrès peuvent être considérées comme une sorte de bilan de l'activité de lobbying et de réflexion menée par le Comité d'Entente depuis sa création. Entre 1921 et 1930, la *Revue Franco-Belge* a publié plusieurs dizaines d'articles sur ces questions. Contentons-nous d'en dégager les principales orientations. Dans un premier temps, le Comité semble avoir concentré son effort sur la suppression des surtaxes françaises d'entrepôt et d'origine[66]. Dans la foulée, il a cherché à préciser les modalités d'une entente économique franco-belge. Fin 1922, Gustave-Léo Gérard proposait un système préférentiel qui, prenant pour base le tarif douanier français, amènerait Paris à concéder à la Belgique des réductions en pour cents sur son tarif minimum, Bruxelles devant à son tour promettre des compensations, notamment des réductions de droits d'entrée sur les vins, soieries et parfums[67]. L'année 1924 est essentiellement consacrée à défendre l'image de la Belgique en France, après le rejet de la convention commerciale de 1923 par la Chambre belge. Certains arguments de politique intérieure sont alors brandis pour expliquer cet échec : le rôle du « flamingantisme » et la discipline stricte de parti du côté socialiste. Léon Lobet, qui rejoint alors l'équipe, rompt une lance en faveur d'un tarif préférentiel dans la mesure où l'union douanière entre la France et la Belgique, pour des questions politiques et de tradition économique, lui

---

62 M. Suetens, *La politique commerciale...*, pp. 206–212 ; G.-H. Soutou, « La politique économique... », pp. 257–273 ; F. Vanlangenhove, *L'élaboration...*, pp. 70–72 ; É. Bussière, *La France, la Belgique...*, pp. 281–285.
63 Cette question est traitée au Congrès par le Français Paul Naudin, secrétaire du Comité d'action économique et douanière, qui plaide pour une exception à la clause NPF afin que deux ou plusieurs pays voisins qui choisiraient de s'unir puissent se réserver des avantages réciproques exclusifs (*RFB*, 1930, p. 751–760).
64 Sur le parcours de Coquet, ancien conseiller du Commerce extérieur, et sa proximité avec l'Association belge de coopération économique internationale (ABCEI) de Georges Theunis, voir L. Badel, *Un milieu libéral..., passim* et G. Duchenne, *Esquisses...*, pp. 546–548.
65 *RFB*, 1930, pp. 761–775.
66 *RFB*, 1921, pp. 143–144 et 232–234. Voir É. Bussière, *La France, la Belgique...*, pp. 84–89.
67 *RFB*, 1922, pp. 446–460.

semble devoir se heurter « à une opposition de principe irréductible de la part de tous les hommes de gouvernement, et de tous les fervents du libre-échange »[68]. Dans les années qui suivent, le Comité conserve cette ligne, non sans protester, très régulièrement, contre la politique menée par Paris, qu'elle concerne les tarifs douaniers ou des tracasseries administratives et des taxes imposées aux travailleurs étrangers en France.

On l'a dit, c'est au printemps 1928 que Léon Lobet avance l'idée du futur congrès de 1930. La proposition est concomitante du vif débat consécutif au traité de commerce franco-allemand et au différend douanier franco-belge qui l'accompagne. L'occasion est alors offerte à Lobet d'afficher son opposition à la stricte application de la clause de la nation la plus favorisée[69]. De juin 1928 à février 1929, l'industriel verviétois publie une série de cinq articles très denses sur le déficit commercial franco-belge qui se conclut, de nouveau, sur la recommandation d'une entente économique préférentielle[70]. Au début de l'année 1930, la Conférence de la trêve douanière le laisse dubitatif car elle ne répond, selon lui, « ni aux circonstances, ni à l'état des esprits »[71]. Réaffirmant sa préférence pour une association immédiate par amélioration des accords existants et pour la création de trusts et de cartels, il préfigure son rapport de septembre 1930[72]. Truffé de statistiques et de considérations rationnelles, le discours de Léon Lobet n'est pourtant pas complètement dépourvu d'*a priori* politiques. Il se dit ainsi persuadé que le dossier n'avance guère en raison de la francophobie des édiles belges, qui contraste avec la francophilie populaire : « J'ai besoin de penser que si, parmi les dirigeants de la Belgique, la plupart sont par éducation, par relation ou religion, inconsciemment peut-être, acquis à des conceptions qui ne sont pas françaises, une grande partie de la population se sent solidaire de la France »[73].

LES TRAVAUX DES QUATRE AUTRES SECTIONS

Comme pour la section économique, il ne pourra être question ici d'analyser en profondeur les travaux des quatre autres sections du congrès mais bien d'en donner les lignes directrices et de les confronter à l'activité du Comité d'Entente dans les années précédentes.

La section I, rebaptisée Propagande, arts et lettres, réfléchit aux conditions d'une relation plus égalitaire entre la France et la Belgique, alors même que les rapports de force sont biaisés par la domination symbolique et réelle de Paris dans le champ culturel. En outre, l'évolution de la Belgique vers l'unilinguisme régional et la disparition du « socle nordique » qui définissait jusqu'alors la littérature belge, d'abord incarnée par des Flamands de langue française, laissent le champ libre aux

68 *RFB*, 1924, p. 639.
69 *RFB*, 1928, pp. 202–211.
70 *RFB*, 1929, p. 100.
71 *RFB*, 1930, p. 88.
72 *RFB*, 1930, pp. 92–93.
73 *RFB*, 1929, p. 199.

défenseurs des « lettres françaises de Belgique » dont l'expression la plus aboutie sera, en 1937, le fameux Manifeste du groupe du Lundi[74]. Le sociologue de la littérature Jean-Marie Klinkenberg qualifie de « lutétiotropisme » cette conception de la Wallonie (et de Bruxelles) comme d'une province littéraire française[75] mais cette grille de lecture peut également s'appliquer à d'autres arts. Maurice Wilmotte et Charles Bronne interviennent respectivement sur la propagande française en Belgique[76] et sur l'organisation d'une propagande franco-belge efficace[77] alors que la diffusion des œuvres belges en France est abordée à la fois par André Fontaine, inspecteur général de l'Instruction publique française[78], et, sur un ton plus revendicatif, par le littérateur hesbignon Hubert Krains[79], qui appelle les éditeurs et libraires français à plus de curiosité et à moins de préoccupations commerciales : « Qu'elle [la France] accorde quelque attention à ces foyers excentriques de culture française où travaillent dans l'ombre des hommes qui, tout en restant fermement attachés à leur petite patrie, sont cependant Français de cœur et dont les œuvres, pour modestes qu'elles soient, font souvent plus d'honneur à cette culture et lui sont en tout cas plus utiles que beaucoup d'ouvrages que Paris déverse sur le monde à grand renfort de réclame et dont les auteurs n'ont parfois de français que leurs pseudonymes »[80]. D'autres intervenants formulent le même type de plaidoyers pour les conférences, le théâtre et la musique, jugeant la politique française de plus en plus protectionniste et de moins en moins ouverte aux Belges[81].

Depuis ses origines, le Comité d'Entente franco-belge a toujours été attentif à la défense et à la promotion des artistes et conférenciers belges en France. Maurice Wilmotte est d'ailleurs intimement lié à la création de l'Académie royale de langue et de littérature françaises de Belgique qui, ouverte pour un quart à des membres francophones étrangers, vise en réalité à renforcer ainsi la visibilité internationale des Belges[82]. Chaque numéro de la *Revue Franco-Belge* veille à assurer une présence équilibrée d'articles relatifs aux manifestations culturelles et artistiques françaises, belges et franco-belges. Les expositions et salons d'art belge en France sont systématiquement évoqués. Par ailleurs, les plaintes exposées au congrès de 1930 ne sont pas neuves. En juin 1924, Maurice Wilmotte donne ainsi lecture d'un rapport dans lequel il décrit son plan pour favoriser l'invitation de conférenciers belges

---

74 R. Meylaerts, « 1er mars 1937, Le *Manifeste* du groupe du Lundi condamne le régionalisme littéraire. Enjeux nationaux et internationaux de la question identitaire », in J.-P. Bertrand et al. (dir.), *Histoire de la littérature belge 1830–2000*, Paris, Fayard, 2003, pp. 379–389.
75 J.-M. Klinkenberg, « La production littéraire en Belgique francophone. Esquisse d'une sociologie historique », in *Littérature*, n°44, décembre 1981, pp. 46.
76 *RFB*, 1930, pp. 519–522.
77 *RFB*, 1930, pp. 523–528.
78 *RFB*, 1930, pp. 529–535.
79 *RFB*, 1930, pp. 536–541.
80 *RFB*, 1930, p. 541.
81 Sur les conférences, Paul Séguy (*RFB*, 1930, pp. 542–555) et Henri Davignon, pp. 556–561) ; sur le théâtre, Lugné-Poe (pp. 562–565) et Gustave Van Zype (pp. 566–569) ; sur les artistes plasticiens et les musiciens, Paul Deutcher (pp. 570–575) et Jean Delville (pp. 576–579).
82 Académie royale de Langue et de Littérature françaises, « Historique », en ligne sur https://www.arllfb.be/organisation/historique.html (consulté le 24/5/2020).

en France[83]. Quelques mois plus tard, la revue relaie le journal parisien *Comoedia* pour protester contre un mouvement de xénophobie visant les artistes belges en France[84]. Enfin, citons encore un article de Wilmotte, paru en janvier 1929 sous le titre *Éditeurs et écrivains*, qui déplore la mévente des ouvrages littéraires et le mercantilisme ambiant, à Bruxelles comme à Paris[85].

La section II du congrès de 1930 s'attache à une problématique centrale pour le Comité d'Entente depuis ses origines : l'enseignement. En effet, l'une des priorités du Comité durant la guerre avait été de permettre une scolarisation efficace des jeunes belges réfugiés en France. La question des équivalences de diplômes, des échanges de professeurs, des méthodes d'enseignement – notamment de la langue et de la littérature – est présente à la fois dans les réunions du Comité et dans la *Revue Franco-Belge* qui se montre aussi, surtout sous la plume de Wilmotte, très attentive à la question du chômage des intellectuels et du déclassement des universitaires. En outre, Wilmotte se préoccupe également, avec des accents très barrésiens, du développement de la recherche scientifique et applaudit le « discours de Seraing »[86] par lequel le roi Albert incite à la création du Fonds national de la Recherche scientifique (FNRS)[87]. Enfin, est publié à la fin de l'année 1929, un article consacré au surmenage scolaire, dans la foulée de la création d'une commission par le ministre français de l'Instruction publique[88].

Cette question des rythmes de travail à l'école est l'un des sujets de discussion de la section II au congrès de 1930. Le rapport est confié à un Belge, Albert Stassart, alias Georges Rency, professeur d'athénée et d'École normale mais également membre de l'Académie de langue et de littérature françaises. Celui-ci préconise une réduction drastique des programmes et des heures de classe dans l'enseignement primaire et moyen, la fin des devoirs à domicile et leur remplacement par un système de lectures obligatoires correspondant aux cours suivis[89]. Son intervention suscite un débat nourri – et toujours très actuel – autour de la notion d'effort et sur la question de l'égalité entre élèves[90]. D'autres contributions concernent la révision, jugée nécessaire, des exercices d'explications d'auteurs français dans le secondaire[91] ou la crise de la rédaction française, qui fournit l'occasion aux congressistes

---

83 *RFB*, 1924, pp. 439–441.
84 *RFB*, 1925, pp. 241–242.
85 *RFB*, 1929, pp. 24–31.
86 « La grande pitié des Savants », in *RFB*, 1927, pp. 648–659. Le « barrésisme » de la revue et de ses animateurs mériterait d'être approfondi. Voir notamment les pages consacrées à la mort de Barrès par Robert Vivier, autre professeur à l'Université de Liège (*RFB*, 1924, pp. 14–18). Sur ce thème, voir Fr. Balace, « Barrès, un prêt-à-porter pour les nationalistes francophones de Belgique ? », in O. Dard et al. (dir.), *Maurice Barrès, la Lorraine, la France et l'étranger*, Berne, Peter Lang, 2011, pp. 281–312.
87 R. Halleux – G. Xhayet, *La liberté de chercher. Histoire du Fonds National belge de la Recherche Scientifique*, Liège, Éditions de l'Université de Liège, 2007.
88 E. Lacoste, « Décompression scolaire », in *RFB*, 1929, pp. 608–614.
89 *RFB*, 1930, pp. 610–616.
90 *RFB*, 1931, pp. 96–102.
91 Édouard Maynial, professeur au Lycée Henri IV (*RFB*, 1930, pp. 586–591) et R. Gallet, préfet des études honoraire de l'Athénée royal d'Ixelles (pp. 592–601).

de déplorer la piètre maîtrise de l'expression écrite par la plupart des élèves[92]. La question des équivalences n'est pas centrale, même si elle fait l'objet du premier rapport, centré sur la réglementation en vigueur en Belgique[93].

D'ambition plus restreinte, la section IV, Juridique et philanthropique, correspond à la fois au souhait d'œuvrer au rapprochement franco-belge par l'harmonisation législative et réglementaire et au souci de promouvoir l'activité des associations qui viennent spécifiquement en aide aux expatriés et s'emploient à assurer légalement la réciprocité des avantages concédés[94]. Cette dernière dimension est présente à diverses reprises dans la *Revue Franco-Belge*[95]. Présidée par le baron Meyers, procureur général près la cour d'Appel de Liège, la section entend le comte Albert Bruneel sur les accords franco-belges dans le domaine philanthropique, et C. Pitot, le secrétaire général de la Chambre de commerce belge de Paris, sur les œuvres philanthropiques belges en France. Elle entend aussi deux membres du Comité de l'Amitié franco-belge évoquer l'un le projet de Préventorium d'Élisabethville-sur-Seine et l'autre les difficultés rencontrées par les chômeurs expatriés. Enfin, elle débat de la codification des lois franco-belges, que la Conférence du Jeune Barreau de Liège s'offre de réaliser[96].

La section V, consacrée aux questions coloniales, voit se succéder un nombre important d'intervenants, français et belges (journalistes, militaires, chefs d'entreprises, dirigeants de sociétés coloniales...), qui convergent pour réclamer un rapprochement des deux puissances coloniales en Afrique équatoriale. Les questions du transport – surtout aérien –, du courrier, de l'hygiène, de l'enseignement, du tourisme, de la gestion des frontières sont successivement abordées et débouchent sur la formulation de vœux appelant les gouvernements français et belge à agir pour affronter ensemble la crise économique en collaborant davantage avec les entreprises privées[97]. La section est placée sous la houlette d'Henri Carton de Tournai, ancien ministre catholique belge des colonies, mais la vraie cheville ouvrière est un journaliste, spécialiste des questions coloniales, Fred Van der Linden. Celui-ci fait partie des premiers reporters à avoir parcouru le Congo, en 1908, avant d'y devenir administrateur territorial. À partir de la fin des années 1920, il se construit, en parallèle au journalisme, une carrière de lobbyiste de la cause coloniale. Cofondateur et secrétaire général du Comité franco-belge d'études coloniales en 1930, il est nommé membre du Conseil colonial par le Sénat belge en 1932 et, six ans plus tard, à Paris, membre associé étranger de l'Académie des Sciences coloniales[98]. Toute-

---

92 Albert Peeters, professeur à l'Athénée de Saint-Gilles (*RFB*, 1930, pp. 602–609).
93 L. Hocepied, directeur honoraire de l'enseignement supérieur belge (*RFB*, 1930, pp. 580–585).
94 Un traité franco-belge du 14 décembre 1922 concerne l'attribution de secours par l'assistance officielle aux Belges en France et aux Français en Belgique.
95 A. Hayot, « L'entente philanthropique franco-belge. L'œuvre du comte Bruneel », in *RFB*, 1923, pp. 70–75 ; « L'entente philanthropique », in *RFB*, 1928, p. 122 ; « Philanthropie franco-belge », in *RFB*, 1929, pp. 643–644.
96 Résumé des débats dans *RFB*, 1931, pp. 102–107.
97 *RFB*, 1931, pp. 135–139.
98 Voir G. Thoveron – J.-M. van der Dussen de Kestergat, « Linden (Van der) (Fred) », in *Biographie belge d'outre-mer*, Bruxelles, Académie royale des sciences d'Outre-mer, 1998, et ses

fois, quand se tient le Congrès franco-belge de Liège, il est encore à l'aube de cette carrière foisonnante et l'on peut considérer qu'il est à l'origine de l'intérêt du Comité pour les questions coloniales. En effet, avant son arrivée soudaine pour un exposé, en novembre 1929[99], la *Revue Franco-Belge* n'avait jamais montré une appétence particulière pour ce thème. Cet exposé est publié en janvier 1930 sous le titre *Vers une politique d'entente coloniale franco-belge*[100]. Van der Linden y plaide l'importance, pour la Belgique, d'être aux côtés de la France « dans l'œuvre coloniale, à la base de laquelle se trouve, avant tout, une haute pensée de solidarité humaine »[101]. Désormais, toutes les réunions du Comité d'Entente comportent un volet colonial et Van der Linden obtient qu'une section spécifique soit ménagée au Congrès de septembre. Ses mémoires témoignent de la poursuite de ses activités au sein du Comité jusqu'à la Seconde Guerre mondiale[102].

CONCLUSIONS : MUCH ADO ABOUT NOTHING ?

Si les participants se séparent non sans une certaine euphorie, commune dans ce genre de circonstances, les retombées à court et moyen terme du Congrès franco-belge sont très faibles. Les organisateurs avaient espéré un effet d'entraînement du projet Briand et de la Conférence de la trêve douanière mais, dès novembre 1930, celle-ci peut être considérée comme mort-née : une seconde conférence constate alors l'impossibilité de mettre la convention en vigueur, un nombre trop important de signataires ne l'ayant pas ratifiée[103]. Eric Bussière formule l'hypothèse selon laquelle la grande frilosité du Président du Conseil français André Tardieu marque déjà le choix d'une politique de repli sur le plan intérieur[104]. Les effets de la crise économique mondiale ne font que renforcer cette tendance à partir de 1931. De son côté, l'UEBL signe, le 22 décembre 1930, la convention d'Oslo, qui la lie aux Pays-Bas et aux pays scandinaves afin de sauver certains acquis[105], mais sans la France. Pour le Comité d'Entente, l'évolution de la situation est donc décevante. Il n'en poursuit pas moins sa croisade dans les années trente mais subit, en 1934, une perte importante avec la disparition de Léon Lobet, le principal chroniqueur économique de la *Revue Franco-Belge*.

Sur le plan littéraire mais aussi, pour partie, économique, Maurice Wilmotte essaie, en 1931, de faire avancer l'idée d'un « pacte intellectuel » qui permettrait une meilleure visibilité des écrivains belges à Paris[106]. Il lance ainsi une vaste

---

mémoires, F. Van der Linden, *Soixante-cinq ans de la vie mouvementée d'un journaliste*, Bruxelles, Lielens, 1970.
99 *RFB*, 1929, p.703.
100 *RFB*, 1930, pp. 27–32.
101 *Idem*, p. 32.
102 F. Van der Linden, *Soixante-cinq ans...*, pp. 330–335.
103 A. Fleury, « Un sursaut... », p. 350 et F. Vanlangenhove, *L'élaboration...*, p. 90.
104 É. Bussière, *La France, la Belgique...*, p. 335.
105 F. Vanlangenhove, *L'élaboration...*, p. 90–91.
106 *RFB*, 1931, pp. 258–265.

enquête concernant l'opportunité et la possibilité d'une « entente professionnelle entre écrivains de langue française de nationalités différentes » afin de ménager leurs intérêts respectifs. Plus encore, il leur demande dans quelle mesure ils estiment « que de tels arrangements puissent être consacrés par le législateur, encouragés par la presse et le public et imposés à MM. les libraires »[107]. Une vingtaine de littérateurs belges et français lui répondent[108] mais la plupart se montrent très sceptiques à l'égard d'une régulation contrainte qui se heurterait toujours aux lois du marché, au triomphe du mercantilisme et à l'attractivité de Paris. Le plus favorable à une politique proactive est le Liégeois Albert Mockel, installé en France depuis quarante ans, qui préconise, d'une part, la création d'une collection identifiable de grands talents belges, rigoureusement sélectionnés et vendus comme tels à Paris, et, de l'autre, l'ouverture, dans la capitale française, d'une librairie belge soutenue par le gouvernement, qui présenterait les œuvres de tous les écrivains belges, où qu'ils soient publiés, à côté de livres français attractifs[109]. Toutefois, ni les idées de Wilmotte, ni celles de Mockel ne se concrétiseront.

Au début de la Seconde Guerre mondiale, à l'heure de rédiger ses mémoires, Maurice Wilmotte dresse un bilan sans concessions de l'action de ce Comité d'Entente franco-belge auquel il a consacré tant d'énergie pendant un quart de siècle. Relisant les ordres du jour de réunions, les procès-verbaux, la correspondance, il déplore « la vanité de tant de parlotes, où pourtant chacun était sincèrement animé du désir de servir une même cause » mais aussi « de réunion en réunion, une éclaircie de plus en plus visible dans les rangs des zélateurs, qui constituèrent le premier noyau de notre groupement, ou même de ceux qui vinrent plus tard le grossir et le vivifier ». Il en rend responsable « l'opposition des tendances et des intérêts » entre la France et la Belgique[110]. Le Congrès franco-belge de 1930, objet de cette contribution, apparaît donc comme un *momentum* singulier, une opportunité sans doute mal transformée entre deux tourmentes, celle de la Première Guerre mondiale et de ses conséquences et celle de la grande crise économique, proche de déferler sur l'Europe. Mais le regard porté sur lui pourrait aussi être plus indulgent : en termes de mobilité étudiante, d'équivalence de diplômes, de libéralisation des échanges, ses débats étaient avant-gardistes. Et l'on pourrait même considérer que l'actuel Centre Wallonie-Bruxelles à Paris est le lointain descendant des idéaux exposés par Maurice Wilmotte il y a quatre-vingt-dix ans...

---

107 *Idem*, p. 265.
108 *RFB*, 1931, pp. 451–472 et pp. 590–600.
109 *Idem*, pp. 459–461.
110 M. Wilmotte, *Mes mémoires...*, p. 133.

COOPERATION ENTREPRENEURIALE ET SOCIABILITE PATRONALE DANS L'EUROPE DE L'ENTRE-DEUX-GUERRE

LE CAS DES CARTELS INTERNATIONAUX DE L'ACIER

Paul Feltes

L'entre-deux-guerres constitue l'âge d'or des accords privés entre fabricants d'acier. Au cours des années vingt, les maîtres de forges recourent à des stratégies de rationalisation qui stimulent la surproduction. Dans le même temps, le commerce de l'acier n'augmente pas dans le même rythme que la production. Ces facteurs sont propices à la création de cartels nationaux et internationaux[1]. Au cours de cette période marquée par les conflits autour des réparations, des dettes interalliées et de la sécurité collective, les industriels estiment que les hommes politiques sont incapables de créer des conditions de stabilité économique et politique[2]. De nombreux sidérurgistes européens sont alors convaincus que les ententes sont un bon moyen pour assurer la rentabilité des firmes. Dans un climat de concurrence accrue, les grandes sociétés sidérurgiques – Marine et Homécourt (France), Ougrée-Marihaye (Belgique), Arbed/Terres Rouges (Luxembourg), Vereinigte Stahlwerke (Allemagne) – adhèrent aux principes d'un capitalisme coopératif.

Au cœur de tout cartel international se trouvent des patrons d'entreprises. Pour l'historien qui s'efforce de « présenter le patronat sous toutes ses facettes » (Ginette Kurgan-Van Hentenryk), l'analyse des cartels offre un terrain de prédilection[3]. À la lecture des nombreuses sources, il apparaît que les cartels sont des réseaux d'alliance et de sociabilité dont l'analyse permet de mieux comprendre les stratégies, pratiques et comportements des maîtres de forges.

Notre contribution n'a pas la prétention d'offrir une synthèse exhaustive des multiples facettes de la coopération entrepreneuriale à travers les cartels. Elle est le

---

1. D. Petzina, « Probleme der weltwirtschaftlichen Entwicklung in der Zwischenkriegszeit », in K. Borchardt, E. Schremmer, W. Zorn (Hrsg.), *Weltwirtschaftliche und währungspolitische Probleme seit dem Ausgang des Mittelalters*, Forschungen zur Sozial- und Wirtschaftsgeschichte, vol. 23, Fischer Verlag, Stuttgart, 1981, p. 184.
2. C. A. Wurm, « Politik und Wirtschaft in den internationalen Beziehungen. Internationale Kartelle, Aussenpolitik und weltwirtschaftliche Beziehungen. 1919–1939: Einführung », in Id. (Hrsg.), *Internationale Kartelle und Aussenpolitik*, Franz Steiner Verlag, Wiesbaden-Stuttgart, 1989, p. 11.
3. G. Kurgan-van Hentenrijk, S. Jaumain, V. Montens (dir.), *Dictionnaire des patrons en Belgique. Les hommes, les entreprises, les réseaux*, De Boeck Université, Bruxelles, 1996, p. 8 ; G. Kurgan-van Hentenrijk, « Le patronat en Belgique (1880–1960) », in *Histoire, économie et société*, 17e année, 1998, n° 1, pp. 190–191.

fruit des recherches doctorales que nous avons menées sous la direction d'Éric Bussière dans les archives de trois firmes dont les dirigeants ont joué un rôle clé dans les cartels internationaux de l'entre-deux-guerres : Marine et Homécourt, Ougrée-Marihaye et Arbed/Terres Rouges[4].

Les archives du groupe luxembourgeois Arbed/Terres Rouges sont d'une importance primordiale pour l'analyse des cartels internationaux de l'acier. Le fait que la capitale du Grand-duché ait été choisie comme siège des deux Ententes internationales de l'acier (EIA) – la première a été créée en 1926, la seconde a vu le jour en 1933 – a généré la production d'une masse de documents de première main qui permettent d'appréhender les formes de coopération économique dans le cadre du régionalisme européen de l'entre-deux-guerres.[5] L'approche est transnationale, car les interpénétrations financières et industrielles par-delà les frontières nationales ont été nombreuses.

Il importe de souligner que, parallèlement aux deux EIA, des accords internationaux plus ciblés ont été conclus : l'entente des produits de tréfilerie, l'entente du fil machine, l'entente des tubes et l'European Rail Makers Association (ERMA) rebaptisée International Rail Makers Association (IRMA) en 1929.[6] Les adhérents sont en partie les mêmes que ceux des deux EIA. Il reste à faire toute la lumière sur la marche de ces ententes spécifiques et sur l'interdépendance des différents cartels.

LES DEUX ENTENTES INTERNATIONALES DE L'ACIER AU CŒUR DU REGIONALISME EUROPEEN

L'acier est l'objet du rapprochement européen dans l'entre-deux-guerres. Les entreprises de quatre pays – France, Allemagne, Belgique, Luxembourg – sont au cœur des deux EIA. Abstraction faite de la sidérurgie italienne et néerlandaise, il s'agit *grosso modo* de l'espace fondateur de la Communauté Européenne du Charbon et de l'Acier (CECA), fondée en 1951, appelé parfois la « Lotharingie industrielle ».[7]

---

[4] La thèse que l'auteur a soutenue en 2016 à l'Université Paris IV – Sorbonne, portant le titre *L'Europe et l'acier (1929–1939). L'invisible république des maîtres de forges au temps des cartels : mythes et réalités*, a été publiée à Luxembourg en 2018. Cf. P. Feltes, *Le Luxembourg, l'Europe et les cartels internationaux de l'acier (1929–1939). Entre concurrence coupe-gorge et marché régulé*, Archives nationales de Luxembourg, Luxembourg, 2018, 2 vol.

[5] Cf. É. Bussière, « Premiers schémas européens et économie internationale durant l'entre-deux-guerres », in *Relations internationales*, n° 123, 2005, pp. 51–68 ; Id., « L'intégration économique de l'Europe au XXe siècle : processus et acteurs », in *Entreprises et histoire*, vol. 33, 2003, n°2, pp. 12–24.

[6] Un premier inventaire des liasses qui se rapportent aux ententes internationales dans le secteur de l'acier a été dressé par l'historien Charles Barthel dans les années 1990. Cf. C. Barthel, *SA des Hauts-Fourneaux et Aciéries de Differdange-St. Ingbert-Rumelange. Inventaire sommaire des Archives*, Centre de Recherche Public, Centre Universitaire, Luxembourg, 1997.

[7] P. Mioche, « Retour sur la « Lotharingie industrielle » : La sidérurgie du groupe des Quatre (Allemagne, Belgique, Luxembourg et France) de 1974 à 2002 », in M. Dumoulin, J. Elvert, S.

La première EIA repose sur le principe de la limitation de *la production*. Mais, de manière générale, on a l'impression que les producteurs préfèrent payer des pénalités au lieu de réduire la production et donc l'offre, mesure qui aurait pu endiguer la chute des prix. Aux différends qui opposent les groupes nationaux s'ajoutent les stratégies de certaines firmes, dont la Providence. La firme belge est établie à Marchienne-au-Pont près de Charleroi. Elle possède deux usines en France (à Haumont et à Réhon). L'attitude de la Providence pèse lourd. Alors qu'elle veut supprimer les pénalités pour dépassement de la production les chefs de fils des quatre groupes nationaux jugent indispensable le maintien des amendes. Force est de constater que les leaders des deux groupes concernés, le Belge Jacques van Hoegaerden et le Français Théodore Laurent, condamnent l'attitude de la Providence mais n'ont pas d'emprise sur elle. Le refus par cette dernière d'accepter des pénalités sonne le glas de la première EIA (mars 1931).

Il n'en demeure pas moins que les tenants de la première EIA restent convaincus de la nécessité d'une entente générale. « La crise se résoudra par une collaboration internationale ou elle ne se résoudra pas », diagnostique le président du Conseil d'administration du groupe Arbed/Terres Rouges Gaston Barbanson en février 1932.[8] Ernst Poensgen, le représentant de la délégation allemande auprès de l'EIA, est favorable à la création de Comptoirs internationaux d'exportation. Il déclare le 12 janvier 1933, alors que les tractations internationales pâtissent des divisions au sein du groupe belge : « Si un jour on écrit l'histoire économique de notre temps, nous serons devant elle en mauvaise posture. Nous négligeons la possibilité que nous avons de sortir par la constitution de Comptoirs d'une situation catastrophique. »[9] L'intention voire la détermination de la plupart des sidérurgistes de rechercher une nouvelle forme d'entente est renforcée par l'expérience positive des cartels spécialisés pour les rails, le fil machine et les tubes. Les prix de ces aciers n'ont baissé que modérément entre 1930 et 1932.[10] Les négociations aboutissent finalement en février 1933 à la création d'une seconde EIA qui se propose de réguler *l'exportation* à travers une série de Comptoirs internationaux.

Cette EIA est le reflet d'un régionalisme européen qui se définit par la reconnaissance de solidarités spécifiques. Il y a entre les quatre groupes fondateurs la conscience de partager des intérêts communs à l'égard des concurrents situés à la périphérie de l'Europe, mais aussi envers les métallurgistes japonais et américains. La solidarité ne découle pas d'un projet européen délibéré mais est le résultat d'une attitude pragmatique.

Il est indéniable que la solidarité entre les firmes allemandes, françaises, belges et luxembourgeoises est plus grande que celle qui les rapproche des producteurs de l'Europe centrale, du Royaume-Uni et de la Pologne. Plus on s'éloigne du noyau

---

Schirmann (dir.), *Ces chers voisins. L'Allemagne, la Belgique et la France en Europe du XIXe au XXIe siècles*, Franz Steiner Verlag, Stuttgart, 2010, p. 243.
8   *L'Écho de la Bourse* (Bruxelles), 18.02.1932.
9   ANLux, 1.r.2. Compte-rendu de la réunion du Comité directeur de l'EIA, 12.01.1933.
10 E. Hexner, *The International Steel Cartel*, The University of North Carolina Press, Chapel Hill, 1943, p. 82.

de l'EIA, plus difficile devient la recherche d'une entente. Ainsi ce n'est qu'après la mise en place de l'EIA en juin 1933 que les quatre groupes de l'Europe industrielle de l'Ouest cherchent un arrangement plus poussé avec les fabricants tchécoslovaques, autrichiens et hongrois. En 1934, les groupes fondateurs trouvent un accord avec les trois groupes de l'Europe centrale concernant le respect des prix de l'EIA et la protection des marchés intérieurs. De plus, on s'accorde sur une participation partielle des usines tchécoslovaques et de l'Alpine autrichienne aux Comptoirs. Les tractations avec les sidérurgistes anglais s'avèrent plus laborieuses. En 1934, les patrons de l'EIA préviennent les Britanniques qu'ils ne prolongent pas l'IRMA sans un effort de la part des Anglais pour couvrir le reste du négoce. En août 1935, un accord est signé entre la British Iron and Steel Federation (BISF) et l'EIA. Il prévoit un partage des exportations et règle le problème des importations continentales au Royaume-Uni, désormais soumises à un régime de licences avec une réduction des droits de douane. Un comité mixte, le Joint Coordination Committee est chargé de veiller à l'application de l'accord. L'adhésion des producteurs polonais à l'entente du fil machine au printemps de l'année 1935 ouvre la voie à leur participation à l'IRMA et à l'EIA (juillet 1935). En janvier 1936, le groupe polonais adhère aux Comptoirs internationaux de l'EIA.

Dans l'EIA, les Belges et les Luxembourgeois ne sont pas traités comme des partenaires de second rang. Les petits traitent d'égal à égal avec les grands. Au sein du cartel, le désaccord est fréquent, mais la ligne de partage voit de fréquents flux et reflux. Les alliances n'ont pas d'existence permanente, elles changent à propos de chaque différend. Il n'y a pas d'opposition impérieuse entre les producteurs des grands pays (France, Allemagne) et ceux de la Belgique et du Grand-duché. Tout bien considéré, le discours sur la relation privilégiée franco-allemande dans la seconde EIA nous paraît davantage une construction postérieure à 1945.[11]

Les politiques protectionnistes menées par les gouvernements au cours des années trente trouvent leur corollaire dans une autre forme de protectionnisme, celle des producteurs d'acier qui souhaitent préserver leur marché national, même si la protection des marchés intérieurs reste souple et permet dans certains cas des importations réciproques.

La cartellisation ne signifie pas la fin du territoire. Les groupes s'attribuent des zones de pénétration privilégiées. Un exemple : dès 1933, les Belges se désintéressent du marché suisse, de peur que le transport n'engloutisse des sommes trop importantes. En revanche, ils convoitent la première place sur le lucratif marché voisin des Pays-Bas. La segmentation des marchés est favorisée par la seconde EIA. Les décideurs n'ont pas l'intention de fonder un grand marché européen, sans entraves aux échanges. Ils s'efforcent d'endiguer le développement des sidérurgies périphériques. L'idée est de cimenter la hiérarchie industrielle en Europe. La différence est de taille avec la CECA (1951) qui repose sur le principe de l'interpénétration des marchés et de la non-discrimination.

---

11 Cf. également, C. Defrance, « Construction et déconstruction du mythe de la réconciliation franco-allemande au XXe siècle », in U. Pfeil, *Mythes et tabous des relations franco-allemandes au XXe siècle*, Peter Lang, Berne, 2012, pp. 69–85.

Il importe de bien saisir l'importance du rôle des personnalités, car au-delà des intérêts il y a les tempéraments, c'est-à-dire les hommes.

LE RÔLE DES PERSONNALITÉS

Le nombre de délégués qui prennent part aux discussions et délibérations dans les deux EIA est variable. Certaines séances plénières peuvent comprendre une cinquantaine de délégués. Si l'on prend comme référence l'ossature de la seconde EIA créée en 1933 – gérée par un Comité directeur, une Commission des Comptoirs et quatre Comités de gérance – on peut estimer à quelques dizaines le nombre de sidérurgistes qui se côtoient régulièrement dans les salles de conférence à Paris, Düsseldorf, Bruxelles, Luxembourg, Budapest, Vienne, Prague et Londres.

Les matadors de la première EIA sont les mêmes que ceux de la seconde EIA. Ces deux cartels sont voulus principalement par les dirigeants des grandes firmes françaises, allemandes, belges et luxembourgeoises. Cette stabilité au niveau de l'équipe dirigeante est un facteur de cohésion. En effet, le noyau dur des deux EIA est constitué par un groupe restreint d'hommes qui se connaissent bien et qui *grosso modo* partagent la même échelle de valeurs.[12] La formation associée à l'expérience professionnelle fait d'eux des spécialistes. Le cénacle est formé par les chefs de file des quatre groupes fondateurs : Aloyse Meyer (Arbed/Terres Rouges), Théodore Laurent (Marine et Homécourt), Ernst Poensgen (Vereinigte Stahlwerke) et Jacques van Hoegaerden (Ougrée-Marihaye). En 1935, Jacques van Hoegaerden cède sa place à Albert d'Heur (Angleur-Athus).

Les grands patrons de l'EIA dirigent des firmes qui se sont dotées dans les années vingt d'un vaste réseau d'agences commerciales en Europe et dans le monde. Les organisations de vente les plus caractéristiques sont Columeta (Arbed/Terres Rouges), Davum-Exportation (Marine-Homécourt) et Socobelge (Ougrée-Marihaye). Ce qui plus est, les mêmes personnalités qui dirigent l'EIA se trouvent à la tête d'influentes organisations patronales. En 1929, Ernst Poensgen, directeur-général adjoint des Vereinigte Stahlklwerke, devient président du Verein deutscher Eisen- und Stahlindustrieller. En 1935, il accède au poste de directeur-général des Vereinigte Stahlwerke.[13] Théodore Laurent est vice-président du Comité des forges de France de 1928 à 1940. Jusqu'en 1934, il préside le Comptoir sidérurgique de France (CSF), le cartel intérieur français qui regroupe les Comptoirs créés dans l'Hexagone. Jacques van Hoegarden, directeur-gérant du groupe belge Ougrée-

---

12 Sur les réseaux de l'industrie sidérurgique, cf. F. Berger, « Les réseaux de l'industrie sidérurgique pendant les années trente. Deux exemples croisés entre la France et l'Allemagne », in M. Dumoulin (dir.), *Réseaux économiques et construction européenne*, PIE – Peter Lang, Bruxelles, 2004, pp. 145–161 ; Id., « Les patrons de l'acier en France et Allemagne face à l'Europe (1930–1960) », in É. Bussière – M. Dumoulin (dir.), *Milieux économiques et intégration européenne en Europe occidentale au XX siècle*, Artois Presses Université, Arras, 1998, pp. 179–195.
13 W. Fischer (Hrsg.), *Biographische Enzyklopädie deutschsprachiger Unternehmer*, Bd. 2, Saur, München, 2004, p. 968 ; F. Berger, « Les réseaux… », op. cit., pp. 149–150.

Marihaye depuis 1919, préside le Groupement des Hauts Fourneaux et Aciéries Belges (GHFAB).[14] En 1931, Aloyse Meyer, le directeur-général du groupe Arbed et président de l'EIA, remplace Gabriel Maugas à la tête du Groupement des Industries Sidérurgiques Luxembourgeoises (GISL).

À côté de ce quator, un homme joue un rôle important dans les deux EIA : Hector Dieudonné. Ervin Hexner, expert contemporain des cartels au service de la sidérurgie tchécoslovaque, voyait en Dieudonné « the embodiment of the spirit of the ISC (International Steel Cartel) ».[15] Les documents d'archives nous ont permis d'éclairer le rôle de Dieudonné.[16] En tant que directeur-gérant de Columeta, Dieudonné est le bras droit du directeur général du groupe Arbed/Terres Rouges Aloyse Meyer. Hector Dieudonné dirige toutes les réunions préparatoires à l'acte fondateur de la seconde EIA. À l'échelon international, le Belge préside à partir de 1933 la Commission des Comptoirs de la seconde EIA. De plus, pendant la durée de l'EIA (1933–39) il est le délégué du groupe luxembourgeois dans les Comités de gérance des Comptoirs et il préside le Comité de gérance du Comptoir des aciers marchands. Il s'illustre par son savoir et son habileté à résoudre les problèmes pratiques. Hector Dieudonné est l'homme du terrain par excellence. Son cas est révélateur du grand professionnalisme qui caractérise les acteurs du cartel et qui va de pair avec une professionnalisation croissante du secteur depuis la fin du 19e siècle.[17]

La coopération entrepreneuriale à travers les cartels repose sur des substrats essentiels. Outre l'origine sociale, la formation, le professionnalisme, les patrons au sein des cartels internationaux se rapprochent également par une sociabilité bien organisée qui passe par un respect mutuel.

Ainsi la bonne entente entre Ernst Poensgen et Théodore Laurent peut étonner quelques années seulement après la Grande Guerre. Au lendemain de la guerre de 14–18, Théodore Laurent prône de bonnes relations avec l'Allemagne en dépit de la perte d'un de ses fils sur les champs de bataille.[18] Les rapports entre Poensgen et Laurent sont marqués par une confiance réciproque. Poensgen est l'ami du président de l'EIA Aloyse Meyer. Les relations cordiales entre les dirigeants facilitent les rapports au niveau du cartel international. Elles s'expliquent par le fait que les protagonistes se respectent pour leur professionnalisme. Or, nous tenons à y ajouter un élément qui semble fondamental : il n'y a pas de barrières linguistiques faisant

---

14   D'après *L'Ossature métallique* (numéro 3, mai/juin 1933), revue publicitaire belgo-luxembourgeoise fondée en 1932, il exerce cette fonction ensemble avec Léon Greiner, directeur-général de la SA John Cockerill.
15   E. Hexner, *The International Steel Cartel*, op. cit., p.98.
16   En 2013, l'historien Harm G. Schröter a soulevé la question pertinente en considération de la remarque que Hexner a faite sur le rôle de Dieudonné : « What does this mean ? ». Cf. H.G. Schröter, « An Overview on Fresh Questions, New Methods, and Surprising Results », in *Revue économique*, vol. 64, 2013, n°6, p. 1002.
17   Cf. également, H. Joly, « Les dirigeants des grandes entreprises industrielles françaises au 20e siècle. Des notables aux gestionnaires », in *Vingtième siècle. Revue d'histoire*, n°114, 2012, pp. 17–18.
18   D. Fraboulet, P. Mioche, « Théodore Laurent », in J.-C. Daumas (dir.), *Dictionnaire historique des patrons français*, Flammarion, Paris, pp. 403–405.

obstacle au dialogue. Laurent et Poensgen parlent chacun la langue de l'autre.[19] En septembre 1932, Théodore Laurent souligne que Ernst Poensgen a prononcé « un remarquable discours en français » lors d'une réunion internationale.[20] Aloyse Meyer parle et écrit couramment l'allemand et le français, ce qui fait de lui un parfait interlocuteur pour ses confrères belges, français et allemands.

Deux Luxembourgeois, les deux grands patrons du groupe Arbed/Terres Rouges, assument successivement la fonction présidentielle de l'EIA. Émile Mayrisch a présidé le cartel de 1926 jusqu'à sa mort accidentelle en 1928, alors qu'il se rendait à une réunion de l'EIA à Paris. Le mandat d'Aloyse Meyer est reconduit régulièrement jusqu'à la guerre. Ce n'est pas un hasard si le poste de président est occupé par deux ressortissants luxembourgeois, le Grand-duché étant un petit pays neutre.[21] Fait révélateur : en juin 1938, au moment du renouvellement des Comptoirs de l'EIA le président sortant veut céder sa fonction à un de ses confrères, comme le prévoient d'ailleurs les statuts. Or, les délégués des groupes allemand, français, belge, polonais et tchécoslovaque le prient unanimement de continuer à assumer la présidence pour la durée des nouveaux accords ![22] Si Meyer a l'approbation de ses collègues, c'est parce qu'il s'est distingué pendant une décennie par son aptitude à chercher des compromis entre les parties et la détermination qu'il a manifestée, par exemple vis-à-vis des maisons marchandes allemandes qui se sont dressées contre le cartel ou lors des négociations avec les Anglais et les Américains.

Meyer et Dieudonné, les chefs du groupe Arbed/Terres Rouges, sont des conciliateurs dont les efforts sont reconnus par leurs collègues européens. Le défi est de taille puisque d'une part les fonctions présidentielles appellent une neutralité certaine et d'autre part les dirigeants d'Arbed/Terres Rouges se doivent de défendre les intérêts de leur firme voire du groupement luxembourgeois entier.

La cartellisation au niveau international amène les patrons des grandes firmes à voyager beaucoup. De nombreuses réunions internationales se tiennent à Luxembourg, Paris, Düsseldorf, Bruxelles et Liège. Le siège des deux EIA et, partant, le Bureau central chargé de la gestion des affaires du cartel est établi dans la capitale du Grand-duché. La ville de Liège, au cœur d'un important bassin houiller, est un haut lieu de la sidérurgie wallonne. Le Stahlhof à Düsseldorf abrite le siège du Stahlwerks-Verband allemand. Les sidérurgistes se rencontrent également à Vienne, Budapest, Prague et Londres.

Lorsque les réunions du Comité directeur de l'EIA se tiennent dans la capitale du Grand-duché, elles ont lieu au siège de l'Arbed, 19 avenue de la Liberté. Dans ce fastueux immeuble – il dispose d'un restaurant doté d'une bonne cave – les dirigeants peuvent profiter d'un moment de distraction pendant une partie de quilles. Plus rarement, on tient conseil sur un bateau, comme pendant la traversée de Calais

---

19 F. Berger, « Les patrons... », op. cit., pp. 179–195.
20 ANLux, Arbed-01-2404, Procès-verbal du Conseil d'administration de la Hadir, Bruxelles, 24.09.1932.
21 Cf. également, H.G. Schröter, « Losers in power-plays? Small states and international cartelization (1919–1939) », in *The Journal of European Economic History*, vol. 39, n°3, 2010, p.534.
22 ANLux, 1.r.2.(4), Compte-rendu de la réunion du Comité directeur de l'EIA, 15.06.1938.

à Douvres le 18 juin 1930. Souvent, les organes directeurs du cartel délibèrent dans un grand hôtel international. C'est le cas lorsqu'une quarantaine de sidérurgistes participent à l'assemblée et lorsque les réunions s'étendent sur deux jours. Les dirigeants de l'EIA et de l'IRMA font souvent d'une pierre deux coups en rassemblant les délégués au même endroit pendant deux jours consécutifs. Dans le même temps, ces rencontres de deux jours favorisent les relations sociales et humaines.

Ainsi il arrive fréquemment que les sidérurgistes logent dans les hôtels les plus prestigieux et luxueux d'Europe. À plusieurs reprises les délégués de la Commission des Comptoirs et des Comités de gérance se rencontrent au Château d'Ardenne, hôtel de luxe situé près de Dinant en région wallonne. Le Comité directeur de l'EIA se réunit maintes fois à l'Hôtel Crillon à Paris (place de la Concorde). En octobre 1931, les hauts dirigeants de l'EIA se rencontrent à Londres au Langham Hotel, probablement en marge d'une réunion de l'IRMA. En 1934/35, les entrevues à Londres entre les délégués britanniques et les sidérurgistes continentaux n'ont pas lieu dans les bureaux de la BISF, mais au prestigieux Savoy Hotel sur les rives de la Tamise. En avril 1938, les délégués de la BISF et de l'EIA rencontrent les patrons américains au Dorchester Hotel à Londres.

Il va de soi qu'en marge des discussions officielles, les patrons mènent une vie mondaine et profitent du charme des capitales et villes européennes. Le Stahlhof à Düsseldorf se trouve à proximité de la fameuse Königsallee dite Kö, la plus belle avenue de la ville rhénane. Lors de leurs déplacements professionnels, les chefs de file des cartels se font parfois accompagner par leurs épouses. Elles prennent alors part aux déjeuners et dîners ainsi qu'au programme culturel soigneusement assorti par le Bureau de l'EIA. Le 14 juin 1935, une quarantaine de sidérurgistes européens – continentaux et anglais – se retrouvent au Kurhotel Petersberg à Königswinter sur le Rhin. L'enjeu de la rencontre est de taille : les maîtres de forges du Continent comptent renouveler l'IRMA et faire participer les Anglais à l'EIA. La photo de groupe de cette entrevue – les barons du fer sont debout derrière leurs épouses assises – donne une impression d'harmonie et de sociabilité organisée.[23]

La sociabilité est entretenue indépendamment de la situation économique. Les 11 et 12 juin 1931, en pleine crise, les mandataires de l'EIA et de l'IRMA se rencontrent à Budapest. Un programme culturel et touristique attend les sidérurgistes. La séance consacrée à l'IRMA se déroule le 11 juin. Le programme précise que les dames et les personnalités qui ne prennent pas part à la réunion de l'IRMA participent à une excursion avec déjeuner au Johannesberg. Le soir, les sidérurgistes et leurs épouses assistent à une représentation à l'Opéra royal. Le 12 juin, on se propose d'examiner un nouveau projet d'EIA. En soirée, la délégation est conviée à une promenade en bateau sur le Danube.

Les 28 et 29 septembre 1936, les réunions de l'EIA et de l'IRMA se tiennent à Luxembourg. Le contexte n'est plus le même qu'en 1931. En été 1935, l'EIA a conclu un accord avec la BISF. Au printemps 1936, l'EIA et la BISF se sont associés pour approcher les producteurs américains dans le but d'organiser les marchés

---

23 P. Feltes, *Le Luxembourg, l'Europe et les cartels internationaux de l'acier (1929–1939)*, op. cit., vol. 6/2, p. 395.

d'exportation. À la même époque les tractations avec l'industrie de l'acier japonaise tournent court. Dans ce contexte, les maîtres de forges du Grand-duché font découvrir à leurs confrères européens les principaux sites touristiques du pays : visite de la ville de Luxembourg, déjeuner au club-house du golf, découverte de la vallée de la Moselle, thé à Mondorf-les Bains (28 septembre) ; excursion dans la vallée de l'Alzette, le nord du pays, la vallée de la Sûre et le Mullerthal, déjeuner à Echternach à l'Hôtel Bel'Air (29 septembre). On notera que les sites d'exploitation de la sidérurgie luxembourgeoise dans le Bassin minier ne font pas partie du circuit.

La tâche que les patrons se sont imposée n'est pas aussi simple qu'on le croirait à première vue. En effet, les patrons de l'EIA se trouvent souvent à l'intersection de trois plans : la firme, le groupe national et le cartel. On constate une rivalité permanente entre la logique du cartel et la logique d'entreprise. Des conflits d'intérêt peuvent alors surgir, d'autant plus que certaines des firmes qui se trouvent au cœur de l'EIA sont des groupes multinationaux (Arbed/Terres Rouges, Ougrée-Marihaye et Marine-Homécourt). Il est laborieux de trouver un équilibre car il y a un intérêt pécuniaire qui est en jeu. La complexité des interférences et des influences apparaît à maintes reprises.

Le cas de Gabriel Maugas est à cet égard frappant. Le directeur général de la Hadir Gabriel Maugas, de nationalité française, préside le GISL jusqu'à sa mort en octobre 1931. Pendant la Première Guerre mondiale, Maugas a accédé au grade de chef des services économiques au sein de l'état-major français. Il a été au service du maréchal Foch lorsque celui-ci a établi son quartier général au Grand-duché à la fin de la guerre. À Luxembourg, il a retrouvé son ancien camarade de la Polytechnique, Théodore Laurent, patron de Marine et Homécourt. Laurent lui a offert le poste de directeur-général de la nouvelle société Hadir fondée en 1920 pour absorber le patrimoine de la Deutsch-Luxemburgische Bergwerks- und Hüttenaktiengesellschaft. La Hadir, qui exploite notamment l'usine de Differdange au Grand-duché, est un maillon important du groupe Marine-Homécourt patronné par Théodore Laurent. Le capital de la Hadir est détenu par des actionnaires franco-belges. Depuis sa création, Théodore Laurent préside le Conseil d'administration de la Hadir.[24]

Au cours de la première moitié de l'année 1930, alors que les effets de la crise se font sentir dans l'industrie sidérurgique de la plupart des pays européens, les carnets de commande des usines françaises sont encore relativement bien garnis grâce aux commandes des chantiers navals et des compagnies de chemins de fer de l'Hexagone. Ce n'est qu'au début de l'année 1931 qu'on constate un ralentissement des affaires sur le marché intérieur français. Après l'échec de la tentative de créer des Comptoirs internationaux d'exportation (août 1930), Théodore Laurent ne veut accepter une nouvelle réduction de la production qu'en respectant deux conditions préalables : la protection du marché intérieur français et le bénéfice des mêmes avantages qui ont été accordés au groupe allemand en 1927. En effet, ce dernier profite depuis 1927 d'une réduction des pénalités lorsque le dépassement de la

---

24 Sur Gabriel Maugas, cf. C. Barthel, *Bras de fer. Les maîtres de forges luxembourgeois entre les débuts difficiles de l'UEBL et le Locarno sidérurgique des cartels internationaux. 1918–1929*, Saint-Paul, Luxembourg, 2006, p. 52.

production est dû à l'évolution de son marché intérieur. Détail piquant : le directeur général de la Hadir et président du groupement luxembourgeois, Gabriel Maugas, agit dans les coulisses dans l'intérêt ... de ses compatriotes français ! Le 22 septembre 1930, après avoir assisté à une réunion du GISL, Maugas informe son ami Théodore Laurent de la position que compte prendre le groupe luxembourgeois au regard des conditions posées par les fabricants français pour la prolongation de l'EIA. Maugas lui annonce que le groupe luxembourgeois admet le principe de la protection du marché intérieur français. Mais, il l'avertit en même temps que le GISL ne compte pas se rallier à la formule revendiquée par le groupe français de réduire les pénalités dans le cas où les dépassements proviendraient du marché intérieur français. Le directeur général de la Hadir remarque toutefois : « Je puis ajouter, confidentiellement, qu'une instance de la part du groupement français fera certainement tomber l'objection du groupement luxembourgeois. J'ajoute enfin que, dès samedi dernier, M. Meyer a écrit à M. van Hoegaerden pour l'inciter à accepter le point de vue du groupement luxembourgeois. » Finalement, après plusieurs semaines de tractations, les groupes allemand, belge et luxembourgeois entrent dans les calculs du groupe français.[25]

En revanche, quelques mois plus tard, au moment des négociations sur le contingent que les usines lorraines et luxembourgeois peuvent écouler en Allemagne, Maugas défend avec véhémence la cause de la forge de Differdange en territoire luxembourgeois. Il met en garde son ami Théodore Laurent contre l'intention présumée du directeur du Stahlwerks-Verband Georg Sandmann d'enfoncer un coin entre les usines lorraines et luxembourgeoises en optant pour des négociations séparées franco-allemandes. Maugas note début février 1931 : « [Il] semble que le [Stahlwerks-Verband] ait l'intention de se mettre d'accord pour le nouveau contrat [lisez : du contingent lorrain-luxembourgeois] avec le groupe français, se réservant plus tard de dire au groupe luxembourgeois : Voilà le texte sur lequel nous sommes d'accord avec les Français ; vous n'avez plus qu'à l'adopter. S'il en est ainsi, le [Stahlwerks-Verband] commet évidemment une grave erreur, car le Luxembourg ne se laissera pas traiter de cette manière. Quoi qu'il en soit, il vaudrait mieux, semble-t-il, éviter ce genre de discussions, en s'astreignant à l'intervention simultanée de tous les intéressés. »[26]

C'est un exemple qui montre l'importance des relations personnelles au niveau des cartels internationaux. Force est de constater que le patronat de la sidérurgie en tant que groupe homogène n'existe pas. D'une part, il y a les maîtres de forges qui dirigent les grandes entreprises et qui se trouvent à la tête des cartels et des organisations patronales. Ils s'efforcent d'agir collectivement à travers les cartels nationaux et internationaux. D'autre part, il y a les dissidents (outsiders) qui font cavalier seul et mènent une stratégie souvent contraire à la politique des cartels. Cette hétérogénéité du monde patronal s'explique en partie par les structures divergentes des sidérurgies nationales. En Belgique, le phénomène de concentration est peu développé. Le secteur se caractérise par l'existence d'une multitude de petites firmes

---

25 ANLux, Hadir, 1(vert), Maugas à Laurent, 22.09.1930.
26 ANLux, Hadir, 1.m.O, Note de Maugas, 03.02.1931.

indépendants qui se contentent de laminer des demi-produits. Ces firmes n'ont pas forcément intérêt à rejoindre un cartel international voire national. Le particularisme des patrons qui se trouvent à la tête de telles sociétés, férus d'indépendance et rebelles à toute entente, pèse lourd sur le marché de l'acier et impose des barrières et limites à l'action des cartels.

LES LIMITES ET CONTRAINTES DE LA COOPÉRATION À TRAVERS LES CARTELS

Dans un article qu'elles ont publié en 2006, les économistes américaines Margret Levenstein et Valerie Suslow sont arrivées à la conclusion qu'un cartel, pour être efficace, doit répondre à trois maximes : faire participer un maximum de firmes qui sont prêtes à coordonner leurs politiques en matière de production et de vente et qui ne comptent pas enfreindre leurs engagements.[27] Considéré sous ces aspects, le succès de la seconde EIA paraît discutable.

Il y a le problème des dissidents qui ne veulent pas se plier aux règles de l'EIA et qui tracassent les leaders du cartel pendant toute la décennie. En été 1935, Hector Dieudonné note que les transformateurs belges, bien qu'ils aient promis de respecter les prix, livrent « *où ils veulent et aux prix qui leur plaisent* ».[28] Il vise les petits transformateurs indépendants dont la gamme de fabrication est réduite et qui ne disposent pas des mêmes moyens de commercialisation que les grandes firmes qui sont au cœur de l'EIA.

La toute première recherche sur la cartellisation menée par l'économiste autrichien Friedrich von Kleinwächter en 1883 a été motivée par l'hypothèse que les crises économiques conduisent à la création de cartels.[29] La seconde EIA était conçue à l'origine comme une réponse à la crise. Il s'agissait d'éviter un affaissement des prix. Or, les bienfaits de la cartellisation ne sont pas mis en cause pendant la courte phase de reprise économique en 1936–37 quand les prix réels augmentent excessivement par rapport aux prix officiels retenus par le cartel.

Mais, ce qui est encore plus difficile que la régulation des prix, c'est-à-dire l'adaptation des prix à la situation du marché, c'est le respect des prix par les membres du cartel. L'idée du vendeur unique commun aux groupes nationaux ne s'impose pas. Les produits cartellisés continuent à être vendus par les agents commerciaux des firmes qui, souvent, ne respectent pas les prix des Comptoirs. De plus, tout en adhérant à l'EIA, des firmes essayent de contourner le cartel et cherchent à

---

27 M.C. Levenstein – V. Suslow, « What determines Cartel Success? », in *Journal of Economic Literature*, 1(2006), pp. 85–86.

28 ANLux, Hadir, 1.a.2, Notes prises au cours de la réunion de la Commission des Comptoirs de l'EIA à Luxembourg, 13.09.1935.

29 F. von Kleinwächter, *Die Kartelle. Ein Beitrag zur Frage der Organisation der Volkswirtschaft*, Innsbruck, Verlag der Wagner'schen Universitäts-Buchhandlung, 1883. Cf. également, X. Bezançon et al., « Coûts et avantages des cartels », in *Entreprises et histoire*, n°76, 2014, pp. 107–115.

développer les fabrications non cartellisées et lucratives. Il faut bien le noter : l'action commune à travers la cartellisation ne met pas fin à la concurrence.

La politique de l'EIA consiste à lutter contre le développement de la transformation d'acier dans les pays où elle n'existait guère. Or on constate que les firmes de l'EIA n'arrivent pas à empêcher l'essor de nouveaux concurrents qui, par-dessus le marché, bénéficient souvent de l'appui de leurs gouvernements.

La politique économique dirigiste de l'Allemagne nazie fait obstacle à la cartellisation internationale. À partir de la seconde moitié de l'année 1934, les sidérurgistes allemands essuient des reproches de plus en plus nombreux parce que leurs fournitures excèdent les quotes-parts qui leur ont été attribuées dans les Comptoirs. Cette avance s'explique en partie par les accords de clearing que le gouvernement nazi a signés en choisissant ses partenaires économiques de manière ciblée. Ces accords compliquent la prise des affaires pour les autres groupes de l'EIA. En Grèce et au Danemark, les usines allemandes sont pratiquement seules à pouvoir livrer à cause des accords de clearings signés au niveau étatique.[30]

L'accord entre l'EIA et la sidérurgie britannique signé en été 1935 montre les pesanteurs du système. Il comprend deux volets. D'un côté il prévoit le partage de quotes-parts à l'exportation ; de l'autre côté, il règle le problème des importations continentales au Royaume-Uni. Dans l'optique des Britanniques, il s'agissait au départ de contingenter et donc limiter les importations en provenance des groupes fondateurs de l'EIA. Or, dès le début de l'année 1936, les Anglais demandent à l'EIA des tonnages supplémentaires hors contingent afin de couvrir les besoins en acier. Pour favoriser ces importations, le gouvernement réduit successivement les droits d'entrée. L'accord entre la BISF et l'EIA perd ainsi de sa substance. Seul le volet de l'accord qui concerne l'exportation est maintenu.

Le rapport entre les industries américaine et européenne est complexe. Au début du 20e siècle, la sidérurgie européenne subit une première vague d'américanisation qui se manifeste par l'adoption des nouvelles méthodes de fabrication et de rationalisation préconisées par les ingénieurs américains.[31] En revanche, la cartellisation, phénomène avant tout européen, constitue également un défi pour les métallurgistes américains. On a l'impression que le capitalisme américain qui voit les cartels plutôt comme obstacle se rapproche du modèle européen du capitalisme coopératif. La croyance dans les possibilités infinies de la concurrence s'estompe dans la foulée de la crise de 1929.[32]

En dépit de la politique antitrust du gouvernement américain, les producteurs d'outre-atlantique participent à différents cartels.[33] En 1929, la collaboration

---

30 Un accord de clearing permet à deux pays de participer au commerce international sans être obligé de céder des devises. Par une convention bilatérale, le produit des exportations d'un pays est affecté au règlement de ses importations. L'objectif est de réaliser un équilibre des échanges entre les deux pays.
31 Cf. P. Feltes, *Le Luxembourg, l'Europe et les cartels...*, op. cit., vol. 6/1, pp. 58–63.
32 Sur le phénomène de l'américanisation, cf. D. Barjot, « Introduction », in *Revue économique*, vol. 58, 2007, n°1, pp. 22–24.
33 Cf. également D. Barjot, « Cartels et cartellisation : des instruments contre les crises ? », in *Entreprises et histoire*, 2014/3, n° 76, p. 8.

jusque-là occulte à l'entente des rails devient officielle. Aux États-Unis le National Industrial Recovery Act (NIRA) de juillet 1933 favorise les ententes. Mais, en 1935 déjà, la Cour suprême américaine décide que le NIRA est inconstitutionnel.[34] Si les autorités publiques sympathisent de manière éphémère avec le capitalisme coopératif, la crise n'empêche pas les entreprises privées américaines de se rapprocher des producteurs européens. À partir de l'été 1934 et jusqu'au début de la Seconde Guerre mondiale, la Steel Export Association (SEA) est membre du cartel international des fers blancs. La SEA participe également à l'entente internationale des tubes jusqu'en 1935, année de la dissolution de l'entente. Mais, les Américains continuent à coopérer de manière informelle avec les Européens en ce qui concerne l'exportation des tubes (maintien des prix).[35] Au printemps 1936, les fabricants européens (ceux du Continent et de la BISF) approchent les Américains et leur proposent des négociations dans l'objectif d'organiser les marchés d'exportation où on se livre une âpre concurrence.

Il reste que dans l'optique des producteurs européens, le résultat de la coopération avec les patrons américains s'avère décevant. L'accord signé en février 1937 entre l'EIA et la BISF d'une part et les sidérurgistes américains d'autre part est promptement remis en question par ces derniers. Un nouvel accord est conclu en avril 1938, mais il ne fonctionne jamais à la satisfaction des parties. Les affaires d'Extrême-Orient échappent complètement à la régulation. Le groupe américain est délié de la responsabilité de ses outsiders qui continuent à semer le trouble sur les marchés. Pendant la courte période de leur participation, les Américains dépassent systématiquement leurs droits et vendent en dessous des prix officiels.

Au total, les dirigeants de l'EIA savent pertinemment que les Comptoirs qu'ils ont mis en place en 1933 sont fragiles.[36] Voilà pourquoi ils misent sur une multitude de stratégies entrepreneuriales. Parallèlement à l'action commune dans le cadre de l'EIA, d'autres ententes inter-firmes ou combinaisons d'affaires ciblées (accords bilatéraux ou trilatéraux entre les sociétés commerciales des usines) sont formées. À cela s'ajoutent des fusions et acquisitions qui permettent d'augmenter le quota d'une entreprise dans le cartel. En dernier ressort, le choix d'une firme de coopérer au sein de structures cartellisées dépend également des autres possibilités dont elle dispose pour aboutir à des résultats similaires voire meilleurs.

Toujours est-il que dans la perception des patrons, la seconde EIA a permis d'amortir le choc de la crise. C'est la conviction que dans un climat de libre concurrence la chute des prix aurait été bien plus importante. Nonobstant la politique

---

34 *Ibidem*, p. 10 et H. G. Schröter, « Kartellierung und Dekartellierung. 1890–1990 », in *Vierteljahrsschrift für Sozial- und Wirtschaftsgeschichte,* vol. 81, 1994, p. 475.

35 E. Hexner, « American Participation in the International Steel Cartel », in *Southern Economic Journal,* 1(1941), pp. 60–70.

36 L'historien Harm G. Schröter a montré que les cartels internationaux étaient très vulnérables jusqu'en 1945. En 1928, le congrès de Varsovie de la *International Law Association* réclame en vain un droit international contraignant doté d'un tribunal afférent. De tels instruments manquent tout simplement dans l'entre-deux-guerres. La seconde EIA (comme la première) prévoit une procédure d'arbitrage, mais elle est laborieuse et repose sur un examen interne. Cf. H. G. Schröter, « Kartellierung und Dekartellierung... », op. cit., p. 477.

de décartellisation favorisée par les Américains après 1945, les métallurgistes européens continuent à préconiser un système d'entente sous la surveillance des industriels.

ELECTRORAIL, ARCHETYPE DE LA SOCIETAS EUROPEA ?

Caroline Suzor

Electrorail, fondée à Bruxelles en 1930, était la société mère du groupe Empain. C'est-à-dire qu'elle détenait une participation significative dans chacune des sociétés de ce groupe, qui lui-même était implanté dans plusieurs pays et sur plusieurs continents.

Dans le cadre d'une étude sur les débuts de la construction européenne, il est permis de se demander si Electrorail n'est qu'une holding belge, détenant des titres de sociétés installées notamment en Europe, ou si l'on peut déjà la qualifier de société européenne au sens juridique du terme. Dans ce cas, il s'agirait évidemment d'une qualification a posteriori puisque le concept de « société européenne » n'avait pas de sens en 1930, époque où l'idée même d'Europe relevait de l'utopie.

Précisons tout d'abord ce qu'est une société européenne[1].

Aux termes d'un règlement adopté en 2001[2], repris ensuite dans les droits internes des pays membres, l'Union Européenne a défini le statut de la « societas europaea (SE) », ou société européenne. C'est une forme de société anonyme permettant l'exercice d'activités dans plusieurs Etats européens, en utilisant un ensemble de règles communes à tous ces Etats. L'adoption de cette forme juridique permet aux entreprises actives simultanément dans plusieurs pays européens d'échapper aux difficultés qui pourraient résulter des divergences du droit applicable dans les différents Etats membres de l'Union Européenne.

Ce statut permet une gestion simple, puisqu'il est possible de regrouper les activités dans une même société, sans qu'il soit nécessaire de créer des filiales. Ceux qui traitent avec une société européenne bénéficient de la sécurité d'avoir, face à eux, une société qui applique des règles connues dans toute l'Europe.

Les conditions pour adopter cette forme juridique sont les suivantes :
- le siège social et l'administration centrale doivent être installés dans le même pays de l'Union Européenne,
- la société doit être présente dans plusieurs pays de l'Union Européenne,
- le capital minimal doit être de 120.000 euros, c'est-à-dire un capital important, si on le compare au capital minimal imposé pour constituer une société

---

1 C.Bouleau, « Société européenne, un statut avantageux qui fait beaucoup d'adeptes », in *Challenges*, 21 mars 2014.
2 Règlement (CE) no 2157/2001 du Conseil du 8 octobre 2001 relatif au statut de la société européenne (SE), in *Journal Officiel des communautés européennes*, L 294, 44e année, 10 novembre 2001.

anonyme dans un Etat membre (à ce jour 37.000 euros en France et 61.500 euros en Belgique),
– la direction doit avoir conclu un accord avec les salariés pour que leurs représentants participent aux organes de la société.

De grands groupes d'entreprises, actifs simultanément dans plusieurs pays de l'Union Européenne, ont adopté ce statut. Allianz, société allemande spécialisée dans les assurances, a été la première à l'adopter en septembre 2005. Eurofins scientific (société de biotechnologie) a fait le même choix en 2007. Unibail Rodamco (qui détient et gère des centres commerciaux dans les grandes villes européennes) a été, en 2009, la première société du CAC 40 à devenir une société européenne. LVMH (leader mondial des produits de luxe) a adopté ce statut en 2014.

Notre propos est donc de nous livrer à un exercice d'uchronie en tentant de répondre à la question de savoir si Electrorail aurait pu, de nos jours, être une « societas europaea » ?

Nous commencerons par une rapide présentation de l'histoire du groupe Empain avant la constitution d'Electrorail. Nous remonterons le temps, jusqu'à la fin du 19e siècle, époque où Edouard Empain entame sa carrière. Nous présenterons brièvement Empain, son groupe, puis la société Electrorail. Nous terminerons en nous interrogeant sur la possibilité de qualifier Electrorail de société européenne.

LE CONTEXTE DE DEPART, EN BELGIQUE ET EN FRANCE

Premier pays du continent européen à avoir connu la révolution industrielle, la Belgique est, à la fin du 19e siècle, un pays riche et développé, qui « exporte » ses entrepreneurs et ses capitaux. Ce mouvement, très ancien, a commencé à prendre de l'ampleur sous le Second Empire, puis s'est accru après la guerre franco-prussienne de 1870 et la défaite française.

La défaite française a, en quelque sorte, été bénéfique à la Belgique. En effet, le Traité de Francfort, signé en 1871 entre la France vaincue et l'Allemagne victorieuse impose à la France, outre la cession au vainqueur de l'Alsace et d'une partie de la Lorraine, le versement d'une indemnité de 5 milliards de francs or. L'Allemagne, craignant qu'une arrivée massive de capitaux sur son sol ne créé de l'inflation, choisit de ne pas injecter directement la totalité de cet argent dans son économie nationale. Elle en place une partie importante en Belgique. Grâce à cet argent, de gros investissements sont réalisés dans des entreprises belges.

Quelques années plus tard, le krach de la bourse de Vienne entraine une grave crise économique en Europe. Cette crise pousse notamment les entrepreneurs belges de transport à investir massivement dans de nouveaux marchés situés à l'étranger. Ils se dirigent vers des pays proches, ou plus lointains, comme l'illustre la présence de capitaux belges en Russie puis, au fil des ans, en Amérique latine, en Chine, au Japon, au Congo.

Parmi les pays destinataires de ces investissements à l'étranger, la France occupe une place privilégiée. Ceci parce qu'à l'époque où les entrepreneurs belges de transports cherchent de nouveaux débouchés, la France, heureuse coïncidence, projette de construire de nouvelles lignes de chemin de fer. La Troisième République met en œuvre le plan de développement des transports par rail et par voie d'eau, élaboré en 1879 par le ministre des Travaux publics Freycinet. Ce plan prévoit la construction d'un réseau complémentaire de chemin de fer, c'est-à-dire de lignes locales permettant de relier bourgs et villages ruraux avec la ou les villes proches[3]. Un immense réseau de chemin de fer d'intérêt local est donc construit. Il l'est notamment à cette époque par des entrepreneurs belges, parmi lesquels Edouard Empain.

EDOUARD EMPAIN, UN HOMME AMBITIEUX ET AUDACIEUX

Né en 1852, le jeune Edouard Empain entre, en 1873, à la Société Houillère et Métallurgique, connue comme « La Métallurgique »[4]. Il n'a aucun diplôme. Pourtant, il y devient ingénieur en chef, avant d'entrer au conseil d'administration. Malgré cette progression, il quitte la Métallurgique en 1879. Il devient administrateur de la SA des Marbres[5], une entreprise fondée peu avant pour reprendre une affaire de taille, travail et commerce de marbre et pierres de construction, exploitée près de Bruxelles. Il y change encore de titre et devient maître de carrière. L'actif et le passif de la SA des Marbres sont cédés dès 1882[6]. Puis la société est liquidée[7]. La répartition du boni de liquidation permet à Empain de se constituer un capital.

A cette époque, Empain est aussi banquier. Il a créé en 1880 son propre établissement, sous la dénomination sociale E-L-J Empain[8]. Mais ce n'est pas encore assez pour lui.

Empain devient entrepreneur de transport. A cette époque, les Belges, qui ont été pionniers dans l'industrie de tramways en Europe, sont nombreux à exporter ce savoir-faire. A ce stade, Empain fait comme les autres. Il va créer, ou plus souvent reprendre à des fondateurs qui rencontrent des difficultés, des sociétés de chemins de fer et tramways. Ses premières sociétés, reprises ou fondées durant les années

---

3   Pour une présentation générale, voir M. Wolkowitsch, « Le siècle des chemins de fer secondaires en France (1865–1963) : les entreprises, le réseau, le trafic », in *Revue d'histoire des chemins de fer*, n°30, 2004, p. 9–470, consultable à l'adresse https://journals.openedition.org/rhcf/1293 [16 mai 2020].

4   Pour une vue d'ensemble sur la famille et le groupe Empain, voir C. Suzor, *Le groupe Empain en France. Une saga industrielle et familiale*, Bruxelles, PIE-Peter Lang, 2010 (« Histoire de l'énergie », n°9), pp. 31–65.

5   Assemblée générale ordinaire [AGO] du 25/7/1879, Le Moniteur belge, recueil spécial des actes et documents relatifs aux sociétés, 15/6/1879, n° 692.

6   Assemblée générale extraordinaire [AGE] du 2/3/1882, in *Recueil spécial des actes, extraits d'actes, procès-verbaux et documents relatifs aux sociétés commerciales*, [Bruxelles, Imprimerie du Monteur Belge], 12/3/1882, n° 346.

7   AGE du 24/4/1882, in *Recueil spécial...*, 5/5/1882, n° 784.

8   Nos recherches, aussi bien dans le *Recueil spécial* qu'auprès de la Banque nationale de Belgique, n'ont pas permis de retrouver trace de la fondation de la Banque Empain. Son existence ne semble cependant pas devoir être remise en cause.

1880, sont en Belgique et en France. Durant la décennie suivante, il investit en Argentine, Roumanie, Russie, Egypte, Espagne. Plus tard au Chili et en Chine. Rien encore de très surprenant. De nombreux entrepreneurs belges, à cette époque, partent à la conquête du monde, avec des tramways à la technologie relativement ancienne, mais bien éprouvée.

En 1898, Empain réussit un coup de maître, grâce auquel son groupe va totalement changer de dimension. Il fonde la Compagnie du chemin de fer métropolitain de Paris (CMP). La CMP reçoit la concession du Métro de Paris, suite à la rétrocession faite par le concessionnaire initial. La CMP, aux termes de l'accord passé avec la ville de Paris, ne devra être dirigée que par des français. Empain sait donc rester très discret lorsqu'il le faut. Avec le Métro, il obtient un réseau de chemin de fer supplémentaire à construire et à exploiter. Mais ce nouveau réseau est d'une toute autre ampleur que les précédents !

Le cahier des charges signé avec la ville de Paris prévoit que la CMP produise son propre courant électrique et dispose de sa propre centrale. Empain fait donc édifier sa première centrale électrique, à Paris[9]. Très vite, il apparaît que cette centrale ne produira jamais suffisamment de courant pour faire fonctionner un Métro dont le réseau devra sans cesse s'agrandir. Empain lance donc la construction d'une nouvelle centrale, très moderne et de très grande dimension. Il fonde à cet effet, en 1903, la Société d'électricité de Paris[10] et construit une immense centrale à Saint-Denis. Il devient donc producteur d'électricité. C'est le début d'une nouvelle activité, qui fera de lui l'un des hommes les plus riches de l'époque.

Par la suite, Empain multiplie ses centrales électriques et ses sociétés productrices d'électricité. Ainsi, en France, il produit du courant à Paris, dans le Nord puis aussi à Nantes[11].Empain démarre l'activité de production d'électricité en Belgique, en même temps qu'en France, avec la création, en 1903, de la Compagnie d'électricité de Seraing et extensions. Comme en France, il va ensuite étendre cette activité dans d'autres régions, le Hainaut, Liège, Bruxelles, Tournai et à la Côte belge.Pour fournir ses entreprises de tramways et ses chemins de fer, pour équiper ses centrales électriques, Empain développe des ateliers de constructions, notamment les ACEC à Charleroi[12] et, à la frontière franco-belge, les ateliers de Jeumont. Empain participe également à l'exploitation du Congo où son groupe est actif, à partir de 1902.

---

9   AGO 1900, statuant sur les comptes de 1899, médiathèque RATP, archives de la CMP.
10 Constituée le 15/6/1903, devant Maître Lavoignat, notaire à Paris, archives EDF, fonds SEP, boite 75 70 27.
11 Sur le contexte général dans lequel s'inscrit l'activité des entreprises Empain, voir F. Caron, M. Boireux, M. Lévy-Leboyer, H. Morsel, *Histoire générale de l'électricité en France*, vol. 1 : *Espoirs et conquêtes 1881–1918*, Paris, Fayard, 1991.
12 Sur la création des ACEC, voir notamment T. Vandamme, Beyond Belgium : The Business Empire of Edouard Empain in the Firts Global Economy, thèse de doctorat en histoire, Universiteit Gent, 2019, p. 202–210. Consultable en ligne à l'adresse https://pdfs.semanticscholar.org/f90a/38fd6543cc9286f5a731dbed04196364f6a5.pdf?_ga=2.10549361.47163300.1591941699-1751995379.1591941699 [16 mai 2020].

Il nourrit et réalise aussi, en Egypte, un projet qui peut être qualifié de grandiose. Après avoir participé à la constitution de la société des tramways du Caire (1895), Empain lance l'idée de construire une nouvelle ville dans les environs de la capitale égyptienne. Surgie des sables, elle s'appellera Héliopolis[13] et sera l'une des premières villes nouvelles du monde. Construite en plein désert, à une dizaine de kilomètres du Caire, à partir de 1906, Héliopolis est une ville moderne. Elle n'est pas un nouveau quartier du Caire, mais une véritable ville, indépendante de la capitale. Elle dispose de ses propres infrastructures, de lignes de tramways, d'un chemin de fer électrique baptisé « métro », de deux centrales électriques, de son propre réseau d'arrivée d'eau, de ses égouts. Les différentes religions s'y côtoient, chacune ayant son lieu de culte. Les classes sociales y sont également mélangées, puisque la ville comprend des habitations ouvrières, bourgeoises et de luxe.

Lorsqu'Edouard Empain décède à Bruxelles, en 1929, il laisse à ses deux fils et héritiers un groupe de dimension mondiale, constitué de nombreuses sociétés prospères[14]. Les fils vont conserver ces sociétés. L'activité quotidienne des diverses entreprises n'est pas affectée par le décès du fondateur. Pourtant, les fils procèdent à un immense changement, dans l'organigramme du groupe. Ils fondent la société Electrorail, qui va devenir la tête de pont du groupe.

LA CRÉATION D'ELECTRORAIL

Les statuts des « Compagnies réunies d'électricité et de transport », qui seront connues sous le nom d'Electrorail, sont reçus le 7 janvier 1930 par Edouard Van Halteren, notaire à Bruxelles[15]. La société est constituée conformément au droit belge. Son siège social est établi à Bruxelles.

Ses fondateurs sont au nombre de sept, conformément à la loi sur les sociétés anonymes. Les trois premiers sont la « Compagnie générale de railways et d'électricité », la « Compagnie belge des chemins de fer réunis » et la « Fédération d'entreprises de transports et d'électricité ». Ces trois sociétés avaient notamment pour objet la détention de titres des sociétés du groupe Empain. Ce sont donc des sociétés de portefeuille ou, pour employer la terminologie de l'époque, des trusts. Du temps d'Edouard Empain, six sociétés de cette nature avaient coexisté ou s'étaient succédé. Les trois sociétés mentionnées ci-dessus sont celles qui restaient actives lors du décès de leur fondateur. Ce sont des sociétés de droit belge, dont les sièges sociaux sont à Bruxelles. Mises en liquidation préalablement à la constitution d'Electrorail, elles lui apportent tous leurs actifs.

Le quatrième fondateur d'Electrorail est la « Banque industrielle belge », que l'on appelait également Banque Empain. Elle a succédé, en 1919, à la « Banque

---

13   R.Ilbert, *Héliopolis, le Caire 1905–1922, Genèse d'une ville*, Paris, CNRS, 1981, et, plus récemment A. Van Loo – M.-C. Bruwier, (dir.), *Heliopolis,* Bruxelles, Fonds Mercator, 2010.
14   Sur la « dynastie Empain », voir Yvon Toussaint, *Les barons Empain*, Paris, Fayard, 1996.
15   Archives Générales du Royaume [AGR], TE 26–193, Compagnies réunies d'électricité et de transport – Electrorail, Statuts. Archives Electrorail, AGR, TE 26–193

ELJ Empain » dont nous avons rappelé qu'elle avait été fondée en 1880. Le nouvel établissement est soumis à la législation belge. Son siège social est à Bruxelles.

Les trois derniers fondateurs d'Electrorail sont des personnes physiques. Il s'agit de Jean Empain, Louis Empain et Eugène Harmant. Les deux premiers sont les fils d'Edouard Empain. Au décès de leur père, ils ont respectivement 27 et 21 ans. Ils sont peu instruits, peu expérimentés, presque débutants dans les affaires. Eugène Harmant est leur oncle. Il est l'époux d'Irma Empain, jeune sœur d'Edouard Empain[16]. Il travaille au sein du groupe, auprès de son beau-frère, depuis 1919.

L'objet social d'Electrorail est très large. Il correspond aux différents secteurs d'activité du groupe :
- pour le transport et l'électricité : « toutes opérations relatives à l'installation, à l'exploitation et au développement de tous moyens de transports en commun et de tous moyens de production ou de distribution de l'énergie électrique » et toutes « opérations industrielles, immobilières, commerciales et financières relatives à ces industries » ;
- pour l'activité portefeuille : toutes « opérations sur actions, obligations, parts ou autres titres de sociétés ou associations dont le but principal ou accessoire est conforme à l'objet social » et la « prise de participation dans des sociétés susceptibles de faciliter ou favoriser la réalisation de son objet »,
- enfin, pour pouvoir saisir toute opportunité : « toutes opérations industrielles, commerciales, financières, mobilières et immobilières de quelque nature qu'elles soient, et se rattachant ou non aux opérations prévues par les alinéas précédents.».

La nouvelle société pourra agir partout : en Belgique, dans la colonie du Congo et à l'étranger. Le capital social initial est de 350 millions de francs belges. Son siège social est à Bruxelles, 33 rue du Congrès. C'est l'une des adresses du groupe Empain à Bruxelles.

La société ayant reçu les actifs de trois sociétés de portefeuille, elle se trouve propriétaire d'un très grand nombre d'actions des très nombreuses filiales du groupe. La valeur au bilan de ce portefeuille, calculé à partir de la valeur nominale des titres (donc inférieure à la valeur en bourse), s'établit à 424 millions de francs belges en 1930. Cet immense portefeuille assurera à Electrorail d'importants bénéfices, à travers les dividendes qu'Electrorail encaissera. Il lui assurera également la fonction de scrutateur lors des assemblées générales des sociétés du groupe.

La consultation de la liste des titres détenus par Electrorail présente l'immense avantage de fournir un aperçu des activités du groupe, par secteur et par pays.

Lors de la création de la société, le portefeuille titres se divise en huit catégories d'actions[17] :

---

16 Dossier sur la famille Empain, établi et conservé par le Service de centralisation des études généalogiques et démographiques de Belgique.
17 AGR, TE 26–193, Notice de mai 1930.

- les sociétés de portefeuille,
- les producteurs et distributeurs d'électricité,
- les chemins de fer,
- les tramways,
- les entreprises coloniales (qui exercent leur activité au Congo),
- les sociétés immobilières (en Belgique et en Egypte),
- les ateliers,
- enfin divers titres de différentes autres entreprises.

Les sociétés de portefeuille sont des sociétés de droit belge, sauf la « Parisienne Electrique », fondée à Paris, qui constitue un maillon entre Electrorail et les sociétés françaises. En effet, la « Parisienne électrique » ne participe pas à la fondation d'Electrorail. Elle demeure et conserve son portefeuille, constitué principalement de valeurs des sociétés de transport et d'électricité françaises. Mais pas seulement. Elle est, par exemple, actionnaire d'Auxilacs, société qui investit spécialement dans les affaires coloniales du groupe, plus spécialement au Congo.

Les entreprises productrices d'électricité sont principalement des sociétés françaises et belges.

Parmi les entreprises de chemin de fer, le fleuron est certainement le Métropolitain parisien. Le groupe détient également de nombreuses entreprises de chemin de fer et de tramways, principalement en France et en Belgique, mais aussi dans plusieurs autres pays européens.

Après la Libération, le portefeuille des valeurs françaises est profondément modifié. Ceci pour deux raisons : la nationalisation des entreprises productrices d'électricité et la reprise du Métro par la ville de Paris. Le Métro est confié à la RATP.

Les présidents successifs d'Electrorail ont été Jean Empain, qui entre en fonction dès la création de la société[18] et y reste jusqu'à son décès en 1946. Lui succède Robert Haerens[19], ingénieur, mandataire social au sein du groupe Empain depuis 1926. Haerens occupe la fonction jusqu'à 1948, année où il cède la place à Edouard Empain[20], cousin de Jean et Louis (fils de leur oncle François mentionné ci-après) et donc neveu du fondateur du groupe.

Les administrateurs d'Electrorail sont, à quelques exceptions près, toujours des Belges. Il en est de même pour les commissaires.

Electrorail n'est pas seulement une société de portefeuille. Elle a également une activité technique, au service des différentes sociétés du groupe.

En plus du service administratif et financier, établi à Bruxelles, un bureau d'études est installé qui réalise, par exemple, les projets d'extension des centrales électriques de Bruxelles, Farciennes, Slykens et Sclessin, en Belgique ; d'Aulnoye, Maubeuge et Lomme en France dans les années 1930[21]. Par ailleurs, il conçoit de

---

18 Ibidem.
19 Rapport du Conseil d'administration à l'AGO du 23/4/1947, AGR, TE 26–195.
20 Rapport du Conseil d'administration à l'AGO du 28/4/1948, AGR, TE 26–195.
21 Rapport du Conseil d'administration à l'AGO du 22/4/1931, AGR, TE 26–193.

nouvelles voitures motrices en acier qui seront mises en service dans plusieurs sociétés de chemin de fer, filiales d'Electrorail, en 1930[22]. En outre, un service de contrôle des exploitations, à qui le conseil d'administration reconnaît une « influence très heureuse »[23], veille à la bonne marche des centrales électriques.

Electrorail organise également la centralisation de l'approvisionnement en charbon et se charge dès lors de son achat pour les différentes usines des filiales[24]. Cette centralisation permet de peser sur le prix d'achat, compte tenu du tonnage considérable nécessaire aux centrales du groupe. Le Conseil d'administration, dans son rapport à l'assemblée générale, se félicite chaque année des économies d'échelle ainsi réalisées. Cette recherche de charbon conduira même Electrorail à prendre une participation dans la « SA des Charbonnages de Patience et Beaujonc réunis »[25] en 1935, puis une autre dans les « Charbonnages de Bonne-fin », en 1938[26].

La conséquence de cette centralisation de divers services est une réduction des coûts, particulièrement intéressante en période de crise. Le Conseil d'administration d'Electrorail s'en félicite en 1932, lorsqu'il affirme :

> Malgré le ralentissement des affaires, les résultats bénéficiaires de nos filiales sont restés favorables ; ce fait est dû, en partie, aux avantages de la collaboration que nous leur avons apportée par nos services techniques et financiers. La diminution continue des prix de revient, grâce aux perfectionnements de l'outillage et des méthodes d'exploitation, a permis de faire face, jusqu'ici, à l'influence grandissante de la dépression économique[27].

Mentionnons encore le service social central constitué en 1941[28]. Il s'ajoute aux caisses de secours et de pensions qui existaient déjà dans les différentes filiales. Sa mission est de coordonner l'action sociale existante, dans les différentes filiales. L'activité de ce service central sera renforcée afin de développer l'aide au personnel des filiales.

Dernier fait notable à relever dans cette présentation succincte : pendant la Seconde Guerre mondiale, certaines filiales étrangères ne pourront pas payer leurs dividendes à Electrorail. Ainsi, par exemple, en 1944, l'arriéré à encaisser sur les dividendes de sociétés étrangères s'élève à plus de 24 millions de francs belges[29].

---

22 Ibidem.
23 Ibidem.
24 Ibiem et rapport du Conseil d'administration à l'AGO du 27/4/1932
25 Rapport du Conseil d'administration à l'AGO du 26/4/1936, AGR, TE 26–193.
26 Rapport du Conseil d'administration à l'AGO du 26/4/1939, AGR, TE 26–194.
27 Rapport du Conseil d'administration à l'AGO du 27/4/1932, AGR, TE 26–193.
28 Rapport du Conseil d'administration à l'AGO du 28/4/1943, AGR, TE 26–194.
29 Rapport du Conseil d'administration à l'AGO du 26/4/1944, Archives Electrorail, AGR, TE 26–194.

POURQUOI LA CRÉATION D'ELECTRORAIL ?

La création d'Electrorail intervient dans un double contexte de création de holdings regroupant les affaires d'électricité et de chemin de fer et de recentrage des groupes vers leur pays d'origine.

D'autres holdings détenant les affaires de chemin de fer et électricité sont fondés à la même époque. Electrorail n'est donc pas un mastodonte isolé. Deux importantes et anciennes sociétés holdings lui préexistent en Belgique : la Sofina[30] et la Générale de Belgique[31].

Par ailleurs, à l'époque de la constitution d'Electrorail, l'économie belge connaît « une vague de concentration industrielle ... opérée sous l'impulsion du gouvernement et la responsabilité des banques mixtes »[32]. Ainsi, on réorganise en Belgique la distribution d'électricité, jusque-là placée sous la dépendance de holdings ou de grosses banques, mais de façon très enchevêtrée. En 1928, la Banque de Bruxelles et la Banque Paribas regroupent leurs participations en matière d'électricité et de chemin de fer, pour créer ensemble Electrobel[33]. Electrobel est, dès sa constitution, une entreprise à dimension européenne, dont le portefeuille, estimé alors à 2 milliards et demi de francs belges, comporte des participations dans des entreprises belges, françaises, d'Europe centrale, du Proche-Orient, actives dans la production et la distribution d'électricité et dans les tramways urbains.

La création d'Electrorail s'inscrit donc dans un processus de réorganisation et de regroupement commun aux entreprises du secteur.

Parallèlement, on observe à cette époque un mouvement de recentrage des grands groupes vers leur pays d'origine. Ce mouvement n'est pas propre à la Belgique. Ainsi, parmi les sociétés qui fusionnent au sein d'Electrobel, se trouvait le Gaz belge[34], associé au Groupe Empain en Belgique (leur filiale commune est la Société anonyme d'éclairage et force motrice de Tournai et extension[35]) et en France (leur filiale commune est la SERVA[36]). Electrobel ne devient pas actionnaire direct de la SERVA ni des autres sociétés françaises auxquelles le Gaz belge était intéressé. Les participations françaises du Gaz belge[37] sont apportées à la Compagnie générale du gaz pour la France et l'étranger (société de droit français) qui crée, pour les exploiter, une nouvelle filiale (également soumise à la loi française)

---

30 Recueil financier des sociétés cotées à la bourse de Bruxelles.
31 Ibidem.
32 E.Bussière, *La France, la Belgique et l'organisation économique de l'Europe*, Paris, CHEFF, 1992, p.317.
33 E.Bussière, *Horace Finaly, banquier*, Paris, Fayard, 1996, p. 309.
34 J.-L. Moreau, « Investissements transfrontaliers dans le secteur du gaz : les destins croisés de deux compagnies en France et en Belgique aux XIXe et XXe siècles », in *Revue du Nord*, tome 92, n° 387, pp. 937–950.
35 Ibidem, p. 944.
36 AG constitutive de la SERVA en date du 7/4/1913, archives EDF, fonds SERVA, boite 75 68 99.
37 J.-L. Moreau, *op.cit.*, p. 946.

dénommée Compagnie générale pour l'éclairage et le chauffage par le gaz (Gazelno).

En sens inverse, la Compagnie générale du gaz pour la France et l'étranger, société de droit français, cède en 1925 toutes ses affaires belges à la Centrale gaz et électricité, société de droit belge[38].

Dernier exemple[39] : l'Imperial Continental Gaz Association (ICGA), société de droit anglais, participe en 1933 à la constitution de Contibel, société de droit belge à laquelle elle apporte ses investissements en Belgique.

Ce mouvement de repli vers le pays d'origine répondrait peut-être à des impératifs protectionnistes[40]. Le chauvinisme généré par la Première Guerre mondiale rendait en effet, à cette époque, impossible la détention d'une entreprise par des capitaux étrangers.

Pour appuyer cette idée, rappelons l'existence de la Société Parisienne pour l'industrie des chemins de fer et des tramways électriques, couramment appelée Parisienne électrique. Cette société, qu'Edouard Empain avait fondée à Paris en 1900, était à la fois une société de portefeuille et une société de services pour l'ensemble du groupe. Elle était actionnaire de presque toutes les sociétés qu'Empain avait fondées, en France et à l'étranger. Elle assurait les services centraux des différentes entreprises, en mettant à leur disposition son organisation technique, administrative, financière, comptable et contentieuse. Elle avait également une mission de bureau d'études puis d'entrepreneur (elle réalisait les travaux que les sociétés du groupe décidaient). Malgré la création d'Electrorail, la Parisienne électrique demeure, avec notamment une fonction de sous holding, comme une société mère française des filiales françaises.

Ces raisons, communes aux industriels de cette époque, expliquent la création d'Electrorail (et le maintien de la Parisienne électrique).

Mais on a pu se demander si les fils du général-baron Empain ne poursuivaient pas également un autre but, plus personnel. Ne s'agissait-il pas pour eux d'exclure leur oncle des instances dirigeantes du groupe ? Leur oncle François occupait une position très importante au sein du groupe, comme administrateur ou président de nombreuses sociétés. Docteur en droit[41], de dix ans plus jeune que son frère Edouard, il était entré dans les affaires de ce dernier dès la fin de ses études. Il avait toujours travaillé pour le groupe Empain, cumulant de nombreuses fonctions et de nombreux sièges d'administrateur ou président de conseils d'administration.

Il se trouve qu'Edouard Empain avait une vie privée hors norme. Il s'est marié en 1921, à près de soixante-dix ans, alors que ses fils avaient déjà dix-huit et treize ans. Les deux fils, qui héritent en 1929, ont longtemps été des enfants illégitimes. Leur oncle François avait, lui, contracté un mariage traditionnel et était le père d'un fils, prénommé Edouard, qui a longtemps été le seul représentant légitime de la génération suivante. Il a été écrit que l'oncle n'avait pas très bien traité ses neveux

---

38 *Ibidem*, p. 948.
39 *Ibidem*, p. 950.
40 Idem.
41 Annuaire de l'Université catholique de Louvain, 1884, p. 237 et 1885, p. 213.

dans leur enfance ni dans leur prime jeunesse et qu'il avait tout fait pour que son propre fils soit l'héritier du groupe[42]. Les fils ont-ils voulu éliminer un oncle prêt à les trahir ? On ne peut avoir de certitude. Cependant, il est certain qu'après le décès d'Edouard Empain, son frère François abandonne un grand nombre de ses mandats.

Ceci dit, du temps d'Edouard Empain, il était quasi impossible de dresser un organigramme du groupe, avec sociétés mères et filiales. A cette époque, quasi toutes les sociétés du groupe détenaient une part du capital des autres sociétés. Avec Electrorail, tout change : désormais, une seule société holding contrôle tout le groupe. La création d'Electrorail permet donc de simplifier l'organigramme. Cependant, quelques particularités subsistent : comme on l'a dit, la « Parisienne électrique », titulaire d'un important portefeuille constitué notamment de titres de sociétés françaises, demeure. Demeurent également les participations croisées, dans lesquelles plusieurs sociétés sont actionnaires les unes des autres.

ELECTRORAIL PEUT-ELLE ETRE PRESENTEE COMME L'ARCHETYPE DE LA SOCIETAS EUROPAEA ?

Les entreprises de dimension européenne, voire même de plus grande dimension, existaient déjà bien avant le début de la construction européenne. Comment exerçaient-elles leurs activités, dans un contexte où les pays étaient plus fermés qu'aujourd'hui ?

Recherchons si, au regard de ce que nous avons décrit, Electrorail peut être qualifiée de societas europaea.

Les modes de constitution d'une société européenne sont quatre. L'un d'eux est la création d'une holding. C'est ce qui a été fait lors de la constitution d'Electrorail en 1930.

Electrorail est une société soumise au droit belge, ayant son siège social et son administration centrale (services techniques, administratifs et financiers, bureau d'études) en Belgique. Voilà donc remplie une autre des conditions posées pour la qualification de société européenne.

Elle a de nombreuses filiales et des activités industrielles dans plusieurs pays européens. Ses services centraux sont à disposition des filiales. Elle aide ses filiales. Elle permet le rapprochement entre des entreprises de nationalités différentes, ainsi que des partenariats sur tels ou tels projets. Ceci est également conforme aux dispositions concernant la societas europaea.

Electrorail dispose, dès sa création, d'un capital social nettement supérieur au capital minimal exigé par la loi à cette époque. La societas europaea doit également disposer d'un capital social bien supérieur au capital minimal exigé dans les pays membres.

Seul un des critères qualificatifs de la societas europaea n'est pas rempli par Electrorail. C'est celui de la participation des salariés aux organes de la société. Pas

---

42 Y. Toussaint, *Les barons Empain*, op. *cit*., p. 190–192.

de participation des représentants du personnel à la direction d'Electrorail. Précisons néanmoins que cette question est relativement récente dans l'histoire des relations entre les patrons et leurs employés et n'était vraiment pas à l'ordre du jour dans les années 1930.

Ce dernier point mis à part, on recense donc beaucoup d'éléments permettant de qualifier Electrorail de société européenne, au sens qui sera défini par l'Union Européenne en 2001. Electrorail aurait-elle pu être l'un des modèles sur lesquels le statut de la société européenne a été établi ? Pourquoi s'interdire de considérer que les fils du baron Empain ont, en 1930, fondé l'archétype de la societas europaea ?

DE L'ARGENT AVEC LA BETTERAVE ET NON LE CONTRAIRE

SUCRERIES BELGES ET ANGLAISES FACE A LA CRISE DE L'ENTRE-DEUX-GUERRES

Pierre Tilly

Se pencher sur la question du sucre de betterave ouvre de stimulantes perspectives de recherche permettant d'approcher de nouveaux terrains d'investigation sur l'histoire du développement durable par exemple avec le cas allemand[1]. Le sucre renvoie aussi à un questionnement propre à l'histoire rurale et conduit à s'interroger sur les exploitations qui cultivent la betterave, sur les progrès en matière de rendement, sur le développement des techniques. D'autres questions comme les rapports des producteurs avec les sucreries, les aménagements de l'espace qui en résulte, le développement ou non d'infrastructures de transport qui est fondamental pour le secteur sont tout aussi pertinentes. Et la liste ne s'arrête pas là. Au rayon de l'histoire sociale, le cas du sucre met en lumière l'évolution des structures sociales dans les campagnes, la question de l'exode rural ou encore les différentes variantes du travail dans l'industrialisation du secteur agricole.

Dans le cadre de la présente contribution, nous nous proposons d'aborder principalement une approche en lien avec certains des terrains de recherche d'Éric Bussière dans cette période de l'entre-deux guerres sur laquelle il s'est notamment penché. Si nous n'allons pas revenir sur la dimension des ententes et des cartels dans lequel le secteur sucrier fait œuvre de pionnier et qui ont retenu son attention d'historien de l'Europe[2], d'autres aspects seront abordés dans cette contribution. Il s'agit de l'organisation des marchés en Europe continentale entre libre marché et dirigisme étatique, les dynamiques de espaces de développement économique sectoriel dans l'Europe du Nord-Ouest ou encore l'expansion économique belge du premier vingtième siècle et ses liens étroits avec la France.

Comme le soulignait le géographe français André Thibaut en 1956,

> il n'est qu'à lire le journal édité par les soins de la Confédération générale des planteurs de betterave pour se rendre compte que le souci de la recherche et du maintien des débouchés est au premier rang des préoccupations de la profession. Débouchés bien connus : sucre, alcool,

---

1 J. Harwood, *Europe's Green Revolution and Others Since: The Rise and Fall of Peasant-friendly Plant Breeding*, Londres-New-York, Routlegde, 2012.
2 D. Barjot (dir.), *Vues nouvelles sur les cartels internationaux (1880–1980) : leur place dans l'histoire du développement des affaires et de l'ordre économique international*, Cormelles, Éditions du Lys, 1994.

proposés sur un marché facilement saturable, d'où tout un ensemble, un imbroglio de solutions de défense qui ont nom : conventions internationales, régime douanier, statut de l'alcool... visant à faire de cette plante commerciale une culture en vase clos[3].

La période de l'entre-deux-guerres retenue pour cette contribution s'accorde bien avec cette courte description du secteur sucrier. Elle est indicative de tendances structurelles à plus d'un titre. Tout d'abord, parce que le domaine sucrier va connaître une phase de transition capitalistique plutôt réussie. Comme dans d'autres domaines agricoles, le secteur sucrier est le théâtre d'un phénomène de restructuration accéléré qui touche autant le sucre de canne que celui produit à partir de la betterave. Cela se traduit par une concentration des moyens de production et une centralisation accrue de la production et de la distribution. Pour prendre quelques exemples dans le cas de la betterave sucrière, les plus puissantes entreprises dans le monde industrialisé d'avant 1914 sont la Sucrerie de Culmsee, en Allemagne avec ses 2750 tonnes de betteraves journalières traitées et la fabrique de Salinas, en Californie, qui en travaille 3,000 tonnes. Les sucreries de Wanze en Belgique et de Cambrai en France grâce à leurs râperies traitent des quantités plus ou moins équivalentes.

Dans plusieurs pays importants pour ce secteur de production, le processus de concentration va se renforcer après la Grande Guerre tout en se limitant au secteur industriel qui représente, il est vrai, pour prendre le cas de l'Allemagne, 90% de la production sucrière à la fin des années 1920[4]. On retrouve un processus similaire en Tchécoslovaquie. Le phénomène est global et on l'observe aussi en Argentine ou au Mexique. En Angleterre, comme Philippe Chalmin l'a bien montré, on assiste entre 1860 et 1920 à une concentration de l'industrie du raffinage sucrier autour de quelques familles[5]. Le libre-échange comme valeur étalon en est l'un des moteurs et deux raffineurs, Tate et Lyle, vont tirer les marrons du feu grâce à une fusion particulièrement réussie. L'opération confère à cette multinationale une position monopolistique sur le marché sucrier anglais et surtout impérial dès la fin des années 1930.

Ce qui est intéressant à observer, c'est que le phénomène de concentration est loin d'être uniforme. En Belgique, on assiste également à une concentration des capitaux et une expansion du secteur sucrier qui va notamment se traduire par la création de la Compagnie sucrière congolaise. Mais si le rôle des banques est central dans cette épopée industrielle du sucre comme le montre le cas de la Banque Josse

---

3   A. Thibault, « La betterave industrielle en France », in *L'information géographique*, vol. 20, n°4, 1956, pp. 130–139.
4   L'industrie sucrière allemande, l'une des plus importantes au monde en ce qui concerne la betterave, avait connu un processus de concentration précoce dès la fin de 19ème siècle. Süddeutsche Zucker-Aktiengesellschaft basée à Mannheim est constituée en 1926. Sur l'histoire sucrière allemande, voir notamment H. J. Teuteberg (Hg.), *Westfalens Wirtschaft am Beginn des „Maschinenzeitalters"*, Dortmund, Ardey-Verlag,1988, ainsi que D. Schaal, *Rübenzuckerindustrie und regionale Industrialisierung. Der Industrialisierungsprozess im mitteldeutschen Raum 1799–1930*, Berlin-Zürich, Lit Verlag, 2005.
5   Ph. Chalmin, *Tate and Lyle : Géant du sucre*, Paris, Economica, 1983.

Allard et son rôle entre la France et l'Allemagne entre 1905 et 1914, la structure des entreprises sucrières reste globalement familiale et peu capitalisée[6].

LA CANNE, VAINQUEUR DE LA « GUERRE DES SUCRES »

Dans le secteur du sucre, la tendance à la surproduction n'est pas une nouveauté à la veille de la Première Guerre mondiale. Les plus grandes industries sucrières exportatrices à l'époque ont pour nom l'Allemagne, la Belgique, les Pays-Bas via sa colonie de Java, la Tchécoslovaquie, la Hongrie[7] et Cuba et ses banques américaines qui dominent 70% de sa production. Mais pendant les premières années du conflit, la production totale de sucre dans le monde manifeste une régression qui se confirme à la fin de la décennie (de 8,871,000 de tonnes lors de la saison 1913–14 à 3, 260,000 millions en 1919–20). Son origine st à trouver dans l'abandon de la culture de la betterave dans les pays belligérants comme la France, la Russie, l'Autriche-Hongrie et l'Allemagne bien entendu.

La consommation augmente rapidement après la guerre puisqu'on passe d'une croissance annuelle de 3% par an à 4,5% environ[8]. Le sucre est devenu un produit de première nécessité. Il faut y voir le poids des habitudes prises par les soldats des armées alliées et le besoin de plus de bien-être qui est, dans le chef de la classe la plus nombreuse de la population, une réaction consécutive aux privations des années de guerre. Le sucre de canne va retrouver une partie de sa suprématie perdue avec la guerre. Le manque de main-d'œuvre et le fait que les terres constituent le théâtre de combats en Europe contribue au recul du sucre de betterave. Pour le sucre de canne, au contraire, la tendance parait au beau fixe avec des prix qui atteignent des records en 1920. Il reste que les marchés restent très volatils.

En fait, les années 1920 sont marquées par une crise de confiance du secteur sucrier dans son ensemble alors que la situation mondiale des sucreries est peu favorable. A partir de 1925, les prix du sucre sont en net recul sur le marché mondial et les stocks augmente de 12% chaque année, l'offre et la demande s'accordant de plus en plus difficilement. Les prix diminuent en moyenne de 20% de 1924 à 1929. Il faudra attendre 1927 pour que l'industrie du sucre de betterave emmenée par l'Allemagne, les États-Unis et la Tchécoslovaquie ou encore la Russie retrouve des couleurs en récupérant un niveau équivalent à celui de l'avant-guerre. La production de betterave reste en retrait face à la canne à sucre et ses deux principaux producteurs, Cuba et Java qui monopolisent avec Hawaï 60% de la production mondiale de sucre.

L'économie internationale du sucre qui est composée de plusieurs marchés sur lesquels interagissent les États est donc traversé par une crise – ce n'était pas la

---

6 M.-Th. Bitsch, *La Belgique entre la France et l'Allemagne, 1905–1914*, Paris, Publications de la Sorbonne, 1994, p.133.

7 W. Kohl – S. Steiger-Moser (dir.), *Die österreichische Zuckerindustrie und ihre Geschichte(n) 1750–2013*, Wien, Böhlau, 2014.

8 A. Epple, *Das Unternehmen Stollwerck. Eine Mikrogeschichte der Globalisierung*, Frankfurt/Main, Campus Verlag, 2010.

première du genre – mais elle avait des accents nouveaux dans le contexte d'un secteur agricole plus généralement en forte tension. Pour prendre la mesure du changement qui s'opère, prenons à témoin le cas belge. L'industrie sucrière nationale, exportatrice, voit sa position faiblir sur certains marchés, notamment en Angleterre et en Suisse, soit par le protectionnisme des Etats importateurs, soit par la politique ferroviaire des États où transite le sucre belge. Or, la question du transport est devenue primordiale pour la rentabilité du secteur. La crise de 1929 va détériorer davantage encore la situation. L'industrie de la candiserie et son sirop de raffinage, qui font les délices de la population ouvrière avec les sucres cassonades et les vergeoises et qui compte douze raffineries en Belgique, traverse une crise importante au début des années 1930. Elle fait notamment suite de la disparition du marché chinois qui est alors son plus gros client. Ce ne sont là que quelques éléments du défi complexe qui doivent relever les producteurs de sucre de betterave en ces années 1920 sur laquelle nous allons revenir.

L'ÉTAT GENEREUX AU CHEVET DU SUCRE

Dans la période choisie pour cette contribution, l'État joue un rôle permanent dans le secteur sucrier pour préserver le commerce extérieur. Le chaos généré dans le système des changes international conduisant à des ventes à perte de sucre sur le marché mondial est passé par là. Face à cette conjoncture difficile, les réponses nationales varient dans l'espace de l'Europe du Nord-Ouest, terre d'élection par excellence de la betterave sucrière. Si la dimension mondiale de l'activité sucrière constitue un beau cas de figure des échanges et des rivalités qui opposent les nations dans un espace globalisé, nous privilégions ici une approche plus locale tout en prenant en compte ce contexte global. Deux cas d'études sont analysés : celui de la Belgique et de l'Angleterre, deux pays au cœur de l'Europe du Nord-Ouest sachant que pour le cas français, nous disposons d'études approfondies outre le cas de l'Allemagne évoqué plus haut[9].

Dans le premier cas, soulignons combien l'industrie sucrière présente, dans le cadre de la production belge, une importance considérable dans la mesure où les sucreries belges transforment une matière première indigène, ce qui n'est pas le cas de la plupart des autres grandes industries agricoles exportatrices de ce pays. Les raffineries, en outre, travaillent des quantités non négligeables de sucres bruts étrangers qui sont ensuite revendus vers l'étranger avec une plus-value intéressante à la clé. Si cette économie sectorielle est importante, elle n'est pas protégée comme dans le cas de l'Angleterre par un État tutélaire ou encadrée comme en France par un dirigisme économique autour de la filière « betterave-sucre-alcool ». En Belgique, ce sont les organisations professionnelles et les relations étroites entre les milieux

---

9 L. Laloux, La betterave à sucre : essor agricole et industrialisation rurale. Réalités françaises et perspectives internationales : de Marggraf à Berlin (1747) à la conférence de Londres (1937), mémoire inédit d'habitation à diriger des recherches, Université de Haute-Alsace, 2016.

d'affaires et la sphère politique qui donnent le ton dans un esprit de libre jeu des forces du marché.

Dans le second cas, la situation semble originale et a déjà été analysée par Philippe Chalmin et son histoire de Tate and Lyle. Le gouvernement anglais encourage en effet le développement d'une production locale, la soutenant par des subsides, par la construction d'infrastructures, pour un soutien à la recherche ou en contribuant à la création de nouvelles entreprises comme en Grande-Bretagne ou en Inde. Il y a donc une sorte de politique publique industrielle volontariste dans un pays qui n'est pas nécessairement coutumier du fait.

LE BETTERAVE, FIGURE INCONTOURNABLE DES CAMPAGNES BELGES

En Belgique, l'industrie sucrière, par son mode de ravitaillement en matière première, justifie l'existence de nombreuses usines dispersées dans les campagnes, avec un capital moyen et un personnel saisonnier assez réduit. Elle ne semble pas rentrer dans la définition du grand capitalisme, groupant à la fois des capitaux élevés et un personnel ouvrier nombreux. Pour prendre un repère, les sucreries emploient en 1926 12,386 ouvriers, pour la plupart saisonniers, et les raffineries 2,895.

Culture de la betterave sucrière en Belgique

	Superficie plantée en hectares	**Production totale (1000 quintaux)**
1913	52.419	13.919
1919	42.894	10.949
1920	53.052	14.383
1921	58.051	14.628
1922	60.372	16.993
1923	72.460	20.365
1924	81.152	24.890
1925	72.168	21.675
1926	64.025	16.929
1927	70.645	19.831

Source : Bulletin d'information et de documentation de la Banque nationale de Belgique, IVème année, vol. I, n° 4, 25 février 1929, p. 135.

Le sucre belge se caractérise par l'extrême sensibilité du secteur à la conjoncture mondiale. Dans les années 1920, la capacité individuelle annuelle de travail des sucreries belges est considérée pour les milieux industriels eux-mêmes comme insuffisante face à ses concurrents. En 1926, la répartition des usines sucrières en

Belgique pour les 14 raffineries existantes et les 53 sucreries (41 d'entre elles étant des sociétés anonymes, les autres appartenant pour l'essentiel à des particuliers[10]) montre notamment le poids que représente Anvers et ses huit raffineries auxquelles viennent s'ajouter des sucreries. Selon une enquête industrielle menée en octobre1926, les 14 raffineries actives en Belgique emploient 2.895 ouvriers permanents et les 53 sucreries occupent une main d'œuvre se montant à 12.386 ouvriers[11].

Le secteur s'appuie sur une organisation professionnelle solide et de plus en plus puissante avec la Société Générale des fabricants de sucre, affiliée au Comité central industriel (ancêtre de la FEB), qui groupe 51 membres. Alors que les entreprises créées par les sucriers belges à l'étranger suscitent l'intérêt des milieux boursiers, c'est nettement moins le cas pour les investissements en Belgique. La structure familiale des entreprises et l'appartenance du secteur à la moyenne industrie avec une capitalisation restreinte avec une moyenne de 5 millions de FB par entreprise comme capital global en est la traduction.

C'est le commerce des graines qui constitue le point de départ de l'intégration de l'industrie sucrière belge autour de la Raffinerie de Tirlemont, son fer de lance. Ce commerce est pratiqué surtout en vue de l'amélioration des rendements. Dans le cas de la Belgique, il démarre par l'Est de l'Europe. La semence de betterave à sucre est acquise en Allemagne, Pologne ou Tchécoslovaquie, de grands pays producteurs européens, qui offre toutes les garanties en termes de sélection[12]. La France est alors, avec l'Allemagne, l'un des deux grands producteurs et exportateurs grainiers du monde. Mais comme l'a montré dans le cas français, Ludovic Laloux, la maîtrise de la production des graines de betterave s'avère essentielle pour dominer le marché du sucre de betterave, ce que la France néglige longtemps. Elle en paie les conséquences lors de la Grande Guerre[13].

La dynamique d'intégration se poursuit au travers de l'outillage (ateliers de construction d'appareils de sucrerie). *La Société Anonyme* des Ateliers de production J.J. Gilain, constituée à Bruxelles en 1879, va se spécialiser dans ce créneau dans la dernière partie du 19ème siècle et devenir le fournisseur attitré de nombreux clients en Europe bien sûr, mais aussi Outre-Mer au Congo, à Java ou en Amérique latine. Elle prend une part prépondérante dans la création de la Société française des Ateliers de construction J-J Gilain à Saint-Ouen en 1923, marquant par là un ancrage en France de plus en plus affirmé. Une affaire qui tourne au fiasco dans les

---

10 Il s'agit principalement de sucreries appartenant à de grandes familles terriennes, exploitant un important domaine agricole.
11 Ministère de l'Industrie, du Travail et de la Prévoyance sociale, Enquête sur la situation des industries (établissements de 10 ouvriers et plus), 31 octobre 1926, Bruxelles, 1928.
12 Les régions de culture grainière sont par définition très localisées, car c'est une culture rare.
13 L. Laloux, G. Piernas, P. Raggi, C. Wisniewski, Le sucre, entre tentations et réglementations, Roubaix, Achives nationales du monde du travail, 2014. Voir également M.-C. Allart, *Les industries agro-alimentaires du Nord-Pas-de-Calais aux XIXe et XXe siècles : une histoire occultée*, Paris, L'Harmattan, 2007.

Indes anglaises la conduit à la faillite en 1934[14]. Ce qui n'empêche pas l'activité de se poursuivre à Tirlemont, la capitale sucrière belge.

C'est dans cette ville du Brabant flamand et ses terres limoneuses qu'une entreprise familiale, la Raffinerie Tirlemontoise (RT), dont les origines remontent à 1836, s'est transformée en un trust industriel qui va constituer la véritable plaque-tournante du marché belge. RT est aussi un acteur international de premier plan dans le sucre de betterave dès avant la Première Guerre mondiale. L'importance du capital des sucreries belges à l'étranger est à souligner. Il est investi dans des sucreries en Italie à Pontelongo[15] notamment, dans les Balkans ou encore en Roumanie avec la Société Générale de Sucreries et Raffineries. Et après la guerre, la Raffinerie Tirlemontoise poursuit son expansion internationale à l'image de La Sucrerie et Raffinerie de Roustchouk en Bulgarie. Autre exemple derrière lequel on retrouve la marque de la RF, celui de La Danubienne, une société roumaine créée par la banque Josse Allard. Elle absorbe la Sucrerie et Raffinerie de Maracesti et exploite à partir de 1923 les usines de Roman et Sascret, qui appartenaient à la Société Générale de Sucreries et Raffineries en Roumanie. En 1925, avec l'appui de la Société Générale de Belgique, la banque Josse Allard, les groupes Naus et Frans Wittouck, elle souscrit au capital de 30 millions de la Compagnie Sucrière Congolaise qui va traiter la canne d'importantes plantations[16]. La Raffinerie Tirlemontoise prend par ailleurs des parts du capital d'une sucrerie alsacienne, près de Strasbourg en 1921.

A Tirlemont et ses 2,398 employés en 1926, l'intégration par contrôle passe également par les emballages, pour le traitement des sous-produits (produits chimiques, distilleries, cimenteries). La RT fonde en 1920 la société « Produits organiques de Tirlemont » pour extraire du sucre l'acide nitrique, produit pour lequel la Belgique était dépendante de l'Allemagne, laquelle n'est plus en mesure au sortir de la guerre d'assurer ce rôle.

Bref, de rachats en fermeture de raffineries en passant par la création d'entreprises rentières, Tirlemont assoie sa domination grâce à une expansion à l'étranger qui lui permet de nouer des accords internationaux. Elle peut compter sur son administrateur-délégué, Lucien Beauduin, par ailleurs sénateur, qui joue un rôle important dans de nombreuses sucreries belges et étrangères. Il entretient avec la Raffinerie Tirlemontoise une union personnelle et est le garant des liens avec la Société Générale, représentée au sein du Conseil de la Raffinerie par Jean Jadot, gouverneur de 1913 à 1932 et Emile Francqui, par ailleurs directeur de la Banque d'Outremer. Ces rapports sont renforcés par une participation prise en 1928 par la Société Générale de Belgique dans le capital de la Raffinerie Tirlemontoise. Cette politique d'intégration descendante n'est qu'un des aspects de la lutte entre les sucreries et

---

14 P. Tomsin P., « Contributions à l'historique d'un atelier de construction mécanique brabançon. Les Etablissement Gilain à Tirlemont », in *Bulletin Trimestriel de l'asbl Patrimoine Industriel Wallonie-Bruxelles*, n° 30, mars 1995, pp. 13–26.

15 Voir Q. Jouan, « Entre expansion belge et nationalisme italien. La Sucrerie et Raffinerie de Pontelongo, image de ses époques (1908–1927) », in *Histoire, Économie et Société*, vol. 34, n°4, 2015, pp. 73–92.

16 Voir P. Tilly, Le sucre congolais, un produit nouveau au cœur de la Belgique coloniale, à paraître dans *Entreprise et Histoire*.

l'agriculture : la crise du sucre, en réduisant les prix et en créant la surproduction, déstabilise l'équilibre instable entre des intérêts par nature divergents et conduit les principaux acteurs à se rejeter mutuellement le risque des transactions.

UN POINT CENTRAL DANS L'ORGANISATION DU SECTEUR : LES CONTRATS

Les contrats entre les cultivateurs et les sucreries présentent des modalités variables, suivant les régions. En 1927, dans la Hesbaye, la principale région de fabrication, les producteurs de betteraves se sont syndiqués et ont passé contrat avec les sucreries. Les agriculteurs accordent une grande importance au contrôle du produit. Un accord conclu à ce sujet dans le Brabant wallon, en 1927, en est la preuve vivante : prélèvement, plusieurs fois par jour, par les délégués des contractants, d'échantillons de betteraves sur wagon ou chariot, vitesse de lavoir uniforme, interdiction aux employés des sucreries de couper aux betteraves pour la détermination de la taxe.

Dans certaines régions comme le Tournaisis, les achats se font généralement à forfait avec le syndicat des fermiers, à un prix fixé à l'hectare, de février à mai, sans tenir compte de la richesse des betteraves. Les sucreries essaient de minimiser les risques financiers en vendant la production à terme en jouant sur les stocks. Le système du prix proportionné à celui du sucre est en fait largement contesté par les agriculteurs. Pour obtenir de meilleures conditions de vente des betteraves, les cultivateurs belges vont se grouper en syndicats avec l'appui des Unions professionnelles agricoles et du Boerenbond, une association catholique particulièrement active en Flandre, fondée en 1890[17]. Ce n'est que le début de l'histoire des associations de planteurs de betteraves. En 1937, suite à la convention de non-concurrence adoptée par les différents industriels du sucre, répartissant la clientèle en 3 régions de productions, les Comités de Coordination du Hainaut, de Hesbaye et de Flandre sont créés.

Ces coopératives de vente ne peuvent recueillir l'assentiment des entreprises sucrières. Pour pouvoir lutter sur les marchés étrangers, les industries belges sont contraintes de réduire considérablement leur prix de revient. Leurs revendications portant sur des dégrèvements fiscaux et surtout une diminution des prix des transports ne sont pas entendues par les pouvoirs publics. Dans le cas du Tournaisis, les industriels contre-attaquent en décembre 1927 en tentant de mettre sur pied une entente afin de se répartir la production de la région et d'éviter la concurrence[18]. Aucune entente sérieuse n'a jamais existé entre les producteurs de cette région pour l'achat de betteraves. Les fabricants de sucre sont donc obligés de passer par les conditions qui leur sont faites par les agriculteurs solidement organisés en syndi-

17 Le Boerenbond va lui-même investir dans le secteur en reprenant une sucrerie, celle de Notre Dame d'Oreye, alliée à la sucrerie de Sombreffe avant qu'en 1936, la Raffinerie Tirlemontoise devient actionnaire majoritaire de la société. Il contribuera également la construction d'une grande raffinerie à Anvers.
18 « Projet d'entente dans l'industrie sucrière du Tournaisis », in *Bulletin d'information et de documentation de la Banque nationale de Belgique*, 3ᵉ année, vol.1, n°4, 18 février 1928, p.148.

cats, notamment par les Unions professionnelles agricoles. Au cours de la campagne 1926–1927, la concurrence entre fabricants est très féroce et les prix payés pour les betteraves sont jugés excessifs. Les partisans d'une entente entre producteurs veulent assainir le secteur dans la région quitte à indemniser les fabricants contraints de fermer leur unité de production. Un des points d'achoppement est constitué par la fixation d'un pourcentage attribué à chaque usine alors que durant la première partie des années 1920, années plus prospères, chacun cherchait surtout à augmenter sa production, moins à perfectionner leur outillage pour diminuer leur prix de revient. L'initiative est un échec dans le Tournaisis mais dans d'autres régions belges, des accords entre sucreries vont être scellés

Soulignons encore que des cultivateurs belges mécontents des prix jugés insuffisamment rémunérateurs se tournent vers la France ou les Pays-Bas pour écouler leurs betteraves. Ce qui conduit les fabriques belges, devant la généralisation de cette pratique, à conclure des accords de répartition des betteraves avec leurs concurrents étrangers. En 1927, des pourparlers sont engagés entre la sucrerie de Selzaete liée à la famille Wittouck et la sucrerie de Moerbeke (famille Lippens) d'une part et la Nederlandsche Suiker Maatschappij d'autre part. L'opération échoue.

La question de l'exportation des betteraves vers la France touche particulièrement les sucreries belges. Les betteraves à sucre entrent librement en France. Les usines françaises qui sont protégées par des droits élevés sur le sucre, sont à même d'offrir des prix plus élevés que les sucreries beiges. La concurrence française est fort sensible dans le Tournaisis. Des projets non concrétisés existent entre les sucreries françaises, hollandaises, belges et allemandes à la fin des années 20 en vue d'un accord international pour l'achat en commun des betteraves. Ils envisagent une répartition entre les différents pays une fois la récolte acquise par les représentants du groupe.

LES ANGLAIS ENTRE PREFERENCE IMPERIALE ET LOCALE

Après la Première Guerre mondiale, la Grande-Bretagne change son fusil d'épaule, elle qui avait encouragé le développement d'un libre marché du sucre avant le conflit tout en se retirant de la convention de Bruxelles en 1913[19]. Elle le fait autant en raison de ses faiblesses économiques internes que celles de l'économie internationale au lendemain de la Grande Guerre[20]. Le marché britannique du sucre est emblématique d'un terrain de bataille où s'affrontent les produits venant des plantations coloniales et les productions indigènes d'Europe continentales. Dès 1919, le gouvernement britannique met le principe de la préférence impériale en vigueur en matière de droits de douane à l'importation sur le sucre. Cela permet d'assurer un

---

19 B. Graves Albert – A. Graves Albert (eds.), *Crisis and change in the international sugar economy, 1860–1914*, Norwich-Edinburgh, IsC Press, 1984.
20 Pour une description détaillée de la politique sucrière britannique durant cette période, voir Ph. Chalmin, *The Making of a Sugar Giant: Tate and Lyle, 1859–1989*, Londres, Taylor & Francis, 1990.

approvisionnement sur le marché britannique grâce aux territoires d'Outre-mer dont les producteurs sont exempts dans les faits d'un montant des droits de douane. Cela permet notamment de ne pas faire porter le poids des fluctuations des prix sur le consommateur. Ceci étant, les Anglais, tout en stimulant une politique de préférence coloniale au sein de leur empire, vont se rapprocher du modèle continental européen en soutenant le développement d'une industrie locale.

En 1919 toujours, le gouvernement anglais subsidie à raison de la moitié du capital la création d'une entreprise sucrière à Kelham dans la région de Nottingham. Le but est de contrer une dépendance jugée de plus en plus forte aux producteurs européens que la guerre a rendue de plus en plus criante. L'un des maîtres d'œuvre de la politique sucrière anglaise est Lord William Douglas Weir, un industriel, patron de Cathcart dans le secteur des machines-outils et homme politique écossais. Weir est aussi propriétaire de Ducan Stewart qui fabrique du matériel pour les sucreries[21].

La majorité des capitaux britanniques sont orientés jusqu'alors vers les plantations de canne à sucre des Indes occidentales. La betterave à sucre n'a pas droit de cité sur le sol anglais, le sucre de betterave étant importé du continent européen, de l'Allemagne principalement, à des tarifs très bas permis par les primes officielles. La première sucrerie, ouverte à Lavenham, n'est pas un grand succès, loin s'en faut. Puis, en 1912 est fondée à Cantley, près de Norwich, la première grande sucrerie de type moderne dont l'activité est arrêtée en raison de la guerre. En 1920, l'usine de Kelham et connaît plus de bas que de hauts. Mais les Anglais sont persévérants. Le territoire exploité passe de 23.000 acres en 1924 à 233.000 en 1927. En 1927, il existe en Angleterre dix-sept sucreries, en Ecosse deux (à Cupar et à Greenock), une en Irlande (Carlow). Les principales régions concernées par l'exploitation de la betterave sont le *county* de Norfolk, celui de Suffolk, Lincoln et Cambridgeshire (île de Ely). En 1935, l'industrie locale fournit 27,6 % de la consommation de sucre en Grande-Bretagne.

L'un des problèmes de cette industrie naissante est de pouvoir disposer des bras nécessaires au moment précis où la récolte doit s'effectuer[22]. Le personnel permanent n'est pas suffisant en période d'intense activité. La nécessité se fait jour de recourir à des travailleurs temporaires présentant un niveau de compétence supérieur à celui demandé par d'autres types de culture plus classiques. Le ministre du travail désigne un fonctionnaire spécial pour analyser la situation de l'emploi avec les parties concernées et prendre les mesures nécessaires pour une meilleure adéquation entre l'offre et la demande sur ce marché du travail. La création d'une bourse du travail constitue une nouveauté dans un secteur où les agriculteurs comme les travailleurs eux-mêmes ne cachent leur aversion face à ce type de dispositif. C'est le comité des industries betteravières qui va délivrer un permis de

---

21 W. Weir, *The Weir Group: The History of a Scottish Engineering Legend (1871–2006)*, Londres, Profile Books, 2012.
22 University of Glasgow, Archives, D52, Duncan Steward & Co Ltd Sugar machinery manufactures, 1/4/2 1923–1924 : Press Cutting from Beardmore News regarding Duncan Steward & Co. Ltd.

travail spécial pour favoriser la formation de « gangs » de travailleurs disponibles pour la récolte. Une fois la saison des betteraves terminée, les travailleurs occasionnels peuvent dans le cas où ils sont des petits propriétaires retourner chez eux pour travailleur leur champ ou s'occuper de leur bétail. Ils peuvent aussi dans d'autres cas prendre d'autres travaux agricoles comme les récoltes de blé ou de seigle. Pendant les mois d'hiver, d'autres trouvent par ailleurs un emploi dans les travaux de construction ou d'entretien des routes ou des espaces paysagers comme cantinier[23].

MAINTENANCE OU EXPANSION DE L'INDUSTRIE INDIGENE

Un des objectifs du British Sugar (Subsidy) Act de 1925 est de fournir de la main-d'œuvre supplémentaire dans les campagnes et de contrôler le courant croissant d'exode des travailleurs vers les villes[24]. Cela semble être un succès dans un premiers temps. Le nombre de travailleurs agricoles employés dans cette industrie va légèrement augmenter jusqu'en 1930, lorsqu'il chute de 1% à mettre en comparaison avec les 10% de chute qui frappe le secteur agricole anglais au début des années 30. Plus globalement, le *Subsidy act* ouvre la porte à un soutien aux entreprises sucrières pendant 10 ans avec un système de phasing durant les cinq dernières années alors que dans la plupart des pays, l'assistance de l'État est déguisée par un système de taxation des importations.

Un prix garanti minimum est offert aux fermiers. Ce qui ne va pas sans provoquer la colère des raffineries de sucre qui ont basé leur succès sur l'importation de sucre brut raffiné au pays avant d'être distribué vers le marché domestique ou extérieur. Désormais, les nouvelles fabriques pourront elles-mêmes écouler la marchandise tout en évitant les frais de transport et de cristallisation.

Le système de subsidiation du secteur sucrier anglais s'enraye avec la crise de 1929. En 1931, l'assistance de l'État tarde à venir mettant l'ensemble des acteurs dans une situation alarmante alors que les prix du sucre sur le marché mondial s'écroulent[25]. Les tensions sont vives entre les acteurs en raison de la concurrence jugée déloyale entre les raffineries (phase finale dans la production du sucre et une partie minime du coût de production) et les producteurs locaux (qui produisent la matière brute). La principale critique est la protection dont bénéficie le secteur et le décalage entre les prix au niveau mondial et les coûts réels de production[26]. Jusqu'en 1928, les raffineries anglaises ont été impactées par l'importation de sucre

---

23 *Report on the Sugar Beet Industry, at home and abroad*, Ministry of Agriculture Economic Series, 1931, p.73.
24 University of Glasgow, Papers of William Douglas Weir, 1877–1959, GB 248 DC 096/13/39: 1934 Memorandum and articles of association: Anglo-Scottish Beet Sugar Corporation; 1935 *Report of the United Kingdom Sugar Industry Inquiry Committee*, Cmd. 4871.
25 University of Glasgow, Archives; Papers Lord Weir, GB 248 DC 096/13/1, *Memorandum of the Home-grown Sugar Industry*, p.4.
26 University of Glasgow, Archives, GB 248 DC 096/13/99, *Memoranda to the United Kingdom Sugar Industry Inquiry Committee*; GB 248 DC 096/13/100, Minutes of a discussion between the Minister of Agriculture and the sugar representatives.

blanc et de manière moindre par le développement de l'industrie locale. La situation change à partir de cette date dans la mesure où les raffineries britanniques tournent à plein régime profitant d'une situation.

Pays	Montant des subsides de l'Etat en millions de Livres Sterling	Shillings per cwt of sugar
Grande-Bretagne	5	12.00*
y compris sucre de canne importé de l'Empire	4	4.83
Allemagne	24	15.91
France	15	16,42
Tchécoslovaquie	6	14.40
Pologne	7	20.52
Italie	5	16.00
Espagne	6	20.00
Pays-Bas	3	10.81**
Belgique	2	11.54
Hongrie	1	14.00
Danemark	2	10.78
Etats-Unis (canne et betterave)	44	10.50

Source : Report on the Sugar Beet Industry, at home and abroad, Ministry of Agriculture Economic Series, 1931, p.11. * Le subside direct de 7.25 inclus – ** Le subside direct de 9.33 inclus

En 1936, le système de subsidiation est renforcé et encadré désormais par la British Sugar Association, un cartel qui est le fruit d'une entente entre les raffineries et les industries sucrières[27]. La situation va tourner à l'avantage des producteurs de sucre de canne produit dans l'empire plutôt que de betterave en Angleterre à tout le moins avec une industrie locale de plus en plus déficitaire malgré ses 18 usines et sa production de 500.000 tonnes par an (sur une production mondiale d'environ 27 millions de tonnes). La principale raison en est les prix pratiqués sur le marché mondial. En fait, cette industrie nationale ne peut fonctionner sans aide d'État, lequel verse chaque année l'équivalent de 5 millions de livres sterling au secteur tout en accordant plus ou moins les mêmes sommes aux unités produisant du sucre de canne dans l'Empire.

27 Sur les fédérations professionnelles, dominées en France par l'Association des planteurs de betteraves, voir A.Chatriot, E. Leblanc, E. Lynch (dir.), *Organiser les marchés agricoles. Le temps des fondateurs*, Paris, A. Colin, 2012.

APPARITION DE NOUVELLES VARIANTES DANS LE TRAVAIL AGRICOLE

L'un des aspects intéressants dans cette évolution du secteur sucrier local concerne les questions sociales. Les salaires constituant une variable des coûts de revient importante, la situation de crise va conduire les employeurs à rechercher les voies d'une modernisation de leurs structures de production via l'intégration de nouvelles technologies. C'était loin d'être gagné d'avance car cela impliquait des changements dans le recrutement des travailleurs, la nature de la force de travail nécessaire, les modèles de travail et les conditions sociales. En Angleterre et au Pays de Galles, les conditions d'emploi des travailleurs agricoles vont être régies par une loi de 1924 qui détermine les salaires agricoles. En vertu de cette loi, un comité central des salaires paritaire gère cette question avec une décentralisation vers les régions et les contés. Des comités locaux sous le contrôle d'un président élu fixe par sa zone les taux de salaires en relation avec les heures prestées, les heures supplémentaires et les éventuels paiements en nature. Cela concerne les travailleurs permanents ou temporaires qui peuvent bénéficier tous deux d'un salaire minimum. En cas d'échec des négociations, c'est le comité central qui tranche.

L'heure était donc à une modernisation des relations collectives de travail. Dans une industrie où le traitement équitable de la main-d'œuvre est loin d'être une ligne de force au plan ethnique, des sexes et du pourcentage d'occupation – on pense aux pratiques esclavagistes dans la production du sucre de canne – cela conduit inévitablement des résistances face à des conditions de vie qui vont notablement se détériorer avec la crise. L'apparition d'un chômage grandissant et des risques accrus de maladie professionnelle en sont la résultante. La culture paternaliste régnant dans le secteur semble miner les possibilités d'action ouvrière collective. Pourtant, le syndicalisme va se renforcer dans certains pays ou se développer en raison de la plus grande qualification acquise par les travailleurs liée au changement technologique, ce qui va leur donner un pouvoir accru de négociation. L'un des principaux changements sera la quasi disparition du travail en servitude tout en renforçant la prédominance du travail saisonnier particulièrement caractéristique de ce secteur d'activité.

CONCLUSION

Globalement, cette période de l'entre-deux-guerres est placée sous le signe de la crise pour les raffineurs et les planteurs de betterave en raison des incertitudes structurelles du secteur au plan mondial. Les raffineurs, profitent toutefois de l'appui des gouvernements qui balancent entre laxisme et dirigisme mais qui renforcent les avantages obtenus par les fabricants durant la guerre. Les accointances entre milieux d'affaires et politiques sont évidentes. Face à la crise, les réponses sont essentiellement nationales, même si des accords internationaux sont signés dans les années 1930. A l'image de la France où les producteurs de betteraves sont amenés à réduire leur activité en métropole et demander l'intervention du gouvernement pour limiter l'importation et installer des contingentements de la production coloniale importée, la Belgique est confrontée après la crise de 1929 à une demande d'intervention quant à l'organisation de son marché sucrier. Les sucriers belges et les betteraviers s'opposent ainsi à l'introduction du sucre étranger et à l'importation d'une plus grande quantité de sucre congolais[28]. L'une des figures de proue de ce combat au milieu des années 30 est le sénateur Lucien Beauduin, président du Conseil international du sucre, par ailleurs raffineur et fabricant de sucre, pour qui, aucun produit congolais ne devrait jamais pénétrer en Belgique, sauf dans les conditions réservées au sucre étranger[29].

La création et le développement de l'industrie locale en Angleterre durant cette période transforme un environnement agricole séculaire. L'introduction de la betterave à sucre entre 1925 et 1930 transforme le Norfolk system et la pratique ancienne de la rotation des cultures. La betterave prend la place des navets et les troupeaux de mouton privés de fourrage d'hiver vont disparaître progressivement du paysage. Le monde rural est en pleine transformation.

---

28 R. Lippens, The Industrial Culture of Sugar-Cane in Belgian Congo, The industrial potential of Africa, International Days for African Studies of the International Fair of Ghent, Gand, E. Ledeberg, 1953, pp. 62–70.
29 Archives Générale du Royaume, Bruxelles, Fonds Finoutremer, 1865, CSC, Commission belge des sucres, lettre de Bennelmans, administrateur-délégué de la CSC au ministre des Finances, 8 avril 1936.

PARTIE II : LES ETATS

DEFENDRE LA BELGIQUE A L'HEURE DES ALLIANCES

Pascal Deloge

Bien que m'étant éloigné de la recherche universitaire depuis plusieurs années, je tiens à rendre hommage au professeur Eric Bussière avec qui j'ai partagé un bout de chemin et vécu quelques belles aventures historiennes[1].

Pour ce faire, j'ai opté pour une synthèse de mes investigations sur la politique belge de défense dans un contexte atlantique et européen, des années 1940 à 1960. Il m'a semblé que ce sujet que j'avais considéré comme ma ligne directrice entre 1994 et 2014 pouvait donner matière à une révision utile dans le présent ouvrage. Comment un petit pays européen se prémunit-il d'être à nouveau envahi après l'avoir été deux fois en trente ans ? Avec quelles conséquences ? Et vu la géographie de ce coin du vieux continent, comment son rêve de paix rejoint-il celui de ses chers voisins ? Avec quels bénéfices et à quel prix ?

Qu'on me permette, dans cette contribution sans doute un peu inhabituelle, de m'accorder quelques libertés avec les bons usages des historiens. Je ne souhaite ni me citer moi-même ni recopier les notes nombreuses de mes travaux précédents.

Les recherches dont il est question ici ont été menées sur la base d'une définition de la sécurité extérieure considérée comme l'ensemble des moyens investis pour éviter une invasion et, s'il en survient une, la repousser. Cela suppose une action politique et diplomatique, un outil militaire et des ressources économiques, au minimum. Ce concept s'articule sur celui de guerre totale qui prévaut dans les luttes armées depuis le 19e siècle. Les conflits de ce type mettent en jeu l'intégralité des capacités dont dispose une nation: population et élites, production, création, communication, etc.

AU DEPART : LES ANNEES 39–45 ET UNE NOUVELLE OCCUPATION DE LA BELGIQUE PAR L'ALLEMAGNE

Petit royaume frontière au nord-ouest du vieux continent, profondément clivé, né au temps du Concert européen et contre les décisions que celui-ci avait prises à Vienne en 1815, la Belgique est astreinte dès l'origine à quelques limites. Elle ne s'en plaint d'abord pas. Ni au niveau militaire : notre pays n'a jamais consenti les sacrifices nécessaires à une défense autonome, à supposer que ce soit possible (ce

---

[1] Mon intention première était de contribuer à ce liber amicorum avec un travail neuf sur la base de sources primaires. Puis, sont venus la pandémie, le confinement et la fermeture des archives et bibliothèques qui m'ont contraint à changer mon fusil d'épaule.

qui ne l'est évidemment pas). Ni au plan économique : sa neutralité lui permet, par exemple, de vendre des armes ou d'acheter des brevets à tout le monde. Elle ne peut rejoindre aucune coalition. C'est entendu depuis la conférence de Londres (décembre 1830 et janvier 1831), puis le traité signé en la même ville (dit des 24 articles, du 19 avril 1839) : si la Belgique est agressée par un gourmand et belliqueux voisin, les autres réagiraient en conséquence. C'est ce qui a lieu avec la contre-attaque française du 8 août 1831, quand le roi des Pays-Bas tente de mettre fin à l'indépendance belge toute neuve qui lui reste sur l'estomac. Et encore lorsqu'éclate la guerre franco-prussienne en 1870 : des auteurs classiques accordent à la garantie britannique le crédit d'avoir relégué au statut de projet avorté les plans de traversée de la Belgique formulés en Allemagne et en France.

Le coup de chaleur de 1870 et quelques difficultés à obtenir une déclaration formelle du gouvernement de Londres provoquent néanmoins – et enfin – une intensification des efforts belges de défense. Notamment en termes de fortifications de la Meuse et des principales places du pays, jusqu'à établir un service militaire général (pour les hommes) et obligatoire en 1913. Des conversations ont aussi lieu avec la Grande-Bretagne en 1906, après la crise du Maroc et compte tenu des plans de l'état-major allemand tels qu'on peut les connaître à l'époque. L'Allemagne en ayant eu vent, allègue le fait en 1914 pour dénoncer l'interprétation que la Belgique a donné de sa neutralité et au traité des 24 articles, ce « chiffon de papier ». S'ensuit une invasion particulièrement violente et traumatisante de quatre longues années.

Sortie de la guerre, la Belgique considère qu'il faut à l'avenir participer à des alliances. Elle signe d'abord un accord avec la France dès septembre 1920. Celui-ci débouche sur l'occupation de Francfort et de la Ruhr en 1923. Mais l'équivalent anglais ne vient pas, ce qui provoque quelques remous en Flandres. Le pacte rhénan de Locarno (1925), par contre, semble un temps apporter les garanties nécessaires contre un ennemi devenu exclusivement allemand. Et le creusement du canal Albert ainsi que l'érection d'un fort réputé ultramoderne et inexpugnable à Eben-Emael, la sécurité.

Le referendum sarrois de 1935, la remilitarisation de la Rhénanie (1936) sans qu'aucun accord ne s'applique, et la remontée des tensions en Europe volatilisent ces illusions. Face au spectre d'une nouvelle guerre, le gouvernement belge brandit à nouveau le drapeau blanc de la neutralité et de l'indépendance en une politique hautement proclamée « des mains libres ». On connaît la suite : invasion le 10 mai 1940, campagne des dix-huit jours et occupation durant quatre autres longues et terribles années.

D'ABORD, UNE VOLONTÉ POLITIQUE

Comme l'exécutif belge avait fui au Havre en 1914, le Premier ministre Pierlot et quelques membres de son gouvernement rejoignent la France en espérant y poursuivre la guerre. Mais suite à la capitulation du 28 mai 1940 par le roi Léopold et dans la débâcle des troupes françaises, l'accueil y est frais. Qui plus est : le 22 juin, Pétain dépose les armes à son tour et prend les rênes de la France vaincue « pour atténuer son malheur ». Non sans tergiversations, Pierlot et Spaak débarquent finalement à Londres à l'automne 1940. Churchill les y héberge alors pour plusieurs années avec bien d'autres dirigeants européens infortunés. Mais il ne leur accorde pas une considération infinie : là aussi, les exilés belges représentent surtout un petit pays qui s'est rendu à l'ennemi au détriment de ses alliés.

Ils sont bientôt rejoints par une communauté parlementaire et quelques milliers de volontaires. Ceux-ci se disputant également sur le rôle du roi durant les semaines critiques, l'exécutif lance une réflexion sur l'avenir. Une Commission pour l'Étude des Problèmes d'Après-Guerre (CEPAG) voit le jour dès avril 1941 et œuvre jusqu'en janvier 1943. Mais avant de songer à décider de son sort et à se protéger face à un ennemi futur, les « minor allies » comme on les appelle, doivent défendre leur droit d'exister. Aussi bien à Londres qu'à Washington, en effet, le péché est attribué non à Adam, ni à Ève, ni même au serpent, mais à la pomme elle-même et des envies s'y manifestent de redessiner la carte de l'Europe, comme au vieux temps, au détriment des petits États.

L'Angleterre pense aussi à la guerre en cours. Et pour la gagner, à faire feu de tout bois. En juin 1942, Eden et Spaak s'accordent sur la formation d'une brigade. Soit un bon 2000 hommes. Du côté belge, il s'agit de redorer l'image nationale. Ainsi que d'en tirer des bénéfices, de pouvoir prendre part à une éventuelle occupation de l'Allemagne avec le leader britannique quand la victoire sera consacrée, l'œil rivé aux avantages politiques de cette participation. La Belgique y voit encore l'embryon d'un outil militaire au service de ses intérêts généraux dans un contexte futur qu'elle anticipe neuf. De la brigade, on entend passer à des divisions et, plus tard, à un corps d'armée.

L'Angleterre songe également à l'après-guerre. Elle s'imagine puissante, comme depuis longtemps, avec autour d'elles des satellites – dont la Belgique – et, en Europe, une zone d'influence. Cela même alors que le War Office doute fort de la valeur des unités belges constituées au Royaume-Uni et entraînées avec les moyens du bord. Les généraux britanniques ne voient pas non plus volontiers les soldats belges à leurs côtés en Allemagne et surtout pas dans la région frontalière. Si tout cela eut lieu, ce fut le fait du Foreign Office.

À travers la CEPAG, la Belgique rêve également de renoncer définitivement à toute neutralité en rejoignant une alliance défensive de l'Europe du Nord-Ouest. Ses projets ne sont pas seulement militaires, mais aussi politiques et économiques. Ils anticipent une profondeur de liens qui fait baptiser la CEPAG « the committee of illusions » par les autorités anglaises.

Dans ce contexte inédit, le concept de petite puissance invoquée par J. Helmreich aide à comprendre ce que veut la Belgique. Si la volonté de puissance revient finalement à chercher l'influence et la souveraineté, un pays au territoire exigu et à la population limitée, même situé dans un des carrefours de l'Europe, ne peut pas l'envisager. La Belgique, d'ailleurs, ne le souhaite pas. Il s'agit « seulement » d'atteindre la sécurité effective et de défendre des intérêts nationaux jugés légitimes par une mutualisation des efforts et des avantages. À cet égard, la Belgique s'attend désormais « à dépendre et à s'aligner » (selon le mot d'O. de Raeymaeker), mais elle préfère promouvoir l'idée plus égalitaire d'interdépendance. En quelque sorte, minimiser les coûts et maximiser les bénéfices.

FORGER UN OUTIL MILITAIRE AU SERVICE DE CETTE POLITIQUE

Les espérances du gouvernement belge n'ont une chance de se réaliser que moyennant une contribution 1°) à l'effort de guerre, 2°) à l'occupation de l'Allemagne quand elle sera vaincue et 3°) à la résolution des problèmes futurs.

En ce qui concerne la première, j'ai rappelé la constitution de la brigade dite, en Belgique, Piron (du nom de l'officier qui la commandait). D'autres patriotes rejoignent l'Angleterre et participent aux opérations au sein d'escadrilles aériennes belges dans la Royal Air Force, équipées de Spitfires, ainsi que sur les bâtiments de la Navy.

Bruxelles libéré, en septembre 1944, Pierlot et ses ministres reprennent les rênes nationales. Selon des plans préétablis, on recrute alors massivement en Belgique et dans les mois qui suivent des volontaires à entraîner en Irlande en vue de fournir à l'armée anglaise des unités pour garder des lignes de communication et des prisonniers. Non sans noter que les Anglais avaient exclu toute participation belge au débarquement de Normandie, les recrutements en question le sont, avec des objectifs limités, voire symboliques, dans la perspective de la libération de la Belgique, puis de l'occupation de l'Allemagne vaincue par les Alliés. Dans ce dernier cas, une fois encore, avec des missions pas trop délicates.

La fin de la guerre venant, les Affaires étrangères et la Défense nationale belges cherchent à transformer ces unités en véritables divisions d'infanterie. À cela, les autorités de Londres et de la British Army of Occupation on the Rhine (BAOR) renâclent tant qu'elles peuvent. Cela ne correspond ni à leurs préoccupations immédiates ni à ce qu'ils veulent pour la suite. L'estime des généraux britanniques à l'égard des troupes belges en Allemagne n'a pas augmenté non plus. Il est vrai que certains soldats belges ont tendance à reproduire dans leur secteur le comportement de certains militaires allemands en Belgique occupée. L'état-major belge lui-même ne lésine pas sur les réquisitions et un marché noir se développe bel et bien aux alentours de la frontière belgo-allemande. Dans le même temps, deux autres forces belges – aérienne et navale – sont relancées. Toujours avec l'aide britannique : dans les milieux informés, l'armée en reformation est surnommée « Britain's baby ».

Après mai 1945, la Belgique – cornaquée, dans l'ensemble, par Spaak au niveau diplomatique, et pilotée par le général Defraiteur, un ministre technicien en ce qui concerne la défense – reçoit d'abord les environs d'Aix et Cologne. C'est ce que la Belgique voulait : un secteur dans la zone britannique et face à ses frontières. Puis, le territoire allemand qui lui est attribué est doublé vers l'est, ce qui convient évidemment moins. Mais la Grande-Bretagne entend alors récolter les bénéfices budgétaires et militaires (par l'apport d'une main-d'œuvre subordonnée) de ses efforts de coopération avec la Belgique.

Trois divisions belges (sur papier) se constituent péniblement dont l'état-major belge cherche à faire un corps indépendant. Officiellement, les relations avec les collègues anglais sont on ne peut plus amicales. En pratique, Piron et ses officiers s'accommodent de plus en plus mal de la tutelle britannique et se verraient bien à la tête d'une zone belge d'occupation ayant Bonn pour ville principale. Les Anglais s'y opposent fermement et l'emportent à l'occasion d'un accord signé en mai 1949 qui consacre la chaîne de commandement établie depuis le printemps 1945 et la subordination totale des troupes belges aux généraux de la BAOR.

REJOINDRE DES ALLIANCES ET Y CONTRIBUER POUR EN RECUEILLIR LES BÉNÉFICES : LA SÉCURITÉ ET LA DÉFENSE DE SES INTÉRÊTS LÉGITIMES

Au sortir de la guerre, les rêves belges de coopération se heurtent au train symbiotique des politiques anglaise, américaine et russe. Les trois grands, comme on les appelle, s'efforcent de maintenir la paix mondiale chèrement acquise. Pour défaire l'Allemagne, l'Italie et le Japon, en effet, Grande-Bretagne, États-Unis et URSS se sont alliés fin 1941. Après le VE Day, Roosevelt, puis Truman, désirent préserver ces rapports « amicaux » autant que possible. Le Royaume-Uni rêve, malgré les dégâts économiques, de rester une puissance majeure. Mais il doit bien lier son sort à l'Amérique et jette sur son déclin un concept de relation spéciale aux fortes allures de manteau de Noé. Or, Staline ne veut pas entendre parler d'alliance en Europe du Nord-Ouest, estimant qu'elle ne pourrait qu'être tournée contre l'URSS.

Par contre, on négocie dès la fin de 1944 une nouvelle organisation mondiale de sécurité collective. Cela correspond aux projets de la CEPAG. Bonne nouvelle : les États-Unis souhaitent y prendre part, cette fois, ainsi que l'URSS. Mais ils exigent de disposer d'un droit de veto au sein du Conseil de sécurité, organisme central de décision quant aux actions de la future ONU. La Belgique s'oppose crânement à cette demande, estimant avec d'autres que cela bloquera tout. Mais c'est à prendre ou à laisser. Le 26 juin 1945, Spaak appose donc au bas du traité de San Francisco une signature sans illusion sur la réalité des garanties.

Mais, selon les propos du sénateur Cossée de Maulde au parlement belge en 1946, « le monde est entré dans quelque chose qui n'est pas la paix ». Les anciens grands amis de la période de guerre se déchirent alors sur le sort de l'Allemagne, puis se la partagent. Après elle l'Europe et bientôt les autres continents. Les conférences échouent avec des mots de moins en moins mesurés, quand ils ne sont pas d'oiseaux, et des actes méfiants ou hostiles s'ensuivent.

Le 4 mars 1947, France et Grande-Bretagne signent un pacte dans la ville portuaire et symbole de Dunkerque. Le texte reste tourné contre l'Allemagne, mais cela ne trompe personne. À Bruxelles, la machine diplomatique se met en branle en direction des deux ex-grandes puissances européennes récemment liées. Mais aussi vers les deux petits voisins néerlandais et luxembourgeois, dits Benelux (bien que cette organisation n'ait aucune compétence militaire), avec qui on définit des positions communes pour peser plus lourd dans la négociation à cinq. On honore ses amis comme on les connaît. Moyennant quoi, leurs conceptions – automaticité de la réaction en cas d'agression et désignation vague, mais claire sauf pour les aveugles, de tout ennemi éventuel – triomphent. Un traité est signé à Bruxelles le 17 mars 1948 qui constitue enfin l'Europe du Nord-Ouest rêvée par Spaak et la CEPAG au temps de l'exil. En avril 1948, une organisation économique voit également le jour et un an plus tard, un Conseil (politique) de l'Europe.

Mais l'ancien continent se sent dramatiquement faible face au nouvel ennemi, l'URSS, supputée immensément puissante. Il est vrai que Staline a fortement contribué à la défaite nazie et impressionné tout le monde. Les Cinq de Bruxelles se réunissent une première fois l'après-midi même de la signature de leur accord et décident de faire appel aux États-Unis. Voilà qui n'était pas dans les idées du Spaak londonien. Washington, pour les entendre, doit renoncer à sa traditionnelle doctrine de Monroe. C'est chose faite avec la résolution Vandenberg, le 11 juin. Des pourparlers commencent dès lors à Ottawa en juillet et débouchent sur le Traité de l'Atlantique Nord, le 4 avril 1949.

Même si les institutions ne veulent pas mourir, le Pacte de Bruxelles a d'ores et déjà vécu, à quelques tentatives près de revival. Une armée atlantique est bientôt dotée d'un organe de consultation politique et d'un commandement. Elle prend ses quartiers en Europe de l'Ouest, notamment en République Fédérale d'Allemagne (RFA). Avec pour conséquence le passage des troupes belges d'une organisation militaire anglaise à celle de l'US Army et de la subordination aux forces britanniques au leadership américain. La guerre de Corée fournit un autre cadre pratique de la transition.

Mais si les États-Unis acceptent de garder des divisions en Europe, ils exigent que la RFA prenne part à l'effort occidental. Or, nous sommes cinq ans seulement après la capitulation du Reich et l'idée laisse les gouvernements français et belges à tout le moins perplexes. Va-t-on déjà rendre à l'ancien ennemi une armée autonome, état-major compris ? Comment annoncera-t-on cela aux électeurs ?

Le 9 mai 1950, le ministre français des Affaires étrangères Robert Schuman déclare vouloir rassembler les productions française et allemande de charbon et d'acier dans une Communauté européenne (CECA). Quelques mois plus tard, en octobre, il suggère au Conseil Atlantique une alternative à la proposition américaine. Elle offre selon lui les mêmes avantages, mais sans les inconvénients : des troupes allemandes pour contribuer à défendre l'Occident, y compris la RFA, certes ; mais pas autonomes. Les divisions de Bonn, récente capitale de la RFA, seraient en effet placées sous un commandement commun au sein duquel la France espère garder la haute main, vu l'identité des partenaires envisagés : soit des alliés mineurs, soit d'anciens ennemis.

Le nouveau ministre belge des Affaires étrangères, Van Zeeland, flanqué d'un collègue technicien, le général De Greef, y est favorable à la condition de préserver la souveraineté belge autant que possible. Donc, pas de commissaire, mais un commissariat ; pas un budget, mais des contributions soumises aux parlements nationaux. Surtout, il n'est pas question de toucher pas aux « vaches sacrées » belges. Le jeune Baudouin Ier doit conserver ses fonctions militaires, fussent-elles théoriques, car la Belgique sort à peine du dénouement dramatique de la question royale et il ne peut être question d'une révision de la constitution qui risquerait de mettre en péril le principe même du régime monarchique. En matière d'usage des langues, il est catégoriquement refusé de sacrifier le néerlandais à l'idiome du leader incontournable d'une éventuelle CED à six.

Mais le projet durement négocié achoppe finalement en août 1954 sur les débats politiques français. Ils portent, eux aussi, sur la persistance du ressentiment à l'égard de l'Allemagne et la préservation des intérêts nationaux, y compris coloniaux. À partir de là, l'hypothèse américaine s'impose à bref délai. L'Allemagne entre donc dans l'OTAN dix ans après sa défaite et accessoirement dans le pacte de Bruxelles rebaptisé Union de l'Europe occidentale.

La construction européenne se poursuit néanmoins. La Communauté économique européenne (CEE) est signée à Rome le 25 mars 1957. Elle connaît rapidement le succès, mais peine à acquérir une dimension de sécurité extérieure. Si la fin des années 1960 a vu quelques réussites techniques dans le domaine aéronautique ou spatial, les ventes n'ont guère suivi et ce n'a pas été de nature à donner à l'Europe une identité politico-militaire.

UN CHANGEMENT SYSTEMIQUE, MAIS LENT ET D'UNE EFFICACITE PARFOIS MITIGEE A LA PETITE ECHELLE BELGE.

Avec la peur inspirée par le « péril rouge », les organisations internationales et européennes dont il a été précédemment question auront des effets dans beaucoup d'importants domaines de la société belge : politiques (a), militaires (b), économiques (c), technologiques et scientifiques (d).

(a) À en croire Spaak, les années d'exil font découvrir aux dirigeants belges des horizons vastes et enthousiasmants. C'est certainement son cas. Il en va de de même en ce qui concerne Van Zeeland, qui n'avait néanmoins pas attendu l'après-guerre pour aller en Amérique. Dès 1946, le premier préside la première session plénière de l'Assemblée de l'ONU, puis de nombreux organes européens. En ce qui concerne la thématique ici abordée, il occupe le secrétariat général de l'OTAN de 1957 à 1961. En tant que ministre des Affaires étrangères à maintes reprises durant les trente glorieuses, il devient un habitué des grands cercles de décision. Peu d'autres hommes politiques belges connaissent un parcours semblable à la même époque. Je ne m'interdis pas de penser que ces parcours ont été rendus possibles non seulement par la qualité des personnages et par le réseau qu'ils ont su constituer, mais aussi parce qu'issus d'un État qui ne pouvait pas revendiquer davantage, donc sans danger pour les leaders, ils s'estimaient heureux d'être ainsi reconnus.

Du point de vue national, ces nominations prestigieuses valorisent la Belgique à l'intérieur et à l'extérieur. Mais elle entend d'abord y gagner en sécurité ce qu'elle concède en souveraineté.

Avec Spaak voire Van Zeeland ou Harmel, les fonctionnaires belges de haut rang apprennent encore à fréquenter leurs collègues des pays voisins ou plus lointains. Qu'on pense par exemple à de Staercke, représentant permanent de Belgique auprès de l'OTAN. C'est aussi le cas des officiers belges au sein des structures atlantiques, au point que leur langue se saupoudre d'américanismes et adopte des habitudes nouvelles, à commencer par un usage intensif des sigles. Les doctrines militaires sont désormais définies en concertation, pour ne pas dire ailleurs que dans les états-majors belges. Déjà en 1948, les premiers plans et réflexions de guerre froide venaient de Londres. La pratique des manœuvres pousse également la connaissance des armées amies jusqu'aux grades moins élevés.

En 1967, la Belgique bénéficie encore d'une autre bonne fortune. Le quartier général suprême des forces alliées en Europe doit quitter Fontainebleau. Bruxelles se hâte d'accueillir le siège de l'OTAN à Evere. Et le SHAPE à Casteau. Avec l'organisation progressive d'un nombre croissant de réunions puis l'installation des Commissions CEE et EURATOM à Bruxelles en 1958, celle-ci change de statut. Elle devient une ville où grouillent les diplomates et fonctionnaires missionnés par des capitales étrangères. Cela ne transforme évidemment pas la Belgique en superpuissance, mais lui confère un prestige et des savoir-faire dont elle profite pour donner à entendre ses attentes.

Dans cette quête modifiée par l'évolution des relations internationales, la Belgique doit constamment augmenter son poids. Elle le tente soit en plaçant ses hommes d'État, je viens de le rappeler, soit par la coopération avec d'autres pays modestes, soit dans l'alignement avec un grand. En Allemagne nouvellement occupée, elle s'appuiera tantôt sur l'Angleterre, tantôt sur la France pour obtenir ce qu'elle veut. À l'occasion des négociations du pacte de Bruxelles, de la CED ou au sein de l'UEO version 1955, elle recherche l'association étroite et dès l'origine avec les Pays-Bas et le Grand-Duché de Luxembourg. Son but, maximiser les garanties et minimiser ses investissements en argent, en hommes, etc.

À partir des années 1990, la Belgique utilisera également ses troupes les plus affûtées pour prendre part à des missions de l'ONU, non sans une expérience douloureuse au Rwanda. Ces opérations lui permettent d'accroître son prestige, y compris au sein de sa propre population.

(b) Dès l'entrée dans les forces de l'Union occidentale (1948), les divisions belges d'infanterie subissent une volée de bois vert de la part des généraux britanniques. À commencer par celui dont on attribue le nom vainqueur à rues, quais et squares en Belgique : B. Montgomery (of El Alamein). L'armée belge est invitée, dirons-nous, à hausser son niveau militaire et apprendre l'action coordonnée à travers des manœuvres internationales.

Le passage du pacte de Bruxelles au traité de l'Atlantique Nord provoque un changement de leadership et donc dans la chaîne de commandement. Une organisation naît. J'ai rappelé qu'elle donne désormais le la dans les orientations politiques et stratégiques. C'est encore le cas dans la structure des unités et la tactique. La RFA étant devenue une alliée et un éventuel théâtre d'opérations, les Forces belges d'Occupation rejoignent l'armée atlantique principalement casernée en Allemagne et sous une direction américaine ; le port d'Anvers constitue une base logistique essentielle du dispositif militaire outre-Rhin.

Le matériel des troupes belges change aussi de provenance. Des traités bilatéraux dits programmes d'assistance mutuelle de défense (MDAP) sont conclus entre les États-Unis et leurs nouveaux associés afin de renouveler l'équipement de ces derniers à marche forcée et leurs aptitudes à s'en servir. Ces avions, chars ou navires, leurs conditions d'utilisation, la nécessaire coordination entre les soldats en vue d'un fonctionnement efficace sur le terrain... tout contribue alors à réorganiser les forces belges sur le modèle américain. En 1951, « Britain's baby » n'est plus.

(c) L'intérêt de cette question de l'armement dépasse de loin les affaires militaires. En rejoignant des alliances, la Belgique entre aussi dans la coopération en matière de développement, de fabrication, de vente du matériel de guerre. Certes les puissances européennes l'ont souhaitée également. Et tentée. Mais dans l'ensemble, il fut difficile de contourner la supériorité technique et économique américaine, doublée d'un solide lobbying gouvernemental (comme chez tout le monde, même en Belgique).

Dans ces processus complexes, la Belgique n'est pas souvent concepteur. Ce rôle revient en général aux ingénieurs des grands Etats : Angleterre, États-Unis, France, Allemagne voire Italie. En matière d'avions, le seul entièrement construit en Belgique fut le Gloster Meteor sous licences britanniques. À partir des années 1950, les industriels belges changent de stratégie : ils renoncent à faire tout et cherchent des niches technologiques dans lesquelles ils peuvent fournir un maximum de clients. À commencer par leur propre gouvernement, ceux des autres nations parties à la coproduction, ensuite d'autres encore, soit pour la fabrication, soit pour des réparations. Ainsi, la FN Moteurs découvre l'usinage des aubes de réacteurs. Et la Sonaca, celui des bords d'attaques pour les ailes. Et quand l'État belge achète un appareil pour la force aérienne, celui qui emporte le marché est presque toujours celui qui peut apporter le plus de chiffres aux manufacturiers belges. Pour les ingénieurs, c'est l'occasion d'apprendre de nouvelles techniques ou de maîtriser des matériaux inconnus tels que le nid d'abeille ou certains alliages, par exemple. Et ensuite, les autres secteurs industriels nationaux profitent de la manne des contrats militaires, jusqu'aux plus inattendus : les raquettes de tennis Donnay, par exemple. C'est ce qu'on appelle le système des compensations.

On a aussi fabriqué des chars ou des bateaux en coproduction, mais la Belgique disposait de moins de manufacturiers intéressés pour ces équipements. Il y en avait, néanmoins, comme CMI ou les forges de Zeebrugge.

En revanche, ces processus compliqués n'existent pas pour les fusils, les mitrailleuses ou les munitions, spécialité où la Belgique compte de nombreux acteurs. On connaît la FN, mais il y en a d'autres, par exemple les Poudreries Réunies de Belgique (PRB) dans le secteur des explosifs. Il n'y a donc pas de coproduction dans ces systèmes trop « simples ».

Par contre, il y est question comme ailleurs de standardisation. L'idée générale derrière ce concept est qu'entre des armées qui coopèrent sur le terrain, face à un ennemi actif, il faut que chaque élément soit interchangeable et donc fabriqué selon des normes négociées. Un comité voit le jour en 1953, FINABEL, rassemblant France, Italie, Pays-Bas, Allemagne de l'Ouest, Belgique et Luxembourg, comme le sigle l'indique. Il publie des années durant nombre de recommandations techniques après discussions entre experts des pièces concernées. Cette volonté s'est néanmoins heurtée au désir farouche des Etats de défendre leur industrie propre. Ce qui intéressait la Belgique, en tout cas, c'était d'accéder aux informations, pas de s'y conformer, et sûrement pas d'y sacrifier la Fabrique Nationale d'Armes de Guerre sur l'autel de la coopération multilatérale. Cela n'a pas empêché celle-ci de réaliser quelques coups fumants dans le domaine des munitions, et donc des fusils qui les propulsent.

L'OTAN tenta aussi d'obtenir une hausse des montants consacrés par les États membres européens à leur défense. Et notamment la Belgique, ce pays où de longue date la question du choix entre le beurre et les canons se ne pose que lorsqu'on entend ces derniers tonner aux frontières. En l'occurrence, les budgets militaires belges décrurent de 1945 à 1948, augmentèrent de 1948 à 1955, puis redescendirent avec la détente. Et les Américains de se plaindre avec constance de l'insuffisance des investissements belges, jusqu'à nos jours, chacun recourant aux ratios qui soustendent le mieux son argumentation.

(d) L'impact des alliances se fit également sentir dans les domaines divers de la connaissance. Le 13 décembre 1956, le « rapport des Trois Sages » était accepté par l'OTAN. L'un des axes privilégiés était le développement d'une collaboration scientifique entre les États membres. Aux États-Unis, il y avait beau temps que la recherche occupait une place importante dans les budgets. La Seconde Guerre mondiale en a donné des exemples fameux. En Belgique, beaucoup moins.

Le message est entendu et les départements de l'École Royale Militaire ont progressivement à cœur de mettre en avant leurs résultats. C'est le cas dans le domaine des sciences fondamentales où, par exemple, un laboratoire de physique nucléaire voit le jour, au grand dam des voisins de l'établissement quand ils l'apprennent, croyant dormir sur des bombes atomiques. Mais c'est aussi le cas dans celui de la recherche appliquée dont un bon exemple est la lubrification des moteurs. Dans ce dernier cas, en coopération avec des partenaires et avec des fonds européens.

EN SOMME

Pour se prémunir de toute nouvelle invasion, la Belgique d'après 1945 est entrée dans des alliances selon des plans mûrement réfléchis durant le conflit contre l'Allemagne et l'Italie fascistes. Et, apparemment, ce fut un succès. Depuis 75 ans, la Belgique vit en paix, si l'on exclut les formes récentes de menaces comme le terrorisme ou la cybercriminalité.

Dans un premier temps et selon les projets londoniens, les coopérations sont envisagées avec les pays voisins. Mais en raison de la guerre froide, il a fallu aller chercher les ressources et le leadership là où il se trouvait, c'est-à-dire en Amérique. Cela a engendré un réalignement non anticipé par la CEPAG sur la bannière étoilée.

Avec la relégation du pacte de Bruxelles pour cause de défaut de moyens militaires et l'échec de la CED et ceux qui ont suivi en raison de divergences politiques persistantes, sans parler d'un large consensus pour ne pas payer trop cher, en Belgique au minimum, on peut se dire que l'Europe unie a manqué le train de la sécurité. À quelques réalisations près, comme le comité FINABEL ou un avion de chasse. Mais même à ces égards, les succès sont mitigés et peu significatifs.

Pour la Belgique, cela conduit au renoncement définitif à une souveraineté pleine et entière. Les décisions se prennent toujours dans les ministères nationaux, mais en application de négociations dans lesquelles la Belgique pèse peu et de traités très profonds.

Par contre, cela lui a rapporté. Outre la sécurité, bien précieux s'il en est et objet des préoccupations essentielles de tout État qui se respecte, des carrières pour les plus éminents dirigeants et des opportunités de toutes les sortes, y compris dans le domaine scientifique et industriel.

En fait, ce petit pays fut impliqué, population et élites, en Belgique et en dehors, notamment en Allemagne. En vertu du concept de guerre totale tel qu'interprété par l'OTAN, tous les secteurs de la vie belge en société ont été affectés par les choix politiques d'après 1945. On peut donc dire qu'il s'agissait d'une réorientation systémique.

LA BELGIQUE COLONIALE FACE AU PROJET DE COMMUNAUTE EUROPEENNE DE DEFENSE (1952–1954)

Étienne Deschamps

Après la Seconde Guerre mondiale, l'avènement d'une Europe bipolaire et les tensions internationales donnent aux questions de sécurité un caractère d'urgence pour les Européens comme pour leurs alliés américains. Les débuts de la guerre de Corée en juin 1950 et la nécessité d'un réarmement de l'Allemagne donnent aussi une dimension nouvelle à la recherche d'une solution pratique au problème de la défense de l'Europe occidentale. Contrainte de prendre officiellement attitude bien qu'elle juge le débat prématuré en raison des retards qu'accuse l'Europe politique, la France décide de prendre les devants en espérant tirer bénéfice de son initiative. C'est ainsi qu'en octobre 1950, le président du Conseil René Pleven présente devant l'Assemblée nationale son plan pour la création d'une armée européenne rattachée à des institutions politiques de l'Europe unie. Outre le fait qu'il promeut l'unité européenne sur le plan militaire en y associant l'Allemagne tout en la « neutralisant », le projet de Communauté européenne de défense (CED) établit la création d'un commandement intégré et d'une armée européenne dans laquelle doivent être incorporés les contingents fournis par les pays participants au niveau de l'unité la plus petite possible. Il prévoit aussi un programme commun d'armement et d'équipement. Préparée par Jean Monnet, l'initiative du gouvernement français s'inspire directement du plan Schuman pour appliquer à la défense le principe d'une intégration sectorielle et mettre en place de nouvelles institutions politiques en Europe[1].

Pour la Belgique comme pour la France, déjà engagée dans la guerre d'Indochine et bientôt dans celle d'Algérie, le projet d'armée européenne soulève des questions tout à fait spécifiques qu'explique leur statut de métropole coloniale. Il faut dire que depuis la fin des années 1940, la défense de la colonie contre les risques de menaces extérieures s'impose comme un enjeu majeur pour l'état-major de l'armée belge et pour les cadres de la Force publique du Congo. Tirant les leçons

---

[1] Parmi une littérature fournie, on consultera notamment P. Buton, « La CED : l'Affaire Dreyfus de la Quatrième République ? », in *Vingtième Siècle. Revue d'histoire*, vol. n°84, n°4, 2004, pp. 43–59 ; M. Dumoulin (dir.), *La Communauté européenne de défense, leçons pour demain ? The European Defence Community, lessons for the future?*, Bruxelles, PIE-Peter Lang, 2000, 430 p. ; R. Poidevin, « La France devant le problème de la CED : incidences nationales et internationales (été 1951–été 1953) », in *Revue d'histoire de la Deuxième Guerre mondiale*, n°129, janvier 1983, pp. 35–57 ; P. Vial, « De la surenchère atlantiste à l'option européenne : Monnet et les problèmes du réarmement occidental durant l'été 1950 », in G. Bossuat–A. Wilkens (dir.), *Jean Monnet, l'Europe et les chemins de la Paix*, Paris, Publications de la Sorbonne, 1999, pp. 307–342.

de la dernière guerre, les autorités politiques et militaires considèrent que les nouveaux engagements internationaux du pays et son prestige sur la scène mondiale l'obligent à mieux assurer la sécurité du Congo dont le territoire revêt une valeur toute particulière sur les plans économique et stratégique. Dans ce contexte de Guerre froide, l'Afrique centrale est considérée par les experts militaires comme une place forte qui doit permettre de poursuivre la lutte auprès des Alliés et de reconquérir ensuite le continent européen en cas d'invasion par les armées ennemies du bloc soviétique[2]. Convaincus que le potentiel congolais constitue un fondement essentiel de la sécurité de la Belgique et le suprême recours en cas de guerre en Europe, les stratèges insistent sur la nécessité de jouer la carte coloniale. C'est ainsi qu'apparaît l'idée, bientôt érigée en dogme, qui consiste à faire du Congo un « réduit national » en réponse à une possible neutralisation du sol métropolitain. Cette doctrine nouvelle se traduit dans les faits par la création des Forces métropolitaines d'Afrique (FMA) et par l'installation permanente de soldats de l'armée belge dans la colonie.

En réalité, l'appareil militaire que les Belges mettent en place en Afrique répond à plusieurs objectifs : assurer la défense du territoire congolais et affirmer son caractère « belge », ménager à la Belgique le droit de se faire entendre auprès des Alliés, conserver les moyens de rester maître chez soi et disposer des moyens de coopérer sur le terrain avec les autres puissances coloniales. Que ce soit à travers le Pacte de Bruxelles puis l'Organisation du traité de l'Atlantique Nord (OTAN) et finalement le projet d'armée européenne, la possession du Congo contraint le pays à trouver un moyen de concilier sa dimension coloniale avec ses efforts en faveur d'une entente militaire. La souveraineté du pays outre-mer est au cœur de la réflexion. À Bruxelles, on s'interroge aussi sur les conséquences d'une éventuelle européanisation de la défense en Afrique et sur la capacité matérielle du pays à pouvoir assumer simultanément l'effort de réarmement européen et la défense des territoires d'outre-mer. Et cela alors même que l'idée se répand auprès d'une partie de l'état-major de l'armée belge et de la Force publique du Congo que la coopération européenne en matière militaire doit aussi passer par une meilleure organisation entre les nations coloniales pour assurer ensemble la défense de leurs territoires d'Afrique.

Dans ces conditions, on comprend que le plan Pleven pousse la diplomatie belge à la plus grande prudence. Au cours des difficiles négociations qui se déroulent à Paris pendant presque toute l'année 1951, les délégations belge et française tirent à plusieurs reprises la sonnette d'alarme et font valoir la nécessité pour les deux métropoles de pouvoir conserver ou mobiliser des contingents sous commandement national en–dehors de la Communauté afin de faire face à leurs propres

---

2   A.-S. Gijs, *Le pouvoir de l'absent. Les avatars de l'anticommunisme au Congo (1920–1961)*, vol. 1, Bruxelles, PIE-Peter Lang, 2016, pp. 204–222.

responsabilités outre-mer[3]. Des garanties politiques sont expressément réclamées[4]. Pour la Belgique, il s'agit surtout de ne pas donner à la Communauté plus de soldats qu'il le faut sans pour autant remettre totalement en cause le principe général de l'intégration de l'ensemble des contingents nationaux dans l'armée européenne. Les délégués belges demandent donc à leurs partenaires qu'un protocole annexé au traité puisse indiquer précisément le pourcentage de l'ensemble des contingents provenant de chaque État qui, au titre de la défense des territoires d'outre-mer ou au titre de la défense intérieure, seraient maintenus hors de la CED[5]. L'attitude ferme de Bruxelles et de Paris est bientôt suivie d'effets. Ainsi les Belges et les Français finissent-ils par obtenir gain de cause à travers plusieurs exceptions au principe général d'intégration[6]. Mais si la CED est applicable aux territoires européens de ses États membres, elle n'est pas pour autant tout à fait étrangère aux territoires d'outre-mer.

À vrai dire, les dérogations sont nombreuses pour les territoires d'outre-mer dans le projet d'armée européenne. Ainsi en vertu de l'article 10 du traité CED, les États membres de la Communauté peuvent conserver, chacun en ce qui le concerne, des forces armées nationales destinées à être employées dans les territoires non européens dont ils assument la responsabilité de défense. Autorisés à recruter et à entretenir des forces répondant à des missions internationales en vertu de décisions des Nations unies ou de l'Alliance atlantique, les États membres peuvent également disposer de forces navales nationales pour la garde de territoires non européens dont ils assurent la défense et pour la protection des axes de communication avec ces mêmes territoires. De même, à l'instar de la Force publique congolaise, les forces de police et de gendarmerie exclusivement préposées au maintien de l'ordre demeurent nationales (art. 11). Mais il y a plus que cela. Notamment la possibilité pour les États membres de conserver les éléments nécessaires pour assurer la garde personnelle du chef de l'État (art. 10), ce qui intéresse directement la Belgique au regard des plans secrets d'évacuation du roi et de son gouvernement au Congo en cas d'invasion du pays.

À Bruxelles, tous ces aménagements inscrits dans le traité de Paris sont d'abord accueillis avec soulagement. Dans le rapport d'ensemble qu'il remet au gouvernement en décembre 1952 sur les défis que pose la sécurité du Congo, le Groupe de travail pour l'étude de la défense de la colonie se félicite d'ailleurs des dérogations

---

3   Archives nationales d'outre-mer, Aix-en-Provence, Fonds 1 Affaires politiques, dossier 2314/3, « Les incidences de la Communauté européenne de défense sur les territoires d'outre-mer », Paris, 1952, 2 p.
4   L. De Vos, « La Communauté européenne de défense, une occasion manquée ? », in M. Dumoulin (dir.), *La Belgique et les débuts de la construction européenne. De la guerre aux traités de Rome*, Louvain-la-Neuve, Ciaco, 1987, pp. 103–117.
5   C. Gonfroid, *Le monde catholique belge face à la Communauté européenne de défense (octobre 1950–septembre 1954)*, t. 1, Université catholique de Louvain, Mémoire de licence en histoire, 1985, p. 52.
6   *Traité instituant la Communauté européenne de défense et documents annexes*, Paris, Ministère français des Affaires étrangères/La Documentation française (Recueils et monographies), 1er août 1952, 78 p.

au régime communautaire que les diplomates belges et français ont pu obtenir au cours de la négociation[7]. Et le 12 novembre 1953, ouvrant à la Chambre le débat de ratification du traité CED, le ministre des Affaires étrangères Paul van Zeeland se félicite de la tournure d'un texte qui donne à la Belgique le droit de conserver une armée nationale ayant précisément pour mission de défendre le Congo[8]. Pour se montrer rassurant, il croit utile d'ajouter qu'« aucun ministre belge ne songe, en aucune mesure, à introduire des troupes étrangères au Congo. Nous y sommes chez nous, nous entendons y rester chez nous ; la haute mission d'ordre humanitaire que nous avons assumée au Congo, nous croyons l'avoir bien remplie et nous entendons continuer à la remplir par nous-mêmes. Le traité de la CED ne modifie en aucune manière la situation telle qu'elle se présente actuellement »[9]. Van Zeeland n'hésitera pas à répéter quatre mois plus tard au Sénat que la Belgique ne doit renoncer à son armée nationale « que dans la mesure nécessaire pour assurer les buts de la Communauté. C'est pourquoi la France, la Hollande et la Belgique ont pu garder et garderont des troupes nationales pour assurer les intérêts dont ces pays ont la charge ailleurs qu'en Europe »[10].

Si elles paraissent *a priori* bien adaptées à la situation très particulière des pays européens ayant des responsabilités outre-mer, certaines dispositions du traité ne tardent pourtant pas à être critiquées en Belgique, notamment dans les milieux coloniaux que l'on sait très à cheval sur le respect de la souveraineté du pays en Afrique centrale[11]. Ainsi les exceptions et les garanties obtenues par les négociateurs belges sont-elles bientôt jugées insuffisantes. Alors même que se poursuivent à Paris les travaux du Comité intérimaire militaire pour la CED en vue de finaliser une série de protocoles additionnels[12], plusieurs voix s'élèvent au Parlement belge pour dénoncer le risque d'abandon d'importantes prérogatives politiques. Un tir de barrage s'organise. Le sénateur et ancien Premier ministre Joseph Pholien, dont on connaît le très grand intérêt qu'il porte aux problèmes congolais[13], s'interroge : « bien que la CED ne doive exercer ses effets qu'au nord du tropique du Cancer, on ne peut s'abstenir d'avoir une inquiétude en songeant que la souveraineté belge sera mise en pool : n'y a-t-il pas des conséquences à craindre pour les territoires d'outre-

---

7 Archives de l'État en Belgique (Bruxelles), Archives du Service public fédéral Affaires étrangères/Archives africaines (AA), dossier CAB 4732/liasse 1111, « La défense du Congo. Rapport d'ensemble. Annexes », Bruxelles, 12 décembre 1952, p. 13.
8 *Annales parlementaires. Chambre des Représentants*, séance du 12 novembre 1953, n°2, p. 7.
9 *Annales parlementaires. Chambre des Représentants*, séances du 25 novembre 1953, n°7–8, p. 17.
10 *Annales parlementaires. Sénat*, séance du 2 mars 1954, n°42, p. 947.
11 A. Leleux, « La CED et le Congo belge », in *Le Courrier d'Afrique*, 2 décembre 1953, pp. 1 et 5.
12 J. Guérisse, « À propos de l'armée européenne. Une rétrospective des travaux du Comité intérimaire militaire de la CED », in *Res Publica*, 1971, n°3–4, pp. 551–576.
13 Z. A. Etambala, « Joseph Pholien et le Congo belge », in G. Janssens – F. Carton de Tournai (dir.), *Joseph Pholien. Un homme d'État pour la Belgique en crises*, Bierges, Ed. Mols, 2003, pp. 307–334.

mer ? »[14]. En novembre 1953, le député libéral d'Anvers Auguste Joris, président de la commission coloniale de la Chambre, met lui aussi les membres du comité permanent de son parti en garde contre les risques d'intervention d'une Communauté jugée trop supranationale au regard des questions relatives à la défense du Congo[15]. De même, voit-on les interpellations se multiplier au Sénat au sein de la commission réunie des Affaires étrangères et de la Défense nationale : y aura-t-il une limite fixée aux forces nationales dont pourrait disposer un État membre de la Communauté pour la défense de ses colonies ? De quel contingent la Belgique pourra-t-elle disposer pour la défense du Congo ? Et les unités de la Force publique seront-elles comprises dans ce contingent ?[16]

Au même moment, d'autres observateurs pointent du doigt le risque pour la Belgique de devoir réduire ses moyens de défense outre-mer en raison des charges qui lui seront forcément imposées par sa participation à l'armée européenne en plus de ses engagements antérieurs envers l'OTAN. On évoque à cet égard les efforts menés depuis quelques années en Afrique subsaharienne pour créer une coopération militaire entre les puissances coloniales. Dans ces conditions, nombreux sont ceux qui redoutent que la mise en place d'une armée européenne intégrée entre en concurrence avec une défense intercoloniale qui doit encore faire toutes ses preuves. C'est en tout cas l'opinion assez tranchée de Jacques Delvaux de Fenffe, directeur général de la Politique au ministère des Affaires étrangères, qui se montre très favorable à une politique belge centrée sur l'intérêt national et qui estime qu'en raison de ses engagements budgétaires et militaires vis-à-vis de l'OTAN, la Belgique ne dispose déjà plus sous sa pleine souveraineté de forces suffisantes pour sa sécurité intérieure ni pour celle de son domaine africain. Or, prévient-il, « fasciné par des mirages étrangers, le Belge oublierait facilement qu'il lui appartient de défendre lui-même son vaste et riche territoire d'Afrique dont, par ailleurs, il est si fier »[17]. Persuadé de la nécessité stratégique et politique d'envoyer davantage de troupes métropolitaines au Congo et d'y créer l'embryon d'un état-major commun entre l'armée belge et la Force publique afin de conserver les moyens de rester seul maître à bord, il insiste lourdement sur les dangers qu'il y aurait pour la Belgique de se voir obligée de faire appel à des troupes étrangères au Congo sans avoir les moyens de les intégrer dans son propre système de défense[18].

En attendant, on évoque aussi la durée du service militaire qui, après avoir été portée de 12 à 24 mois en mars 1951 en réponse à la guerre de Corée, a dû être ramenée à 21 mois effectifs dès le mois d'août 1952 en raison de l'hostilité des conscrits. Or, si comme le prévoit le traité CED, la durée du temps de service actif

14 Archives du Palais royal (APR), Fonds Pholien, dossier n°490, Note « Problème de la CED », Bruxelles, 1953, p. 19.
15 Archives historiques du Mouvement réformateur/Centre Jean Gol (Bruxelles), Fonds Suzanne Paquier, « Comité permanent du parti libéral (Bruxelles, 7 novembre 1953) », pp. 17–18.
16 APR, Fonds Pholien, dossier n°486, « Document de commission n°2 Affaires étrangères–Défense nationale (Sénat de Belgique) », Bruxelles, 5 janvier 1954, p. 1.
17 CEGESOMA, Fonds Delvaux de Fenffe, Dossier AA 669/17, « Révision des engagements militaires de la Belgique », Bruxelles, 14 février 1954, p. 1.
18 *Ibid.*, p. 2.

était harmonisée dans tous les États membres à hauteur de 18 mois, où la Belgique trouverait-elle encore les contingents nécessaires à la défense du Congo et à la protection des voies de communications terrestres et maritimes entre la métropole et sa colonie ? Le problème est d'autant plus grave que ni l'armée métropolitaine ni la Force publique, effectivement très limitée dans ses possibilités de recrutement, ne disposent de tous les cadres d'active dont elles auraient pourtant besoin pour répondre aux nécessités du moment. Le risque est donc grand, dénoncent les milieux coloniaux, de voir la CED accentuer la pénurie d'officiers et de sous-officiers au service de la Force publique et des troupes métropolitaines belges installées au Congo. Aux yeux d'un observateur aussi averti que l'ancien ministre des Colonies du gouvernement belge à Londres Albert De Vleeshauwer, resté très influent au sein de la commission coloniale du parti social-chrétien, il ne fait pas de doute que pour remplir la mission de défendre le Congo la Belgique doit avant tout compter sur elle-même et sur ses propres moyens d'action, aussi limités soient-ils. Présentant le Congo comme un morceau du patrimoine national, il répète que celui-ci doit être défendu sur place par des militaires belges. S'exprimant à Bruxelles devant les officiers et les industriels réunis au sein du cercle royal *Mars et Mercure*, il prévient que « si nous ne défendons pas certains biens au Congo, j'en connais d'autres qui les défendrons pour nous, sans attendre qu'ils soient attaqués. Et ce jour-là, nous aurons joué l'existence du Congo. Je ne suis pas prêt à faire cela. Je n'accepte pas cela. Nous avons des devoirs nationaux au Congo et devons les remplir. Avec les obligations que nous prenons, nous ne sommes plus capables de remplir ce devoir, aussi primordial que d'assister une CED quelconque [...] ». Avant de conclure, sans appel : « J'accepte la défense de l'Occident. Je suis prêt à tous les sacrifices. Mais je n'accepte pas le suicide de mon pays ! » [19].

À Bruxelles, on s'inquiète qu'en application de l'article 120 du traité, des écoles, des établissements et des centres d'entraînement de la Communauté puissent être stationnés dans les territoires d'outre-mer des États membres. On critique également la disposition qui prévoit pour les États membres la possibilité de recruter, pour les besoins du contingent qu'il fournit à la Communauté, dans des territoires situés hors d'Europe mais relevant de son autorité ou pour lesquels ils assument la responsabilité internationale. C'est qu'on redoute beaucoup du côté belge des possibles réactions de la population congolaise si elle venait à apprendre que rien ne s'oppose théoriquement à ce que des troupes de couleur participent à l'armée intégrée européenne[20]. On considère en effet que ce serait un très mauvais signal politique que d'envoyer des forces congolaises sur un théâtre d'opérations extra-africain si, par la suite, la Belgique se trouvait dans l'obligation de faire appel à des soldats étrangers pour défendre sa colonie. On répète alors qu'il est pratiquement impossible d'inclure dans une éventuelle CED une force de statut particulier et local telle que la Force publique du Congo.

---

19 « Pour et contre la CED », in *Mars et Mercure*, n°2, février 1954, pp. 9–10.
20 R. De Vleeschauwer, *L'intégration européenne et les territoires d'outre-mer. Traités internationaux depuis 1944–1945*, Bruxelles, Institut royal colonial belge, 1953, p. 32.

Pour autant, c'est principalement l'article 13 du traité qui est montré du doigt. Cet article prévoit en effet qu'en cas de crise grave affectant un territoire non européen à l'égard duquel un pays de la Communauté assume des responsabilités de défense, une fraction de ses contingents fournis aux forces européennes pourra être mise temporairement à sa disposition. Les contingents ainsi retirés perdant automatiquement leur caractère européen. Mais, prévoit le traité – et c'est bien là ce qui effraie certains observateurs belges – à la condition expresse d'en informer préalablement le Conseil des ministres de la Communauté et d'obtenir à la fois l'accord du Commandant suprême de l'OTAN en Europe et du Commissariat de la Communauté. Pour les coloniaux, cette disposition est inacceptable. En effet, ils ne peuvent admettre que des territoires considérés par le haut commandement belge comme des bases lointaines de la défense du pays ne puissent pas être pourvus de troupes aussi vite que le gouvernement belge le jugerait nécessaire. On répète qu'au moindre signe de tension internationale ou en cas de nécessité au Congo, des troupes d'élite et des corps expéditionnaires doivent pouvoir être envoyés d'urgence de Belgique[21]. Ce point très sensible est d'ailleurs expressément soulevé par l'ancien ministre des Colonies Pierre Wigny dans le rapport qu'il établit au nom de la commission spéciale instituée au sein de la Chambre des députés[22]. Que se passerait-t-il en effet si la Belgique, une fois liée par la CED, devait faire face de manière immédiate à une éventuelle insurrection comparable à celle des Mau-Mau qui, en 1952, a secoué le Kenya britannique avec, se plaît-on à répéter, le soutien en sous-main des agents de Moscou ?

Dans la même veine, un chroniqueur populaire comme Jo Gérard, bien connu pour ses prises de position nationalistes, n'y va pas par quatre chemins. Horrifié à l'idée de voir la Belgique contrainte de plaider la nécessité de défendre sa colonie devant des ministres allemands, français, italiens, luxembourgeois et néerlandais, il ne peut pas davantage admettre que le pays doive ensuite rallier l'adhésion d'un Commissariat où siègeront des représentants des mêmes nations et enfin obtenir l'accord de l'état-major américain. Convaincu que l'œuvre de civilisation belge au Congo ne pourra être accomplie à l'intérieur du territoire et défendue contre la menace d'emprises extérieures que par les efforts conjugués des Belges d'Europe et des Belges d'Afrique, Gérard ne peut accepter que le Parlement avalise un traité qui, à ses yeux, réduit à néant l'instrument militaire de la souveraineté belge en Afrique. Prenant l'action coloniale du roi Léopold II à témoin, il maintient que ratifier le traité CED (qu'ironiquement il traduit par un « Congo éliminé demain ») équivaudrait pour la Belgique à confier à ses grands voisins le droit de décider combien de soldats belges iront défendre le Congo. Ce qui pour lui mettrait un terme définitif au grand jeu que le pays pourrait encore mener en Afrique à l'abri des

---

21 L. Verniers, « La dixième session du Congrès colonial national », in *Problèmes d'Afrique centrale*, 3ᵉ trimestre 1954, p. 253.
22 Chambre des représentants. Rapport fait au nom de la commission spéciale par M. Wigny (3ème épreuve), 10 septembre 1953, p. 58.

rapports d'influence que des puissances occidentales telles que la France ou l'Allemagne ne manqueront pas, affirme-t-il, de pratiquer[23].

On le voit bien, l'éventail des réactions atteste que les milieux coloniaux se montrent résolument hostiles à une participation du Congo à la CED. À leurs yeux, il faut en effet éviter que l'intégration européenne, qui est considérée comme un moyen de garantir la sécurité du pays en Europe, se transforme paradoxalement en une menace pour la sécurité du pays en Afrique. Là-même où les Belges croient encore leur position solide... Beaucoup regrettent aussi que la CED ne concerne pas le Portugal et la Grande-Bretagne, deux pays dont on sait à quel point l'appui est important pour la politique belge au Congo. La Belgique ne court-elle pas le risque de s'enfermer dans la petite Europe des Six et de perdre ainsi son rang de puissance africaine ? L'attitude alarmiste des milieux coloniaux belges est bientôt renforcée par les discussions en cours au sein de l'Assemblée *ad hoc* à Strasbourg autour d'une Communauté politique européenne (CPE) précisément destinée à « coiffer » l'armée européenne. C'est bien ce qui fait dire au député libéral Hilaire Lahaye, membre de la commission des Colonies à la Chambre, que « si la réalité future n'apparaît pas aussi harmonieuse que nous l'espérons, il serait excessivement intéressant que nous continuions à disposer d'un territoire national qui soit hors de la Communauté et où nous pourrions poursuivre une politique qui ne soit pas sous le régime de Strasbourg, où nous puissions avoir encore une armée belge comme la France entend conserver une armée française dans ses territoires d'outre-mer »[24]. À cet égard, les positions développées par la section militaire du Congrès colonial national (CCN) qu'animent des officiers supérieurs de la Force publique du Congo se révèlent particulièrement instructives. Pendant plusieurs mois, la section militaire du CCN se demande en effet si la sécurité intérieure (maintien de la paix et de l'ordre public) et extérieure (préservation contre les dangers provenant de l'étranger) du Congo postule ou non l'intégration de la colonie dans la Communauté. D'une façon générale, le CCN estime que la garantie offerte par le traité de Paris, conclu sans clause de sécession pour une durée de cinquante ans à compter de son entrée en vigueur, aux territoires d'outre-mer en cas de danger extérieur est surtout de nature théorique car la défense du Congo par des moyens européens ne serait envisageable que si l'intérêt général des pays de la Communauté était en jeu. Farouchement attachés à la défense de la souveraineté nationale au Congo, autant que le sont les officiers belges qui s'interrogent également sur les applications pratiques de l'armée européenne[25], les officiers coloniaux en tirent la conclusion que les

---

23 J. Gérard, « On a vendu notre Congo ! », in *Europe Magazine*, n°444, 17 décembre 1953, pp. 10–12.
24 H. Lahaye, « La situation du Congo vis-à-vis de la Communauté européenne », in *L'Avenir colonial belge*, n°203, 22 juillet 1953, p. 1.
25 Même s'ils n'abordent pas la situation particulière du Congo dans la stratégie de défense de la Belgique, on trouvera une analyse détaillée de la conscience européenne des chefs militaires belges dans les travaux de Pascal Deloge : « Enthousiasme ou réticences ? Analyse de la conscience européenne des décideurs militaires belges durant la négociation CED (1950–1954) », in *Revue belge d'histoire militaire*, vol. 31, n°7–8, décembre 1996, pp. 177–182 ; « Les militaires belges et l'Europe : une variation sur le thème de la politique belge d'interdépendance

inconvénients d'une intégration du Congo dans la CED sont en définitive beaucoup plus nombreux que ses hypothétiques avantages.

Pour les coloniaux, le stationnement prolongé d'unités étrangères à l'intérieur du Congo présente plusieurs dangers politiques et psychologiques. Dont celui de faire naître chez certains Congolais les plus grands doutes en ce qui concerne la volonté affirmée par la Belgique de former et de respecter au Congo une nation prête à occuper un jour dans la communauté belgo-congolaise la place qui lui revient. En mai 1952 déjà, en prévision des travaux de la conférence des Six sur la CED, le département de la Défense nationale avait estimé qu'il n'était pas désirable de voir s'installer des écoles européennes au Congo sans le consentement du gouvernement belge[26]. C'est que si le danger est grand en ce qui concerne le moral des effectifs d'une Force publique qui compte dans ses rangs près de 25.000 hommes, il ne l'est sans doute pas moins pour les populations locales. Dans les rangs du pouvoir, on en fait une question de prestige national. On redoute en effet que les Congolais interprètent la présence de forces étrangères lourdement armées dans le pays comme une renonciation de la souveraineté belge ou comme une mesure préparatoire à son abandon. Les populations congolaises pourraient aussi considérer cette présence militaire étrangère comme une manifestation de la faiblesse de la Belgique, au risque d'amenuiser ou d'ébranler gravement le principe même de l'autorité et le prestige de la mère-patrie.

Mais ce n'est pas tout. Pour les autorités coloniales belges, le réalisme politique incite à craindre que, sous le couvert de stationnement à caractère technique militaire, ne se glissent des éléments qui, spontanément ou mandatés à cette fin, s'ingèrent dans les affaires relevant de la souveraineté belge ou aient une attitude ou une activité déguisée de caractère politique. Et cela au détriment de l'autorité de la Belgique et au bénéfice de pays étrangers. Comment, dans ces conditions, ne pas imaginer que le comportement moral des militaires européens qui seraient installés au Congo soient la source de périls d'autant plus graves pour les autorités belges que celles-ci ne disposeraient pas à l'égard de ces unités étrangères des moyens d'action ou de sanction qu'elles possèdent envers leurs propres troupes ? Par ailleurs, les Belges sont effrayés à l'idée qu'à travers la CED la création de bases européennes leur soit imposée sans tenir compte des autres impératifs du développement du Congo et du bien-être de ses habitants. Enfin, ils s'inquiètent de ce que les partenaires de la Belgique au sein de la CED, dont on soupçonne que certains sont particulièrement intéressés par les perspectives d'immigration européenne en Afrique, puissent voir ou trouver dans le stationnement de leurs nationaux au Congo pendant la durée de leurs obligations militaires un moyen commode de préparer leur installation ultérieure et définitive. Auquel cas, prévient-on, leurs prises de position dans

après la Seconde Guerre mondiale », in É. du Réau (dir.), *Europe des élites ? Europe des peuples ? La construction de l'espace européen (1945–1960)*, Paris, Presses de la Sorbonne nouvelle, 1998, pp. 205–218.

26 Note du lieutenant-colonel Oscar Hartéon, secrétaire du comité permanent des chefs d'état-major, Bruxelles, 29 mai 1952, in L. De Vos, É. Rooms, P. Deloge et J.-M. Sterkendries, *Documents diplomatiques belges (1941–1960). De l'indépendance à l'interdépendance*, t. II, *Défense*, Bruxelles, Académie royale de Belgique, 1998, p. 326.

les institutions de la Communauté seraient bien plus inspirées par ce souci que par celui de la défense commune[27].

Au-delà des seules questions stratégiques et coloniales, il y a pour les Belges plusieurs éléments du traité de Paris qui entrent en opposition avec des principes constitutionnels[28]. Principes qui, indéniablement, mettent l'accent sur le caractère très national de l'organisation militaire de l'État, en Belgique comme au Congo. On en veut notamment pour preuve le fait que, contrairement à ce que prévoient les droits britannique et français, seuls les citoyens belges sont admissibles aux emplois militaires (art. 6). Plus caractéristique encore du caractère national de la défense du territoire est l'interdiction constitutionnelle absolue d'admettre au service de l'État une troupe étrangère. D'où l'absence dans les rangs de l'armée belge d'aucune forme de légion étrangère[29]. De même, une troupe étrangère ne peut-elle occuper ou traverser le territoire belge qu'en vertu d'une loi (art. 121 de la Constitution)[30]. Mais on sait aussi que la Loi fondamentale attribue au roi des pouvoirs particuliers en sa qualité de chef suprême des forces de terre et de mer. Ainsi le roi a-t-il, certes en accord avec le gouvernement qui en assure la responsabilité politique, la charge des relations étrangères et de la sûreté extérieure du royaume. Dans le serment qu'il prête avant d'exercer ses pouvoirs constitutionnels, le roi prend d'ailleurs l'engagement de « maintenir l'indépendance nationale et l'intégrité du territoire » en même temps qu'il jure « d'observer la Constitution et les lois du peuple belge ». Aussi est-ce en raison de leur nature et parce qu'elles concernent toutes les relations extérieures du pays que sont regroupées en un seul article de la Constitution les attributions personnelles du roi relatives au commandement de l'armée, à la déclaration de la guerre et à la confection des traités (art. 68)[31]. Dans les faits cependant, comme l'avait déjà bien établi en 1949 le rapport d'une Commission (composée de magistrats, de parlementaires et de professeurs de droit public) sur l'application des principes constitutionnels relatifs à l'exercice des prérogatives du roi, les nouvelles conditions de la guerre et l'adhésion récente de la Belgique à des alliances militaires

---

27 *Congrès colonial national. X^e session. Le problème de l'intégration de nos territoires d'outre-mer dans la Communauté européenne. Rapports et comptes rendus de l'Assemblée générale du 26 juin 1954*, Bruxelles, Ed. R. Louis, 1954, pp. 119–121.
28 R. De Vleeschauwer, *L'intégration européenne et les territoires d'outre-mer...*, p. 32.
29 En ce qui concerne l'histoire des rapports entre la Constitution et les opérations militaires belges au Congo et à l'étranger, on verra l'étude de L. De Vos, « De Grondwet en de inzet van strijdkrachten buiten de landsgrenzen », in A. De Becker, G. Laenen, M. Van Damme et E. Vandenbossche (dir.), *De Grondwet en het inzetten van strijdkrachten*, Anvers, Maklu, 2005, pp. 27–62.
30 À vrai dire, cette disposition constitutionnelle était devenue, au fil de l'histoire de la Belgique, de plus en plus théorique. Les cas de force majeure imposés par les situations de guerre en 1940 puis la participation volontaire de la Belgique au Pacte de Bruxelles et à l'OTAN, qui supposaient tous deux le caractère collectif et permanent en temps de paix des opérations militaires ou la création d'un commandement unique, avaient déjà limité la portée absolue de l'article 121 de la Constitution.
[31] L. De Vos, « La Belgique protégée, bon gré mal gré, par sa dynastie ? », in *Nous, Roi des Belges ... 150 ans de monarchie constitutionnelle*, Bruxelles, Crédit communal, 1981, pp. 159–180.

internationales rendent obsolète l'idée d'un commandement personnel de l'armée par le roi[32].

En ce qui concerne plus spécifiquement le Congo, on sait que la Constitution interdit à la Belgique de recruter des troupes belges pour assurer la défense de la colonie, à moins qu'il s'agisse de soldats volontaires (art. 1). D'où l'obligation pour les miliciens belges résidant au Congo d'effectuer leur temps de service en Europe[33]. Mais les circonstances internationales et la création de trois bases des Forces métropolitaines d'Afrique (base navale de Banane et bases aéroterrestres de Kamina et Kitona) amènent bientôt le législateur à modifier cette situation. Si, depuis la fin des années 1940, certains fils de famille de colons belges établis au Congo peuvent certes effectuer sur place leur service militaire dans une école pour candidats officiers de réserve, c'est la fameuse loi du 15 juin 1951 sur la milice, le recrutement et les obligations de service qui établit, pour la première fois, la possibilité pour les jeunes gens en âge de milice et résidant de façon effective au Congo ou au Ruanda-Urundi d'accomplir leur instruction et leur terme de service actif dans une des unités des FMA[34]. C'est alors que le débat sur la CED fournit des arguments supplémentaires à ceux qui, depuis plusieurs mois, militent pour une révision de la Constitution afin de permettre à la Belgique d'adhérer à des Communautés supranationales qui, par définition, postulent des délégations de souveraineté[35].

Il faut dire, on l'a vu, qu'aux yeux des responsables belges il est tout à fait hors de question que des troupes étrangères puissent stationner au Congo et soient éventuellement mêlées à des opérations de police ou à l'exercice des droits et des devoirs de l'autorité publique. Ils se montrent, à cet égard, tout à fait intransigeants. En fait, ils estiment qu'il n'est nullement nécessaire de recourir à l'intégration du Congo dans la CED pour garantir la sécurité intérieure et extérieure de la colonie. Aussi

---

32   Pour une évocation de l'évolution du commandement personnel du roi des Belges en temps de guerre comme en temps de paix, on verra J. Stengers, *L'action du Roi en Belgique depuis 1831. Pouvoir et influence*, Bruxelles, Racine, 1996, pp. 92–107.

33   Centre de documentation historique des Forces armées (Bruxelles), Papiers E. Janssens, document n°17, Note « Le service militaire des coloniaux », Bruxelles, 1953, 2 p. ; « Le service militaire des coloniaux », in *Revue coloniale belge*, 1ᵉʳ août 1953, pp. 591–592.

34   *Le Moniteur belge*, 6 juillet 1951, n°187, p. 5262. Il est important de noter que la Constitution ne prévoit pas non plus de recruter des soldats congolais pour assurer la défense de la métropole. Certes, l'article 6 de la Constitution n'étant pas repris dans la Charte coloniale de 1908, on pourrait en conclure qu'il n'y a pas d'obstacle constitutionnel à ce que des étrangers soient nommés au Congo à des emplois militaires. On sait d'ailleurs que nombreux ont été les officiers étrangers engagés dans la Force publique au temps de l'État indépendant du Congo (EIC). En la matière, la pratique a néanmoins connu une nette évolution. L'ordonnance du 19 octobre 1926 modifiée en 1942 prévoit en effet comme condition à l'admission dans les cadres européens de réserve de la Force publique la qualité de Belge ou le fait d'avoir antérieurement servi dans la Force publique. Et après la Seconde Guerre mondiale, la tendance à réserver dans la colonie les emplois publics aux seuls Belges est encore renforcée. C'est ainsi que l'arrêté du Régent du 20 août 1948 portant statut des agents de l'administration d'Afrique prévoit comme condition à l'admission dans les cadres de l'administration l'obligation d'être Belge ou Luxembourgeois.

35   W. J. Ganshof van der Meersch, « Défense nationale et souveraineté », in *Revue de l'Université de Bruxelles*, 1950–1951, n°3–4, pp. 215–253.

faut-il au contraire modifier la Constitution pour permettre à la Belgique de recruter enfin des troupes coloniales et faire admettre que la défense de la Belgique exige, dans une certaine mesure, celle du Congo[36]. À ce propos, il importe de noter qu'au sein du gouvernement Van Houtte aussi on estime que les nécessités de la défense du Congo ne permettent plus de maintenir dans un texte constitutionnel l'interdiction de recruter des troupes de l'armée belge à cette fin autrement que par des engagements volontaires. En d'autres mots, plutôt que de faire participer le Congo à l'armée européenne le gouvernement répète qu'il faut d'abord intensifier l'effort militaire de la Belgique dans sa colonie et renforcer les efforts conjugués des Belges d'Europe et des Belges d'Afrique. Le débat sur la CED donne donc une nouvelle occasion de mettre en lumière le besoin pour la Belgique de fournir les cadres européens qui font défaut au Congo et de former rapidement des cadres congolais spécialisés.

Toujours prompts à saisir la balle au bond, les dirigeants coloniaux insistent sur la nécessité de conclure des accords militaires en toute souveraineté avec les pays européens voisins de la Belgique au cœur de l'Afrique[37]. Ils recommandent donc que la Belgique se concerte avec ses partenaires français, britanniques et portugais pour organiser la défense des centres vitaux de l'Afrique centrale. D'une certaine manière, c'est aussi le point de vue que défend le baron Jean Papeians de Morchoven, chef de la section du traité de l'Atlantique Nord au ministère des Affaires étrangères, dans une longue note qu'il adresse dès décembre 1951 au directeur général de la Politique Louis Scheyven sur les enjeux pour la Belgique du projet d'armée européenne. Instruit par l'exemple de la présence alliée en Égypte, il voit dans la coopération militaire intercoloniale un moyen commode d'éviter qu'en cas de danger les Américains soient tentés d'envoyer des troupes aéroportées pour défendre les mines d'uranium au Katanga ou l'embouchure du fleuve Congo. Auquel cas la souveraineté de la Belgique en Afrique risquerait d'être mise à mal. Car, se demande avec angoisse Papeians de Morchoven, « quand ils seront là, quand partiront-ils ? »[38]. À l'évidence, s'exprime ici le sentiment de « citadelle assiégée » qu'éprouvent à l'époque tant de dirigeants belges et d'experts coloniaux. Trois ans plus tard, van Zeeland déclarera d'ailleurs au Comité pour les problèmes nationaux de défense que « stationner des troupes métropolitaines, même en temps de paix, au Congo augmenterait notre prestige international et éviterait aussi que les Américains ou tout autre puissance alliée ne stationnent des unités au Congo sous prétexte que nous sommes incapables de le défendre »[39].

---

36 Kadoc, Fonds A. De Schryver, dossier 5.5.1/1, Note d'A. De Schryver, « Phase préliminaire de la révision constitutionnelle à la Chambre des représentants », Bruxelles, s.d., pp. 5–6.
37 *Congrès colonial national. X^e session. Le problème de l'intégration ...*, pp. 59–61.
38 Note reproduite dans L. De Vos, E. Rooms, P. Deloge et J.-M. Sterkendries, *Documents diplomatiques belges...*, *op. cit.*, p. 308.
39 Archives de l'État en Belgique (Bruxelles), Archives du Service public fédéral Affaires étrangères/Archives africaines (AA), Fonds Force publique, dossier 2528/liasse 468, « Comité pour les problèmes nationaux de défense (1953–1954). Note pour le CMD du 29 janvier 1954 », p. 3.

Tout ceci montre en tout cas que le projet d'armée européenne s'invite dans la réflexion en cours sur la (re)définition des rapports militaires entre la Belgique et sa colonie. Mais quoiqu'il en soit du bien-fondé des doutes et des réticences qui s'expriment dans les milieux coloniaux belges, on ne peut ignorer que – sauf en ce qui concerne la sauvegarde de la souveraineté nationale – les positions adoptées en Belgique par les anticédistes par rapport au Congo restent marginales. Elles ne remettent en tout cas pas en cause le ralliement des grandes familles politiques à l'idée d'une défense collective européenne. On en veut d'ailleurs pour preuve que le Parlement belge ratifie le traité CED en novembre 1953 (Chambre des députés) et en mars 1954 (Sénat) à une très large majorité. Mais l'essai européen n'est finalement pas concrétisé. Le rejet du traité CED par le Parlement français, le 30 août 1954, met en effet un terme définitif à l'aventure. S'impose alors la nécessité de trouver un autre moyen de faire participer l'Allemagne à la défense occidentale tout en empêchant qu'elle se réarme d'une manière jugée dangereuse pour ses voisins. Ce qui sera fait dès octobre 1954 à travers la signature des Accords de Paris créant une Union de l'Europe occidentale (UEO) de nature strictement intergouvernementale.

Condamné à rester lettre morte, le projet de CED constitue pourtant un *momentum* particulièrement riche d'enseignements dans la mesure où se cristallise l'expression des milieux coloniaux belges hostiles si pas à la construction de l'Europe, du moins à ses virtualités supranationales et extra-métropolitaines. En ce sens, l'affaire agit comme un révélateur. C'est que l'idée d'une armée européenne soulève, on l'a vu, des questions très sensibles sur les moyens de défense du Congo, sur la souveraineté du pays et sur la place de l'ensemble Belgique-Congo sur l'échiquier international. De ce point de vue, le projet de CED n'est donc pas qu'une étape sans lendemain. Il alimente au contraire la réflexion sur la nature des relations entre la Belgique et sa colonie sous l'angle de la sécurité extérieure. Au final, l'échec de la CED offre donc, et ce n'est pas le moindre des paradoxes, une occasion propice pour réactiver et intensifier les contacts visant à développer la coopération militaire intercoloniale en Afrique centrale.

THE FRAGILITIES OF BRITISH EUROPEANNESS

Piers Ludlow

My first instinct as a historian, when confronted with the outcome of the UK's 2016 referendum and its decision to leave the EU, was to seek to place this choice and the disastrous governmental decisions which had led to the referendum being held in the first place, in the succession of disputes about Britain's place in Europe stretching back to the late 1940s. Brexit in this fashion became an accident waiting to happen, the largely predictable divorce at the end of a lengthy but stormy marriage, which had in turn been preceded by a tempestuous and problematic courtship[1]. Even while setting out these thoughts, though, part of me rebelled at the danger of turning what I believed was a major policy error into a predetermined outcome, a disastrous denouement which like the tragic ending of a Thomas Hardy novel had always been impossible for the protagonists to avoid. Quite apart from being rather historically simplistic, I thought, this would also largely absolve of any blame those politicians who had led Britain into a situation where a referendum on EU membership was held and lost. This was something I was highly reluctant to do. Several of the pieces that I've written exploring Brexit have therefore sought to recover what I decided was an undervalued "positive" reading of Britain's European journey, emphasising the degree to which the UK's involvement in the Community/Union since 1973 was not just a tale of screaming rows and broken crockery, but instead one in which both the UK and its European partners exercised important, and often beneficial, transformative effects on each other. Both Britain and its European partners gained from the marriage in other words and this was something which we would need to acknowledge in order to understand quite why the divorce was proving so painful (for both parties) and how each would, in various ways, be diminished by the outcome[2]. This is a theme that I am certain I will return to in the future.

But what I want to do in this paper is to adopt a third approach, namely to step back from both the high road to disaster narrative and the exploration of what Britain gained and contributed through its 46 years of Community/Union membership, and instead seek to identify a number of enduring features of Britain's European experience which while not necessarily condemning it to eventual disaster

---

1 I gave a number of talks entitled "an accident waiting to happen" in the autumn of 2016, including one in October to the British branch of AIACE, the association of former EU staff.
2 The most developed iteration of these ideas is in "Not Just an Awkward Partner: Britain's experience of EC/EU membership since 1973" in M. Steber (ed.), *Historicizing Brexit. Britain and Europe in the Twentieth Century*, Oxford, Oxford University Press, 2021 forthcoming.

nevertheless made its European road bumpier and distinctly less straightforward than that of some of the other EU member states. It is these that I have labelled the "fragilities of British Europeanness". There are any number of themes I could have included. But in the interests of giving my remarks some shape, I am going to group them under three headings: Britain's economic distinctiveness, the manner in which its political system has viewed and discussed EC/EU membership, and the wider evolution of British culture since 1973.

ECONOMIC FACTORS

Appropriately enough given his role in the Britain and Europe story, a good starting point for this investigation is General de Gaulle and his famous 1963 claim that the UK was "insulaire et maritime" and hence could not join the EEC. The full passage of the January 14, 1963 press conference that this phrase comes from was:

> England is indeed insular and maritime, linked by her trade, her markets and her food supplies to diverse and often far–flung countries. She works primarily in industry and commerce, and hardly at all in agriculture. She has, in all her patterns of work, habits which are highly distinctive and original. In short, the nature, the structure, the economic situation which characterise England, differ profoundly from the Continent. How then could England, as she lives, as she produces, as she trades, be incorporated into the Common Market as it was conceived and as it works?[3]

Does de Gaulle's question still have some validity, nearly 60 years on?

In at least two ways, I think it could be claimed it still does. Of these the first are Britain's trading patterns which still are both distinctive and less European than those of many of its counterparts. This is not of course to deny that Britain trades extensively with its former EU partners. In 2018, just under half of British exports were sold to the EU27, and just over half of its imports came from the rest of the EU (45% and 53% respectively)[4]. Nor is it to dispute that the years during which the UK sought to join and then actually became a member of the then EEC saw the reinforcement of a pre-existing trend in British trade away from the Commonwealth and towards Europe. Whereas in 1948 the Commonwealth had taken exactly half of British exports, with the future members of the EEC and the EFTA combined taking only 23%, by 1980 8 out of the top 10 markets for British exports were European countries (6 of them in the EEC, the other two EFTA members) while Nigeria in 10th place was now the sole Commonwealth country present. Germany meanwhile had become the biggest British market[5].

In more recent times, however, this trend has gone into reverse, with the European share of Britain's trade falling steadily and the importance of non-European

---

3   Ch. de Gaulle, *Discours et messages. 4. Pour l'effort. Août 1962 – Décembre 1965*, Paris, Plon, 1970, p. 68. My translation.
4   M. Ward, *Statistics on UK-EU Trade,* House of Commons Briefing Paper, n° 7851, December 2019, p. 3.
5   My calculations based on UN Trade Statistics.

markets rising significantly. Thus between 2006 and 2016 the EU share of British exports fell from 55% to 43%; for imports, there was a slide from 58% in 2002 to a low of 51% in 2010[6]. And Germany's position as the number one trading partner has been displaced by the United States. In 2018, this made the UK one of only 5 members of EU28 to have a non-EU country as their top market. (The other four are Ireland and Germany, which also trade most with the US, Cyprus which trades most with the Cayman Islands, and Lithuania for which Russia is still the biggest export destination)[7]. While I still need to work out the exact pattern for the whole 46 years of British EU membership, I therefore think it is fair to say that throughout that time, the British have remained amongst the EU member states with the greatest extra-EU percentage of trade.

This does not mean that EU trade has not mattered to Britain; it clearly has. But the degree to which a stubbornly high percentage of the British commercial gaze has been directed at what de Gaulle would have termed "le grand large" has arguably made the UK more sensitive than many other EU states to the ever greater potential of extra-European markets and suppliers, and to the way in which many of their economies have been shown much more dynamism over the last couple of decades than is the case for most European (especially West European) markets. This in turn helps explain the recurrent claim amongst partisans of Brexit that by loosening its ties to a stagnant European economy, the UK could benefit from greater trade links with the world beyond Europe[8].

The second way in which de Gaulle's question still has some validity is in the role of agriculture. As someone who lives in Devon in the rural southwest of the country, I would probably question the General's contention that Britain is "très peu agricole". There certainly seem to be no shortage of lorries containing cows, sheep or pigs bound for or coming from the Exeter livestock market travelling along the road that I overlook from my study, nor large and often rather dangerously driven tractors pulling trailers full of swedes or mangelwurzels. It is also the case that British agricultural production has risen greatly during the years of EC/EU membership, not that this prevented a majority of UK farmers from voting for Brexit[9].

But it has remained the case that agriculture has been less important in terms of its share of the British work force or of total British output, than has been the case for most other EU countries. This in turn has had important knock-on effects in British attitudes towards the Common Agricultural Policy (CAP), which remained Europe's most centralised and expensive policy instrument for all of Britain's 46 years as an EU member. British annoyance with the wasteful and inefficient nature of the CAP has been something that has spanned both sides of the political spectrum

---

6   M. Ward, Statistics on UK-EU Trade, p. 10.
7   https://www.weforum.org/agenda/2019/04/this-is-who-the-eu-trades-with-992cfd51f7/ (last visited 25.5.2020).
8   https://blogs.lse.ac.uk/europpblog/2016/05/27/the-economic-case-for-a-brexit/ (last accessed 26.5.2020).
9   https://money.cnn.com/2016/06/03/news/economy/uk-referendum-farming-brexit/index.html (last accessed 25.5.2020).

and which has enjoyed some currency amongst the informed general public as well[10]. This last may have shrunk since the regular gripes in the early 1980s about "wine lakes" and "butter mountains", but has remained present enough to feature, albeit rather less than centrally, in the 2016 campaign[11]. And it is also of course the case that Britain's comparatively low level of agricultural production – and its habit of feeding itself extensively from extra-European sources, notably New Zealand – lay at the heart of the long-running and highly damaging political dispute over Britain's contribution to the EC budget which dominated the first half of Margaret Thatcher's dealings with her European counterparts[12]. This row was ultimately solved in a fashion which was pretty advantageous – maybe even excessively generous – to the UK, but not before, I would argue, it had helped consolidate a damaging and confrontational template of how best to deal with European partners that would live on amongst British politicians and the wider political class long after the Fontainebleau settlement of 1984[13].

De Gaulle's quote is also interesting in the way that it highlights how much the UK has evolved in a fashion that neither the General nor most British politicians expected in terms of how it now makes its money. Because Britain in 2020 is rather less reliant on industry than was once the case, but has instead become a primarily service driven economy, with a particularly dominant and profitable financial sector. This too, though, is something that has arguably given Britain different interests and different reflexes from many of its former partners.

It is true of course that most other advanced economies in Europe have become more service sector orientated since the 1960s. And it is also true that Britain is not unique in having a major stake in the financial sector. In terms of size of its financial sector in the overall economy, the UK with 7% of its GDP deriving from financial services in 2018 is some way behind a country like Luxembourg which earns 26% of its total income from the sector. But leaving Luxembourg aside, only Ireland amongst EU member states, which also derives 7% of its income from financial services, matches the UK's exposure to this sector. The comparable figure for Italy is 5%, and for both France and Germany is 4%[14]. So, I do think that it can be argued fairly convincingly that Britain has gone further than most other European countries in its "de-industrialisation" process and has become disproportionately reliant on

---

10   K. Seidel, "Britain, the Common Agricultural Policy and the Challenges of Membership in the European Community: A Political Balancing Act", in *Contemporary British History*, vol. 34, n° 2, April 2020, pp. 179-203, https://doi.org/10.1080/13619462.2019.1650739.
11   https://www.theguardian.com/politics/2016/jun/22/farmers-divided-on-eu-referendum-brexit-agriculture (last accessed 25.5.2020).
12   The budgetary issue is the dominant one covered by the official history of Britain's EC membership in the early 1980s: S. Wall, *The Official History of Britain and the European Community, Volume III, The Tiger Unleashed, 1975-1985*, Abingdon, Routledge, 2019, pp. 136-288.
13   For a more developed version of this argument see P. Ludlow, "A Double-Edged Victory: Fontainebleau and the Resolution of the British Budgetary Problem, 1983-4", in Michael Gehler's forthcoming volume on the European relaunch of the mid-1980s.
14   Ch. Rhodes, *Financial Services: contribution to the UK economy*, House of Commons Briefing Paper, n° 6193, July 2019, p. 8.

the fortunes of the City of London in particular. In this respect also, the British economy that has diverged from European norms.

This has not necessarily automatically led to Euroscepticism. As recent City anxieties about the potential loss of equivalence show, there are many in the financial sector who have done well out of Britain's European ties and are worried about the way in which these may be weakened post-Brexit[15]. But the size of the City factor in British calculations has arguably had a number of effects on its approach to Europe. It has reinforced the lower than average dependency on the trade with the rest of the EU alluded to earlier – the British government's readiness, seen under both the May and Johnson government to adopt a relatively cavalier attitude towards the concerns about European ties expressed by the majority of industry reflects a belief that the fortunes of UK plc no longer depend primarily on the industrial sector. Indeed, whereas Britain runs a significant deficit with most EU partners in goods, it earns healthy surpluses in services[16]. Also strengthened has been the idea, particularly prevalent in the financial world, that distance no longer matters and that Britain's fortunes can depend as much on interaction with China or Singapore as they do in trading cars with Germany (despite the very strong evidence from most trade economists that the so-called "gravitational theory" – in other words that it is easier to trade with those who are geographically closer – does still matter in trade)[17]. And I would argue too that the British debate about monetary union was distinctive because of the relative power of the financial sector in the UK discussion compared to most other member states. This helped create different attitudes towards the desirability of currency fluctuations and differing viewpoints about the feasibility of maintaining fixed exchange rates.

De Gaulle's basic point about the difficult "fit" between the UK economy and the European project does therefore still have some resonance. As we may well discover over the next few years, there were many aspects of the British economy that did well out of EU membership, and which may well find life outside of the EU correspondingly difficult. But even at the peak of the UK's European engagement there were enough pinch points where the fit was much less good, to provide a steady flow of complaint and criticism which helped fuel British Euroscepticism.

BRITAIN'S POLITICAL CULTURE

Alongside questions of economic fit, there have also been a number of features of Britain's political engagement with and discussion of Europe that while perhaps not

---

15 See "Business fears intensify amid the Brexit tumult", *Financial Times,* 16.11.2018
16 M. Ward, Statistics on UK-EU Trade, pp. 8-9.
17 The phrase "the death of distance" was popularised by Frances Cairncross's book of the same name: F. Cairncross, *The Death of Distance: How the Communications Revolution Will Change Our Lives*, Cambridge, MA, Harvard Business School Press, 1997. For a good Brexit-themed discussion of trade gravitational theory, see https://blogs.lse.ac.uk/management/2018/11/09/can-brexit-defy-gravity-it-is-still-much-cheaper-to-trade-with-neighbouring-countries/ (last accessed 25.5.2020).

wholly unique have nevertheless differentiated it from most of its erstwhile partners. One of these has been the presence, throughout Britain's four decades of membership, of a substantial vein of Euroscepticism within both of the principal political parties[18]. Other member states have had political opponents of European integration too of course. But until comparatively recently much of this opposition was situated within what could broadly be described as anti-system parties: so the Partito Communista Italiana (PCI) and initially the Partito Socialista Italiana (PSI) too in the early postwar period in Italy, the Parti Communiste Français (PCF) in France, or the pre-Bad Godesberg SPD in Germany. In Britain by contrast there was seldom a point when the leader of either main party could be fully relaxed about the debate on Europe within their own ranks, and there have been few post-1973 elections where both the Conservatives and Labour have stood on unequivocally pro-European platforms. Indeed the one clear example of this happening –namely the 1992 election pitting John Major's Conservative government which was at that point still talking about Britain being 'at the heart of Europe' against Neil Kinnock's now fully signed up pro-European Labour party – is rather poignant in hindsight, given the rapidity with which the Tory victory on that occasion was followed by the outbreak of the lengthy civil war over Europe within the party which would ultimately transform the Conservatives into the almost wholly Europhobic party of today[19].

This has had a number of important effects. It has meant for instance that every single British leader has had to go into battle in Brussels acutely aware not just of the likely criticism that they will face from the Opposition but also the likelihood of "friendly fire" from their own backbenches and/or government colleagues. The need to carry his own party with him was, for instance, a recurrent anxiety of John Major's government as it approached the climatic stages of the Maastricht negotiations[20]. But his problems would have been familiar to Harold Wilson, James Callaghan, Margaret Thatcher, Tony Blair, Gordon Brown, David Cameron and Theresa May. There has been, moreover, a recurrent temptation for would-be insurgent politicians to try and turn "Europe" into one of the core issues of their appeal. In the case of the Social Democratic Party (SDP) of course this was insurgency in a pro-European direction, with all four of the party's founder members, Roy Jenkins, Shirley Williams, Bill Rodgers and David Owen renowned for their belief in British EC membership and their dismay at Labour's slide into outright Euroscepticism[21].

---

18   For a discussion of the Tory party, see N. J Crowson, *The Conservative Party and European Integration since 1945: At the Heart of Europe?*, London-New York, Routledge, 2007. The literature on Labour is less extensive, but see R. Broad, *Labour's European Dilemmas: From Bevin to Blair*, Basingstoke, Palgrave, 2001.
19   The European trajectory of Major's government is well captured by H. Young, *This Blessed Plot: Britain and Europe from Churchill to Blair*, Basingstoke, Macmillan, 1998, pp. 412-471.
20   For a first archivally based exploration of this period, see P. Ludlow, "The High-Point of British Europeanism? John Major, Britain and the Maastricht Negotiations", in S. Pons – M. Di Donato (eds), *Looking back on Maastricht: The European Construction in the 1980s-1990s and the post-2008 Crisis*, Basingstoke, Palgrave, 2020 forthcoming.
21   I. Crewe and A. King, *SDP: The Birth, Life and Death of the Social Democratic Party*, Oxford-New York, Oxford University Press, 1995.

But elsewhere it has tended to be Euroscepticism which has appealed as a potential rallying call, even though until the twenty first century and the rise of the UK Independence Party (UKIP) and Nigel Farage, few of these would be anti-European rebels – Enoch Powell and Tony Benn in the 1970s, James Goldsmith and his abortive Referendum Party in the 1990s – have actually got very far in electoral terms[22]. And these ongoing squabbles, within and between parties, have also helped ensure that 'Europe' has remained a contentious issue in the wider British debate, regarded as a known area of disagreement to be approached with circumspection whether in the school curriculum, in discussion on the supposedly "unbiased" BBC, or in many civil society groupings[23]. This in turn has created the environment within which any number of "Euromyths" can flourish, since there is no perceived repository of unbiased truthful information with which such myths can be countered.

A second distinctive feature in this category has been a political class who have seldom felt any real "ownership" of, or pride in, the integration process. In his October 1971 speech, winding up the Parliamentary "Great Debate" on EC membership, Heath looked forward to a future where relations between the Community and Britain would lose their adversarial edge:

> It is understandable after 10 years of negotiation and frustration that many in debate and many in the country outside have fought and talked in terms of "we" and "they". Some, I think, have been overwhelmed by a fear that this country in an organisation such as the Community must always be dominated by "they". That is certainly not how the rest of the Community sees it. But we are approaching the point where, if this House so decides tonight, it will become just as much our Community as their Community. We shall be partners, we shall be cooperating, and we shall be trying to find common solutions to common problems of all the members of an enlarged Community[24].

Sadly however Heath's aspirations never really came to pass and a pervading sense of "we" and "they" – or "us"' and "them" – has continued to characterise much of the UK's interaction with its European partners throughout the four decades of membership.

This ongoing outsider status gave the UK government and British observers great latitude to criticise – hence in part the outspoken British criticisms over the years of core European policies ranging from the Common Agricultural Policy (CAP) to monetary union, passing by way of the Common Fisheries Policy (CFP)[25].

22 R. Saunders, *Yes to Europe!: The 1975 Referendum and Seventies Britain*, Cambridge, Cambridge University Press, 2018; L. Aqui, *The First Referendum: Reassessing Britain's Entry to Europe, 1973-75*, Manchester, Manchester University Press, 2020; N. Carter et al., "Europe, Goldsmith and the Referendum Party", in *Parliamentary Affairs*, vol. 51, n° 3, July 1998, pp. 470-85, https://doi.org/10.1093/oxfordjournals.pa.a028811.

23 For a striking lament about how this quest for balance distorted the 2016 referendum campaign, see https://blogs.lse.ac.uk/politicsandpolicy/the-aftermath-of-the-brexit-vote-a-verdict-from-those-of-those-experts-were-not-supposed-to-listen-to/ (last accessed 26.5.2020).

24 https://api.parliament.uk/historic-hansard/commons/1971/oct/28/european-communities, column 2209.

25 For an account of one early attempt to reform the CAP from within, see A. Swinbank, "Something Significant to Show for Our Efforts? British Perspectives on the Stocktaking of the Common Agricultural Policy", in *Agricultural History Review*, vol. 68, no. 1, June 2020, pp. 63-85.

Some of these criticisms have had some justification, but all too often they were made in a sniping and combative manner, more intent, seemingly on point scoring than in effecting constructive reform. On the CAP for instance the British have been noticeably slower in proposing better alternatives, than they have been in condemning the design that was adopted in the period prior to UK membership.

In similar fashion the persistence of an "us and them"-approach has justified a largely combative and adversarial approach to interaction with fellow European leaders – epitomised by Margaret Thatcher's handbag swinging, but which even a supposedly much more constructive and pro-European figure like Major succumbed to in his "game, set and match" soundbite over Maastricht[26]. And it certainly prevented either the British political leadership or the political class more widely taking much pride in European achievements. David Cameron's absence from the ceremony in Oslo where the EU was given the 2012 Nobel Peace prize spoke volumes in this regard[27]. But Thatcher's failure to even attempt to sell to the general public the merits of the Single Market policy – despite it being something she and her government had striven hard to achieve and which they did seek hard to promote to British business leaders – is perhaps even more significant an example[28].

Most British political leaders in other words have gone on treating European integration as something that is done to them, and which they can win glory by fighting against and resisting, rather than trumpeting it as something that they have participated in shaping and steering. That this defiant stance also allows them to cast themselves in Churchillian mode, bravely resisting the threat from the continent is a not insignificant bonus[29]. The few leaders briefly to seek to buck this trend – Major in the early 1990s, Blair later that decade, perhaps even Thatcher in the mid-1980s, soon found themselves reverting to type and returning to adversarial tactics.

A third aspect of Britain's political culture has been a uniquely iconoclastic press. A lot has been made by other analysts of the damage done to Britain's position in Europe by the outright Euroscepticism of a number of important British papers, notably the *Sun*, the *Daily Mail*, the *Telegraph* and *The Times*[30]. This has certainly been of great significance, in the last two or three decades. But if one takes a longer view, one does also have to acknowledge that for much of Britain's early

---

26 Major denies that the phrase was his, but the mere fact that his government allowed it to be so widely attributed to him, does rather underline the point. J. R. Major, *John Major: The Autobiography*, London, HarperCollins, 2000, p. 288.
27 https://www.bbc.co.uk/news/world-europe-20677654 (last accessed 26.5.2020).
28 S. Smedley, "A matter of public importance? The 'Europe Open for Business' Campaign, British Public Opinion and the Single Market", *Journal of Common Market Studies*, 2021 (forthcoming).
29 For an intelligent discussion of the myth and reality underpinning this analogy, see D. Reynolds, *Island Stories: Britain and Its History in the Age of Brexit*, Glasgow, HarperCollins, 2019, pp. 83-87.
30 O. Daddow, "The UK Media and 'Europe': From Permissive Consensus to Destructive Dissent", in *International Affairs*, vol. 88, n° 6, 2012, pp. 1219-36, https://doi.org/10.1111/j.1468-2346.2012.01129.x.

years in the EEC the balance of the press was largely pro-European, especially during the 1970s (which helps explain the overwhelming "yes" vote in the 1975 referendum)[31]. And it is also the case that even more recently a significant portion of the British press remained nominally pro-European, including the *Daily Mirror*, the *Guardian* and the *Financial Times*.

Yet I would suggest that what matters as much if not more than the negativism of the sceptical papers has been the strongly iconoclastic and critical approach of even the more pro-European papers. This is in many ways one of the strengths of the British fourth estate. It is fiercely independent and ready to run with establishment-bashing stories whenever it sees fit. But this tendency towards attacking authority works best when applied to a robust political system like Britain's own constitutional arrangements, but pairs much less well with a somewhat more fragile system in the making (or at least in the process of trying to acquire legitimacy) like the integration process. The result has been that even in papers that are nominally pro-European, there is a strong tendency to begin each conversation with a rehearsal of the EU's many faults and deficiencies rather than a robust defence. In the context of the 2016 referendum for instance, the left's nominal pro-Europeanism was badly dented by the fairly relentless stream of criticism that the *Guardian* and other papers had been directing at the EU's treatment of Greece during the Eurocrisis[32].

Nor is this a trend confined to the last decade. Looking further back one need only remember the extent to which it was the British press (together with the German) that made much of the running in the expenses scandal that beset the Commission in the late 1970s[33]. *The Economist's* famous grave-stone cover of March 1982 continued the trend[34]. And British newspapers were highly prominent in the press storms surrounding first the BSE scandal and then the fraud allegations that were to culminate in the fall of the Commission of Jacques Santer in 1999[35]. Such robust press scrutiny may in many ways be a good thing – but when there was so little effort being made elsewhere to sustain the rather fragile plant of British pro-Europeanism it would ultimately end up being more destructive than constructive.

---

31 For a discussion of the role of the press in the 1975 outcome, see L. Aqui, *The First Referendum*, pp. 220-21. For a more general discussion of the pro-Europeanism of the press across Western Europe, including Britain, during this era, see M. Herzer, *The Media, European Integration and the Rise of Euro-Journalism, 1950s-1970s*, Basingstoke, Palgrave Macmillan, 2020.
32 This pattern in *Guardian* opinion is hard to pin down to a single story, but the adulatory tones in which Varoufakis' controversial memoirs were reviewed in the paper tells its own story. https://www.theguardian.com/books/2017/may/03/yanis-varoufakis-greece-greatest-political-memoir (last accessed 26.5.2020).
33 See R. Jenkins, *European Diary, 1977-1981*, London, Collins, 1989, pp. 373-74.
34 *The Economist*, 29.3.1982.
35 V. Dujardin et al. (eds.), *The European Commission 1986-2000. Histories and Memories of an Institution*, Luxembourg, Publications Office of the European Union, 2019, pp. 202-10.

BRITISH CULTURE MORE WIDELY

Finally, I would suggest that there have been a number of more general cultural trends within Britain since 1973 that have eroded some of the bases of support for British EC/EU membership. The first has been the disappearance, or at least the marginalisation, of "declinism" or the idea that Britain's position and standing in the world was falling incessantly. This notion, epitomised by Suez and the loss of Empire, but also underpinned by economic underperformance, represented the intellectual backdrop of the turn to Europe in the 1960s and 1970s[36]. Involvement with an integrating Europe was to be the antidote to this decline – or for the less optimistic, the managed accommodation of Britain's new, less dominant status. But the consensus view of 'decline' as the best lens through which to interpret recent British history has largely vanished from the UK debate, killed either by Thatcherism with its Falklands factor and its rediscovery of economic success, or, for those more on the left of British politics, by the similar boost to British self-confidence of "cool Britannia" and the New Labour years.

As historians we can certainly debate how real this end to decline really was, just as historians are currently grappling with the whole notion of decline in the first place[37]. But what matters for the purpose of this chapter is that the notion of British decline went from something being regarded as all but axiomatic by a significant portion of the political elite (and possibly the wider population too), to a contested notion, still clung onto by some, but vehemently disputed by others. And European involvement, as the supposed antidote to this decline, saw its appeal diminish as the original diagnosis became disputed.

Furthermore, to turn to more recent times, the idea of decline, if it was applied at all, tended to be applied by many British commentators to Europe itself, whether this reflected their anxieties about the continent's sluggish growth rates, its worrying demographic trends, or the perception that it was falling behind the United States and East Asia in most leading technologies[38]. What was once seen as a cure in other words had by the turn of the twenty first century become more often associated with the illness itself – hence the exaggerated rhetoric of some Brexiters about Britain needing to escape from being chained to a corpse[39].

A second even broader social change has been the collapse of language study in general and the learning of European languages in particular which has happened since the 1960s and 1970s, and still more rapidly in the early years of this century[40].

---

36 L. Aqui, *The First Referendum*, pp. 11-13.
37 J. Tomlinson, "Thrice Denied: 'Declinism' as a Recurrent Theme in British History in the Long Twentieth Century", in *Twentieth Century British History*, vol. 20, n°2, January 2009, pp. 227-51, https://doi.org/10.1093/tcbh/hwp019.
38 For the demographic case, https://www.theguardian.com/world/2015/aug/23/baby-crisis-europe-brink-depopulation-disaster (last accessed 26.5.2020); for a more general lament: https://www.ft.com/content/ddfd47e8-a404-11e5-873f-68411a84f346 (last accessed 26.5.2020).
39 https://www.bbc.co.uk/news/uk-politics-20085437 (last accessed 26.5.2020).
40 For one recent analysis of the problem, see https://www.hepi.ac.uk/wp-content/uploads/2020/01/HEPI_A-Languages-Crisis_Report-123-FINAL.pdf (last accessed 26.5.2020).

There's no time here to explore why this has happened – although clearly the spread of English as a lingua franca only reinforced a pre-existing British disinclination to master foreign tongues. But what matters for the purposes of this chapter were its effects. These largely eroded the capacity of most Britons to engage deeply with other European cultures. The British travelled more widely across Europe during this period, helped by the rise of low-cost air travel and the spread of mass tourism. But they did so increasingly on their terms, slow to really immerse themselves in local culture, much more likely to rely on the locals speaking their language. And it also meant that mainstream European culture, whether cinema, TV, pop music, or literature, became an ever more niche and *recherché* taste in the UK. My parents' generation of bright young things grew up in the 1950s and 60s in an era where it was regarded as cool to read French novels, watch *nouvelle vague* films, or learn the lyrics of pop songs where British artists like the Beatles thought it clever and sexy to sing in (rather bad) French. By contrast, thirty years later when my wife and I were of a comparable age, French films were restricted to a handful of arts cinema and had been largely banished to impossibly late night slots on TV, virtually all continental European music was routinely dismissed as rubbish (with the exception of the occasional act who sang in English or techno music which of course often has no words at all), and any notion of a European literary canon was seen as rather old-fashioned if not reactionary. The much more recent surge in popularity of Scandi-Noir, and the reappearance on British TV screens since about 2010 of subtitled TV series in Danish, Swedish, French, German or Italian, while highly welcome, is too little, too late, to reverse the general pattern.

This trend also meant, over time, that the points of reference and comparison in the British political and societal debate were much more likely to be the US, or Australia, New Zealand or Canada, than they were France, Germany or Denmark. Access to detailed information about these last, after all, would probably require some capacity to read the local press – a skill that few British politicians, commentators or journalists any longer possessed. This tendency was then only reinforced by the rise of the internet and the way in which this too tended to abolish distance but also to direct English language searches or queries towards English language, but therefore probably US-centred, responses. Here too the outcome was to push cultural references, political queries or social networking between those who shared similar interests, in the direction of increasingly US dominated platforms, with knock-on effects that only served to increase the gaps between Britain and its geographical neighbours. Where once upon a time for instance a culinary enquiry might well have led an inquisitive British cook in the direction of the *Larousse Gastronomique,* or a cookery writer like Elizabeth David or Jane Grigson who was deeply steeped in European cuisine, typing the query into your iPad or laptop in 2020 is much more likely to lead to an American website, replete with measurements in cups, ounces, and pounds, rather than a much more obviously 'foreign' equivalent in French or Italian. Similarly, I strongly doubt that my teenage daughter's diet of YouTube videos or Netflix films is strengthening her European cultural identity. Indeed on the rare occasions when my wife and I have tried to commandeer her account in search of a foreign language film, I have been very struck by the fact that virtually all that we have been offered have been South or East Asian films, rather than anything in a European language other than English. This it isn't necessarily a bad thing of course. And it is not a trend that is wholly confined to Britain. But it is something that weakens the already fragile sense on the part of most of the British population that they are 'European' in any meaningful sense. The implications for the British debate about EU membership are obvious.

CONCLUSIONS

None of these trends or characteristics by themselves "led to Brexit". Instead a full explanation of the 2016 vote would need a much deeper exploration both of the political contingencies which led to the holding of a referendum in the first place, and of the wide array of factors that resulted in the campaign being fought as it was, and the outcome being a narrow but decisive victory for Leave[41]. It is also the case, paradoxically, that the bitter pitched battle that has been fought about Brexit over the last three years has encouraged quite a lot of British citizens who were previously agnostic or mildly critical of the EU, to begin to identify with it much more strongly than before. British pro-Europeanism which was all but invisible prior to and during the referendum campaign has woken up since its outcome, with the perverse effect that one was much more likely to see an EU flag in a British context after the 2016 referendum outcome than before. The medium- and long-term implications of this will be fascinating to observe. But the factors that I have tried to list in this essay do, I think, go some way to explaining why British pro-Europeanism was so fragile and why so few were prepared strongly to rally to its cause until it was largely too late to do so. The UK was in the European Community/Union for 46 years and in the process was both transformed by this involvement and was influential in shaping the EU itself. But strangely the critics of this process always seemed much more engaged and agitated by this reality than were those who were content with what they saw. As a result, it was they, the sceptics, who largely drove the debate and were able to transform what was, for most Britons an issue of relatively marginal interest and concern, into a defining feature of one's political identity. Once the referendum was held, moreover, many of the fragilities that I have listed in these pages helped ensure that no strong, pro-membership case was made and that the Leave camp had all of the best slogans and the most effective campaigners. Britain's European adventure ended, for the time being at least, with a whimper rather than a bang.

---

41 The best of the instant histories of Brexit is T. Shipman, *All Out War: The Full Story of How Brexit Sank Britain's Political Class*, London, William Collins, 2016. A decent early attempt at a longer term view of how it happened is K. H O'Rourke, *A short history of Brexit: from brentry to backstop*, London, Penguin Books, 2019.

PLUS PETITS QU'AVANT ?

LA POSITION INTERNATIONALE DES PAYS-BAS AU LENDEMAIN DU PREMIER ELARGISSEMENT DE LA COMMUNAUTE EUROPEENNE

Jan-Willem Brouwer

« Ainsi, le monde ne sera plus comme avant la crise pétrolière. » Le 1er décembre 1973, à la télévision nationale, le Premier ministre néerlandais, Joop den Uyl, fait un discours dramatique. Il s'agit d'expliquer les mesures de contrôle que vient de prendre le gouvernement pour faire face aux pénuries d'énergie. À cause de leur politique pro-israélienne, les Pays-Bas sont frappés par un embargo pétrolier de la part des pays arabes membres de l'OPEP, l'Organisation des pays exportateurs de pétrole. Den Uyl évoque la flambée des prix – qui sera finalement à la base du choc pétrolier dans le monde entier – mais son premier souci est évidemment l'embargo. À ce moment-là, le gouvernement prévoit une baisse durable de 25 % de l'approvisionnement de pétrole – ce qui constitue une grave menace pour l'économie néerlandaise. Indirectement, le premier ministre s'adresse aussi aux partenaires européens :

> Le gouvernement revendique l'application des principes fondamentaux de la Communauté européenne. Cette communauté ne fonctionne que quand les produits rares sont partagés équitablement. Le gouvernement insistera [...] de toutes ses forces pour que soit montré de la solidarité européenne[1].

Ce 1er décembre, cette solidarité européenne est douloureusement absente. Surtout le Royaume-Uni et la France mettent en avant leurs propres intérêts. Ils craignent qu'une solidarité avec les Pays-Bas ne contribue à étendre à l'ensemble des Neuf l'embargo infligé aux Néerlandais. Quelques semaines plus tard, il apparaît que la pénurie attendue ne se manifestera pas. Les compagnies pétrolières arrivent à approvisionner le port de Rotterdam avec du pétrole venant des pays qui ne participent pas au boycott. Une catastrophe est alors évitée. Néanmoins, pendant deux mois – de la fin octobre à la fin décembre –, le gouvernement néerlandais demeure dans l'incertitude. Il éprouve à l'égard de l'Europe, pour citer l'ambassadeur luxembourgeois à La Haye, « un sentiment de désillusion et d'isolement de n'avoir rencontré [...] qu'une solidarité purement verbale au sein de la Communauté »[2].

Quand on veut mettre en exergue la position internationale des Pays-Bas au lendemain du premier élargissement de la CE, l'embargo pétrolier est évidemment

---

1 Cité dans *De Tijd*, 3 décembre 1973.
2 Roger Haster à Gaston Thorn, 18 novembre 1973, http://www.cvce.eu.

un événement important. Il regroupe les grands problèmes qui, en amont, préoccupaient le gouvernement néerlandais : la crise dans les relations entre l'Europe et les Etats-Unis, la coopération politique européenne (CPE), la tendance des trois « grands » de s'entretenir entre eux, ainsi que le projet d'institutionnaliser les conférences au sommet[3].

DESORMAIS PLUS PETITS

Jusqu'au début des années 1970, les lignes directrices de la politique européenne des Pays-Bas d'après-guerre sont claires. Premièrement, il y a l'importance reconnue de l'Alliance atlantique. Seuls les Etats-Unis sont capables de garantir la sécurité de l'Europe. Le « parapluie » nucléaire américain est censé être indispensable. Tout projet de construction européenne est alors évalué en fonction de ses répercussions sur l'OTAN. Deuxièmement, les Pays-Bas, libre-échangistes, recherchent une coopération économique européenne. Dès 1952, ils préconisent la création d'un Marché commun. Troisièmement, l'Europe doit être supranationale. La Haye est en faveur de l'intégration pour des raisons pragmatiques plus que fédéralistes : la structure supranationale est censée préserver les petits pays des tentatives hégémoniques des grands. Les Pays-Bas deviennent alors le promoteur d'une Europe intégrée sur le plan économique mais dépourvue de compétence dans le domaine de la politique étrangère. Enfin, l'Europe des Six est considérée comme trop étroite. C'est pour cela que les Néerlandais souhaitent l'adhésion du Royaume-Uni. Avec la participation de Londres, le Marché commun serait élargi, l'Europe serait plus atlantique et plus libérale. Ainsi, La Haye pourrait compter sur un contrepoids utile vis-à-vis du couple franco-allemand, surtout face à la France considérée comme anti-atlantiste, anti-supranationale et protectionniste. Eviter que l'Europe ne soit dominée par les grands, est sans doute l'élément invariable de la diplomatie néerlandaise dans les années 1960 et 1970. Il ne faut donc pas s'étonner que l'échec, en 1962, du plan Fouchet – le projet français pour une union politique des Six sur le plan intergouvernemental – soit toujours considéré comme un des plus grands succès de la diplomatie néerlandaise de l'après-guerre[4].

L'élargissement du 1er janvier 1973 est donc la réalisation d'un objectif principal de la diplomatie néerlandaise. Le parlement salue le traité d'adhésion comme « le plus important produit de législation européenne après les Traités de Rome »[5]. En même temps, l'ironie veut qu'en atteignant cet objectif, La Haye sacrifie une position diplomatique relativement forte. Dans l'Europe des Neuf, les Pays-Bas sont devenus relativement plus petits qu'avant. En outre, le débat européen a

---

3 J-W. Brouwer, « La Belgique dans la politique européenne des Pays-Bas de 1945 à nos jours », in M. Dumoulin e.a. (éd.), *La Belgique, les petits Etats et la construction européenne*, Bruxelles, PIE-Peter Lang, 2003, pp. 213–229.
4 D. Hellema, *Dutch Foreign Policy. The Role of the Netherlands in World Politics*, Dordrecht, Republic of Letters Publishing 2009, p. 202.
5 *Handelingen Tweede Kamer* (Annales parlementaires) (*HTK*) 1971–1972, Bijlage (Bijl.), 11872, 4, Verslag, p. 1.

changé : les Néerlandais perdent leur rôle de porte-parole d'une Europe atlantiste au sein de la Communauté et ne peuvent plus brandir l'argument du fameux « préalable anglais » pour rejeter des projets qu'ils jugent indésirables, telle que la coopération dans le domaine politique. Enfin, Londres se révèle un partenaire enthousiaste pour des apartés à trois. Il faut signaler aussi l'érosion du Benelux. Des concordances belgo-néerlandaises s'avèrent de plus en plus difficiles à réaliser. Tandis que La Haye maintient sa position en faveur d'un renforcement des institutions communautaires – ce qui paraît d'ailleurs de moins en moins possible à mettre en œuvre –, Bruxelles prend une position plus réaliste.

NOUVEAUX DEFIS

La nouvelle décennie apporte donc de nouveaux défis. La Haye s'inquiète notamment du renforcement du pôle intergouvernemental dans la Communauté. Paris reprend l'idée de conférences au sommet des chefs d'État et de gouvernement à la Fouchet. En plus, les grands états-membres – la France, la RFA et la Grande Bretagne – ont tendance à se concerter à trois. Enfin, ce n'est qu'avec beaucoup d'hésitations que le gouvernement néerlandais accepte, en 1970, les recommandations du Comité Davignon visant la coopération politique, étant donné le caractère intergouvernemental de la CPE[6].Tout cela est particulièrement inquiétant face aux débats américains concernant un retrait possible du continent européen, la détente dans la Guerre Froide aidant.

Le sommet de Paris en octobre 1972 donne l'occasion pour La Haye de réitérer les points de départ de sa politique européenne. Le gouvernement réclame le maintien de la Commission comme défenseur des intérêts communs et un renforcement des pouvoirs du Parlement européen. Il met en garde aussi contre le développement de la CPE en dehors du cadre de la CE. En même temps, le gouvernement insiste sur la demande que la coopération politique ne porte pas préjudice à l'Alliance atlantique. Les questions de sécurité doivent être traitées par l'OTAN[7].

La Haye est modérément satisfaite des résultats du sommet de Paris. Quant à la CPE, les Néerlandais ont dû accepter l'intensification des consultations, mais se contentent du rejet d'un projet français d'un secrétariat permanent – qui aurait encore renforcée la séparation entre la CE et la CPE[8].

---

6   Sur la CPE : A. Harryvan et J. Van der Harst, « The Netherlands, European Political Cooperation and the Oil Crisis, 1967–1977 », in F. Knipping e.a. (éd.), *Aufbruch zum Europa der zweiten Generation. Die europäische Einigung 1969–1984*, Trèves, WVT Wissenschaftlicher Verlag, 2004, pp. 150–164.
7   *Jaarboek van het departement van Buitenlandse Zaken 1971–1972*, La Haye, 1972, pp. 13–14.
8   Archives Nationales La Haye (NA), Compte-rendu du Conseil des ministres (MR), 21 oct. 1972.

LE FANTOME DE FOUCHET

En 1983, le politologue Alfred Pijpers constate que, pendant les années 1970, La Haye est hantée par le « fantôme de Fouchet », c'est-à-dire la peur d'une Europe intergouvernementale où les « grands » imposent leur volonté aux « petits »[9]. Depuis lors, les archives ont été ouvertes et, en effet, elles confirment que, tout au long de l'année 1973, le gouvernement néerlandais est préoccupé par la crainte d'un directoire à trois. En novembre, Den Uyl remarque : « Il est désirable de rompre avec cette habitude »[10].

Effectivement les trois se retrouvent souvent entre eux. Paris et Bonn s'accordent sur la structure politique de la CPE et sur l'institution des sommets européens. Et Londres est bien moins « fiable » qu'attendu. Après une visite à Edward Heath, en juin, le ministre des Affaires étrangères, Max van der Stoel, remarque qu'il est « le premier ministre [britannique] le moins atlantiste depuis la Deuxième Guerre mondiale »[11]. Un autre exemple est le comportement des trois dans la crise monétaire. En février 1973, les ministres des Finances français, allemand et britannique se rencontrent à Paris. Cet aparté suscite des protestations de la part de La Haye. En avril, les trois ministres européens rencontrent leur collègue américain à Washington. Selon le ministre de Finances, Wim Duisenberg, ils sont en train de former une sorte de conseil de sécurité monétaire : « Il faut empêcher à tout prix que l'Allemagne, la France, le Royaume-Uni et les Etats-Unis tirent les ficelles et que les petits pays soient tenus à l'écart ». Mais, une nouvelle fois, les protestations sont vaines[12].

COOPERATION POLITIQUE

En 1973, d'après Van der Stoel, la coopération politique atteint « une intensité sans précédent »[13]. Bien que La Haye maintienne ses réserves, la CPE apporte aussi des avantages. Les concertations permettent aux Pays-Bas d'agir sur la scène internationale. Ceci est évident lors des deux grandes conférences de 1973. A la Conférence sur la Sécurité et la Coopération en Europe, les Pays-Bas jouent un rôle actif en tant que défenseurs des droits de l'homme. Lors de la Conférence sur la réduction mutuelle et équilibrée des forces, La Haye est pressentie pour fournir le président occidental[14].

Ce qui précède permet de dire que bien avant l'embargo pétrolier qui obligera les Pays-Bas à chercher un appui parmi les Neuf, les Néerlandais ont commencé à

---

9   A. Pijpers, « The Netherlands. How to keep the Spirit of Fouchet in the Bottle », in C. Hill (éd.), *National Foreign Policies and European Political Co-operation*, Londres, George Allen & Unwin, 1983, pp. 169–170.
10 NA, MR, 18/5 et 9/11 1973.
11 NA, MR, 29/6/1973.
12 NA, MR, 24/8/1973.
13 *Jaarboek van het departement van Buitenlandse Zaken 1973–1974*, La Haye, 1974, p. 56.
14 A. Pijpers, « The Netherlands », p. 177–178 et NA, MR, 19/1 et 2/2/1973.

apprécier les bénéfices de la CPE. Cependant, La Haye maintient ses réserves. Mettre fin à la séparation entre la CPE et la CE est le point central dans les négociations sur le renforcement de la CPE. La Haye doit se contenter d'une formule de compromis qui souligne à la fois la distinction et l'interaction entre les deux formes de coopération[15].

RELATIONS TRANSATLANTIQUES

Dès le début de 1973, le gouvernement néerlandais s'inquiète des relations entre l'Europe et les Etats-Unis : les dissensions sur le système monétaire international, la menace d'une guerre commerciale, ainsi que la demande américaine de « burden sharing » – c'est-à-dire que Washington souhaite mieux partager le fardeau militaire de la Guerre Froide. Malgré leurs sympathies atlantiques, les Néerlandais ne sont pas sans critiquer les Américains. En mars, le Conseil des ministres se plaint du « ton dur et agressif » à l'égard de l'Europe du président Richard Nixon et Henry Kissinger, conseiller du président puis, à partir d'août, secrétaire d'Etat.[16] En septembre, Van der Stoel rend visite à Kissinger pour discuter des relations transatlantiques. Il note « une certaine irritation à propos de ce que l'on qualifie du côté américain de 'ganging-up' des pays européens ». Et c'est en vain que le ministre défend la coopération européenne croissante[17].

Malgré les critiques, le gouvernement néerlandais applaudit le fameux discours du 23 avril de Kissinger qui fait appel à une redéfinition des relations transatlantiques. Selon lui, 1973 sera l'« année de l'Europe ». Van der Stoel estime que les Neuf doivent accepter l'invitation sous peine de risquer une érosion plus grave des relations atlantiques. Son action est surtout déterminée par la peur que le dialogue atlantique se joue entre les Etats-Unis et les trois grands pays européens[18].

Lors de la réunion du Conseil des ministres de l'OTAN, en juin, il est question d'une déclaration sur les objectifs de l'Alliance. Seule, la délégation française résiste. Apparemment, Paris estime qu'une position solitaire est plus avantageuse. Van der Stoel veut arriver à une position commune avec Bonn[19]. En septembre, la position française change. Paris accepte l'élaboration d'une déclaration de principe sur les relations entre l'Europe et les Etats-Unis reconnaissant une identité européenne. Les Neuf se mettent d'accord sur une rédaction commune.

---

15 *HTK* 1973–1974, Bijl. 12600 V, 2, MvT, p. 18–19.
16 NA, MR, 2/3/1973.
17 K. Van der Wijngaart, *Bondgenootschap onder spanning. Nederlands-Amerikaanse betrekkingen, 1969–1976*, Hilversum, Uitgeverij Verloren, 2011, pp. 147–148.
18 *Ibidem*, p. 126–128.
19 NA, MR, 27/7 et 24/8/1973.

LA FRANCE COMME ADVERSAIRE PRINCIPAL

Si le gouvernement néerlandais est déçu par l'attitude britannique, il considère la France comme son plus grand adversaire dans les délibérations européennes et atlantiques. Tout d'abord, Paris est censé vouloir remplacer l'Europe communautaire par une coopération intergouvernementale. Pour souligner la distinction entre la coopération politique – intergouvernementale par essence – et l'activité communautaire, la France exige que les deux réunions des neuf ministres des Affaires étrangères dans le cadre de la CPE et du Conseil du même 23 juillet, se tiennent dans deux villes différentes : le matin à Copenhague, le siège de la présidence tournante de la CEE, et l'après-midi à Bruxelles[20]. Van der Stoel proteste en vain. A La Haye, les ministres – quand ils sont mis au courant des deux réunions séparées – donnent libre cours à leur irritation[21]. Van der Stoel est convaincu que Paris veut utiliser la coopération politique pour obliger les Neuf à suivre sa politique antiaméricaine.

Enfin, La Haye et Paris ont des vues opposées en ce qui concerne une politique énergétique européenne. Les Pays-Bas – disposant d'une compagnie pétrolière internationale, Shell – favorisent un marché pétrolier ouvert et libre. En outre, La Haye insiste pour que toute politique énergétique soit faite en concordance avec les autres grands pays consommateurs, c'est-à-dire les Etats-Unis et le Japon. Par contre, la France est en faveur d'une solution européenne ainsi que d'un marché contrôlé. Il s'agit d'un dialogue de sourds[22]. En mai, pour la première fois depuis des années, le Conseil des ministres de la CE consacre une réunion au problème de l'énergie. Tandis que la France réclame une priorité absolue pour une réglementation du marché pétrolier en Europe, la plupart de ses partenaires insistent sur le développement des relations avec les autres pays importateurs. Le ministre néerlandais des Affaires économiques, Ruud Lubbers, s'y montre un porte-parole éloquent de la majorité[23]. La réunion ne produit pas de consensus. Le 6 octobre, quand éclate la Guerre du Kippour, il n'y a donc point de politique commune en la matière.

GUERRE DU KIPPOUR

En 1973, tout comme en 1967 lors de la Guerre des Six Jours, les Pays-Bas soutiennent Israël. Le 8 octobre, le gouvernement publie un communiqué affirmant que

---

20 A. Gfeller, *Building a European Identity. France, the United States, and the Oil Shock, 1973–1974*, New York-Oxford, Berghan, 2012, p. 75.
21 NA, MR, 13 juillet 1973.
22 A. Demagny-Van Eyseren, « L'Europe à la recherche d'une politique pétrolière commune, du Traité de Rome au premier choc pétrolier », in *Bulletin de l'IHTP*, n° 84, 2004, p. 30–49. Sur les positions françaises et néerlandaise voir aussi M. Beers, *The oil crisis, lever or barrier for the development of a common European energy policy ?* (Thèse de doctorat, Université de Cergy-Pontoise, 2015) pp. 54–56.
23 *Akten zur Auswärtigen Politik der Bundesrepublik Deutschland (AAPD) 1973*, Munich, De Gruyter, 2004, pp. 780–785.

l'Egypte et la Syrie avaient « rompu unilatéralement la coexistence maintenue depuis août 1970 ». Il lance un appel à un retour aux lignes de démarcation d'avant « samedi dernier » et insiste sur une solution politique basée sur la résolution 242 du Conseil de sécurité de l'ONU. Cette résolution, datant de novembre 1967, est ambiguë puisque la version française du texte demande à Israël d'abandonner « les » territoires occupés en 1967, tandis que la version anglaise ne parle que de l'abandon de « territoires occupées ». La Haye se base sur cette dernière version. Quant au problème palestinien, la résolution 242 réclame « un juste règlement du problème des réfugiés », ce qui est aussi repris dans le communiqué néerlandais[24].

Le parlement se range en grande majorité derrière le communiqué. L'opinion publique garde une grande admiration pour ce petit pays qui se bat pour son indépendance. Aussi, des publications récentes sur la persécution des juifs pendant l'Occupation ont avivé le souvenir de la Seconde Guerre mondiale. Différentes manifestations de solidarité avec Israël sont organisées. Enfin, dans le grand secret et probablement à l'insu de Den Uyl et Van der Stoel, le ministre de la Défense organise des livraisons de pièces de rechange et de munitions pour les chars israéliens.

Les 11 et 12 octobre, le Comité politique des Neuf s'efforce d'élaborer une position commune. Les Pays-Bas prennent la défense d'Israël contre le Royaume Uni et la France qui cherchent une politique plus favorable aux thèses arabes. Il est question d'une déclaration appelant au cessez-le-feu. Ce texte est jugé par La Haye comme trop « neutre ». Van der Stoel bloque également une proposition de mandater la France et le Royaume-Uni, en tant que membres du Conseil de sécurité, pour présenter le point de vue de l'Europe. Le ministre juge que ces deux pays ne sont pas suffisamment objectifs pour parler au nom des Neuf : « La France ne peut pas parler au nom des Pays-Bas »[25]. Le 13, les Neuf ne publient qu'un appel aux belligérants pour qu'ils « consentent à arrêter les hostilités ».

Le 17 octobre, l'OPEP annonce un embargo sur les livraisons de pétrole contre les états « qui soutiennent Israël » : les Etats-Unis et les Pays-Bas. Le boycott s'installe à partir du 21 octobre. L'action arabe prend de court La Haye. D'après l'ambassadeur allemand, le gouvernement réagit « avec étonnement et un certain affolement »[26]. En vain, on essaye de changer la situation. Le 23 octobre, dans une nouvelle déclaration, Van der Stoel souligne la position « équilibrée » des Pays-Bas dans le conflit israélo-arabe. D'après lui, il s'agit d'un « malentendu ». Et le ministre se demande si la vraie raison de l'acharnement des pays arabes contre les Pays-Bas n'est pas autre : en réalité Rotterdam est visé davantage que le pays. En s'attaquant au plus grand port du monde, leur avertissement serait entendu par toute l'Europe[27]. En effet, l'embargo ne touche pas seulement les Pays-Bas. En 1972, le port de Rotterdam reçoit 130 millions de tonnes de pétrole, dont 70 % proviennent

---

24 *Keesings Historisch Archief 1973*, p. 720.
25 NA, MR, 12/10/1973 et NA, Archives ministère des Affaires étrangères, 1965–1974 (MBZ), 14243, Mémorandum Van Lynden, 12 septembre 1974.
26 *AAPD 1973*, p. 1683.
27 NA, MR, 26 octobre 1973.

des pays arabes. Les Pays-Bas n'en utilisent que 20 %, le reste étant expédié, notamment vers la RFA et la Belgique[28].

ISOLEMENT INTERNATIONAL

Le 22 octobre, le jour où la perspective d'un boycott devient réelle, François-Xavier Ortoli, président de la Commission, se trouve à la Haye pour des conversations avec le gouvernement. Lors de sa conférence de presse, il estime que « la solidarité européenne jouerait en faveur des Pays-Bas » au cas où ces derniers auraient des difficultés pour leur approvisionnement énergétique[29]. Pourtant la réalité européenne est autre. Le 25 octobre, se réunit le Comité pétrolier de l'Organisation de coopération et de développement économiques (OCDE) dans lequel sont représentés les grands pays consommateurs, dont les Pays-Bas. Les Néerlandais y invoquent le plan de partage des approvisionnements, analogue à celui qui avait été mis en œuvre lors de la crise de Suez, en 1956. Cette demande est aussitôt écartée par les Français et les Britanniques qui craignent de mettre en danger leur propre approvisionnement[30].

Le 26 octobre, La Haye se voit posé un ultimatum de la part de l'Arabie-Saoudite. Pour lever l'embargo, La Haye devrait non seulement souscrire à l'évacuation par Israël de tous les territoires occupés, mais aussi condamner l'agression israélienne et reconnaître le droit des Palestiniens à autodétermination. D'après Van der Stoel, il ne faut pas céder au chantage. La solution se trouve dans le cadre européen[31].

Dans le cadre des Neuf, l'appel néerlandais à la solidarité européenne obtient le soutien de la RFA et de la Belgique – deux pays qui dépendent donc fortement du port de Rotterdam. Mais il se heurte toujours à un refus français et britannique. Entre-temps, le gouvernement met en place certaines dispositions visant à faire des économies de carburant. Les « dimanches sans voiture » sont les plus spectaculaires.

LA DECLARATION DES NEUF

Pour rompre l'isolement international, La Haye est obligée de faire une concession. Le 6 novembre, lors de la réunion du Conseil, Van der Stoel se rallie à la déclaration commune des Neuf sur les conditions d'un règlement au Moyen-Orient – la première manifestation de la Communauté sur un problème de politique internationale. Le texte contient deux points sensibles pour les Néerlandais. D'abord, il évoque la

---

28 *HTK* 1973–1974, Bijl. 12724, 2, Nota Beperking van de olie-aanvoer, pp. 1–2.
29 *Le Monde*, 24 octobre 1973.
30 D. Hellema, C. Wiebes, T. Witte, *The Netherlands and the Oil Crisis. Business as Usual*, Amsterdam, Amsterdam University Press, 2004, pp. 83–84.
31 NA, MR, 26/10/1973.

nécessité pour Israël « de mettre fin à l'occupation territoriale qu'il maintient depuis le conflit de 1967 », une phrase qui est proche de la version française de la résolution 242. L'autre point délicat est la reconnaissance que, dans l'établissement d'une paix juste et durable, « il devra être tenu compte des droits légitimes des Palestiniens ». Les Pays-Bas admettent pour la première fois que le problème palestinien n'est pas une simple question humanitaire, mais qu'il est de nature politique.

Est-ce un virage à 180 degrés ? D'après *Le Monde*, les Pays-Bas se sont pliés « sans gloire » aux pressions arabes[32]. Van der Stoel maintient toutefois que le gouvernement n'a pas changé de position. L'évocation de l'occupation territoriale permet une interprétation dans le sens d'une évacuation seulement partielle. En outre, les Pays-Bas ont déjà voté en 1972 à l'Assemblée de l'ONU, en faveur d'une résolution qui parle du « respect des droits des Palestiniens ». Mais l'apparence de capitulation réside surtout dans le fait que La Haye accepte de souscrire à une déclaration, trois semaines après avoir bloqué l'action des Neuf. Un autre inconvénient est que la déclaration ne mentionne en aucune façon l'embargo contre les Pays-Bas. Français et Britanniques refusent toute référence à la question pétrolière[33].

La déclaration des Neuf a pourtant de grands avantages. Le 1er décembre, Lubbers rencontre à Bruxelles des émissaires des pays arabes, dont le ministre du pétrole de l'Arabie-Saoudite. Le ministre néerlandais se voit de nouveau confronté à des exigences sévères. Sa réponse est claire : « Les Pays-Bas se sont associés à la déclaration des Neuf et n'ont pas l'intention d'agir à part ».[34] La déclaration sert donc comme un bouclier. Notons qu'à cette même époque, le Japon est obligé de s'incliner totalement devant un même ultimatum saoudien.

AUTRES ECUEILS

Mais il y a un autre écueil : l'équilibre difficile entre l'approche atlantiste et celle de l'Europe. La guerre du Kippour ne fait qu'aggraver le conflit transatlantique. Si les Américains se plaignent du manque de soutien des gouvernements européens, Paris, Londres et Bonn sont furieux de ne pas avoir été consultés. Selon eux la crise prouve la nécessité d'une attitude commune de l'Europe. La Haye craint d'être impliqué dans une situation conflictuelle avec les Etats-Unis.

Le 6 novembre, le secrétaire d'Etat américain de la Défense James Schlesinger exprime son appréciation du soutien néerlandais dans la crise au Moyen-Orient. Il fait entrevoir la possibilité de livraisons de pétrole. Quelques semaines plus tard, Kissinger répète l'offre. Le gouvernement est embarrassé. Il ne veut point s'isoler davantage des pays européens. Il craint aussi d'attiser le mécontentement des pays arabes en s'alliant si ouvertement avec les Etats-Unis. Enfin, il est clair que l'offre

---

32 *Le Monde*, 28 novembre 1973.
33 *AAPD 1973*, p. 1758–1759.
34 NA, MR, 7 novembre 1973.

a aussi pour but de semer la division entre les Neuf. La Haye répond dès lors très prudemment et, en fin de compte, l'offre ne sera pas acceptée[35].

Tout au long de la crise, le gouvernement parie sur une action concertée des Neuf et sur la solidarité européenne. En même temps, il envisage des représailles à l'encontre des Français et des Britanniques qui ont tendance à défendre uniquement leurs intérêts nationaux. Les Pays-Bas disposent du plus grand gisement de gaz naturel d'Europe occidentale. Une partie considérable de la production est exportée. Le 15 novembre, au parlement, Lubbers laisse entendre que l'exportation de gaz naturel pourrait être mise en cause si la solidarité européenne devait faire défaut[36]. Outre la Belgique et la RFA, une telle mesure frapperait la France dont plus de 40 % de la consommation intérieure en gaz naturel provient des Pays-Bas. Van der Stoel s'oppose aux représailles : « On ne peut pas à la fois demander la solidarité et parler de limiter l'exportation de gaz ». Den Uyl est cependant plus habile. D'après lui, il n'y a pas d'objection à décrire – sans exprimer des menaces – la position spécifique des Pays-Bas[37]. Le 22 novembre, le premier ministre déclare dans une interview : « Nous ne brandissons pas l'arme du gaz naturel, mais nous serions obligés de reconsidérer la situation si la solidarité ne fonctionne pas »[38].

GOUVERNANCE EUROPEENNE

Le 31 octobre, Georges Pompidou propose de décider le principe de rencontres régulières entre les chefs d'État et de gouvernement ayant pour but « d'harmoniser leur attitude dans le cadre de la coopération politique ». La raison principale pour cette initiative est, selon le président français, le fait qu'au Moyen-Orient les négociations se préparent « sans aucune participation de l'Europe, à quel titre que ce soit »[39].

Depuis longtemps, La Haye s'est opposé à l'idée de sommets périodiques, susceptibles de freiner la mécanique communautaire. Lors de la réunion du 6 novembre, les Neuf acceptent la proposition du Danemark de tenir une conférence au sommet à Copenhague. Les Néerlandais ne s'y opposent pas. L'unanimité des trois grands ne laisse pas beaucoup de marges de manœuvre. Van der Stoel estime : « Si les Pays-Bas avaient refusé de participer, on aurait eu un sommet des trois. » En outre, on aurait pu s'attendre à de nouvelles mesures du côté arabe contre les Pays-Bas[40].

Le 8 novembre, à Paris, le ministre néerlandais rencontre Pompidou et le ministre des Affaires étrangères, Michel Jobert. Les deux Français insistent sur les

---

35 K. Van der Wijngaart, *Bondgenootschap*, p. 153–156.
36 *HTK* 1973–1974, p. 1000.
37 NA, MR, 16 novembre 1973 et compte-rendu Conseil restreint des Affaires européennes (REZ), 6 décembre 1973.
38 *NRC Handelsblad*, 23 novembre 1973.
39 *L'Année politique, économique, sociale et diplomatique en France 1973*, Paris, Éditions du Grand Siècle–PUF, 1974, p. 287.
40 NA, MR, 9 novembre 1973.

sommets comme occasion de donner corps à l'Europe. Van der Stoel répond affirmativement mais ajoute que le Marché commun est le fondement de cette construction européenne : sa désintégration face à la crise pétrolière aurait des conséquences graves. Et Pompidou de répondre que les conséquences de la crise ne seraient pas aussi graves, « sinon la Communauté ne pourrait bien entendu pas regarder passivement qu'un de ses membres meure de faim et de soif ». Le président évoque également la peur des petits pays de se voir imposer la loi des grands. D'après lui, cette crainte est vaine, « ne serait-ce que parce qu'au sein d'un tel 'directoire', il y aurait inévitablement un jeu à deux contre un »[41]. Petit à petit, La Haye accepte le principe des sommets. Selon Den Uyl, l'organisation de ceux-ci peut permettre de court-circuiter le penchant des trois grands de s'accorder entre eux[42].

DIVERGENCES FRANCO-ALLEMANDES

La clé diplomatique se trouve à Bonn. Les Pays-Bas doivent obtenir le soutien de la RFA. En novembre, Van der Stoel rencontre son homologue allemand, Walter Scheel tandis que Den Uyl s'entretient avec le chancelier Willy Brandt. La position néerlandaise sort renforcée de ces entretiens car entre Paris et Bonn des divergences d'opinion subsistent sur un certain nombre de sujets.

Le 26 novembre, lors de la rencontre franco-allemande à Paris, Brandt lance un appel à la solidarité face au défi énergétique. Pompidou est loin de répondre positivement. Il souligne que la solidarité européenne doit être une politique d'ensemble et de longue durée, pas une exigence unilatérale dans un moment d'affolement. D'après lui, les Néerlandais ont toujours refusé toute politique énergétique européenne[43]. Brandt et Pompidou proposent de créer un Comité de l'énergie dont le premier objectif serait d'établir un bilan énergétique des Neuf. Quant aux relations entre l'Europe et les Etats-Unis, des divergences subsistent aussi : Paris estime que l'Europe doit affirmer sa personnalité tandis que Bonn pense qu'une entente permanente doit être pratiquée. La France souhaite aussi entamer un dialogue entre les Neuf et les pays-arabes. La RFA hésite. Elle craint qu'une coalition euro-arabe ait un accent trop anti-américain. Enfin, des divisions apparaissent au sujet de la proposition faite par Kissinger, le 12 décembre, aux principaux pays consommateurs de pétrole, de constituer un Groupe d'action de l'énergie. Cette proposition est favorablement accueillie à Bonn, Londres et La Haye, tandis qu'elle est rejetée par Paris[44].

---

41 NA, MBZ, 16650, Van der Stoel au ministère, 8 novembre 1973 et *Le Monde*, 18 novembre 1973.
42 NA, REZ, 6 décembre 1973.
43 *AAPD 1973*, pp. 1888–1896.
44 *L'Année politique, op. cit.*, pp. 287–288 et *Le Monde*, 28 novembre 1973.

L'IRE DES FRANÇAIS

La crise au Moyen-Orient met en lumière les antagonismes franco-néerlandais. Dès le début, les Français sont suspectés d'avoir exagéré auprès des pays Arabes les sympathies pro-israéliennes des Pays-Bas.[45] En même temps, l'attitude néerlandaise semble provoquer l'ire des Français. Le 9 novembre, Pompidou dit à un ami qu'il a « appris à connaître les Hollandais » : « Les Hollandais détestent la France : c'est la seule constante de leur histoire. Ils nous donnent des leçons sur l'Europe, mais ils ne souhaitent rien d'autre que de l'amarrer à l'Amérique. [...] C'est pourquoi ils ont fait échouer le plan Fouchet qui a été la seule vraie chance pour une Europe politique »[46]. Lors de sa conversation avec Brandt, le 26 novembre, le président se plaint de nouveau des Néerlandais qui n'auraient pas montré beaucoup de solidarité dans le passé :

> Peut-être M. le Chancelier pourrait-il aider à convaincre les Hollandais que la France actuelle n'est plus la France de Louis XIV. A l'évidence, les Hollandais craignent toujours une invasion française. Mis à part le fait qu'une invasion ne réussira pas, la France n'a pas l'intention de l'essayer[47].

Il est difficile d'expliquer cette irritation de la part des Français normalement peu intéressés par les Pays-Bas. Elle parait surtout inspirée par l'échec de la réunion du Conseil de la CE sur l'énergie en mai et par le véto néerlandais en octobre contre un mandat franco-britannique au Conseil de sécurité. Dans ses mémoires, Jobert compare les Pays-Bas à la cigale face à la fourmi dans la fable de La Fontaine : « Vous ne vouliez rien faire alors, ne vous plaignez pas maintenant ! »[48].

COPENHAGUE

A la veille de la conférence de Copenhague du 14 et 15 décembre, Den Uyl annonce dans les médias internationaux que le sommet sera un échec si l'on ne trouve pas de position commune dans la crise énergétique. « Nous ne sommes pas membre de la CEE pour rien », dit-il[49]. Van der Stoel, de son côté, explicite la position néerlandaise. La question centrale serait la solidarité entre les états membres dans le domaine de l'énergie. En ce qui concerne les sommets, les Pays-Bas seraient disposés à y participer « lors d'occasions spéciales ». La Haye ne s'opposerait pas non plus à des concertations éventuelles avec les pays arabes, sous condition toutefois de la levée de l'embargo et du maintien de la déclaration du 6 novembre. Ce dialogue ne devrait pas contrecarrer la politique américaine au Moyen-Orient. Enfin,

---

45 NA, MR, 26 octobre 1973.
46 A. Grosser, *Les Occidentaux. Les pays d'Europe et les Etats-Unis depuis la guerre*, Paris, Fayard, 1978, p. 354.
47 *AAPD 1973*, p. 1896.
48 M. JOBERT, *Mémoires d'avenir*, Paris, Grasset, 1974, p. 314.
49 *Le Monde*, 24 novembre et *Der Spiegel*, 3 décembre 1973.

dans la déclaration sur l'identité européenne et les conclusions du sommet, des positions anti-américaines devaient être évitées[50].

Lors du sommet, le soutien allemand et belge apporté aux Pays-Bas se heurte à nouveau au refus franco-britannique. Pourtant Paris et Londres sont obligés d'accepter la déclaration de principe selon laquelle la crise énergétique devrait être résolue en commun, la Commission de la CE étant priée de soumettre des propositions dans ce sens. En même temps, Britanniques et Allemands s'opposent, avec les Néerlandais, au projet français de réglementation du marché énergétique.

Comme attendu, les Neuf affirment leur volonté de voir l'Europe parler d'une même voix et acceptent définitivement le principe des conférences au sommet. Bien que le mot « régulière » soit évité, de telles réunions se tiendront « lorsque les circonstances les rendront opportunes ». Aussi, le projet français d'un dialogue euro-arabe est accepté. En ce qui concerne la situation au Moyen-Orient, les Neuf divergent. Faut-il aller plus loin que la déclaration du 6 novembre ? Pompidou et Heath avancent plusieurs textes qui critiquent Israël. Ceux-ci qui sont écartés par Brandt et Den Uyl. La déclaration à l'issu de la conférence ne fait que rappeler la déclaration du 6 novembre[51]. Enfin, le sommet adopte la déclaration sur l'identité européenne. Ce document est nécessaire pour obtenir le consentement de tous les partenaires de la déclaration commune entre les Neuf et les Etats-Unis. Le gouvernement néerlandais est satisfait de ce que – grâce au soutien britannique et allemand – le document ne décrit pas l'identité européenne exclusivement en relation avec les Etats-Unis. Il soutient notamment le paragraphe qui souligne « qu'il n'y a pas actuellement d'alternative à la sécurité qu'assurent les armes nucléaires des Etats-Unis et la présence des forces de l'Amérique du Nord en Europe »[52].

Les Pays-Bas n'ont pas de raison d'être mécontents des résultats. Par ailleurs les réactions de la presse s'accordent sur le fait que la Communauté a résisté à l'effondrement qui la menaçait. Le rôle décisif de médiateur joué par Brandt est souligné, tandis qu'on estime que Pompidou a subi un échec relatif[53].

La semaine suivant le sommet, lors d'une réunion des ministres des Affaires étrangères à Bruxelles, la question de l'institution du Comité de l'énergie prévu à Copenhague est bloquée par les ministres britannique, italien et irlandais qui marquent ainsi leur mécontentement sur un tout autre sujet (les difficultés autour de la création d'un Fonds régional européen). La politique énergétique commune retourne ainsi à la case départ. Cependant, la situation pétrolière en Europe a changé. Tout d'abord, le 9 décembre, les pays arabes décident une nouvelle réduction de la production de pétrole à partir de janvier 1974. Cette réduction sera appliquée à tous les pays européens[54]. Deuxièmement, les Pays-Bas paraissent réussir à se soustraire de l'embargo arabe. Début 1974, il s'avère que le risque de pénurie redoutée est écarté grâce à l'intervention des compagnies pétrolières qui ne peuvent pas mettre

50 NA, MBZ, 16650, Van der Stoel à l'ambassade à Bonn, 12 décembre 1973.
51 *Bulletin des Communautés européennes*, 6 (1973), 12, pp. 6–12.
52 *Jaarboek 1973–1974*, p. 58.
53 *Het Parool*, 18 décembre 1973.
54 *L'Année politique, op. cit.*, p. 294, 300–301. Sur le Comité de l'énergie : M. Beers, *Oil crisis*, p. 195 et sv.

en danger le grand port qu'est Rotterdam et qui lui réservent du pétrole dit « non-politisé » venant d'Afrique ou d'Iran. L'embargo contre les Pays-Bas ne sera officiellement levé qu'en juillet 1974, mais ces deux développements font qu'en janvier la situation énergétique du pays est peut-être meilleure que celles des autres pays de la CE. Il devient clair qu'une mise en commun de l'approvisionnement en énergie pourrait même être un désavantage. Alors, très vite, le sujet de la solidarité passe à l'arrière-plan. Comme les Français et les Britanniques, les Néerlandais savent aussi défendre les intérêts nationaux[55].

CONCLUSION

« Ainsi, le monde ne sera plus comme avant la crise pétrolière ». Cette phrase du discours du 1er décembre 1973 du Premier ministre Den Uyl est devenue historique – historique non pas à cause de l'embargo dont l'effet s'est avéré temporaire, mais à cause de la longue crise économique causée par la flambée des prix pétroliers. La phrase s'applique également à la transformation de la position internationale des Pays-Bas : dans l'Europe élargie, ils sont relativement plus « petits » qu'ils ne l'étaient dans la communauté des Six.

Tout au long de 1973, La Haye s'inquiète du sort la construction européenne. Pendant la crise du boycott, le gouvernement néerlandais critique vivement le comportement des partenaires européens. Pourtant l'affiliation néerlandaise à la CEE n'a jamais été mise en question.

S'il n'y a pas eu de rupture avec la politique européenne traditionnelle des Pays-Bas, l'année 1973 voit un changement modeste sur deux terrains. Tout d'abord, La Haye glisse prudemment vers l'acceptation de la CPE, principalement par peur d'un arrangement entre les grands pays européens. Le deuxième changement est que les Pays-Bas acceptent les conférences au sommet, également dans le but d'éviter des tête-à-tête entre les « grands ». De là à accepter, en décembre 1974, la création du Conseil européen, il n'y a qu'un pas. Entre-temps, les Pays-Bas demeurent hésitants devant la coopération politique. Van der Stoel souligne que la CPE n'implique pas l'abandon des positions essentielles. Il assure que les Pays-Bas ne s'inclineront pas « comme un agneau doux » devant une majorité des Neuf[56]. Aussi les préférences atlantiques sont-elles maintenues.

Enfin, il faut noter que le gouvernement se montre capable de pragmatisme quand l'intérêt national est en jeu. Lors de la crise du boycott, les Pays-Bas naviguent prudemment entre les écueils européens, atlantiques et arabes. Certes, ils sont avant tout sauvés par la décision des compagnies pétrolières d'effectuer une répartition équilibrée, mais en signant la déclaration des Neuf du 6 novembre, le gouvernement met fin à son isolement et se protège contre de nouvelles exigences arabes. Une humiliation à la japonaise est évitée. En plus, le sujet de l'offre de pétrole des Etats-Unis est-il habilement contourné. En même temps, le gouvernement n'a pas

---

55 D. Hellema e.a., *The Netherlands*, pp. 153–154.
56 *HTK* 1973–1974, p. 1355.

eu recours aux représailles contre les partenaires européens en ce qui concerne les exportations de gaz naturel.

Grâce à la concordance des positions néerlandaises et allemandes, les résultats du sommet de Copenhague ne sont point décevants. D'un côté, La Haye doit accepter une institutionnalisation des sommets ainsi que le dialogue euro-arabe ; en même temps, une dérive anti-américaine est-elle évitée, notamment à l'occasion de la déclaration sur l'identité européenne. Des propos anti-israéliens allant au-delà de la déclaration du 6 novembre sont également évités. En outre, les Néerlandais ont la perspective du sommet énergétique à Washington. On pourrait alors conclure que Copenhague confirme la thèse de Pompidou : si les trois grands sont d'accord, les petits ne peuvent pas faire grand-chose, mais quand les premiers sont divisés, les seconds ont une chance à saisir. C'est ce que les Pays-Bas ont fait en 1973.

L'ESPAGNE DE FRANCO ET LE PROCESSUS D'INTEGRATION EUROPEENNE (1945–1975)

Enrique Moradiellos

L'Espagne dirigée par le général Francisco Franco a entretenu des relations très tendues et complexes avec le processus d'intégration européenne durant les années qui précédèrent et qui suivirent la constitution de la Communauté Économique Européenne (CEE) par le Traité de Rome en mars 1957. Le point de départ obligatoire pour comprendre la nature épineuse de ces relations bilatérales hispano-communautaires se situe à une date cruciale et déterminante : l'année 1945.

LE DIFFICILE HERITAGE DE LA SECONDE GUERRE MONDIALE

Au cours de cette année décisive que fut l'année 1945, avec la victoire inconditionnelle remportée par les alliés de la Seconde Guerre mondiale, la dictature franquiste recueillit les premiers fruits de la politique extérieure qu'elle avait menée pendant ce conflit. Une politique qui avait été définie par une combinaison de sympathie morale envers l'Axe italo-allemand et d'hostilité à peine voilée envers ce qu'on a appelé la collusion « démocratique-maçonnique-communiste ». De fait, s'il est vrai que l'Espagne de Franco n'avait pas dépassé le seuil de la belligérance anti-alliée en raison de l'épuisement causé par la guerre civile, de sa déplorable situation économique et de son extrême vulnérabilité stratégique, elle n'avait jamais caché non plus ses préférences pour la victoire de l'Axe ni ses craintes envers le triomphe des alliés[1]. Il suffit de se rappeler le fameux discours prononcé par Franco le 17 juillet 1941, contemporain de l'envoi d'un contingent militaire pour lutter sur le front oriental contre l'Union Soviétique :

La guerre a été mal conçue et les alliés l'ont perdue. (…) La campagne contre la Russie des soviets avec laquelle le monde ploutocratique s'est aujourd'hui solidarisé, ne peut plus défigurer le résultat. (…) Staline, le criminel dictateur rouge, est à présent l'allié de la démocratie. (…) À l'heure actuelle où les armes allemandes dirigent la bataille de l'Europe à laquelle le Christianisme aspirait depuis si

---

1 À titre d'exemple, voir les positions contrastées de J. Tusell, *Franco, España y la II Guerra Mundial. Entre el Eje y la neutralidad*, Barcelona, Temas de Hoy, 1995; et de L. Suárez Fernández, *España, Franco y la Segunda Guerra Mundial*, Madrid, Actas, 1997. Une étude plus récente in J. M. Thomàs (coord.), *Estados Unidos, Alemania, Gran Bretaña, Japón y sus relaciones con España entre la Guerra y la Postguerra (1939–1953)*, Madrid, Universidad Pontificia de Comillas, 2016.

longtemps et où, en tant qu'expression vive de solidarité, le sang de notre jeunesse va s'unir à celui de nos camarades de l'Axe, nous renouvelons notre foi dans le destin de notre Patrie[2].

La réponse des alliés occidentaux victorieux face à cette conduite du régime espagnol fut de le condamner à un ostracisme diplomatique qui impliquait son isolement et la condamnation internationale en guise de purgatoire politico-idéologique. Cette condamnation au purgatoire de l'ostracisme et de la quarantaine fut la plus grave sanction appliquée, parce que d'autres raisons prioritaires mirent leur veto à l'adoption de mesures radicales, de type militaire ou économique, pour faciliter la chute de Franco. En effet, la prolongation du Franquisme pendant l'après-guerre mondiale ne peut être comprise sans l'intense crainte anglo-américaine de la réactivation d'une nouvelle guerre civile en Espagne et sans la peur de favoriser l'expansion du communisme en Europe occidentale à un moment de tension naissante entre les États-Unis et l'Union Soviétique face au futur de l'Europe. C'est ce qu'avouerait sans détours ni ménagements dans une note interne un haut fonctionnaire britannique du gouvernement laboriste en juin 1946.

Si odieux que soit son régime, le fait est qu'aujourd'hui encore Franco ne représente une menace pour personne en dehors de l'Espagne. Cependant, une guerre civile en Espagne provoquerait des problèmes dans toutes les démocraties occidentales, ce que désirent le gouvernement soviétique et ses satellites.[3]

La première condamnation internationale du franquisme eut lieu durant la conférence de San Francisco où fut créée l'Organisation des Nations Unies ; le gouvernement espagnol n'y fut pas invité mais plusieurs leaders républicains exilés y assistaient comme observateurs. Le 19 juin 1945, la conférence approuva sans opposition une proposition mexicaine qui interdisait expressément l'adhésion de l'Espagne franquiste à l'ONU. Mais le pire était encore à venir. Au début du mois d'août 1945, à la clôture de la conférence cruciale de Potsdam, le leader soviétique, Staline, le nouveau président des États-Unis, Harry Truman, et Clement Attlee, récemment élu premier ministre britannique, diffusèrent une déclaration conjointe sur la « question espagnole » qui ratifiait la condamnation à l'ostracisme international de l'Espagne franquiste en des termes sévères :

Les trois gouvernements, malgré tout, se sentent obligés de déclarer que, pour leur part, ils ne soutiendront aucune demande d'adhésion (à l'ONU) de l'actuel gouvernement espagnol qui, ayant été établi avec le soutien des puissances de l'Axe, ne possède pas, en raison de ses origines, de sa nature, de ses antécédents et

---

2 Ce discours fut supprimé des anthologies des discours de Franco après la fin de la guerre mondiale. Ici est reproduit le texte publié par la presse espagnole de l'époque : *Extremadura. Diario Católico*, 18 juillet 1941. Sur ce contingent militaire, voir X. Moreno Juliá, *La División Azul. Sangre española en Rusia*, Barcelone, Crítica, 2004.

3 Mots de Oliver Harvey dans une note pour Ernest Bevin, secrétaire du Foreign Office, 7 juin 1946. National Archive (Kew, Surrey), Foreign Office Archive (FO), série *General Correspondence* (clé archivistique : 371), dossier 60377, document numéro Z5378. Cité dorénavant en abrégé : FO 371/60377 Z5378. Cfr. E. Moradiellos, *Franco frente a Churchill. España y Gran Bretaña en la Segunda Guerra Mundial*, Barcelone, Península, 2005, p. 443.

de son association étroite avec les pays agresseurs, les qualités nécessaires pour justifier cette adhésion.[4]

Franco se prépara à affronter la campagne internationale avec une « politique d'attente » et de résistance héroïque masquée derrière une opération de constitutionalisme cosmétique à l'intérieur du pays. Il avait la conviction qu'il se déclencherait rapidement en Europe un antagonisme et un conflit entre l'Union Soviétique et les États-Unis, et que ces derniers devraient recourir aux services de l'Espagne étant donné son inappréciable valeur géostratégique et sa fermeté anticommuniste. Par conséquent, la politique d'attente exigeait pour l'heure que l'on serre les rangs de gré ou de force autour du régime et que l'on se rappelle jusqu'à l'obsession le danger communiste et la guerre civile (ce qui fut rendu propice par l'activité renouvelée de guérilla et "l'invasion" du Val d'Aran). À la fin du mois d'août 1945, un rapport crucial pour Franco de l'amiral Carrero Blanco (son fidèle secrétaire politique et virtuel alter-ego depuis 1941) réduisait l'importance de la condamnation de Potsdam à une simple déclaration rhétorique d'une « grande impertinence » et dévoilait les fondements judicieux de cette politique de résistance à outrance dans l'attente de temps meilleurs :

Lorsque le dernier coup de feu dans le Pacifique a été tiré [le Japon avait capitulé le 10 août], la guerre diplomatique a commencé entre les Anglo-saxons et la Russie (...) Pour cette raison fondamentale de <u>froid intérêt</u>, les Anglo-saxons non seulement ne soutiendront pas, mais ils s'opposeront à tout ce qui pourrait déterminer une situation d'hégémonie soviétique dans la Péninsule Ibérique. Ils aiment l'ordre et l'anticommunisme qui y règnent, mais ils préfèreraient obtenir cela avec un régime différent du régime actuel. (...) Les pressions des Anglo-saxons pour obtenir un changement dans la politique espagnole, qui brise le développement normal du régime actuel, seront moins fortes si nous rendons plus palpables notre <u>ordre</u>, notre <u>unité</u> et notre <u>impassibilité</u> face à des indications, des menaces et des impertinences. La seule formule, pour nous, ne peut être autre que : <u>ordre, unité et tenir bon</u>.[5]

Pour surmonter l'inévitable période d'« ostracisme adouci » (qui arriva à son point culminant avec le retrait d'ambassadeurs occidentaux à Madrid en décembre 1946), outre la cosmétique pseudo-démocratique, la diplomatie franquiste essaya de réclamer et d'obtenir le soutien des cercles catholiques et anticommunistes dans le monde entier, afin de desserrer dans la mesure du possible l'étau de l'isolement

---

4 Le texte de la déclaration se trouve dans les actes de la conférence établis par la délégation britannique à la Conférence de Potsdam, 2 août 1945. FO 371/50867 U6197. Cfr. E. Moradiellos, *La Conferencia de Potsdam de 1945 y el problema español*, Madrid, Instituto Universitario Ortega y Gasset, 1998. Une récente réévaluation des origines et de l'évolution de l'ostracisme franquiste in X. Hualde Amunárriz, *El "cerco" aliado. Estados Unidos, Gran Bretaña y Francia frente a la dictadura franquista, 1945–1953*, Bilbao, Universidad del País Vasco, 2016.

5 "Notas sobre la situación política", 29 juillet 1945. Archives Générales de l'Université de Navarre (Pampelune), fonds documentaire de l'Amiral Luis Carrero Blanco, série « Política Internacional ». Soulignés dans l'original. Voir sur ce sujet : Fl. Portero, *Franco aislado. La cuestión española (1945–1950)*, Madrid, Aguilar, 1989, pp. 105–106; et J. Tusell, *Carrero. La eminencia gris del régimen de Franco*, Madrid, Temas de Hoy, 1993, pp. 128–130.

international. Dans ce contexte international si adverse, l'Espagne de Franco ne prêta pas une grande attention au processus d'intégration économique et politique qui fut mis en marche dans l'Europe occidentale pendant l'immédiat après-guerre. Entre autres choses, parce que, en tant que « paria » international virtuel, le franquisme se vit interdire l'accès aux nouvelles institutions et nouveaux organismes, européens ou internationaux, créés à cette époque : le Plan Marshall pour la reconstruction économique de l'Europe en juin 1947, l'OTAN en avril 1949 et le Conseil de l'Europe en mai de cette même année 1949. Et, dans aucun de ces cas, l'appellation 'franquiste' donnée au caractère anticommuniste et catholique du régime n'obtint de succès, parce que son récent comportement pendant la guerre et son caractère dictatorial provoquaient le rejet de l'opinion publique occidentale et éclipsaient la valeur de sa position stratégique.[6]

Cependant, l'intensification du climat de Guerre Froide à partir de 1950, lorsqu'éclata la guerre de Corée, favorisa dans le monde occidental une réhabilitation du régime franquiste de façon partielle, limitée et qui entraînerait un énorme coût économique et politique pour l'Espagne elle-même. Comme le reconnaissait un mémorandum interne du Département d'État des États-Unis en avril 1950 :

Les États-Unis et la plus grande partie de ces gouvernements (européens) sont favorables à l'intégration de l'Espagne dans le dispositif stratégique de l'Europe occidentale le plus rapidement possible, mais ils considèrent encore, comme nous, que l'acceptation publique de l'Espagne dans ces programmes est politiquement inacceptable en ce moment. Tant que notre politique sera basée sur le concept positif de renforcement et de sauvegarde de la démocratie occidentale, et pas seulement dans une réaction négative au communisme, il est difficile d'imaginer l'Espagne comme partenaire à moins qu'il n'y ait quelque signe d'évolution vers un gouvernement démocratique[7].

Durant toute cette période de l'après-guerre et jusqu'à la fin des années 50, le régime franquiste maintint une attitude de mépris officiel envers le processus d'intégration européenne[8]. Comme l'a signalé à ce sujet Julio Crespo MacLennan dans son étude canonique sur cette question :

---

6   Vues panoramiques sur la politique extérieure franquiste à partir de 1945 dans J. Tusell, J. Avilés, R. Pardo (dir.), *La política exterior de España en el siglo XX*, Madrid, UNED-Biblioteca Nueva, 2000; J. C. Pereira (coord.), *La política exterior de España, 1800–2003*, Barcelone, Ariel, 2003, et A. Marquina Barrio, *España en la política de seguridad occidental, 1939–1986*, Madrid, Ejército, 1986. Une relecture actualisée dans J. G. Pecharromán, *La política exterior del franquismo*, Madrid, Flor del Viento, 2008.
7   Memorandum on Spain by the Country Specialist in the Office of Western European Affairs (Dunham, April 15, 1950). Document remis au Secrétaire d'État à Washington, 21 avril 1950. Recueilli dans la collection documentaire *Foreign Relations of the United States. 1950*, Washington, United States Government Printing Office, 1977, vol. 3 (Western Europe), p. 1559.
8   A. Moreno Juste, *Franquismo y construcción europea (1951–1962)*, Madrid, Tecnos, 1997. Ch. Powell, « España en Europa: de 1945 a nuestros días », in *Ayer. Revista de Historia Contemporánea (Madrid)*, n° 49, 2003, pp. 81–119.

L'européisme ne joua pas un rôle important dans le mécanisme de propagande des premiers gouvernements du régime, le terme semblait hostile à presque tous ses membres, qui le considéraient synonyme de libéralisme et de démocratie[9].

En accord avec cette politique d'hostile indifférence apparente, Franco en personne marqua la marche à suivre de façon réitérée avec des manifestations publiques méprisantes comme celle qu'il fit dans un sonore discours d'ouverture du Parlement le 18 mai 1949 :

Nous trouvons les États européens si maladroits, si vieux et si divisés, et leurs politiques si pleines de marxismes, de passions et rancœurs qu'ils nous poussent là où notre cœur nous appelle, vers le rapprochement et l'entente avec les peuples de notre lignage. L'Amérique attire de nouveau le destin historique de l'Espagne et vers elle volent les sympathies de notre nation dans un appel du sang, de la foi et du langage[10].

On constate cette même méfiance anti-européiste dans les déclarations de celui qui fut son efficace ministre des Affaires Étrangères depuis 1945 jusqu'à 1957, le catholique intégriste Alberto Martín Artajo. Après sa destitution en 1957, durant la crise socioéconomique qui serait à l'origine du changement d'orientation des années 1957–1959, Martín Artajo avouait en public :

On pourrait dire, peut-être en exagérant, que ces essais de construire une Europe supranationale, difforme et absorbante, sont pour le moment la tâche de partis socialistes qui voudraient transformer l'ordre politique, la proposition et le programme de l'Internationale Socialiste[11].

La réponse franquiste à l'ostracisme européen reposait sur les « politiques de substitution » que nous avons déjà mentionnées et qui eurent les Etats-Unis et les pays d'Amérique Latine comme références clés et irremplaçables, en plus du Vatican. Et de ce triple secteur procédèrent ses soutiens et supports de base pendant ces années critiques de virtuelle quarantaine internationale : de l'Argentine du général Perón sous la forme des accords commerciaux de 1946 et 1947 ; du Saint-Siège avec la négociation et la signature d'un nouveau Concordat en août 1953 ; et des États-Unis par l'accord d'installation de bases américaines sur le sol espagnol signé en septembre 1953[12].

---

9 J. Crespo MacLennan, España en Europa, 1945–2000. Del ostracismo a la modernidad, Madrid, Marcial Pons, 2004, p. 45.
10 Discours de Franco devant la séance plénière du Parlement espagnol, le 18 mai 1949. Reproduit dans le journal madrilène *Abc*, 19 mai 1949.
11 J. Crespo MacLennan, *España en Europa, 1945–2000*, p. 46.
12 R. Rein, La salvación de una dictadura. Alianza Franco-Perón (1946–1955), Madrid, CSIC, 1995; P. Martín de Santa Olalla, De la Victoria al Concordato. Las relaciones Iglesia-Estado durante el Primer Franquismo, Barcelone, Laertes, 2003; Á Viñas, En las garras del águila. Los pactos con Estados Unidos de Francisco Franco a Felipe González (1945–1995), Barcelone, Crítica, 2003; A. Jarque, Queremos esas bases. El acercamiento de EE.UU. a la España de Franco, Madrid, Universidad de Alcalá, 1998; F. Guirao, Spain and the Reconstruction of Western Europe, 1945–1957, New York, St. Martin's Press, 1998.

LE DEFI CROISSANT DE L'INTEGRATION EUROPEENNE

La situation créée après 1945 commença à changer à partir de l'année 1957 pour une double raison. D'un côté, le 25 mars 1957, par la signature du Traité de Rome, le processus d'intégration européen connut un saut qualitatif lorsque fut constituée la Communauté Économique Européenne (CEE) des six pays fondateurs : la France, l'Allemagne, l'Italie, la Hollande, la Belgique et le Luxembourg. De l'autre, l'ouverture d'une intense crise politique et économique interne en Espagne qui se termina par la formation d'un nouveau gouvernement décidé à surmonter la crise par l'ouverture économique vers l'extérieur et la flexibilisation politique intérieure. C'est ce nouveau gouvernement qui abandonnerait définitivement le rêve de l'autarchie productive d'inspiration fasciste et s'embarquerait dans une opération de modernisation économique et financière comprenant l'adhésion de l'Espagne à l'Organisation Européenne de Coopération Économique (OECE) en janvier 1958, puis au Fonds Monétaire International et à la Banque Mondiale en mai de cette même année[13].

La première réaction officielle franquiste face à la constitution du Marché Commun fut prudente et la presse donna la nouvelle sans entrer dans les détails. Cependant, fidèle à sa tradition, le journal *Arriba*, organe officiel du Parti unique du régime, ne cessa pas de fouiller dans les blessures idéologiques avec des allusions aux vieilles théories conspiratives (26 mars 1957) :

Sans la personne d'Adenauer, la vieille obsession européiste se trouverait encore dans un état d'obscurité. L'Allemagne occidentale paiera la facture élevée du Marché Commun, qui sera utilisé pour industrialiser les territoires français d'outre-mer. L'Europe, ce ne sont pas seulement six pays et à cette Europe – l'œuvre fantastique de Spaak – il lui manque un véritable contenu, comme cela a manqué à toutes les organisations sous le signe maçonnique et équivoque de Strasbourg[14].

En marge de la réaction médiatique publique, au sein du gouvernement espagnol, Franco et Carrero Blanco étaient la tête de file du scepticisme qui prédominait à l'égard du futur de l'initiative, s'opposant à ce sujet à leurs confrères à portefeuilles économiques. En tout état de cause, l'ensemble de l'élite franquiste voyait en la CEE une question économique et la principale préoccupation était alors la libéralisation de l'économie et le développement correct du Plan de Stabilisation qui débuterait pendant l'été 1959. Malgré cette précaution, une mesure importante fut prise : « la mise en place de la *Commission Interministérielle pour l'Étude des Problèmes que peut poser dans la Péninsule le Marché Commun Européen comme Zone de Libre-échange possible* » (Journal Officiel de l'État du 21 août 1957). La raison de cette mesure préventive était ferme et justifiée, parce que, comme le signalait alors l'économiste Manuel Fuentes Irurozqui, l'Espagne ne pouvait pas se

---

13 J. L. García Delgado ed al., Economía española: 1960–1980. Crecimiento y cambio estructural, Barcelone, Blume, 1982; Ed. Stillman (dir.), El resurgir económico de España. Informe del Hudson Institute Europe, Madrid, Instituto de Estudios de Planificación, 1975; J. Harrison, La economía española. De la Guerra Civil a la Comunidad Económica Europea, Madrid, Istmo, 1998.
14 J. Crespo MacLenann, *España en Europa, 1945–2000*, p. 59.

permettre de rester en dehors du Marché Commun ou de l'Euratom puisque plus de 60 pour cent des exportations du pays étaient envoyées en Europe et que 26 pour cent des produits agricoles étaient consommés dans cette zone[15]. De plus, ces mêmes pays constituaient les principaux marchés d'importation de l'économie espagnole sans rival possible ni alternative :

En 1960 les neuf pays membres de la CEE (les six pays fondateurs plus la Grande Bretagne, l'Irlande et le Danemark) fournirent seulement 34,8 pour 100 du total des importations espagnoles ; ce pourcentage s'éleva, en 1965, jusqu'à 47,8 pour 100. (…) Le panorama qui ressort donc de tout cela, c'est que l'Espagne dépend en bonne mesure de la Communauté Économique Européenne en ce qui concerne les exportations autant que les importations[16].

Quoi qu'il en soit, le franquisme fut conscient du fait que le processus d'intégration européenne accéléré par la constitution de la CEE affecterait l'Espagne de façon décisive, mais il se limita dans un premier temps à observer le processus sans prendre de décisions à ce sujet. Ceci, pour trois raisons fondamentales : 1°) Entre 1957 et 1961, il y eut une grande incertitude sur le résultat de la création du Marché Commun et l'on persistait à croire que l'AELE (Association Européenne de Libre-Échange), dirigée par la Grande Bretagne, freinerait les prétentions intégratrices de la CEE. 2°) Contrairement à l'AELE, la nouvelle CEE avait des objectifs politiques inadmissibles pour le franquisme en raison de son horizon proto-fédéraliste et de démocratisation. 3°) Tous les efforts gouvernementaux visaient à appliquer le changement d'orientation économique du Plan de Stabilisation et à vérifier le succès de ses résultats.

Dans le cas particulier de Franco, tout en reconnaissant les éventuels bénéfices économiques que pourrait rapporter l'adhésion à la CEE, sa principale préoccupation résidait dans les effets politiques implicites. Dans le discours qu'il prononça à Burgos le 1er octobre 1961 (Fête de l'Exaltation du *Caudillo*), il définit clairement les limites de tout rapprochement de l'Espagne avec le nouvel organisme européen : le respect de la structure politique espagnole et du pouvoir personnel universel qui en dérivait, dont il jouissait depuis la victoire de la guerre civile en 1939. En ses propres termes :

L'importance des mouvements d'intégration européenne est prise en compte. Cependant, l'intégration de l'économie espagnole dans une structure internationale est étudiée sans précipitation (…). Les structures d'intégration européenne ont un contenu politique qui ne doit pas être oublié. L'Espagne doit avancer au même rythme que l'Europe, mais elle doit également préserver de toute interférence sa stabilité politique et son indépendance. Pour cette raison, toute possibilité d'intégration doit être analysée en tenant compte du fait que l'économie espagnole ne doit subir aucun préjudice, et en préservant à tout moment les institutions politiques

---

15 *Ibidem*, pp. 61–62.
16 Ed. Stillman (dir.), El resurgir económico de España. Informe del Hudson Institute Europe, pp. 156–157.

auxquelles l'Espagne doit son niveau de vie, son crédit extérieur et sa solide position internationale[17].

Et ses craintes obtinrent une rapide confirmation. Le 15 janvier 1962, sur l'initiative du porte-parole des sociaux-démocrates allemands, Willi Birkelbach, le Parlement Européen approuvait ce qu'on appela le « rapport Birkelbach ». Dans ce rapport étaient établies trois conditions absolument nécessaires pour pouvoir aspirer à l'adhésion à la CEE : une condition géographique (être un pays continental) ; une condition économique (un certain niveau de développement productif) ; et une condition politique. C'est-à-dire :

La garantie de l'existence d'une forme d'État démocratique dans le sens d'une organisation politique libérale est une condition pour l'adhésion.

Les États dont les gouvernements ne possèdent pas une législation démocratique et dont le peuple ne participe pas aux décisions du gouvernement, ni directement ni par l'intermédiaire de représentants librement élus, ne peuvent pas aspirer à être admis dans le cercle des peuples qui constituent les communautés européennes[18].

Dans ce contexte, le 9 février 1962, le gouvernement espagnol prit la décision de demander formellement au président du Conseil des Ministres de la CEE l'ouverture de négociations bilatérales en vue d'« une association susceptible d'évoluer le jour venu en une pleine intégration » de l'Espagne dans le Marché Commun. Dans la lettre de demande (voir l'annexe documentaire numéro 1), Fernando María Castiella, qui était alors le ministre espagnol des Affaires Étrangères, faisait allusion au seul obstacle que, depuis la perspective espagnole, susciterait cette demande : « après avoir surmonté les étapes indispensables pour que l'économie espagnole puisse s'aligner sur les conditions du Marché Commun »[19].

La demande espagnole ouvrit immédiatement un intense débat au sein des gouvernements communautaires et pas précisément pour ces raisons de décalage économique, mais à cause de ses implications politiques et de la pression exercée contre elle par le Parlement Européen et les opinions publiques des différents pays démocratiques. La réponse finale fut un très diplomatique accusé de réception de la

---

17 F. Franco, *Discursos y mensajes del Jefe del Estado, 1960–1963*, Madrid, Publicaciones Españolas, 1964, p. 337.
18 W. Birkelbach, « Rapport fait au nom de la commission politique sur les aspects politiques et constitutionnels de l'adhésion ou de l'association à la Communauté », Assemblée Parlementaire Européenne. Documents de séance (1961–1962), doc. n° 122, 15 janvier 1962. Consulté le 10 janvier 2020 sur le site du Centre Virtuel de la Connaissance sur l'Europe (CVCE) à l'adresse http://www.cvce.eu/. Son impact est abordé dans A. Moreno Juste, *España y el proceso de construcción europea*, Barcelone, Ariel, 1998, p. 39.
19 La lettre est conservée dans sa version originale à l'adresse http://www.cvce.eu/ [consulté le 10 janvier 2020]. En marge du travail de Crespo MacLennan déjà cité, nous disposons d'une autre monographie importante sur les relations hispano-communautaires dans cette conjoncture : M. T. La Porte, *La política europea del régimen de Franco, 1957–1962*, Madrid, Eunsa, 1992. De manière plus générale, voir M. Trouvé, « La Diplomatie Espagnole face à l'Europe (1962–1986) », in M. Dumoulin – A. Ventura Díaz (éd.), *Portugal y España en la Europa del siglo XX*, Yuste, Fundación Academia Europea de Yuste, 2005, pp. 177–200.

demande (7 mars) qui ne servit qu'à stimuler les méfiances politiques préalables[20]. Peu avant, Carrero Blanco avait avoué à ses plus intimes collaborateurs sa crainte face à l'initiative d'association parce que le Marché Commun était « un fief de maçons, libéraux et démocrates-chrétiens »[21]. Après avoir reçu la froide réponse, Franco fut encore plus catégorique et explicite dans son discours face aux ex-combattants de la guerre civile sur la colline de Garabitas de Madrid le 27 mai :

Le libéralisme est une des principales portes par lesquelles pénètre le communisme, et on ne nous pardonne pas qu'en Espagne nous ayons fermé cette porte et ce chemin, et on travaille par tous les moyens, directs ou indirects, pour vanter les mérites d'autres "compagnons de route" qui suivent les pratiques qui, cela a été démontré, devraient ouvrir dans le monde le passage à la pénétration[22].

L'obstacle politique qui s'élevait entre l'Espagne et la CEE fut perçu de façon immédiate après cette première demande par le régime franquiste en raison de deux phénomènes consécutifs : la réaction espagnole face au IVe Congrès du Mouvement Européen qui eut lieu à Munich en juin 1962 et la continuité des plus sévères pratiques répressives franquistes contre l'opposition démocratique à l'intérieur de l'Espagne.

UN PROBLEME INSOLUBLE : LA NATURE DICTATORIALE DU FRANQUISME

Le IVe Congrès du Mouvement Européen en 1962 fut un tournant dans l'histoire de l'européisme espagnol parce que ce fut la première rencontre entre des leaders de l'opposition interne et de l'exil qui avaient été des ennemis mortels durant la guerre civile. Sous l'égide de ce Mouvement européen, à Munich se réunirent, par exemple, José María Gil Robles, le leader catholique durant la Seconde République, et Rodolfo Llopis, alors secrétaire général du Parti Socialiste[23]. Pour ceux-ci, l'européisme, la foi en la construction européenne sous un format démocratique, était peu à peu devenu un signe d'identité partagé et un point de rencontre pour la réconciliation entre d'anciens ennemis. Enrique Tierno Galván, alors un des leaders socialistes émergents de l'intérieur, le rappelait ainsi dans ses mémoires :

Tout ce qui se faisait en Espagne dans le domaine de la protestation antifranquiste avait des caractéristiques européennes. L'Espagne était l'Europe dès lors

---

20 Accusé de réception de la demande d'association de l'Espagne à la CCE, 7 mars 1962. Voir http://www.cvce.eu/ [consulté le 10 janvier 2020].

21 J. Crespo MacLenann, *España en Europa, 1945–2000*, p. 80. V. Fernández Soriano, «Las Comunidades Europeas frente al franquismo: problemas políticos suscitados por la solicitud española de negociaciones de 1962», in *Cuadernos de Historia Contemporánea* (Madrid), n° 32, 2010, pp. 153–174.

22 F. Franco, *Pensamiento político de Franco. Antología*, Madrid, Servicio Informativo Español, 1964, p. 440.

23 J. Satrústegui ed al., *Cuando la transición se hizo posible. El "contubernio de Múnich"*, Madrid, Tecnos, 1993 et F. Álvarez de Miranda, *Del "contubernio" al consenso*, Barcelone, Planeta, 1985, chap. 4 ("El contubernio de Múnich").

qu'elle était antifranquiste. L'Europe était pour nous une fenêtre ouverte qui nous permettait de rêver de la démocratie. (…) Les conséquences de Munich furent profondes. Ce fut l'un des événements qui servirent de déclencheur pour le processus accéléré de l'évolution vers la démocratie[24].

Et c'est précisément à Munich que se manifesta pour la première fois cette nouvelle réalité de l'opposition fondée sur la réconciliation et la volonté de surmonter le traumatisme causé par la guerre civile. Et elle le fit sous la forme d'une décision unitaire approuvée par le Congrès le 6 juin et proposée par la délégation espagnole (avec, à sa tête, Salvador de Madariaga, fondateur du Mouvement Européen en 1948 et membre de son Comité Permanent Exécutif depuis lors) :

Le Congrès (…) considère que l'intégration de tout pays à l'Europe, soit sous forme d'adhésion, soit sous forme d'association, exige de chacun d'eux des institutions démocratiques, ce qui, dans le cas de l'Espagne et en accord avec la Convention Européenne des Droits de l'Homme et la Charte Sociale Européenne, signifie :

L'établissement d'institutions authentiquement représentatives et démocratiques qui garantissent que le Gouvernement est fondé sur le consentement de ses citoyens.

La garantie effective de tous les droits de la personne humaine, en particulier ceux de liberté individuelle et d'opinion, et la suppression de la censure gouvernementale. (…)

Le Congrès exprime le profond espoir que l'évolution consécutive à l'application des points énoncés ci-dessus permettra l'incorporation de l'Espagne à l'Europe, dont elle est un élément essentiel[25].

La réponse de Franco au défi de Munich fut énergique et extrêmement brutale. Outre les sanctions bien connues (exil ou expatriation) infligées aux Espagnols y ayant participé et la dénonciation officielle du Congrès ressenti comme une « Collusion » des ennemis de l'Espagne, la validité du « Fuero de los Españoles » (succédané d'une charte des droits du peuple espagnol approuvée en 1945) fut interrompue, et ce fut le début d'une campagne de presse renouvelée contre le libéralisme et la démocratie comme de prétendues portes d'entrée du communisme. En réaction à ces mesures, dans toute l'Europe se réactivèrent les protestations et manifestations contre le régime franquiste. Mais Franco et le régime espagnol ne cédèrent pas un seul millimètre dans leurs positions. Bien au contraire. En avril 1963, à peine un an après la première demande officielle espagnole d'association avec la CEE, Franco approuva l'exécution du leader communiste Julián Grimau, détenu et jugé par un tribunal militaire pour de présumés crimes commis pendant la guerre civile. Ce sera la dernière exécution approuvée pour ce motif parce qu'elle provoqua une nouvelle vague de protestations contre le régime à cause de sa brutalité répressive. Et, à l'intérieur de l'Espagne, l'exécution de Grimau servit aussi à déclencher un nouveau mouvement de réprobation qui dépassait de beaucoup les milieux communistes. Comme le rappelait Tierno Galván dans ses mémoires :

---

24   E. Tierno Galván, *Cabos sueltos*, Barcelone, Bruguera, 1981, pp. 131 et 291.
25   J. Satrústegui ed al., *Cuando la transición, op. cit.*, p. 180.

À l'occasion de la mort de Grimau apparurent une multitude de documents qui recueillaient des signatures, des articles de journaux étrangers et des commentaires radiophoniques, ce qui fit qu'un courant d'opinion très complexe émergea de multiples secteurs qui jusqu'alors ne s'étaient pas montrés explicitement antifranquistes. Tout le magma de l'opposition en fut bouleversé[26].

Dans ce contexte exalté, la demande de l'incorporation espagnole dans la CEE perdit toute possibilité de succès parce que l'obstacle politique qui existait fut exposé de façon claire et radicale devant les institutions communautaires et face aux opinions publiques des pays membres. Gil Robles, dans une lettre privée adressée à un autre leader adversaire de l'intérieur, Dionisio Ridruejo, soulignera avec pertinence ce problème :

La vérité, c'est que l'actuel gouvernement espagnol, quels que soient ses motifs, ne veut évoluer ni peu ni prou. Il sait que de cette manière il ne peut pas entrer en Europe, comme il n'a pas pu déjà, pour des motifs identiques, obtenir l'aide du Plan Marshall. Mais il lui est plus facile et, bien sûr, plus commode de faire retomber la faute de ce qui arrive sur les épaules des assistants au congrès de Munich[27].

Confronté à ce problème, le gouvernement espagnol décida de suivre un chemin plus pragmatique et modeste, et moins compromettant, dans sa politique européenne. Il choisit d'esquiver la question de l'intégration totale et s'efforça de tenter de trouver un arrangement économique et commercial, un véritable *modus operandi*, dans ses relations avec les six pays communautaires. Le 14 février 1964, il fait parvenir à la CEE par l'intermédiaire de son ambassadeur à Bruxelles, le comte de Casa Miranda, une deuxième demande d'ouverture de « conversations afin de préciser les compromis respectifs possibles »[28]. Le Conseil des Ministres de la CEE décida alors d'accepter la demande reformulée le 2 juin 1964 et autorisa l'ouverture de négociations purement techniques et dépourvues de caractère politique :

Le Conseil, conformément à sa politique constante, est disposé à autoriser la Commission à entamer avec le Gouvernement espagnol des conversations dont l'objectif serait d'examiner les problèmes économiques que pose à l'Espagne le développement de la Communauté Économique Européenne[29].

Ainsi, les négociations hispano-communautaires débutèrent officiellement le 4 juillet 1964 et se prolongèrent pendant plus de six années consécutives, jusqu'au 29 juin 1970. Elles prirent fin ce jour-là avec la signature au Luxembourg (pas à

---

26 E. Tierno Galván, *Cabos sueltos*, p. 309.
27 Cité in J. Crespo MacLenann, *España en Europa, 1945–2000*, p. 87. Charles Powell ajoute une nuance à ce sujet (*España en Europa*, pp. 89–90) : "Au-delà de l'incompatibilité politique du régime de Franco avec l'Europe des Six, ce qui détermina réellement la réponse de celle-ci à la demande de Castiella, ce fut la profonde crise que traversait alors le projet européen".
28 Lettre adressée le 14 février 1964 à Paul-Henri Spaak, président en exercice du Conseil de la Communauté économique européenne par le Comte de Casa Miranda, chef de la Mission diplomatique de l'Espagne auprès des Communautés européennes. Voir http://www.cvce.eu/ [consulté le 10 janvier 2020].
29 Réponse aux demandes d'association de l'Espagne à la CEE, 2 juin 1962. Voir http://www.cvce.eu/ [consulté le 10 janvier 2020]. V. Fernández Soriano, « Las Comunidades Europeas frente al Franquismo », pp. 169–170 et A. Moreno Juste, *España y el proceso, op. cit.*, p. 43.

Madrid, pour éviter des difficultés politiques) de ce qu'on appela « Accord préférentiel entre l'Espagne et la Communauté Économique ». C'était un simple accord transitoire d'ordre économique, douanier et commercial, dans la lignée de ceux qui avaient été signés au préalable avec le Maroc et la Tunisie (en avril 1969 : une humiliation pour l'Espagne). Mais il satisfaisait les intérêts fondamentaux de l'Espagne et, d'ailleurs, il ouvrit la voie à une intégration croissante et irréversible de l'économie espagnole dans l'économie européenne qui ne pourrait plus faire marche arrière. En effet, l'accord concédait à l'Espagne une réduction moyenne des droits de douane pour ses exportations industrielles de 66 pour cent, face à une réduction de 25 pour cent concédée par l'Espagne aux importations de biens d'équipement et de produits industriels en provenance de la Communauté[30]. On peut constater l'importance de cet accord dans un fait bien simple : vers 1970, 41 pour cent des importations espagnoles provenaient de la CEE et 46,4 pour cent des exportations espagnoles y étaient destinées[31].

Quoi qu'il en soit, au moment de la signature de l'Accord préférentiel en juin 1970, le régime franquiste était déjà entré dans une étape de crise politique interne aiguë qui allait se prolonger jusqu'au mois de novembre 1975, date du décès du général Franco à l'âge de 81 ans. Dans ce contexte de crise interne et de conflictualité socio-politique renouvelée, l'idée de l'intégration espagnole dans la CEE (élargie à neuf pays depuis 1973 avec l'intégration de la Grande Bretagne, de l'Irlande et du Danemark) resta une fois encore totalement exclue à cause de l'obstacle politique qui n'avait pas cessé de s'élever à ce sujet. En d'autres termes : tant que Franco vivrait et que son régime dictatorial perdurerait, l'entrée de l'Espagne dans la CEE serait totalement rejetée. Cette servitude politique fut constatée avec perspicacité par un haut fonctionnaire franquiste qui, pendant ces dernières années du régime franquiste, devint un des leaders de la faction réformiste de l'élite franquiste : José María de Areilza, qui avait été ambassadeur à Paris au moment de la première demande d'association de l'Espagne avec la CEE. Déçu par la réaction de Franco au congrès de Munich et par l'exécution de Grimau, Areilza démissionna de ses fonctions en 1964. Il devint secrétaire du conseil privé de Juan de Bourbon, le prétendant au trône qui vivait exilé au Portugal et qui promouvait une transition pacifique vers la démocratie depuis la fin de la guerre mondiale[32]. En 1969, il avouait en public ce qui était bien connu et craint par les plus illustres dirigeants du régime espagnol :

Ici (à Madrid), on parle de l'adhésion au Marché commun comme s'il s'agissait simplement d'un problème de tarifs et d'agrumes et de tomates. Mais, n'est-il pas

---

30 V. Fernández Soriano, *op. cit.*, pp. 170–173; Charles Powell, «España en Europa: de 1945 a nuestros días», pp. 90–91, et Ana del Hoyo Barbolla, «Las relaciones entre España y la CEE (1964–1967): un acercamiento con recelo producto de la necesidad mutua», in *Ayer* (Madrid), n° 58, 2005, pp. 253–276.
31 Ángel Viñas ed al., *Política comercial exterior de España*, Madrid, Banco Exterior de España, 1979, vol. 3, pp. 1314 et 1336.
32 J. Fernández-Miranda – J. García Calero, *Don Juan contra Franco*, Barcelone, Plaza y Janés, 2018 et A. Fontán, *Los monárquicos y el régimen de Franco*, Madrid, Universidad Complutense, 1996.

clair que tant que nous négocierons avec des politiciens qui appartiennent au parti socialiste ou à la démocratie chrétienne, les méfiances ne cesseront pas ? (…) L'homogénéité libérale et démocratique de l'Europe est la base de l'intégration et nous sommes, en Europe, l'exception[33].

CONCLUSIONS.

Effectivement, Areilza avait raison, l'obstacle, le problème persistant qui empêchait toute avancée réelle dans l'intégration de l'Espagne dans la CEE résidait dans la structure politique autoritaire du franquisme. Et l'accord de 1970, résultat de huit années de dures négociations, servait uniquement de palliatif pour l'Espagne, bien qu'il ait ensuite déterminé les relations de celle-ci avec la CEE durant les seize années suivantes, jusqu'en 1986, lorsque l'Espagne démocratique atteindre son objectif d'intégration comme membre de plein droit dans la Communauté européenne. Dans ce cas, comme dans beaucoup d'autres préalables (le Plan Marshall, le Conseil de l'Europe ou l'OTAN, par exemple), la survie du régime franquiste pendant l'après-guerre civile espagnole avait représenté une servitude et un coût politique et économique crucial pour l'Espagne.

---

33 Cité in J. Crespo MacLenann, *España en Europa, 1945–2000*, p. 105.

ITALIAN REACTION TO THE CONSTRUCTION AND THE FALL OF THE BERLIN WALL (1961 AND 1989)

Antonio Varsori

The second world war was a dramatic turning point in Italy's role in the international system. The military defeat and the peace treaty marked the end of the dream of becoming a great power, a goal which had been nurtured, although with different means and behaviours, by both the Liberal ruling class and the Fascist regime. In spite of that, almost immediately the new anti-fascist governments and the Italian diplomatic corps as well singled out as the main objective of Republican Italy's foreign policy the recognition of the role of a middle-rank power, which would be able to exert its influence in the two traditional areas of Italy's international policy: Europe and an enlarged Mediterranean that would include the Middle East and some areas of the African continent[1]. Though post-war Italy was a weak and impoverished country, whose democratic system appeared to be threatened by the presence of the most powerful Communist Party in the western wold, the moderate ruling élite led by Alcide De Gasperi and the Italian diplomacy hoped that two aspects of the emerging bi-polar international system shaped by the conflict between the US and the USSR would favour Italy's ambitions: on one hand Washington's interest in strengthening the Italian democratic and anti-Communist parties would favour Italy's involvement in the emerging western system; on the other hand the crisis of both France's and Britain's imperial roles would offer Italy some room for manoeuvre in the Mediterranean and the Middle East.

The path towards the achievement of such an ambitious goal was not an easy one and till the mid-1950s Italy had to deal with the negative heritage of the military defeat and the peace treaty: the former colonies' future was sealed only in late 1949 and the Trieste question found a solution in late 1954, while only in 1955 Italy became a member of the United Nations[2]. In spite of that, mainly due to the cold war and to De Gasperi's western and European choices, Italy had become a founding member of all the structures of both the western system and the western European sub-system: from the OEEC to the Atlantic Pact, from the Council of Europe

---

1   A. Varsori, « La dimensione internazionale della transizione postbellica in Italia (1943–1949)», in *Il Politico*, t. LXXXII, 2007, pp. 124–159.
2   On the colonial question see G. Rossi, *L'Africa italiana verso l'indipendenza (1941–1949)*, Milan, Giuffré, 1980; on the Trieste issue see G. Valdevit, *La questione di Trieste 1941–1954: politica internazionale e contesto locale*, Milan, Franco Angeli, 1986; M. de Leonardis, *La diplomazia atlantica e la soluzione del problema di Trieste 1952–1954*, Naples, ESI, 1992; on the Italian accession to the United Nations see E. Costa Bona – L. Tosi, *L'Italia e la sicurezza collettiva: dalla Società delle Nazioni alle Nazioni Unite*, Perugia, Morlacchi, 2007.

to the European Coal and Steel Community, from the EDC to the EEC and EURATOM[3].

The mid-1950s marked a further turning point in Italy's foreign policy: a new generation of younger, ambitious and strong-willed Christian Democrat leaders, such as Giovanni Gronchi and Amintore Fanfani, were emerging; they had progressive views in domestic policy and aimed at favouring the dialogue with the Socialist Party, the so-called "opening to the Left", in foreign affairs they were deeply committed to the enhancing of Italy's Mediterranean role by profiting from the growing difficulties that both France and Britain were facing in this area. Finally, they were becoming aware that Italy's international position was going to be strengthened by the country's "economic miracle"[4]. The aggressive policy pursued by the Italian State oil company (ENI) led by Enrico Mattei was a symbol of this change in Italy's international aspiration as Mattei financed the left wing of the Christian Democracy and he was supported by both Fanfani and Gronchi[5]. Between the late 1950s and the early 1960s foreign policy and domestic issues were becoming closely interlocked: the more conservative Christian Democrats favoured Italy's European choice and would prefer to maintain good relations with France and Britain, moreover they still regarded the Soviet Union as a serious threat, while the left wing Christian Democrats were interested in the Mediterranean and the Middle East and in developing ties with emerging anti-colonialist leaders; as far as the Soviet Union, although in a cautious way they favoured the idea of "détente" between East and West as such a development would favour the "opening to left" and a possible alliance with the Socialist Party[6]. In such a complex scenario some top diplomats still played an influential role; they had joined the diplomatic career during the Fascist period and were still influenced by the nationalist mood of early twentieth century's Italy, so although they were influenced by a strong anti-communism and had favoured Italy's western choice, they had no strong love towards the US and Italy's European partners, which they regarded as Italy's competitors; there were also a few "political" ambassadors, who had been appointed in the mid-1940s in an attempt to change the characters of the Italian diplomacy, such as Manlio Brosio in Paris and Sergio Fenoaltea in Washington, who in the meantime had become strong "cold warriors" and staunch advocates of Italy's close relationship with the US and

---

3   On Italy's joining the Atlantic Alliance see A. Varsori, «La scelta occidentale dell'Italia (1948–1949)», in *Storia delle relazioni internazionali*, vol. I, 1985, n° 1, pp. 95–159; n° 2, pp. 303–368; on Italy's European choice see Idem, *La Cenerentola d'Europa? L'Italia e l'integrazione europea dal 1947 a oggi*, Soveria Mannelli, Rubbettino, 2010.

4   On Gronchi see A. Varsori – F. Mazzei (eds), *Giovanni Gronchi e la politica estera italiana (1955–1962)*, Pisa, Pacini/Fondazione Piaggio, 2017; on Fanfani see E. Martelli, *L'altro atlantismo. Fanfani e la politica estera italiana (1958–1963)*, Milan, Guerini e Associati, 2008; A. Giovagnoli – L.Tosi (eds), *Amintore Fanfani e la politica estera italiana*, Venice, Marsilio, 2010. On the «economic miracle» see A. Cardini (eds), *Il miracolo economico italiano (1958–1963)*, Bologna, il Mulino, 2006.

5   On Mattei see L. Maugeri, *L'arma del petrolio. Questione petrolifera globale, guerra fredda e politica italiana nella vicenda di Enrico Mattei*, Florence, Loggia dè Lanzi, 1994.

6   B. Bagnato, *Prove di Ostpolitik. Politica ed economia nella strategia italiana verso l'Unione Sovietica 1958–1963*, Florence, Olschki, 2003.

the major western European powers[7]. Last but not least, as far as Italy's attitude towards West Germany, although the relationship between Bonn and Rome had been very friendly during the De Gasperi era, in the early 1960s they were negatively influenced by reciprocal suspicions, as Adenauer did not like the project of the "opening to the left" favoured by Fanfani and other left-wing Christian democrats, who regarded the West German chancellor as too conservative and an obstacle to the "détente", while both the Italian government and the Italian diplomacy thought that some sectors of the Bavarian Social Christian Union supported the South Tyrolese separatist movement, which had launched a terrorist campaign against the representatives of the Italian state[8].

Italy's attention towards the Berlin situation had obviously increased since 1958, when Khrushchev had threatened to sign a peace treaty with the GDR and to leave to the East German authorities the control of the access to West Berlin, so compelling the western powers to a recognition of the German Democratic Republic. Despite this serious problem the Italian leaders had tried to develop their own "détente" policy: in 1960s the President of the Republic Giovanni Gronchi had paid an official visit to Moscow, which had been regarded with some suspicion by the more conservative Christian Democrats and some diplomats. Such initiative had been a partial failure, as on a formal reception at the Italian Embassy the Soviet leader had publicly used insulting remarks about Italy and Gronchi had been compelled to defend Italy's dignity. Despite this episode the Soviet Union demonstrated some interest towards Italy and Moscow's interpretation of Gronchi's visit was positive[9]. The Soviet leaders were mainly interested in enhancing forms of economic cooperation with Italy: in 1960 an important agreement had been concluded between Moscow and Mattei's ENI state oil company[10].

In summer 1960, after a serious political crisis and some social unrest, Fanfani, the outstanding representative of the left-wing Christian Democracy was appointed Prime Minister, while Antonio Segni, a conservative Christian Democrat, became Foreign Minister[11]. The supporters of the "détente" in the Italian political world hoped that the election of John Fitzgerald Kennedy would favour a softening in the relations between the US and the Soviet Union, but their hopes appeared to be frustrated by episodes such as the "Bay of Pigs" failed invasion of Cuba, the stormy meeting between Kennedy and Khrushchev in Vienna, and the worsening situation

---

7   In particular on Brosio see his diary: M. Brosio, *Diari di Washington 1955–1961*, Bologna, il Mulino, 2008 and Idem, *Diari di Parigi 1961–1964*, Bologna, il Mulino, 2010.
8   F. Niglia, *Fattore Bonn. La diplomazia italiana e la Germania di Adenauer (1945–1963)*, Florence, Le Lettere, 2010.
9   See the collection of Soviet documents in F. Bettanin, M. Prozumenscikov, A. Roccucci, A.Salacone (eds), *L'Italia vista dal Cremlino. Gli anni della distensione negli archivi del Comitato Centrale del Pcus, 1953–1970*, Roma, Viella, 2015, (hereafter *L'Italia vista dal Cremlino*), Doc. No. 20, 25.2.1960., secret.
10 B. Bagnato, *op. cit., passim*.
11 On Antonio Segni see the biograhy by S. Mura, *Antonio Segni. La politica e le istituzioni*, Bologna, il Mulino, 2017.

in Berlin[12]. The Italian diplomats' fears focused not only on the hypothesis of a peace treaty between Moscow and Pankow, as well as the new role that East German authorities could play in the control of the access to West Berlin, but they feared that such decisions would be the first step towards a renewed blockade of the western part of the former German capital in order to force the western powers out of West Berlin[13]. Between early Spring and early Summer 1961 there was an important exchange of views between the Italian Foreign Ministry, which had been just re-located in the building of the Farnesina, especially the Secretary General Attilio Cattani and the director of the political affairs Giovanni Fornari with the most influential ambassadors: Gastone Guidotti in Bonn, Carlo Alberto Straneo in Moscow, Manlio Brosio in Paris, Pietro Quaroni in London, Fenoaltea in Washington. The main issues that were debated were the following ones: Kremlin's real intentions, the possible western response to Khrushchev's threats, the role Italy could play in the impending crisis. As far as the Soviet position as concerned, there was a common belief that in a short while there would be a Soviet move and everybody appeared to fear that the peace treaty with the German Democratic Republic would be followed by a blockade[14]. On the contrary there were contrasting views about the long-term Soviet goals and the real meaning of Khrushchev's foreign policy; although some diplomats did not exclude the interpretation following which the Soviet leaders regarded their decisions as aspects of a "defensive" strategy, most ambassadors were convinced that Khrushchev and the other Soviet decision-makers were strongly influenced by their Marxist-Leninist ideology, that the Soviet Union was pursuing an aggressive strategy, above all, that "détente" was a mere instrument of a foreign policy whose ultimate goal was the world's domination[15]. Actually such mainly a pessimist view was confirmed by the ambassadors' evaluations about the positions of the major western powers, which, in their opinion, was often vague and contradictory: Quaroni appeared to imply that the British Cabinet was not interested in an escalation in the contrast with Moscow over the Berlin

---

12   On the relationship between Italy and the US during this period see U. Gentiloni Silveri, *L'Italia e la nuova frontiera. Gli Stati Uniti e il centro–sinistra*, Bologna, il Mulino, 1998; and L. Nuti, *Gli Stati Uniti e l'apertura a sinistra. Importanza e limiti della presenza americana in Italia,* Bari/Roma, Laterza, 1999. On the growing Italian concern see for example Archivio Storico Ministero Affari Esteri (hereafter ASMAE), Direzione Generale degli Affari Politici (hereafter DGAP), 1947–1962, East Germany, Box No. 311, letter, Guidotti (Bad Godesberg) to Grazzi (MAE), 5.8.1960.; letter, Grazzi (MAE) to Perrone Capano (Washington), 28.7.1960., secret.
13   ASMAE, DGAP, 1947–1962, East Germany, Box No. 310, telespresso, MAE to Bonn, London, Moscow, Paris, Washington, 4.4.1961., secret. On the Berlin crisis see in general F. Taylor, *Il muro di Berlino*, Milan, Mondadori, 2009; F. Kempe, *Berlin 1961. Kennedy, Khrushchev and the Most Dangerous Place on the Earth*, New York, Putnam, 2011.
14   ASMAE, DGAP, 1947–62, East Germany, Box No. 310, despatch No. 4033/662, Guidotti (Bad Godesberg) to A. Segni (MAE), 8.3.1961.
15   ASMAE, DGAP, 1947–62, East Germany, Box. No. 311, telespresso No. 248/148, M. Brosio (Paris) to MAE and other Embassies, 29.7.1961., secret

question[16], while other diplomats had doubts about the American attitude: the Kennedy administration, after the "Bay of Pigs" blunder had to demonstrate a firm attitude on Berlin, but it was difficult that Washington would go to war in order to avoid the recognition of the German Democratic Republic[17]. As far as the so-called "contingency plan", which the western Allies and NATO had worked out in the case of the worsening of the Berlin crisis, there was a common feeling that it was too vague and void of practical consistency[18]. Everybody thought that the Soviet positon was stronger and that perhaps the best solution would be some form of negotiation with the Soviet Union, although some Italian diplomat feared that the West would be compelled to concessions, which wold pave the way to a neutralization of the whole city of Berlin. But such a development could lead to a change in West Germany's foreign policy, especially to a West Germany looking to the East rather than to the West. Finally, the most influential Italian diplomats appeared to be cautious as far as Italy's role in the Berlin affair, although a few diplomats advocated some form of Italian involvement in the western decision-making about the Berlin question[19]. But the Foreign Minister, Antonio Segni, who carefully followed this internal debate, decided that, although Italy could ask the representatives of the major western powers to be constantly informed, it would be better to avoid any attempt at being directly involved, for the western powers, as well as the Soviet Union, could easily replied that only the four victorious powers had a say on the future of Berlin[20]. It is of some relevance that nobody appeared to care about the issue of the refugees from East Germany and the possibility of the break in the transit between the two parts of the city was not taken into consideration.

Despite these pessimist evaluations Prime Minister Fanfani was determined to pursue his own policy of "détente" with Moscow, which would have been of some help to the strengthening of his domestic political leadership, with positive consequences on the creation of a centre-left government[21]. In April there had been some secret contacts between Fanfani and the Soviet Ambassador in Rome and in July the Soviet Government had invited the Italian Prime Minister to visit Moscow for conversation with Khrushchev. Such a development, which took place while the Berlin crisis was rapidly worsening was not appreciated by Italy's European allies. In early August Fanfani and Segni arrived in Moscow, and they had an important meeting with the Soviet leader. Although Khrushchev put forward the usual Soviet

16 ASMAE, DGAP, 1947–62, East Germany, Box. No. 310, telespresso No. 4078/2052, P. Quaroni (London) to MAE, 27.6.1961., secret.
17 ASMAE, DGAP, 1947–62, East Germany, Box. No, 311, despatch No. 06999, S. Fenoaltea (Washington) to A. Segni, 11.7.1961., secret.
18 ASMAE, DGAP, 1947–62, East Germany, Box. No. 311, letter No. 11/2274/18, Fornari (MAE) to S. Fenoaltea (Washington), 27.7.1961.
19 On the Italian attitude see also Archivio Storico Presidenza della Repubblica (hereafter ASPR), Ufficio Affari Diplomatici (herefater UAD), Box. No. 46, Note "Per colloquio Signor Presidente domattina Lord Home", 2.5.1961.
20 ASMAE, DGAP, 1947–62, East Germany, Box. No.311, A. Cattani (MAE) to M. Brosio (Paris), 21.7.1961.
21 See especially B. Bagnato, «Fanfani e l'Unione Sovietica», in A. Giovagnoli – L. Tosi (eds), *op. cit.*, pp. 171–194; E. Martelli, *op. cit.*, pp. 275–319.

arguments about Berlin (the peace treaty with the German Democratic Republic, the recognition of the GDR, the unavoidable reality of Germany's partition), his goal was also to assure the Western powers that the Soviet Union did not want to start a war, while Fanfani, on his part, pointed out the peaceful intentions of the West and Italy's interest in "détente"[22]. On his coming back to Italy Fanfani met Dean Rusk and had contacts with the European partners: only the British cabinet appeared to have a positive opinion of Fanfani's attempt at mediating. Till the eve of the construction of the wall the Italian Prime Minister was still convinced that there was some room for manoeuvre, and he hoped in a diplomatic solution of the crisis[23]. The construction of the wall appeared to be an unexpected event and the Soviet decision seemed to destroy Fanfani's hopes[24]. The evaluations of the Italian diplomats were slightly different, as they had never nurtured much hope in a negotiated solution[25]. Furthermore, they still thought that the construction of the wall would be part of a policy which would lead to a renewed blockade of West Berlin[26]. They were also cautiously critical of the western powers' reaction, which in their opinion, had been uncertain, if not weak and largely ineffective, but at the same time they disagreed with de Gaulle's firm stand, which was regarded as instrumental to strengthen its dialogue with Adenauer[27]. As far as the situation in Berlin and the plight of its citizens, it is of some significance that the reports did not reveal much empathy towards the Berliners, although obviously the German Democratic Republic was labelled as an unpopular dictatorship[28]. In a few months, however everybody in both the diplomatic career and the Italian political class appeared to reconcile with the reality of a divided Germany and, although it was not stated openly it was evident to both diplomats and politicians that the Berlin wall had sealed the partition of the continent, so assuring a lasting balance in Europe and favouring in a long-tern perspective the "détente"[29], a development from which Italy could profit, especially from the economic viewpoint, as it was demonstrated a

22 The report of the meeting was published in Guido Azzoni, «La missione di Fanfani e di Segni a Mosca (2–5 agosto 1961»), in *Storia delle relazioni internazionali*, vol. IX, n°2, 1993, pp. 169–226. See also B. Bagnato, *Fanfani ..., op. cit., passim*.
23 On the Soviet attitude see *L'Italia vista dal Cremlino*, Doc. No. 25 and Doc. No. 26.
24 See the essays by E. Martelli and B. Bagnato quoted in footnotes 6 and 20.
25 It appears evident that some influential Italian diplomat had a critical view of Fanfani's mission; see ASMAE, DGAP, 1947–62, East Germany, Box No. 312, telespresso No. 11/2345/C, MAE to Bonn, London, Paris, Washington, 8.8.1961., secret, with the text of a message from Quaroni (London) to Segni (MAE), 28.7.1961.
26 ASMAE, DGAP, 1947–62, East Germany, Box No. 313, telespresso No. 5272/2711, Quaroni (London) to MAE, 25.8.1961.
27 See for example ASMAE, DGAP, 1947–62, Box. No. 313, telespresso No. 11/2742/C, MAE to various embassies, 26.9.1961., secret with the text of a message from Quaroni (London) to MAE, 19.9.1961.
28 See for example ASMAE, DGAP, 1947–62, East Germany, Box No. 313, telespresso No. 7698/1629, Italian Consulate (Berlin) to MAE and Italian Embassy (Bonn), 20.9.1961. and Box No. 314, letter No. 3736 the Italian representative OEEC (Paris) to G. Fornari (MAE), 14.11.1961., with enclosed a report by Casilli on a visit to Berlin, 28.10.1961.
29 See for example ASPR, UAD, Box. No. 46, report on the meeting between Segni and the Canadian Foreign Minister, Green, New York, 22.9.1961.

few years later by the Moscow-FIAT agreement for the instalment of a big automobiles factory at Togliattigrad[30].

The German problem and the issue of the reunification suddenly re-surfaced in the late 1980s with the fall of the Berlin wall. As far as Italy's international position was concerned, this decade was characterised by economic growth, domestic political stability and strong confidence in Italy's international role. Italy, under the leadership of Giovanni Spadolini, Bettino Craxi and Giulio Andreotti tried to play a leading role in the Atlantic alliance, in the European integration and in the Mediterranean and Middle East[31]. The relationship with West Germany were characterised by full cooperation, especially in NATO and in the EEC, although the Italians were always suspicious of a too strong French-German couple that would threaten Italy's renewed ambitions at being regarded as a power equal to its major western European partners, that is France, West Germany, and Britain. In 1984 the Italian Foreign Minister, Giulio Andreotti, had been involved in a diplomatic contrast with the West German government. On a public debate on foreign policy issues, he had stated his belief that Germany's partition was a positive factor. The Italian Ambassador in Bonn, Luigi Vittorio Ferraris, had been summoned to the West German Chancellery and there had been an official protest and numerous public critical remarks in the West German press[32]. In a few days and also owing to some Craxi's statement of Italy's renewed commitment to the goal of German reunification, the crisis had been solved, but some opinion-maker argued that Andreotti had publicly said what most western leaders thought: Germany's partition was the guarantee of peace and stability in Europe and there was no much sympathy towards the perspective of a strong re-unified Germany. In summer 1989 Andreotti became Prime Minister and he left the role of Foreign Minister to a flamboyant and younger leader of the Socialist Party, Gianni De Michelis. The sudden and unexpected fall of the Berlin wall was almost enthusiastically welcomed by the Italian public opinion, that was happy with the end of the Cold War, but Andreotti was worried about the European balance, and he feared that a quick German reunification would create instability and tensions in the whole continent. So on the occasion of the extraordinary meeting of the EC leaders held in Paris in late November, Andreotti was sceptical and not too happy with Kohl's "ten points plan"[33]. But De Michelis and some

---

30 On the development in the relations between Italy and the USSR in the 1960s see *L'Italia vista dal Cremlino, passim*.
31 On Italy's foreign policy during the 1980s see, among others, E. Di Nolfo (ed.) *La politica estera italiana negli anni Ottanta*, Venice, Marsilio, 2002.
32 On Italy's attitude towards the German reunification see A. Varsori, *L'Italia e la fine della Guerra fredda. La politica estera dei governi Andreotti (1989–1992)*, Bologna, il Mulino, 2013, especially pp. 19–46. On this episode see Archivio Storico Istituto Luigi Sturzo (hereafter ASILS), Archivio Giulio Andreotti (hereafter AGA), Germany, Box No. 458, telegram No. 1518, L. V. Ferraris (Bonn) to MAE, 14.9.1984.; telegram No. 1536, L. V. Ferraris (Bonn) to MAE, 16.9.1984., telegram No. 1537, L. V. Ferraris (Bonn) to MAE, 16.9.1984.
33 ASILS, AGA, Germany, Box No. 458, minutes of the meeting held in Paris on the 18th November 1989. On the German reunification see for example M. Beschloss and Strobe Talbott, *At the Highest Level*, Boston, Little, Brown and Co., 1993; R. Service, *The End of the Cold War 1985–1991*, New York, Publicaffairs, 2015.

influential diplomat, for example the Ambassador in London, Boris Biancheri, argued that it was impossible to stop the process of reunification and Biancheri suggested that the best solution would be a strengthening of the European integration[34]. Such a position was approved by the Italian government in mid-December[35]. The Italian position was further elaborated by the Farnesina: in a memorandum written in early 1990 it was pointed out that Germany had to accept the Helsinki principles about the safeguard of the European borders, especially East Germany's frontiers with Poland, the reunification had to be the outcome of a long process and of the express willingness of the East German people; such a process would not jeopardise the European stability and had to be supported by the positive outcome of the negotiations on mutual disarmament[36]. The need of a strengthened European Community was further confirmed. For a few weeks De Michelis also hoped that Italy could be involved in the diplomatic process that would lead to the achievement of German unity. But in February 1990, on an Atlantic Council held in Ottawa, De Michelis' hopes were utterly frustrated. The West German Foreign Minister, Hans-Dietrich Genscher, tartly replied to De Michelis' claims with the well-known phrase: "You are not part of the game"[37]. A few days later Andreotti met Kohl in Pisa at the margins of a meeting of the Christian Democrat International and the German Chancellor tried to mend the fences with the Italian government for he stated that Italy would be fully informed of the "Two plus Four" negotiations[38], while the US Secretary of State James Baker wrote De Michelis that the Atlantic Alliance would play some role in the reunification process and Italy was an influential member of NATO[39]. Despite these assurances, on an Anglo-Italian summit, the British Prime Minister Margaret Thatcher put pressure on Andreotti in order to create a common front against the perspective of a reunified Germany; in Margaret Thatcher's view, the Soviet Union, a former enemy of the West, had to become an ally in order to prevent the creation of a powerful and hegemonic Germany[40]. But Andreotti, who also met François Mitterrand, although willy-nilly, reconciled himself with the perspective of a quick reunification. It is very likely that the Prime Minister's position was also the outcome of the influence exerted by the Farnesina's top diplomats. So, Italy would be ready to accept the achievement of the German unity under three conditions: a) the survival of the Atlantic Alliance (i.e., the presence of US troops in Europe), b) the strengthening of the European integration, c)

---

34 ASILS, AGA, Germany, Box No. 458, telegram No. 1289, B. Biancheri (London) to MAE, 17.11.1989.
35 ASILS, AGA, Council of Ministers, Box No. 962, verbatim report of the Council of Ministers held on the 15th Decembe1989.
36 ASILS, AGA, Germany, Box No. 458, memorandum "Il problema della riunificazione tedesca", February 1990.
37 On this well–known episode see F. Bozo, *Mitterrand, la fin de la guerre froide et la réunification allemande*, Paris, Odile Jacob, 2005, p.193.
38 ASILS, AGA, Germany, Box No. 458, letter, G. Andreotti to F. Cossiga, 19.2.1990.
39 ASILS, AGA, Germany, Box. No. 458, letter, J. Baker to G. De Michelis, 20.2.1990.
40 ASILS, AGA, Great Britain, Box No. 465/466, Minute for the President of the Council of Ministers, 24.2.1990.

the reform of the Conference on Security and Cooperation in Europe[41]. It is of some relevance that in a memorandum to the Italian Foreign Ministry the Italian Ambassador in Bonn, Marcello Guidi, pointed out that the reunification was inevitable, especially owing to the agreement reached between the French President Mitterrand and the German Chancellor Kohl. The Italian diplomat suggested that the best way to defend Italian interests the European balance would be a definite reinforcement of the European political integration[42].

By mid-1990, both the Italian leaders and diplomats singled out the survival of NATO and the acceleration and deepening of the integration process as the vital conditions that would have defended Italy's interest in front of an inevitable German reunification. Such a policy led to the Italian plans about the creation of a European Union and to the De Michelis-Hurd Anglo-Italian statement released in 1991 about NATO as a vital pillar of the future European balance[43].

In conclusion is it possible to work out a comparative interpretation between the attitude developed by Italian political and diplomatic decision-makers in 1961 and in 1989? Obviously the two situations were completely different both from the viewpoint of the international system and Italy's international position. As far as the construction of the Berlin wall is concerned, it is evident that the memories of the Second World War were still very strong, the Berlin crisis was mainly perceived as a serious threat to peace in Europe, although the West could not show its weakness, the "détente" was by far more important and negotiation was the only feasible solution, so the fate of West Berlin and its citizens was by far less relevant, while West Germany's position was a minor aspect and the real important actors were the US and the Soviet Union.

In 1989, the attitude of public opinion and the media were relevant: they perceived and diffused a positive image of the fall of the Berlin wall: a sort of peaceful people's revolution, whose obvious outcome would be the German reunification. The Italian diplomacy, on its part, reconciled itself very quickly with the reunification as an inevitable and quick process, as they were aware of the position of both the US and the Soviet Union, as well as of the powerful role that West Germany had achieved in the European balance. It is likely that the Italian diplomats were able to influence the position of Giulio Andreotti, who was not too happy with the perspective of a reunified Germany, but European integration, NATO and a reformed CSCE would the effective guarantees of Italy's interests and international role. What was not understood was that the fall of the Berlin Wall would involve not only the end of the Cold War and the dissolution of the Soviet Union, but also the end of the Italian domestic balance. Such a development would lead to the collapse of the Italian political system, which had been based also on the division of

---

41 A. Varsori, L'Italia e la fine della guerra fredda ...cit., pps. 41–49.
42 ASILS, AGA, Germany, Box No. 458, despatch No. 3219, M. Guidi (Bonn) to G. De Michelis, 8.5.1990.
43 For an interpretation of this initiative see P. Ludlow, « In Search of a Balance: Italy, Britain and the Dream of Another European Axis», in P. Craveri and A. Varsori (eds), *L'Italia nella costruzione europea. Un bilancio storico (1947–2007)*, Milan, Franco Angeli, 2009, pp. 67–78.

the European continent. So, it may be argued that the fall of the Berlin Wall had as a by-product the fall of the so-called First Republic[44].

---

44 See the interpretations in P. Craveri, *La Repubblica dal 1958 al 1992*, Milan, TEA, 1996, p. 1016; L. Caracciolo, «L'Italia alla ricerca di se stessa», in G. Sabbatucci and V. Vidotto (eds), *Storia d'Italia*, Vol. VI, *L'Italia contemporanea dal 1963 a oggi*, Rome/Bari, Laterza, 1999, pp. 565–571.

PARTIE III : INDIVIDUS ET GROUPEMENTS

RETOUR SUR « L'ESPRIT DE WESTMINSTER » (1949)

L'URGENCE D'UNE EUROPE ECONOMIQUE UNIE

Françoise Berger

Dans son livre *La France, la Belgique et l'organisation économique de l'Europe, 1918–1935,* Éric Bussière présentait la première grande conférence économique internationale, tenue dans le cadre de la SDN, mais centrée sur l'Europe (Genève, 1927), comme « L'amorce d'une solution européenne ». Deux ans après, la crise économique mondiale emportait avec elle, comme on le sait, les nombreux projets d'organisation économique et politique de l'Europe.

Dans le second après-guerre réapparaissent, de manière plutôt précoce, des projets européens, en particulier lors de l'importante conférence de la Haye de mai 1948[1], préparée à l'initiative de plusieurs mouvements européistes[2] qui créent à cette occasion le Mouvement européen (ME)[3]. Cette conférence abordait l'ensemble des problèmes européens (politiques, économiques, culturels). Un an plus tard se tient à Westminster une nouvelle conférence européenne, centrée sur l'économie. Pour reprendre les mots d'Éric Bussière, cette conférence fut-elle celle de l'amorce d'une nouvelle solution européenne ?

Le contexte

La création de l'Organisation européenne de coopération économique (OECE)[4] en avril 1948 a posé les premières bases pour le développement et la libéralisation des échanges commerciaux intra-européens et pour une première forme de coordination économique entre ses membres, dans un contexte où l'absence de convertibilité des

---

1   Voir J.-M. Guieu et C. Le Dréau (dir.), *Le « Congrès de l'Europe » à la Haye (1948–2008),* Bruxelles, PIE-Peter Lang, 2009.
2   Principalement la Ligue européenne de coopération économique (LECE), l'Union européenne des fédéralistes (UEF), United Europe Movement (UEM), le Mouvement pour les États-Unis socialistes d'Europe et les Nouvelles équipes internationales (NEI).
3   Sous la présidence d'honneur de Winston Churchill, de Léon Blum et de Paul-Henri Spaak.
4   Le 16 avril 1948, dix-huit pays européens ont signé à Paris le traité sur cette création. En sont également membres les zones d'occupation occidentale en Allemagne. C'est l'institution centrale pour les questions économiques européenne, elle est liée à l'utilisation des crédits Marshall.

monnaies est un frein important à ces échanges. La question de la Ruhr et la question allemande, en général, sont également au cœur des préoccupations, en particulier de celles des Français qui s'inquiètent du contrôle, sur la durée, de la puissante région industrielle de la Ruhr, après la création du futur État allemand. De ces problèmes, il est bien sûr discuté dans les différentes rencontres européennes, et ils sont assez centraux dans les débats à Westminster.

Le Congrès de La Haye comportait plusieurs thématiques, la question économique et sociale y étant toutefois seconde. Dans ce domaine, il a marqué néanmoins le début d'un nouveau processus[5], ces questions économiques devant être approfondies lors d'une conférence dédiée, programmée pour 1949, à Londres. Interrogé par l'organe socialiste belge, Le Peuple, Léon Jouhaux (qui a été élu président effectif du ME[6]) évoque à deux reprises la volonté de mettre en place « une économie planifiée », l'unification européenne étant vu, par ailleurs, comme « le seul moyen de résoudre le problème allemand » et comme « la solution aux questions posées entre les métropoles et les territoires d'outre-mer »[7]. Ces thématiques seront au cœur des réflexions du Congrès de Westminster.

Un des objectifs prioritaires du ME, après La Haye, était la création d'un Conseil de l'Europe – c'est-à-dire un Comité des ministres et une Assemblée consultative européenne. Au début du mois de février 1949, les cinq pays signataires du traité de Bruxelles[8] décident effectivement de la création d'un tel Conseil, sans en donner encore les contours précis[9]. Le texte final est signé par les ministres des Affaires étrangères de dix pays[10] (traité de Londres), le 5 mai 1949. Cela semble donc une avancée importante et les projets économiques qui vont être examinés à Westminster devront, selon les vœux du ME, être mis en œuvre par la nouvelle organisation européenne.

---

5   Préparé dans la Commission économique et sociale qui se réunit, sur toute la durée du Congrès, en quatre sessions auxquelles participent environ 200 participants, sous la présidence de Paul van Zeeland, ancien Premier ministre belge, que l'on retrouve, dans un rôle actif, à Westminster.
6   P. Demeuse, « Le Congrès de l'Union Européenne », *Tageblatt*, 2 mars 1949 (cité par http://www.cvce.eu/).
7   « Le Congrès du Mouvement européen », *Le Peuple*, 27 février 1949 (cité par http://www.cvce.eu/).
8   Le traité de Bruxelles est une alliance militaire défensive. Signé le 17 mars 1948 par la France, le Royaume-Uni et le Benelux, il donne naissance à l'Union occidentale.
9   « M. Duncan Sandys expose les nouvelles suggestions du Mouvement européen au comité des Cinq », *Le Monde*, 8 février 1949.
10 Belgique, Danemark, France, Irlande, Italie, Luxembourg, Pays-Bas, Norvège, Suède et Royaume-Uni ; l'Allemagne (RFA) n'en est pas membre, sa constitution date du 9 mai 1949 et ses relations extérieures sont sous le contrôle des hauts-commissaires alliés jusqu'en 1955. Son statut est entré en vigueur le 3 août 1949.

Des préparatifs intenses

Dès le mois de septembre 1948, les travaux préparatoires s'organisent dans toutes les associations membres du ME, en particulier la Ligue européenne de coopération économique (LECE). La part majeure du travail de coordination, de préparation matérielle et de celle des débats, revient au Secrétariat général du ME, mais aussi à sa section économique et sociale. Outre ce travail continu, trois comités préparatoires[11] se tiennent à Londres, Bruxelles et Paris dans les trois premiers mois de 1949 au cours desquels sont synthétisés les rapports reçus et préparé le programme de la Conférence et le texte provisoire des principales résolutions qui seront soumises aux délégués. Les Français et les Britanniques accomplissent la part majeure de ce travail préparatoire[12].

La conférence se tient à Church House, le siège de l'Église d'Angleterre, situé à côté de l'abbaye de Westminster, à Londres. Le nombre de délégués est d'environ 200 personnes[13], presque exclusivement des personnalités issues de tous les milieux économiques (patronats et syndicats) et des économistes. Les contacts avec la presse sont bien préparés, car au-delà de la Conférence elle-même, c'est l'écho que l'Europe en aura qui est visé, même si, contrairement au Congrès de La Haye, c'est avant tout aux gouvernements que l'on veut s'adresser. La médiatisation des propositions est cependant importante, elle peut servir à faire pression sur les gouvernements et les parlements concernés[14].

Alors que le ME est dominé par la tendance libérale, il est néanmoins souhaité la participation « d'économistes dirigistes »[15]. Dans les délégations sont aussi largement représentés les fédéralistes[16]. Si ceux-ci sont minoritaires, les débats qui vont suivre laissent la parole à toutes les tendances et permettent des compromis, nécessaires à l'unanimité souhaitée pour les résolutions officielles. Au final, les fédéralistes semblent d'ailleurs satisfaits des résultats de la conférence et apportent « une adhésion complète et sans restriction aux travaux faits dans cette conférence. »[17]

---

11 Sous la présidence d'Harold Butler.
12 Avec quelques Belges et Néerlandais, il s'agit là d'environ vingt-cinq personnes au cœur du dispositif, parmi lesquelles également les auteurs de la plupart des rapports préparatoires.
13 Les chiffres sont variables selon les documents.
14 Archives historiques de l'Union européenne (ci-après AHUE)/ME–1148, 1149 et 1150.
15 AHUE/ME–313/ Lettre de G. Rebattet à R. Courtin, 6 nov. 1948.
16 Dont le Mouvement socialiste pour les États-Unis d'Europe (son président est alors Bob Edwards – de la gauche du Labour Party), auquel appartient André Philips, mais aussi Paul-Henri Spaak ; on constate que tous trois ont été très investis dans cette conférence (J.-P. Gouzy, « La saga des fédéralistes européens pendant et après la dernière guerre mondiale », in *L'Europe en formation*, 2004, n°4, pp. 5–41).
17 AHUE/ME–1068/ Intervention de Jacques Bouchayer : « Au nom de mes camarades fédéralistes », s.d.

LES PERSPECTIVES GENERALES

Le mardi 19 avril 1949 s'ouvre donc la première conférence économique du ME, sous la présidence de Sir Harold Butler[18]. Le ministre britannique de la Défense, Harold Alexander, accueille, au nom de son gouvernement[19], des délégués, invités et observateurs venus de 19 pays d'Europe, pour cinq journées de travail et de propositions sur le futur de l'économie européenne, Vu la variété et la qualité de tous ces participants, les accords trouvés, à l'issue de la conférence, seront susceptibles d'influencer et d'orienter les politiques des différents gouvernements européens.

Méthode et objectifs

Un comité de coordination (Bureau) a été créé pour la durée de la conférence[20]. Il établit l'ordre du jour des réunions et seules ces questions peuvent être traitées. Le temps de parole est limité à 15 mn en séance plénière, à 10 mn, en commission. Seules les personnes présentes en séance peuvent prendre part au vote[21]. Une certaine discipline est donc imposée ! Entre les séances plénières, les délégués travaillent dans six commissions spécialisées : monétaire et financière, sociale et commerciale, industries de base, agriculture, relations avec les territoires d'outre-mer, institutionnelle[22].

La méthode annoncée pour mener à bien les débats prévus est d'expliciter la résolution de La Haye « qui conserve une pleine valeur et constitue la base de ses travaux »[23] et d'indiquer des « lignes d'action commune au continent tout entier ». Cependant, les débats ne partent pas de résolution de mai 1948, mais de l'énorme travail réalisé depuis. C'est dire que les textes sur lesquels vont travailler les six commissions sont déjà des synthèses et des propositions très précises.

Le travail est avancé dans les commissions, celles-ci présentant ensuite un rapport en séance plénière, lequel peut alors être amendé, mais par principe plutôt à la marge, car le fond du problème a été vu en commission et il n'est pas du ressort de la plénière d'y revenir. On y discute donc plutôt du détail de quelques expressions ou de précisions, sans toucher au fond. Des échanges ont lieu régulièrement entre les commissions et, en particulier, avec la commission institutionnelle. Les débats sont intenses, en particulier lors de la session plénière finale (24 avril) au cours de

---

18 Ancien directeur de l'Organisation internationale du travail (adjoint d'Albert Thomas depuis sa création, il lui a succédé) et président de la section britannique de la LECE.
19 J. Wetz, « Les délégués de vingt et une nations discutent de l'unification économique de l'Europe », *Le Monde,* 22 avril 1949.
20 Il comprend seize membres, dont le président H. Butler, sept vice-présidents et les six présidents des commissions (AHUE/ ME–1140/ Liste des membres du comité de coordination).
21 AHUE/ME–1150/ Règlement.
22 AHUE/ME–1137/ Note de la commission économique et sociale, après la clôture de la Conférence, s.d.
23 AHUE/ME 1147/ Note de la SEES pour la réunion de Paris, 15 mars 1949, pp.11–12.

laquelle un certain nombre d'amendements sont votés – ou rejetés – et l'on y travaille jusqu'à tard le soir (la 3ᵉ session de la journée commence à 21h40 !).[24]

Pour la mise en œuvre progressive d'une union économique européenne, qui est l'objectif final du ME, la méthode de la conférence est donc de proposer des mesures pratiques, des solutions « concrètes et immédiates »[25]. L'urgence de cette tâche est soulignée à plusieurs reprises dans les discours inauguraux, en particulier par l'ancien ministre français, André Philip[26], à commencer par celle de la stabilisation des monnaies européennes[27].

Les débats ont permis assez facilement de trouver des accords sur les textes présentés et on n'a pas constaté de rigidité politique, la souplesse, la négociation et la volonté de convergence ont conduit à des résolutions toutes adoptées à l'unanimité. Et c'est a priori un exploit, même si l'examen des étapes préparatoires montre que tout cela est le résultat d'un long et lourd travail.

La question commerciale et l'Outre-mer

L'union économique commence par une union douanière

La question commerciale était bien évidemment au cœur du projet d'union douanière, première étape vers l'union économique souhaitée à terme. La commission sociale et commerciale, sous la présidence de Daniel Serruys[28], est, de loin, la plus nombreuse (66 membres)[29] et sans doute celle dans laquelle les débats ont été les plus vifs. Dans sa résolution générale[30] est soulignée la nécessité d'une union économique, d'abord pour reconstruire, puis pour plus d'efficacité, de « solidité » et de solidarité. Elle prône un « usage rationnel de toutes ressources » et la création d'un vaste marché, l'objectif ultime étant le relèvement du « standard de vie des peuples de l'Europe », mais aussi de « favoriser une compréhension meilleure et plus complète entre ses peuples », en levant tous les obstacles à la libre circulation (travail, affaires, voyages).

Outre celle des hommes, la libre circulation concerne au premier plan les marchandises et les capitaux, ce qui nécessite à la fois une union douanière, dont l'objectif final est de lever tous les obstacles (quantitatifs, tarifaires, y compris ceux des

---

[24] AHUE/ME–1069/ Rapports des 6 comités, discussion des amendements et vote des résolution (séance plénière).

[25] J. Wetz, « Les délégués … », op. cit.

26 Président du Mouvement pour les États-Unis socialistes d'Europe, c'est un universitaire (docteur en droit, agrégé d'économie politique) et un homme politique (il est alors député du Rhône et membre du comité directeur de la SFIO).

27 J. Wetz, « Les délégués … », op. cit.

28 Président de la section française de la LECE, c'est un universitaire qui avait travaillé sur les questions commerciales pour les gouvernements français et pour la SDN, puis dans le secteur privé. Il était haut-commissaire à l'Économie nationale au début de la guerre.

29 Dont 22 Français et 8 Britanniques.

30 AHUE/ME–1137/1. Résolution générale de la commission sociale et commerciale, adoptée en séance plénière, 24 avril 1949.

transports, mais également monétaires) et une « complète union économique ». La résolution revient ensuite en détail sur les entraves de toutes sortes aux échanges, qui provoquent des discriminations de fait, et se réjouit des mesures déjà prises dans la plupart des pays à la fois pour maîtriser l'inflation et réduire les disparités de prix. L'union douanière devra prendre la forme d'un accord international acceptable par l'organisation internationale du commerce. La résolution poursuit sur l'élaboration d'un « tarif commun vis-à-vis du reste du monde », le but visé étant, à terme, « la suppression définitive de tous les droits entre les pays participant à l'union », via l'abolition progressive des barrières douanières. La priorité n'est cependant pas donnée à l'abaissement des barrières douanières (modèle du Benelux), mais d'abord, dans un délai de deux ans, à l'abolition des entraves quantitatives, la suppression totale des barrières douanières s'effectuant dans un délai de dix ans[31]. Il s'agit d'une réponse à la situation du moment, celle des contingentements.

Des débats difficiles avec les Britanniques

Cette question commerciale est difficilement dissociable de celle des territoires d'outre-mer, même si ce sont deux commissions différentes qui se penchent sur ces questions. Comme on avait pu le prévoir en raison des nombreux rapports qui l'abordaient, la question des territoires d'outre-mer – et donc la question du Commonwealth – a été beaucoup discutée. Malgré les travaux préparatoires et les textes négociés en amont avec les Britanniques, et de longs débats en commission, les tensions sont fortes sur ces questions.

La position britannique est particulière, en raison de l'importance de ses échanges avec le Commonwealth – même si plusieurs pays européens, dont la France, ont des questionnements du même type vis-à-vis des relations avec leurs colonies et territoires d'outre-mer. Leopold S. Amery[32], a précisé dès le début des débats, que « les Britanniques accorderaient toujours au Commonwealth un traitement un peu meilleur qu'à l'Europe » et il a, par ailleurs, défendu la conclusion de séries d'accords bilatéraux préférentiels, en s'opposant à la clause de la nation la plus favorisée (NLPF)[33]. Or avec une union européenne, mais aussi dans le nouveau cadre en construction des échanges internationaux, cette clause devrait être appliquée, à terme. C'était évidemment une fin de non-recevoir à tout projet d'unification économique et commerciale européenne, et la déception est grande : « les continentaux ne peuvent pas renoncer à l'unification parce que l'Angleterre estime qu'elle a des devoirs spéciaux à l'égard des dominions »[34]. Pourtant les Britanniques présents à la conférence, parmi lesquels de nombreux membres de la LECE,

---

31 R. Courtin, « La conférence de Westminster a tracé les plans de l'union économique de l'Europe », *Le Monde*, 30 avril 1949.
32 Ancien ministre des Colonies (conservateur) du gouvernement de W. Churchill.
33 « M. Amery s'élève contre la clause de la nation la plus favorisée », *Le Monde*, 23 avril 1949.
34 *Idem*.

semblent vouloir « avec une égale force s'intégrer à l'Europe » [35], deux positions évidemment difficiles à concilier.

Sur la clause NLPF, devant « une impasse (...) contraire aux intérêts de tous » et qui menaçait le résultat de toute la conférence, un projet de résolution avait été fait, avec une sorte d'exception pour les groupes de nations organisées en coopération permanente[36], mais cette formulation floue restait insatisfaisante. Les travaux de la commission sociale et commerciale ont cependant abouti à un texte, mais celui-ci – c'est un cas unique dans ce congrès – a été plusieurs fois modifié lors de tractations[37] postérieures à la fin des travaux de la commission (six séances tout de même), avant d'être proposé à l'assemblée plénière. Le texte alternatif, présenté par Alexandre Loveday[38], a été « fortement amendé par les libéraux français » avant d'être adopté, les Britanniques ayant finalement accepté « de se contenter de quelques atténuations de forme »[39], afin d'éviter les tensions qui montaient et menaçaient d'être exposées en séance plénière.

Outre la question du Commonwealth, des « débats acharnés »[40] sont aussi évoqués sur la question des délais pour la réalisation complète de l'union douanière. Le témoignage de René Courtin sur ce sujet est important car il éclaire des aspects tus dans les archives. Il se veut confiant pour la suite car, selon lui, la Grande-Bretagne « ne laissera pas l'Europe se constituer sans elle », c'est donc aux continentaux, en particulier Français et Belges, de prendre des initiatives, « l'Angleterre hésitera d'abord, mais suivra »[41]. Analyse évidemment bien trop optimiste quand on connaît la suite ...

Les autres avancées de Westminster

Libre convertibilité des monnaies, puis union monétaire européenne

Résoudre la question de la monnaie est présentée comme la tâche la plus urgente, en raison de la situation de blocage (pas de convertibilité) qui pèse lourdement sur le commerce européen et qui constitue donc un préalable à toutes les autres.

La résolution proposée par la commission monétaire, présidée par Lord Michaël Layton[42], tout en constatant les progrès déjà réalisés grâce à l'ERP[43] et à l'OECE, pose tout d'abord la libre convertibilité des monnaies comme condition

---

35 R. Courtin, « La conférence de Westminster ... », *op. cit.*
36 AHUE/ME–1129/ Résolution du comité du commerce, s.d.
37 Van Zeeland avait été appelé comme conciliateur (R. Courtin, « La conférence de Westminster ... », *op. cit.*
38 Économiste britannique qui avait travaillé à la société des Nations ; il est alors membre du Nuffield College, (Oxford).
39 R. Courtin, « La conférence de Westminster ... », *op. cit.*
40 *Idem.*
41 *Ibid.*
42 Il représente la British Iron and Steel Federation.
43 European Recovery Program, programme du Plan Marshall.

sine qua none à tout projet d'union économique européenne, même si une limitation provisoire peut être appliquées aux transferts de capitaux. Cet objectif implique une coordination des politiques financières (déficits ou excédents budgétaires, crédit, mouvements de capitaux) des pays participants.

Une idée nouvelle est l'établissement d'une « commission, composée de hautes autorités monétaires », pour coordonner les politiques monétaires, en particulier sur leurs aspects techniques. Mais il n'y a pas de réflexion plus poussée sur l'éventuel pouvoir de décision d'une telle commission. On propose cependant d'aller plus loin, vers l'établissement d'un « système monétaire comportant une monnaie unique », sous la responsabilité « d'un organisme européen approprié ».[44] Tout ceci reste assez peu précis, c'est cependant la volonté ferme d'aboutir, à terme, à un véritable système monétaire européen.

La question sociale et la libre circulation des personnes

Si la question sociale à proprement parler – même si elle est intimement liée aux questions économiques, doit faire l'objet d'une conférence spécifique du ME[45], « la Conférence proclame que parmi les éléments qui conditionnent la réalisation de l'unité européenne, la situation faite aux travailleurs revêt une importance capitale ».

Elle insiste donc sur la question du plein emploi qui doit être considéré comme « une nécessité à la fois morale, sociale et économique » et, en corollaire, donne de nombreuses précisions sur la liberté des déplacements pour le travail, dans toute l'Europe – ceci étant une question qui tient particulièrement à cœur les Italiens, sans s'engager sur la durée « que, seule, l'expérience pourra déterminer », mais qui « doit être amorcée sans délai ». De même, elle souhaite la mise en place de mesures visant « une harmonisation des politiques fiscales et sociales dans un sens favorable aux intérêts des travailleurs », avec des conventions collectives européennes[46].

Cette préoccupation sociale a été rappelée dans bien des interventions et discours, elle figure largement dans les résolutions, mais l'idée dominante était que les questions sociales ne pourraient être améliorées que par une consolidation de l'économie, ce qui devait donc être la priorité.

La question agricole

La question des échanges agricoles, qui relève de celle des échanges en général, est incluse dans les recommandations de la commission sociale et commerciale. De

---

44 AHUE/ME–1137/ Résolution monétaire et financière adoptée par la conférence économique européenne de Westminster. 24 avril 1949.
45 Conférence prévue à Rome en juillet 1950. Sur cette question sociale européenne, *cf.* K. Fertikh, « La construction d'un « droit social européen ». Socio-histoire d'une catégorie transnationale », in *Politix*, 2016, n°3, pp. 201–224.
46 AHUE/ME–1137/ Résolution monétaire et financière, *op. cit.*

même l'aspect social du secteur agricole (conditions de travail, salaires, libre-circulation) est abordé par les résolutions générales. Cependant, dans l'Europe de 1949, la question de la production agricole est urgente, puisque l'auto-suffisance alimentaire est encore loin d'être atteinte. On pouvait donc attendre des propositions dynamiques dans ce domaine, ce qui ne fut pas vraiment le cas.

La commission de l'agriculture, dirigée par Italo M. Sacco[47] propose une résolution assez limitée. Rédigée en termes assez vagues, elle révèle sans doute une absence de vision d'ensemble ou des divergences importantes au sein de la profession. Sont recommandés cependant l'institution de « conseils de production », une « politique européenne » pour la production et la distribution des produits agricoles, et des mesures (non précisées) de régularisation des marchés agricoles.

> (...) éventuellement l'établissement, en collaboration avec les organisations professionnelles agricoles, des organismes nécessaires à la régulation des marchés, qui pourraient, s'il y a lieu, être chargés d'administrer les stocks, de faire les reports et de procéder en général aux opérations de distribution internationale pour le compte des autorités européennes.[48]

Cette proposition d'organismes spécialisés n'apporte pas d'indications sur la forme de concertation possible entre les parties prenantes, elle n'est qu'« éventuelle » et n'en donne pas les formes concrètes possibles ni n'évoque son éventuelle composition. Elle s'en remet à la commission de l'agriculture et alimentation de la future Assemblée européenne. Tout ceci reste donc assez flou, ce qui peut sans doute s'expliquer par les tensions assez fortes entre les tenants de la tendance conservatrice, qui proposent « la création d'organismes d'études européennes pour quelques produits capitaux » et ceux de la ligne institutionnelle plus dure, qui prônent une véritable « politique agricole commune » et globale[49].

Deux propositions novatrices : le Conseil économique et social européen et l'Institut de statistique

Pendant la conférence, la commission institutionnelle est chargée de faire les liens nécessaires avec les cinq autres commissions. Elle a aussi pensé la conception générale du futur système économique, en faisant deux propositions plutôt innovantes.

Elle propose, d'une part, la création d'un Conseil économique et social européen, instance dotée d'un secrétariat permanent, ayant la tâche de faire des recommandations à l'assemblée consultative européenne « en vue de l'unification progressive de l'économie, du développement économiques et du progrès social de

---

47 Elle comprend en outre cinq autres représentants italiens (la plus grosse délégation), à côté de 14 autres délégués, dont trois Français, deux Allemands et trois représentants de l'Europe de l'Est.
48 AHUE/ME–1137/ Projet de résolution de la commission de l'agriculture, adoptée en séance plénière le 25 avril 1949.
49 G. Noël, « Le Congrès européen d'Agriculture de Munich (1949) : échec d'une initiative 'européenne' », in *Revue Historique*, 1981, n°1, pp.98–99.

toute l'Europe ». Ce Conseil serait particulièrement chargé de surveiller les entraves de toute nature – dont « monopoles, cartels, tarifs douaniers, contingentements, politiques d'investissement », il proposerait des mesures pour faciliter les objectifs généraux définis dans la résolution générale (production, distribution, emploi et conditions de travail, niveau de vie, etc.)[50]. Il serait responsable devant l'Assemblée consultative, « dans le domaine entier de la politique économique et sociale ».

La structure proposée est proche du modèle qui a été pensé pour les quatre industries de base (cf. supra), à savoir :

> Composé d'une part de représentants des employeurs et, en nombre égal, de représentants des travailleurs de tous les secteurs de l'activité industrielle et commerciale, et de représentants de l'agriculture[51] ; d'autre part de personnes choisies pour leurs compétences propres et dont le nombre ne devrait pas dépasser le tiers de l'effectif total.[52]

D'autre part, la commission institutionnelle a proposé la création d'un Institut de statistiques et de conjoncture européen[53], outil indispensable pour les études nécessaires, dans tous les secteurs, avant de mettre en œuvre l'une ou l'autre des solutions proposées, à savoir un instrument pour la collecte de toutes les données économiques et sociales (productivité, niveaux de vie, salaires réels, etc.) des différents pays européens et leur mise en confrontation, premier stade du travail en commun et d'une future politique commune dans les divers secteurs de l'économie. Il s'agit donc de favoriser l'harmonisation et l'échange d'informations statistiques entre tous les pays participants. Ceci préparerait le transfert aux Européens des instruments économiques déjà mis en place par l'OECE et leur développement.

UNE QUESTION INDUSTRIELLE COMPLEXE ET POLITIQUE

La question allemande et les secteurs-clés

La commission des industries de base se penche sur une question complexe et sujette à tensions idéologiques. Le projet conçu à Westminster va beaucoup plus loin qu'un simple programme d'équipement établi en commun ou une « concertation » pour la production, comme cela avait été proposé à La Haye, mais elle réduit le champ de réflexion à quatre industries–clés, charbon, sidérurgie, électricité, moyens de transport, même s'il est affirmé que cela ne limite pas la question à ces industries

---

50 AUHE/ME–1137/ Commission institutionnelle. Résolution proposant la création d'un conseil économique et social européen, adoptée à la session plénière du 24 avril.
51 Au cours de ses travaux, la commission agricole a demandé à la commission institutionnelle qu'un « *certain nombre de représentants de l'économie agricole* » soient inclus dans ce Conseil économique et social (AHUE/ ME–1126 / Lettre interne de M. Sacco au président de la commission institutionnelle, 23 avril 1949).
52 AUHE/ME–1137/ Commission institutionnelle, *op. cit.*
53 AHUE/ME–1137/ Quatrième résolution de la commission sociale et commerciale, résolution relative à des études statistiques, adoptée en séance plénière, 24 avril 1949.

spécifiques[54]. Le choix des deux premiers secteurs – charbon et acier – est évidemment lié à la « question allemande ». D'autres travaux[55] avaient déjà promu l'idée que l'on devrait placer sous une autorité commune le bassin minier et industriel allant de la Ruhr au Nord de la France.

La conférence de Westminster ouvre la voie à une organisation européenne structurée pour le secteur des quatre industries-clés. Cette conception n'implique pas une structure centralisée : en effet, ces éléments n'ont pas été précisés dans le texte officiel, mais la délégation française a fait circuler un texte préconisant une décentralisation de l'industrie lourde dans la future Europe, comme « élément d'équilibre et de sécurité »[56], en évoquant la vulnérabilité de la concentration industrielle de la Ruhr à une éventuelle attaque extérieure. On voit ici la combinaison de l'intérêt industriel et sécuritaire français, et des incertitudes liées à la Guerre froide. Mais c'est bien l'intérêt français qui l'emporte quand la délégation préconise que « la production sidérurgique de la Ruhr soit réduite, étant donné que son accroissement compromettrait le ravitaillement en coke des aciéries françaises, belges et luxembourgeoises »[57].

Si les Alliés occidentaux se contentent de limiter la production sidérurgique allemande, au même moment, les gouvernements américain, français, britannique et du Benelux fondent, par l'Accord du 28 avril 1949, l'Autorité internationale de la Ruhr (AIR)[58], qui se présente également comme une solution à la question allemande, mais n'interdit pas une évolution européenne. Il s'agit cependant d'une simple organisation de distribution et de contrôle, éloignée des conceptions en œuvre dans la résolution industrielle de Westminster[59].

---

54 AHUE/ME–1137 Résolution de la commission des industries de base adoptée en séance plénière le 24 avril.
55 Résolutions des congrès de l'Union européenne des fédéralistes (UEF) à Montreux, en 1947 et à Rome, en 1948, Le statut de la Ruhr avait également été évoqué lors de la première conférence du Mouvement européen, à Bruxelles, en février 1949.
56 « La conférence économique du Mouvement européen s'ouvre aujourd'hui à Londres », *Le Monde*, 21 avril 1949.
57 *Idem*. Très vite le problème ne va plus exactement se poser en ces termes : des progrès technologiques importants font que, dès le début des années cinquante, le charbon français devient cokéfiable ce qui résout en partie le problème de la dépendance.
58 La France avait déjà proposé une telle création aux Américains et aux Britanniques, dès février 1947. Mais en novembre 1947, ils avaient créé, dans la bizone, une administration allemande pour la gestion des mines (Deutsche Kohlenbergbauleitung – DKBL). Les Américains acceptent cependant la proposition française, en mars 1948, sous condition que l'organisme de contrôle serve à la mise en œuvre du plan Marshall. Le 10 novembre 1948 est promulguée – sans l'avis français – la loi n° 75 sur la réorganisation et la déconcentration des industries de la Ruhr. Après des négociations difficiles, c'est finalement un accord entre les Six qui instaure l'AIR (http://www.cvce.eu/).
59 Contrairement à ce qu'a écrit M. Kipping qui y voit un élargissement de ce concept (in *La France et les origines de l'Union européenne (1944–1952)*, Paris, 2002, pp. 107-112).

La composition de la commission, sous la présidence du Français André Philip et la vice-présidence de l'Allemand M.C. Müller[60], reflète l'importance franco-allemande de cette question[61].

La résolution finale propose une solution innovante

La proposition finale, votée en séance plénière, peut susciter une certaine surprise. Si l'idée et le terme de « plan » n'apparaît pas – une victoire des « libéraux », la méthode proposée est plutôt innovante, avec une combinaison public/privé et employeurs/employés, ce qui a sans doute permis de donner des gages à tous les groupes de pression, mais dans l'acceptation de contraintes non négligeables.

C'est en effet une véritable structure complexe et nouvelle qui est proposée, formée d'une institution publique stratégique et décisionnelle (« chargée de définir la politique générale de l'industrie en question, en particulier la politique concernant les investissements, le volume de la production et les prix »), d'un corps consultatif (« composé d'employeurs, de salariés et de représentants de l'intérêt public, dont la tâche serait de conseiller les institutions européennes »), et de structures exécutives constituées par des ententes entre chefs d'entreprises, privées ou publiques (« auxquelles incomberaient, entre autres, la tâche d'exécuter les directives générales »), sous le contrôle de l'institution créée. Ces ententes, dont il n'est pas décidé si elles seraient obligatoires, sont chargées de développer la production, d'augmenter la productivité et d'abaisser les prix par la réduction des prix de revient. Leur création se ferait par un accord international conforme aux principes de l'Organisation internationale du commerce[62].

Trois différents courants de pensées se sont exprimés au cours du débat[63] : le premier était de confier l'exécution aux assemblées professionnelles, les directives générales émanant d'une institution européenne ; le deuxième, de créer par branche une institution (employeurs, employés et représentants de l'intérêt général) chargée de l'élaboration et de l'exécution – ce qui créait de fait une institution puissante ; le troisième proposait une simple supervision des assemblées professionnelles par des institutions existantes (OECE) ou à créer.

Le texte voté préconise donc la mise en place d'une institution publique décisive, les chefs d'entreprises conservant la tâche exécutive, ce qui permet d'envisager une réelle stratégie européenne dans le secteur concerné, les professionnels gardant néanmoins un droit de consultation et de conseil sur les stratégies sectorielles.

---

60 Membre du CA de la DKBL (*cf. infra*).
61 Sur les 39 membres, les Français sont au nombre de 13, à côté, entre autres, de 6 délégués du Benelux, 6 Britanniques, 6 Allemands, 4 Italiens (AHUE/ME–1130/ Rapport provisoire de la commission industries de base).
62 AHUE/ME–1137 Résolution de la commission des industries de base adoptée en séance plénière le 24 avril.
63 AHUE/ME–1130/ Commission des industries de base, rapport provisoire : Bref sommaire des points de vue exprimés pendant la première session de la commission, 20 avril 1949.

Il ne faut pas en conclure à la victoire des « planistes », car les entreprises conserveraient une certaine marge de manœuvre en contrôlant le processus d'exécution. Ce choix est aussi une réponse satisfaisante à la question allemande, en permettant aux Français un droit de regard sur l'industrie allemande, et aux Allemands, le retour à une égalité de traitement et l'autorisation des cartels, leur système privilégié d'organisation[64].

La résolution réactive donc la question des ententes – qui a été discutée dans une sous-commission spécifique – et leur transfert d'une sphère privée à une sphère publique, européenne et institutionnelle. Cette question a fait également l'objet d'un examen par la commission sociale et commerciale. Des amendements sont déposés, consistant à interdire toute entente (privée ou publique) de prix ou de marché « qui serait un mesure indirecte protectionniste », et de plus à garder aux ententes un caractère facultatif, « sauf dans les quatre secteurs de base, pour lesquels la question reste ouverte »[65] Un autre amendement va dans le même sens, en précisant le caractère « *national* » de la mesure protectionniste[66], un autre précise l'interdiction de « subventions déguisées »[67].

Le choix fait semble correspondre à la notion de « planisme concurrentiel » proposée par l'économiste Maurice Allais[68]. Il a permis de concilier – après quelques interventions un peu agressives[69], les principaux groupes opposés. Cependant, il ne faut pas réduire le débat à une opposition entre « libéraux » et « dirigistes », car l'écrasante majorité des participants à cette conférence est convaincue que la notion même d'union européenne implique l'existence d'institutions indépendantes des États, même si elles en sont l'émanation.

D'autres aspects de la question industrielle sont aussi discutés. Parmi les facteurs permettant un environnement favorable pour les industries-clés se posent ainsi la question de la mécanisation des mines, de l'amélioration des techniques et la standardisation de la production sidérurgique, du développement des industries utilisatrices de fer et d'acier, de l'augmentation de la production électrique avec une meilleure coordination des différentes sources d'énergie, la question des transports, tout comme celle de la formation professionnelle, de la coordination des recherches ; enfin la lutte contre les pratiques commerciales déloyales. Ces problèmes n'ont pu être étudiés dans le temps court imparti et la commission demande qu'un groupe d'étude soit formé pour proposer des solutions aux futures organisations[70].

64 W. Bührer, *Ruhrstahl und Europa: Die Wirtschaftsvereinigung Eisen–und Stahlindustrie und die Anfänge der europäischen Integration 1945–1952*, Berlin, De Gruyter, 2010, pp. 160–162.
65 AHUE/ME–1129/ Amendement au rapport par R. Courtin.
66 AHUE/ME–1129/ Amendement au rapport sur les industries de base (Allais, Courtin).
67 AHUE/ME–1129/ Amendement par M. de la Vallée Poussin.
68 A. Diemer, « Les contributions de Maurice Allais à la question européenne : libres débats », contribution à la *Journée d'études : Les contributions de Maurice Allais à la science économique*, Paris, Maison des sciences économiques, 24 juin 2009, p.6.
69 En particulier, celle de Jacques Rueff, au cours des débats de la séance plénière : « Le texte qui nous est soumis a un petit parfum de corporatisme qui permettrait de le placer avantageusement dans le cadre d'une charte pour la formation des États-Unis fascistes de l'Europe. » (AHUE/ME–1067/ CR séance du 24 avril).
70 AHUE/ME–1137/ Annexe à la résolution de la commission des industries de base.

Dès le milieu de l'année 1949, la réflexion sur la configuration future des industries de base en Europe semble donc largement avancée.

DES ESPOIRS DEÇUS

Bilan général et suites de Westminster

À en lire les commentaires dans la presse – mais souvent portés par les acteurs eux-mêmes, la conférence de Westminster peut être considérée comme une réussite, et « le programme tracé est d'une exceptionnelle ampleur »[71]. René Courtin donne un bilan à la fois très positif du résultat des débats, mais d'un optimisme modéré – et bien réaliste ! – sur les suites possibles.

> Il ne dépend pas malheureusement des seuls congressistes qu'il soit prochainement réalisé écrit-il. La question est maintenant de savoir si les gouvernements accepteront les propositions économiques du Mouvement européen aussi favorablement que ses récentes propositions politiques. [72]

C'est donc avec un grand espoir que ces plans concrets sont proposés pour une mise en œuvre rapide, et ceux-ci passent par le Conseil de l'Europe qui se met en place quelques semaines après.

La première étape, sous forme de délégations officielles composées de « personnalités de grand poids » ayant participé à la conférence, est de porter les résolutions de Westminster à la connaissance des différents gouvernements européens, afin de « donner une autorité supplémentaire aux résolutions présentées »[73]. Ces « députations » se déroulent pour l'essentiel entre juin et juillet[74]. Une députation a même lieu au États-Unis, Duncan Sandys[75] ayant remis le texte des résolutions au président Truman et au général Marshall[76]. Un livre à destination des futurs représentants du Conseil de l'Europe est également édité[77].

Cependant, malgré la présence en 1949, dans plusieurs pays d'Europe, de gouvernements comprenant des chrétiens-démocrates ou des socialistes favorables à une approche fédérale de l'Union européenne, les propositions faites à Westminster n'eurent aucunement la suite espérée.

---

71 R. Courtin, « Le mouvement européen a dressé un plan de campagne », *Le Monde*, 26 avril 1949.
72 R. Courtin, « La conférence de Westminster ... », *op. cit.*
73 Ces députations ont été organisées en amont, avant la conférence, lors du travail préparatoire (AHUE/ME–1150/ Organisation de délégations auprès des gouvernements pour présenter les résolutions, s.d.)
74 Dans la plupart des cas, les résolutions ont déjà été adressées à certains membres de chaque gouvernement et à tous les chefs des partis politiques.
75 Diplomate, gendre de Winston Churchill, président du Comité international exécutif du ME.
76 AHUE/ME–1137/ Députations, s.d.
77 AHUE/ME–1136/ f.1.

Un espoir déçu : Le Conseil de l'Europe et l'économie européenne

En effet, c'est autour du Conseil de l'Europe conçu comme porteur de ce projet et comme maison-mère des diverses institutions européennes spécialisées que les participants à la Conférence de Westminster recommandaient la mise en place d'une union européenne qui débuterait par les aspects économiques, très urgents dans cet après-guerre. Selon eux, la réalisation de l'union européenne est complexe et « les résultats ne pourront être obtenue que si les pouvoirs nécessaires sont remis à une autorité internationale. »[78], autorité dont les modalités et limites d'action seraient fixées dans le cadre d'une charte européenne.

Mais dès les premières réunions du Conseil de l'Europe à Strasbourg, on constate vite que le compte n'y est pas. « Naissance ou enterrement de l'Europe ? » se demande, dans *Le Monde*, Maurice Duverger, le 9 août 1949, car il s'inquiète – à raison – des obstacles qui attendent une future économie européenne, à commencer par la rivalité des économies nationales et l'absence d'un grand marché, clé de la réussite économique des Etats-Unis. Et pourtant, selon cet auteur, le plan Marshall avait semblé favoriser la coordination des économies européennes et permettre « les étapes et les transitions nécessaires » vers un marché européen. Or, les pays avaient utilisé ces crédits pour « renforcer leur autarcie ». Peu optimiste, il met en garde : « Le plus grand danger qui menace l'Assemblée de Strasbourg est de croire que l'Europe est née, alors qu'elle n'est même pas conçue. ». Il évoque même « la mort de l'idée d'Europe » si l'assemblée de Strasbourg ne servait qu'à faire de beaux discours. Dans le domaine économique, c'est ce qu'il advint.

Pourtant, dès la première session du Conseil de l'Europe, le 10 août 1949, la question économique est abordée de front. Un premier rapport en vue de l'unité économique de l'Europe y est présenté et longuement discuté. Il est adopté dans sa version finale le 7 septembre[79] et il devient donc recommandation officielle de l'Assemblée européenne au Comité des ministres. Mais c'est un texte assez général, selon René Courtin qui estime qu'il manque de « précisions »[80]. Ce texte reprend cependant les grandes lignes des résolutions de Westminster (libre circulation des hommes, des marchandises et des capitaux, libre convertibilité des monnaies, coordination des investissements des industries de base et de l'agriculture, harmonisation fiscale et sociale). Il recommande de « « renforcer les moyens d'information économique » et de créer « un organisme permanent chargé d'organiser des consultations entre les banques centrales ». Il retient la même position de compromis que celle négociée à Westminster pour les territoires associés, en proposant de maintenir les systèmes préférentiels, tout en envisageant leur extension progressive à tous les membres. Enfin, dans le secteur industriel et agricole, il propose au Comité des ministres de convoquer des « conférences industrielles » représentatives, chargées

---

78 AHUE/ME–1129/ Préambule (texte adopté par la commission sociale et commerciale, s.d.
79 A 90 voix contre 2.
80 « La pauvreté du rapport est frappante si on le compare à son homologue du Mouvement européen à Westminster » (R. Courtin, « Les conclusions économiques auxquelles ont abouti les pourparlers de Strasbourg manquent de précisions », *Le Monde*, jeudi 8 septembre 1949).

de « *formuler des propositions* », devant l'Assemblée européenne, pour une organisation des principales industries manufacturières et agricoles visant à augmenter de la productivité, et de présenter un projet de charte de contrôle des cartels[81].

Autrement dit, l'influence du travail fait à Westminster est bien là, ce sont même des formulations extrêmement proches. Tout se passe donc, en apparence, comme le projetaient les organisateurs de la conférence économique, et l'espoir d'avancées réelles, même progressives, semble encore dominer les esprits.

Cependant, très vite, les blocages venus des Britanniques et des Scandinaves conduisent à une impuissance de l'Assemblée. Il s'en suit une véritable « lutte des fédéralistes pour transformer le Conseil de l'Europe en Union européenne »[82], et ce, dès l'été 1949. Leur but est de transformer l'Assemblée en une organisation supranationale, et à l'ouverture de la première session, ils réussissent à faire élire Paul-Henri Spaak (fédéraliste et de surcroît, socialiste) comme Président de l'Assemblée, lequel souhaite « transformer le Conseil de l'Europe en véritable autorité politique européenne et renforcer le pouvoir de l'Assemblée consultative vis-à-vis du Comité des ministres »[83]. Immédiatement, la commission des Affaires générales[84] prépare des propositions pour réviser le statut du Conseil de l'Europe en ce sens. Mais le rapport, présenté dès le 5 septembre devant l'Assemblée[85], n'obtient pas d'accord[86].

Lorsque s'ouvre la seconde session de l'Assemblée européenne, le 7 août 1950, le contexte a changé grâce à la proposition Schuman (9 mai) qui préconise une Autorité supranationale, même si elle ne concerne qu'un domaine économique et un nombre de pays très réduit. Schuman lui-même présente son texte devant l'Assemblée le 10 août. Le Royaume-Uni manœuvre alors pour tenter de faire inclure la nouvelle organisation, en tant que commission spécialisée, sous le contrôle du Comité des ministres, donc avec veto possible. Ce que refusent les fédéralistes.

Ceci marque la fin du rôle possible du Conseil de l'Europe dans l'économie européenne. L'union économique européenne – même si elle semble bien commencer, ne sera le fait que de la « Petite Europe » : l'Assemblée consultative a échoué à devenir l'organe de contrôle pour la Communauté européenne du charbon et de l'acier (CECA), tout comme elle a aussi dû renoncer, après l'échec du projet de l'Autorité politique européenne, à la création d'institutions spécialisées. L'institutionnalisation de l'Europe va donc se construire en dehors du Conseil de l'Europe, car Royaume-Uni et États du nord ne voulaient aucunement sacrifier des éléments

---

81 Assemblée consultative du Conseil de l'Europe, Première session ordinaire, Rôle du Conseil de l'Europe dans le domaine économique, Recommandations au Comité des ministres (1.2. I., § 5 et 6), adoptées le 5 septembre 1949.
82 F. Berrod et B. Wassenberg, *Les relations entre le Conseil de l'Europe et l'Union européenne Vers un partenariat stratégique ?*, Strasbourg, Conseil de l'Europe, 2019, Chap.1, pp. 21–56.
83 L'accord signé en 1949 pour le Conseil de l'Europe relevant de la simple coopération intergouvernementale, l'Assemblée pouvait donc au mieux faire des recommandations au Comité des ministres. Spaak cité par F. Berrod et B. Wassenberg, *op. cit.*
84 Sous la direction de Georges Bidault.
85 Par Guy Mollet.
86 F. Berrod et B. Wassenberg, *op. cit.*

importants de leur souveraineté, même si, selon Coudenhove-Kalergi, « ils désiraient coopérer sincèrement dans le cadre d'une union européenne d'États souverains. »[87]. On a pu en douter depuis.

Les propositions économiques du Conseil de l'Europe ne s'arrêtent pourtant pas là. Divers plans pour l'unification économique européenne sont proposés et discutés très librement et contradictoirement, (transports – dont aériens, agriculture, union postale, matières premières, avec la création d'autorités spécialisées), mais il n'en sort rien[88] : « Les vetos systématiques du gouvernement britannique travailliste et des Scandinaves à toute conception fédérale de l'Europe bloquent ces initiatives parlementaires. »[89]

D'autres propositions vont cependant venir des gouvernements, mais la grande idée de Westminster est déjà irrémédiablement compromise.

Un plan Schuman très inspiré ?

On ne reviendra pas ici sur tout ce qui a été écrit sur le plan Schuman, on peut cependant constater que, malgré les affirmations de ses concepteurs[90], les propositions de la Conférence de Westminster sur les industries de base se trouvent bien – en partie – à l'origine des idées mises en œuvre, tout simplement parce qu'elles sont le résultat d'un très large consensus au sein du patronat, mais aussi des milieux socialistes et syndicalistes, même si la forme supranationale de l'institution n'y était pas affirmée, et même si, comme l'a souligné P. Gerbet, « l'institution publique européenne se bornait à élaborer des directives générales »[91].

C'est aussi l'avis de A.H. Robertson qui rappelait que la résolution de Westminster avait été reprise dès la première session du Conseil de l'Europe, puis examinée par la commission des questions économiques de l'Assemblée, laquelle avait adopté un plan transmis ensuite aux gouvernements. « En mai suivant, M. Schuman a écrit au Secrétaire général du Conseil pour souligner le grand intérêt du gouver-

---

87 R. Coudenhove-Kalergi, *J'ai choisi l'Europe*, Paris, 1952, p. 335–338 (cité par http://www.cvce.eu/).
88 F. Berrod et B. Wassenberg, *op. cit.* Voir aussi la thèse récente d'A. Ongono Pomme, *L'évolution des relations entre l'Union européenne et le Conseil de l'Europe : entre coopération et concurrence (1948–2014)*, Univ. de Strasbourg, 2019.
89 A. Ongono Pomme, *op. cit.*
90 Etienne Hirsch, le commissaire au plan, affirmait que « les auteurs de la déclaration du 9 mai 1950 connaissaient sans doute les propositions de la conférence de Westminster et du Conseil européen, mais que celles-ci n'avaient joué absolument aucun rôle pour le plan Schuman ». Jean Monnet aurait lui-même déclaré que les militants du ME « n'apportaient rien qui pût faire de cette idée une réalité actuelle » (M. Kipping, *op. cit.*).
91 P. Gerbet, « La genèse du plan Schuman, des origines à la déclaration du 9 mai 1950 », in *Revue française de science politique*, 1956, n°3, pp. 525–553.

nement français dans cette proposition. Cinq jours plus tard, il a fait la déclaration »[92]. M. Kipping relève, lui aussi, que les réflexions de Monnet recoupent largement les analyses d'André Philip et de sa commission[93].

CONCLUSION : LE MOUVEMENT EUROPEEN PERSISTE ...

Le ME poursuit sa stratégie générale de faire des propositions concrètes dans le domaine économique. Ainsi, sur la question urgente de la monnaie, le 29 octobre 1949, il adresse, à la fois à l'Assemblée européenne et à l'OECE, un mémorandum intitulé *Propositions du Mouvement européen en vue de l'établissement de la libre convertibilité des monnaies européennes*[94]. Mais le contexte de blocage au sein du Conseil de l'Europe, et les hésitations et échecs des premières expériences européennes, entre 1952 et 1954, ralentissent considérablement cette dynamique.

Cependant, loin de se décourager, le ME organise, au début de l'année 1954, sa seconde conférence économique qui se tient de nouveau à Westminster[95]. On y retrouve beaucoup de personnes déjà présentes à la première conférence, à commencer par André Philip qui présente, à nouveau, le rapport général. L'objet de cette nouvelle conférence est de formuler des propositions précises pour développer « une union économique plus étroite entre l'Europe continentale, ses pays associés d'outre-mer et le Commonwealth britannique », ainsi que d'examiner les formes de la coopération euro-américaine, autrement dit, il s'agit de trouver une réponse aux blocages du moment, dans une forme plus large, « occidentale »[96].

C'est aussi l'occasion de se réjouir des (petits) pas déjà accomplis ou en projet, sur des propositions émanant du ME. Les réalisations saluées sont celles de l'Union européenne des paiements (UEP)[97] et de la Communauté européenne du charbon et de l'acier (CECA)[98], mais elles ne sont pas passées par la voie du Conseil de l'Europe. Quant à la proposition de création d'un « conseil économique et social européen »[99], elle n'aboutit pas, ni le projet de charte sociale qui avait été élaboré par la Commission des questions sociales de l'Assemblée, mais vivement attaquée en assemblée plénière[100]. C'est finalement dans le cadre de la CEE que ce Conseil va voir le jour[101]. La Grande Europe ne se fera donc pas de suite ...

---

92 A. H. Robertson, *European Institutions: Co-Operation, Integration, Unification*, New York, Praeger, 1959, p.100.
93 M. Kipping, *op. cit.*
94 Archives Nationales du Luxembourg/ AE 8810 (cité par http://www.cvce.eu/).
95 29 janvier–1er février.
96 AHEU/ME.45.15 Westminster II (1954)/ME–1295/ Résolutions.
97 Septembre 1950.
98 Janvier 1952.
99 AHEU/ME.45.15 Westminster II, *op. cit.*
100 *Chronique de politique étrangère*, 1956, n°3, pp. 286 297 (« Développements structuraux ») et 315-320 (« Questions sociales »).
101 Sous forme de « Comité » et non de « Conseil », le CESE est institué par les traités de Rome (1957).

L'EUROPE DES CHAMBRES DE COMMERCE RHENANES
(1949 – FIN DES ANNEES 1960)

Martial Libera

Parmi les travaux consacrés à la construction européenne après la Seconde Guerre mondiale, nombre de recherches ont été entreprises sur l'Europe des milieux économiques. Ces études interrogent les formes du marché que ces acteurs défendent – entre « Europe organisée et Europe du libre-échange » pour reprendre le titre d'un ouvrage codirigé par Eric Bussière[1] –, l'espace de ce marché ainsi que le rôle qu'ils sont amenés à jouer dans sa définition, c'est-à-dire, indirectement, leur capacité d'influence sur les décideurs politiques. On dispose aujourd'hui de connaissances approfondies sur ces questions. Les travaux centrés sur les entreprises[2], branche par branche[3], les études sur les syndicats professionnels[4], les mondes patronaux[5] mais

---

1. E. Bussière, M. Dumoulin, S. Schirmann (dir.), *Europe organisée, Europe du libre-échange ? (fin XIXe siècle – Années 1960)*, Bruxelles, PIE-Peter Lang, 2006.
2. Sur ce point, voir, par exemple, les très nombreuses communications dans E. Bussière – M. Dumoulin (dir.), *Milieux économiques et intégration européenne en Europe occidentale au XXe siècle*, Arras, Artois Presses Université, 1998 ; E. Bussière, M. Dumoulin, S. Schirmann (dir.), *Milieux économiques et intégration européenne au XXe siècle. La crise des années 1970. De la conférence de La Haye à la veille de la relance des années 1980*, Bruxelles, PIE-Peter Lang, 2006 ; E. Bussière, M. Dumoulin, S. Schirmann (dir.), *Milieux économiques et intégration européenne au XXe siècle. La relance des années quatre-vingt (1979–1992)*, Paris, Comité pour l'histoire économique et financière de la France, 2007.
3. On trouvera des exemples des projets européens défendus par les différentes branches dans les travaux cités dans les deux notes précédentes. Au début de la construction européenne, les sidérurgistes ont été en première ligne face au projet de Communauté européenne du charbon et de l'acier. Voir, à titre d'exemples, leurs réactions dans Ph. Mioche, « Le patronat de la sidérurgie française et le Plan Schuman en 1950–1952 : les apparences d'un combat et la réalité d'une mutation », in Kl. Schwabe (Hrsg.), *Die Anfänge des Schuman-Plans 1950/51. The Beginnings of the Schuman-Plan*, Bruxelles/Bruylant, Milano/Giuffrè, Paris/LGDJ, Baden-Baden/Nomos Verlag, 1988, pp. 303–318, ou F. Berger, « Les patrons de l'acier en France et en Allemagne face à l'Europe (1930–1960) », in E. Bussière, M. Dumoulin (dir.), *Milieux économiques et intégration européenne en Europe occidentale au XXe siècle, op. cit.*, pp. 179–195.
4. Là encore, à titre d'exemples et pour l'Allemagne : W. Bührer, *Ruhrstahl und Europa. Die Wirtschaftsvereinigung Eisen- und Stahlindustrie und die Anfänge der europäischen Integration 1945–1952*, München, Oldenbourg, 1986, et Th. Rhenisch, *Europäische Integration und industrielles Interesse. Die deutsche Industrie und die Gründung der Europäischen Wirtschaftsgemeinschaft*, Stuttgart, Franz Steiner Verlag, 1999.
5. M. Dumoulin, R. Girault, G. Trausch (dir.), *L'Europe du patronat. De la guerre froide aux années soixante*, Berne, Peter Lang, 1993 ; D. Fraboulet, Cl. Druelle-Korn, P. Vernus (dir.),

aussi les groupes de pression[6] ont permis de dessiner un panorama précis et, dans le même mouvement, très différencié des « Europe » voulues par la plupart des acteurs économiques[7].

Pour autant, les visions et projets de certains d'entre eux n'ont, jusqu'à présent, guère été envisagés. C'est le cas des corps intermédiaires économiques[8] et, en particulier, des chambres de commerce et d'industrie[9]. Or les chambres sont bien souvent porteuses d'une vision européenne. C'est en particulier le cas des chambres de commerce riveraines du Rhin qui, dès 1949, se regroupent dans une association consulaire transnationale, l'Union des chambres de commerce rhénanes (UCCR), qui comprend des compagnies issues de sept pays : la Suisse, la France, la République fédérale d'Allemagne et les Pays-Bas, directement riverains du fleuve, ainsi que l'Autriche, le Luxembourg et la Belgique, pour lesquels le Rhin constitue un axe économique majeur[10].

Les organisations patronales et la sphère publique. Europe, XIXe et XXe siècles, Rennes, Presses universitaires de Rennes, 2013 ; L. Badel – H. Michel (dir.), « Patronats et intégration européenne. Pour un dialogue disciplinaire raisonné », *Cahiers de Fare*, 2011, n° 1.

6   Voir, par exemple, A.-M. Dutrieue – M. Dumoulin, *La Ligue européenne de coopération économique (1946–1981) : un groupe d'étude et de pression dans la construction européenne*, Berne, Peter Lang, 1993 ; M. Dumoulin (dir.), *Réseaux économiques et construction européenne*, Bruxelles, Peter Lang, 2004 ; Hélène Michel (dir.), *Représenter le patronat européen : formes d'organisation patronale et modes d'action européenne*, Bruxelles, P.I.E. Peter Lang, 2013.

7   On trouvera des bilans successifs de l'état des connaissances dans E. Bussière – M. Dumoulin, « L'émergence de l'identité économique européenne d'un après-guerre à l'autre », in R. Girault (dir.), *Identité et conscience européenne au XXe siècle*, Paris Hachette, 1994, pp. 67–105, L. Badel, E. Bussière, M. Dumoulin, Ruggero Ranieri, avec la collaboration de Th. Grosbois, « Cercles et milieux économiques », in R. Frank (dir.) avec le concours de G. Bossuat, *Les identités européennes au XXe siècle : diversités, convergences et solidarités*, Paris Publications de la Sorbonne, 2004, pp. 13–45, E. Bussière – M.-Th. Bitsch, « Coopération et intégration dans le processus de la construction européenne », in R. Frank (dir.), *Pour l'histoire des relations internationales*, Paris, Presses universitaires de France, 2012, pp. 579–609.

8   Cl. Druelle-Korn (dir.), *Les corps intermédiaires économiques. Entre l'État et le marché*, Limoges, Presses universitaires de Limoges, 2011.

9   Rappelons ici que les chambres de commerce et d'industrie, organismes parapublics, sont chargées de représenter et de défendre les intérêts des industriels et commerçants de leur circonscription auprès des pouvoirs publics de leur pays. Sur les chambres de commerce et la construction européenne, voir E. Bussière, « La Chambre face à l'intégration européenne de l'aprèsguerre à la relance des années 1980 », in P. Lenormand (éd.), *La Chambre de commerce et d'industrie de Paris (1803–2003)*, tome II : *Etudes thématiques*, Genève, Librairie Droz, 2008, pp. 433–456, et M. Libera, « La chambre de commerce et d'industrie de la Moselle face au plan Schuman », in M. Libera (dir.), « L'Europe contestée. Aspects des recherches des historiens internationalistes de l'université de Strasbourg sur les oppositions à la construction européenne », in *Fare Cahier*, n° 8, 2016, pp. 35–48.

10 Sur l'Union des chambres de commerce rhénanes, voir M. Libera, *Diplomatie patronale aux frontières. Les relations des chambres de commerce frontalières françaises avec leurs homologues allemandes (1945 – milieu des années 1980)*, Genève, Librairie Droz, 2020, en particulier, pp. 175–193 et 226–240.

Si l'Union est avant tout active dans l'aménagement du fleuve, dans l'amélioration de sa navigabilité, dans la relance du trafic fluvial, et si elle s'engage également, dès les années 1950, dans la lutte contre la pollution des eaux du Rhin, elle est aussi porteuse, dès sa création, d'un véritable projet européen. A bien des titres singulier, celui-ci s'organise autour des acteurs économiques. L'Europe des chambres rhénanes devrait répondre à des principes économiques libéraux et être étendue à l'ensemble du continent européen (I). Force est cependant de constater que les ambitions de l'UCCR ne sont à la hauteur ni de ses moyens ni de sa capacité à réaliser ses projets (II). Très vite, l'Union est contrainte d'en rabattre. Avec la création de la Communauté économique européenne (CEE), l'Union se recentre sur des fonctions qu'exercent plus classiquement les institutions consulaires : elle agit en groupe de pression auprès des institutions européennes pour tenter de faire aboutir ses projets, recentrés sur l'aménagement du territoire de l'espace rhénan (III).

UN PROJET EUROPEEN SINGULIER

Dès sa création, l'UCCR inscrit ses objectifs dans le cadre d'une Europe profondément transformée. Son fondateur et premier président, Karl Paul van der Mandele[11], un banquier néerlandais, est convaincu que la reconstruction économique de l'Europe dépendra de la capacité qu'auront les Etats européens à coopérer. Les solutions nationales de reprise lui paraissent désormais dépassées : seule une Europe unie pourra se relever de ses ruines. Mais le redressement se fait attendre. Or, pour Mandele, il y a urgence. Il faut que la reprise européenne intervienne avant la fin du plan Marshall. C'est pourquoi l'Europe lui semble en ces premiers mois de 1949 au bord du gouffre et ce d'autant plus que les premières initiatives en faveur de la construction européenne ne vont pas, selon lui, dans la bonne direction. Les unions monétaires, le projet Finebel et l'Organisation européenne de coopération économique n'ont enregistré que de maigres résultats qui ne sont pas à la hauteur des enjeux auxquels est confronté le continent européen.

Plus fondamentalement, Mandele doute de la possibilité de construire l'Europe par le « haut », de créer une Europe institutionnelle, dont l'initiative reviendrait aux Etats. Ce type d'Europe supposerait pour Mandele diverses formes de dirigisme que l'expérience du quart de siècle passé disqualifiera à coup sûr auprès des populations. Et puis cette Europe ne se construirait qu'avec lenteur et il n'est pas sûr qu'elle serait véritablement efficace. Pour Mandele, l'Europe devra se faire pas le « bas ». C'est une Europe des forces vives que Mandele et l'UCCR appellent de leurs vœux, une Europe animée par des acteurs économiques, une Europe fonctionnelle, flexible et réactive, qui pourrait rapidement enregistrer des résultats. En 1949, Mandele considère que cette Europe est limitée à l'ouest du continent. Elle s'articule autour du Rhin, lien fécond entre les pays riverains et formidable voie

---

11 Né à Delft en 1880, Karl Paul van der Mandele est banquier à Rotterdam. Il entre à la chambre de commerce de la ville dans l'entre-deux-guerres et en assure la présidence après 1945.

d'échanges, colonne vertébrale de cet Occident uni par des valeurs et une civilisation communes. C'est par le développement du trafic rhénan et la reconstruction de l'économie des pays riverains que doit selon lui débuter l'entreprise d'unification européenne[12].

L'UCCR considère que les chambres de commerce et d'industrie rhénanes sont les mieux à même de relever cet immense défi. Représentatives des intérêts généraux du monde économique, indépendantes dans leurs prises de décision, notamment du monde politique, les chambres pourront prendre rapidement des décisions conformes à l'intérêt général des Rhénans. Il s'agira ni plus ni moins de relancer la navigation et les échanges sur le Rhin, de relever et faire prospérer l'économie de l'Ouest européen, de rapprocher les peuples rhénans, divisés par l'histoire et la guerre pour, en définitive, contribuer à ce que l'Europe renoue avec son rôle séculaire[13].

Pour ce faire, l'Europe voulue par l'UCCR devrait avant tout être une Europe des forces économiques coopérant dans un système institutionnel aussi léger que possible. Dans ce cadre, l'UCCR défend une vision « entrepreneuriale » du marché européen. Elle prend d'abord fait et cause pour une Europe du libre-échange, favorable aux entreprises qu'elle représente. Rappelons ici qu'au sein des chambres de commerce rhénanes les maîtres de forge, les patrons des mines de charbon, les bateliers, les capitaines des industries mécaniques et les banquiers sont fortement représentés. Aussi, pour l'Union, le rôle des Etats, des organisations internationales et des institutions européennes devrait-il se limiter à l'octroi de règles juridiques garantissant ces libertés. Liberté également pour les entreprises de s'organiser puisque, dans ce marché européen, elles devraient pouvoir créer des ententes, c'est-à-dire organiser le marché selon leurs intérêts[14].

Dès sa création, l'Union défend cette Europe libérale. Elle prend par exemple fait et cause pour que la navigation rhénane soit organisée de façon libérale. Sur ce point, l'UCCR est à l'unisson avec la Commission centrale pour la navigation sur le Rhin (CCNR). Instituée en 1815 par le congrès de Vienne, la CCNR, première organisation internationale contemporaine, chargée d'organiser la navigation sur le Rhin, avait arrêté dès 1868, par l'acte de Mannheim, la liberté de circulation sur le

---

12 « Protokoll über die Besprechung mit Herrn Dr. Van der Mandele, dem Vorsitzenden der Handelskammer von Rotterdam, über die Bildung einer Rhine-Development-Corporation auf dem Dampfer Bismarck in Köln am 21. Februar 1949 », chambre de commerce de Cologne, sans date, Wirtschaftsarchiv Baden-Württemberg, Y 239 Bü 94, et « protocole de la réunion tenue à Rotterdam le 9 septembre 1949 entre les chambres de commerce rhénanes », sans date, Archives départementales de la Moselle (désormais ADM), 1547 Wd 356.
13 « Protocole de la réunion tenue à Rotterdam le 9 septembre 1949... », cité en note 12, et « protocole de la réunion tenue à Bâle les 10 et 11 mai 1950 de l'Union des chambres de commerce rhénanes », ADM 1547, Wd 356.
14 Sur ce point, voir M. Libera, « L'Union des chambres de commerce rhénanes et l'organisation du marché européen (1949–1975) : entre Europe du libre-échange et Europe organisée », in J.-D. Boyer – M. Carrez (dir.), *Marchés, réseaux commerciaux et construction de l'Europe*, Paris, L'Harmattan, 2016, pp. 109–123.

Rhin et proscrit toute discrimination entre pavillons[15]. Or, dès les années 1950, cette liberté de circulation et cette non-discrimination sont remises en cause par la République fédérale d'Allemagne qui entend réserver à sa seule flotte le cabotage entre les ports allemands et qui, à cette fin, décide en 1951 d'introduire une taxe de transit sur le gasoil pour les bateaux étrangers qui s'approvisionneraient dans un port allemand[16]. Très attachée à la liberté de circulation et à la non-discrimination entre pavillons, l'UCCR condamne vivement les pratiques allemandes[17]. Pour l'Union, le fonctionnement du marché européen doit être assuré par des règles juridiques – ici la garantie de la liberté de navigation et de la non-discrimination entre pavillons – fixées par les organisations internationales et les Etats qui s'assurent de leur respect, gage de la bonne activité des entreprises.

Cette activité des entreprises passe aussi, pour l'UCCR, par la liberté qui doit leur être accordée de s'entendre, de s'organiser, en d'autres termes de constituer des ententes. Elle soutient ainsi les armateurs des pays limitrophes du Rhin et de la Belgique qui ont conclu une convention sur le transport du charbon et des céréales, appelée convention de Kettwig, c'est-à-dire une sorte de cartellisation du transport fluvial, ici en amont du Rhin. L'UCCR entre sur ce point en conflit avec la Haute Autorité de la Communauté européenne du charbon et de l'acier (CECA) à propos des frets sur le Rhin. La position de la Haute Autorité est claire : elle s'oppose à toutes les formes de cartellisation, susceptibles, selon elle, de fausser la concurrence. Sur le Rhin, elle défend l'harmonisation des prix des transports par voie fluviale en fixant des frets *minima* et des frets *maxima*, de façon à obtenir une certaine harmonisation entre les frets nationaux, fixés par les Etats, et les frets internationaux, qui sont libres[18]. De son côté, l'UCCR conteste à la CECA le droit de réglementer le prix du transport des marchandises sur le Rhin. En agissant ainsi, la Haute Autorité limiterait la liberté de navigation, ce qui serait contraire à l'acte de Mannheim. L'Union condamne ainsi la politique dirigiste de la Haute Autorité en matière de fixation des frets et considère que seules les entreprises ont la légitimité pour négocier des accords, y compris en termes de prix[19].

---

15 Sur la CCNR, voir Jonkheer W. J. Van Eysinga – H. Walther, *La Commission centrale pour la navigation du Rhin*, Strasbourg, Commission centrale pour la navigation du Rhin, 1974 : J.-M. Woehrling, S. Schirmann, M. Libera (dir.), *200 ans d'histoire : La Commission centrale pour la navigation du Rhin*, Strasbourg, Carré Blanc Editions, 2015, et M. Libera, S. Schirmann (dir.), « La Commission centrale pour la navigation du Rhin : histoire d'une organisation internationale », in *Fare Cahier*, n° 13, 2017.
16 M. Libera, « La CCNR au lendemain de la Seconde Guerre mondiale 1945–1962 », in J.-M. Woehrling, S. Schirmann, M. Libera (dir.), *200 ans d'histoire : La Commission centrale pour la navigation du Rhin*, op. cit., pp. 190–193).
17 « Protocole de la réunion tenue à Bâle les 10 et 11 mai 1950… », cité en note 13, et « protocole de la réunion du Comité directeur de l'Union des chambres de commerce rhénanes tenue les 9, 10 et 11 juin 1954 à Linz et Gmüden », ADM, 1547 Wd 357.
18 D. Spierenburg, R. Poidevin, *Histoire de la Haute Autorité de la Communauté européenne du charbon et de l'acier. Une expérience supranationale*, op. cit., Bruxelles, Bruylant, 1993, p. 404–411.
19 « Protocole de la réunion du Comité directeur de l'Union des chambres de commerce rhénanes tenue le 25 juin 1956 à Metz », ADM, 1547 Wd 358.

Au total, l'Union défend la constitution d'une Europe économique ordo-libérale dans laquelle les entreprises devraient bénéficier du maximum de libertés, y compris de celles de créer des ententes, les puissances publiques nationales ou supranationales ayant pour mission principale la fixation des cadres réglementaires nécessaires à leur action. Cet engagement libéral se traduit par la volonté de constituer un grand marché et donc une grande Europe.

Sur ce point, l'UCCR est en décalage par rapport à l'Europe telle qu'elle se construit à partir de 1950. Face à l'Europe des Six, l'UCCR forme en effet une Europe des Sept. Parmi ses pays membres, deux ne font pas partie du pool charbonacier : l'Autriche et la Suisse. Cette situation se confirme à la fin des années 1950, au moment de la création de la Communauté économique européenne (CEE) et de l'Association européenne de libre-échange (AELE). Là encore, l'UCCR n'est réductible à aucun des deux projets, ses membres relevant pour partie de la CEE, pour partie de l'AELE. En fait, cette contradiction n'est qu'apparente, l'Union plaidant, dès sa création, pour une grande Europe, qui réunirait la CEE et l'AELE[20].

Cette grande Europe économique devrait d'ailleurs, selon l'Union, transcender les frontières politiques et les cloisonnements idéologiques de la guerre froide. Par les projets de liaison entre le Rhin et le Danube qu'elle soutient depuis sa création, l'UCCR défend, dès 1949, l'idée d'un espace économique comprenant des pays d'Europe occidentale et des Etats d'Europe centrale et orientale[21]. Ces projets de dépassement des blocs se renforcent dans les années 1970, d'une part grâce aux progrès de la Détente, d'autre part à la faveur de l'avancement des travaux pour une liaison Rhin-Danube. Des contacts sont alors noués avec les chambres de commerce de Budapest, de Bucarest et de Belgrade[22].

En définitive, la vision européenne de l'UCCR est avant tout singulière dans son projet de construire l'Europe par le « bas » et de faire des milieux économiques les principaux protagonistes de cette grande Europe libérale. Force est cependant de constater que l'Union peine à mettre en œuvre son projet européen.

---

20 « Allocution de Jean Wenger-Valentin, président de l'Union des chambres de commerce rhénanes », annexe n° 6 au procès-verbal de l'assemblée générale de l'Union des chambres de commerce rhénanes, 23 avril 1969, ADM, 1547 Wd 362.
21 Protocole des réunions des 9 septembre 1949 et 10 et11 mai 1950, cités en note 13.
22 « Compte rendu de la réunion du Comité directeur et de l'assemblée générale de l'Union des chambres de commerce rhénanes des 26 et 27 mai 1970 », annexe n° 5 au procès-verbal de l'assemblée plénière de la chambre de commerce et d'industrie de Strasbourg, 1er juin 1970, Archives départementales du Bas-Rhin (désormais ADBR), 1430 W 67, et « Comité directeur de l'Union des chambres de commerce rhénanes des 3 et 4 novembre 1973 », procès-verbal de l'assemblée plénière de la chambre de commerce et d'industrie de Strasbourg, 17 décembre 1973, ADBR, 1430 W 70.

LES RAISONS D'UN ECHEC

Les raisons de cet échec sont multiples. L'échec se mesure d'abord à l'aune de la construction européenne telle qu'elle se fait dans les années 1950 : tandis que l'Europe voulue par l'UCCR piétine, les créations d'organisations et d'institutions européennes se multiplient : Conseil de l'Europe (1949), Communauté européenne du charbon et de l'acier (1951), Communauté économique européenne (1957), Association européenne de libre-échange (1960)

L'incapacité de l'Union à faire valoir et à mettre en œuvre ses projets est en fait liée à des difficultés internes. Celles-ci sont d'abord inhérentes aux institutions dont s'est dotée l'Union. En tant que groupement libre de chambres, l'Union est administrée dès 1949 par un comité directeur au sein duquel chaque délégation nationale dispose de deux représentants. Le comité directeur élit un président et six vice-présidents. Chacune des délégations nationales, quelle que soit son importance réelle, dispose donc du même nombre de représentants au sein du comité directeur – deux – et obtient obligatoirement la présidence ou une vice-présidence. Dans le même ordre d'idée, chaque groupe national compte une voix à l'assemblée générale. Cette organisation vise en fait à éviter que la délégation ouest-allemande, qui compte 24 des 36 chambres membres, domine le fonctionnement de l'Union, qui est avant tout présidé par un souci d'équilibre entre les délégations nationales et par la recherche de consensus. D'ailleurs, l'assemblée générale ne peut prendre de décisions qu'à l'unanimité, sans laquelle elle ne peut émettre que des vœux. La règle de l'unanimité qui, *de facto*, donne un droit de veto à chacune des délégations nationales, interdit également à l'Union de prendre position sur des sujets controversés en son sein et, partant, de pratiquer des arbitrages, de voir se dessiner des majorités, de s'engager sur des projets ambitieux[23]. Bref, les institutions de l'UCCR la rendent peu opérante.

L'Union manque par ailleurs de moyens pour peser en Europe auprès des décideurs et réaliser ses projets. Un véritable bras armé lui fait défaut. A l'origine, l'UCCR avait prévu de créer, sur le modèle de la *Tennessee Valley Authority*, une *Rhine Development Corporation* (RDC). Celle-ci aurait permis la mise en commun des efforts, notamment financiers, des chambres rhénanes, nécessaire pour entreprendre des actions qui auraient dépassé la capacité de chacune d'elles et pour lesquelles une aide mutuelle aurait été requise. La RDC aurait ainsi dû concourir à l'amélioration de la navigabilité sur le Rhin par la construction de ponts, d'écluses, de barrages, de centrales électriques, à la canalisation des affluents du Rhin et à l'achèvement d'une ou plusieurs liaisons entre le Rhin et le Danube. Il était également prévu que la RDC se fisse l'avocate des projets de l'Union auprès des responsables de l'*Economic Cooperation Administration* (ECA) en Europe et, plus généralement, des intérêts américains, afin de dégager les fonds nécessaires. La RDC aurait dû être une structure de financement transnationale. Les Etats européens, qui en auraient approuvé la constitution, n'en auraient pas fait partie. Elle n'aurait été

---

23 Note sur les projets de statuts de l'Union des chambres de commerce rhénanes, 9 septembre 1949, ADM, 1547 Wd 356.

portée que par l'économie libre et aurait de ce fait été une « *private corporation* » qui aurait eu vocation à accélérer et à rationaliser la renaissance économique des pays riverains du Rhin[24]. Le projet de RDC n'a malheureusement pas abouti. Il est abandonné pour des raisons juridiques. Les statuts de la RDC n'auraient en effet pas pu être les mêmes dans tous les pays. En France par exemple, une modification législative aurait été nécessaire pour que les chambres puissent adhérer à ce type de société. Elle aurait été difficile à obtenir et les chambres françaises n'y tenaient guère. La création de la RDC n'a par ailleurs pas convaincu tous les membres de l'Union. Les compagnies allemandes doutaient de son utilité réelle. Face à l'opposition conjuguée des Français et des Allemands, le projet de RDC était condamné[25]. Mais en renonçant à constituer une société du type de la RDC, l'Union s'est privée de la possibilité de collecter des fonds qui auraient permis de mettre en œuvre ses projets. Elle doit donc en rabattre sur le plan financier d'autant que les contacts pris avec différentes personnalités pour obtenir des financements du plan Marshall, des prêts de la Banque mondiale ou des dons de fondations privées n'aboutissent pas. Le budget de l'Union se réduit par conséquent aux seules cotisations – réduites au strict minimum – de ses membres[26]. Il n'est en rien suffisant pour financer des actions de grande ampleur, à commencer par la promotion de l'Europe que l'Union défend.

Après dix ans d'existence, l'Union des chambres de commerce rhénanes affiche tous les symptômes d'une association vieillissante : ses principaux projets – la formation d'une Europe des forces vives, la création d'une *Rhine Development Corporation*, la liaison Rhin-Danube – n'ont pas abouti ; le nombre de ses membres stagne ; sa direction n'a pas changé depuis sa création[27]. Or la nouvelle donne internationale qui se met en place à partir du début des années 1960 avec, d'une part l'entrée en vigueur de la CEE et de l'AELE, d'autre part la fin de la guerre froide *stricto sensu* et le début de la détente, modifie les enjeux européens et appelle une refondation de l'Union.

VERS UN GROUPE DE PRESSION TRANSNATIONAL RHENAN

Cette refondation passe par la réorganisation du fonctionnement de l'Union, par un programme d'actions plus concret et recentré sur l'espace rhénan et par un lobbying plus actif auprès des instances internationales et des décideurs politiques.

---

24 « Protokoll über die Besprechung mit Herrn Dr. Van der Mandele », cité en note 12, et note sur la « *Rhine Development Corporation*. Projet d'acte de fondation », 16 juillet 1949, ADM, 1547 Wd 356.
25 « Protocole de la réunion tenue à Bâle les 10 et 11 mai 1950 », cité en note 13, et « protocole de la réunion du comité directeur de l'UCCR tenue le 16 octobre 1950 au Luxembourg », ADM, 1547 Wd 356.
26 « Protocole de la réunion de l'UCCR tenue le 6 octobre 1956 à Constance », ADM, 1547 Wd 358.
27 Karl Paul van der Mandele préside l'UCCR de sa création, en 1949, à la fin de l'année 1965.

C'est à partir de 1965 que les statuts de l'Union sont redéfinis. L'objectif de la réforme est d'aboutir à la création d'un véritable réseau des chambres de commerce rhénanes auquel les compagnies s'identifieront davantage et au sein duquel elles seront véritablement actives. Pour ce faire, la présidence devient tournante de façon à pouvoir être exercée par chacune des délégations nationales représentées dans l'Union. Dans le même esprit, le mandat du président, fixé à trois ans, n'est plus renouvelable. Le Comité directeur de l'Union est considérablement élargi et un secrétariat permanent est créé et domicilié auprès de la compagnie strasbourgeoise, quel que soit le lieu de la présidence, dans le but de doter l'Union d'une structure administrative pérenne rendre son travail plus efficace. Strasbourg est choisie parce que la métropole alsacienne est le siège de la CCNR mais aussi celui du Conseil de l'Europe, au sein duquel la compagnie bas-rhinoise représente déjà la Conférence permanente des chambres de commerce de la Communauté économique européenne[28]. La réforme ne se limite pas aux statuts de l'Union. Elle concerne également ses méthodes de travail. Les liens entre les chambres sont intensifiés par l'organisation de rencontres plus fréquentes entre les présidents et les secrétaires généraux des compagnies membres ainsi que par la publication d'un bulletin d'informations et d'un annuaire[29].

Par ailleurs, l'Union mesure à cette époque davantage que par le passé le poids de la zone rhénane en Europe. En 1968, l'UCCR comprend 72 compagnies consulaires et s'étend sur un territoire de 213 000 km² comptant 39 millions d'habitants, parmi lesquels 15,6 millions sont actifs, dont 6,5 millions dans l'industrie[30]. Pour les membres de l'Union, la zone rhénane est par conséquent appelée à jouer un rôle important au niveau européen mais également à l'échelle mondiale[31]. Aussi les grands chantiers qui l'avaient occupée entre 1949 et 1965 – la question des voies navigables, les problèmes des ressources et de la pollution – sont-ils considérablement « élargis afin de tenir compte des nouvelles exigences de l'actualité »[32]. Dès lors, l'Union nourrit de nouvelles ambitions. Elle entend d'abord être un centre de

---

28 « L'Union des chambres de commerce rhénanes. Proposition de programme de travail proposé par la délégation française », annexe n° 14 au procès-verbal de la séance plénière de la CCI de Strasbourg, 11 octobre 1965, ADBR, 1430 W 62.
29 « Compte rendu de la réunion du Comité directeur de l'UCCR », 2 mars 1966, procès-verbal de la séance plénière de la CCI de Strasbourg, 4 avril 1966, ADBR, 1430 W 63, « compte rendu de la réunion du Comité directeur de l'UCCR », 3 novembre 1967, annexe n° 2 au procès-verbal de l'assemblée plénière de la CCI de Strasbourg, 11 décembre 1967, ADBR, 1430 W 64, « compte rendu de la réunion du Comité directeur de l'UCCR », 12 janvier 1968, annexe n° 4 au procès-verbal de l'assemblée plénière de la CCI de Strasbourg, 10 février 1968, ADBR, 1430 W 65.
30 « Compte rendu de la réunion du Comité directeur de l'UCCR », 3 mai 1968, annexe n° 2 au procès-verbal de l'assemblée plénière de la CCI de Strasbourg, 27 mai 1968, ADBR, 1430 W 65.
31 « Compte rendu de la réunion du Comité directeur de l'UCCR », 24 septembre 1969, annexe n° 2 au procès-verbal de l'assemblée plénière de la CCI de Strasbourg, 27 octobre 1967, ADBR, 1430 W 66.
32 « Allocution de Jean Wenger-Valentin, président de l'UCCR », annexe n° 6 au procès-verbal de l'assemblée générale de l'UCCR, 23 avril 1969, ADM, 1547 Wd 362.

réflexion et de propositions dans une Europe sans frontières, regroupant des pays de la CEE aussi bien que ceux de l'AELE. Pour ce faire, elle coopère avec l'université de Strasbourg à la création, à la fin des années 1960, d'un Centre rhénan, chargé de l'étude scientifique de toutes les dimensions – historique, géographique, économique, culturelle, juridique – de l'espace rhénan[33]. L'Union compte par ailleurs poursuivre son action en faveur du développement européen autour de deux grands axes fluviaux, celui reliant le Rhin au Danube, et celui de la mer du Nord à la mer Méditerranée. Dans le même ordre d'idées, elle entend se concentrer sur les problèmes d'aménagement du territoire et d'action régionale. En fait, l'Union voit dans la zone rhénane un espace économique dont la prospérité dépend de sa capacité à entretenir des contacts et des liaisons par-delà les frontières administratives et politiques[34]. Pour ce faire, l'UCCR promeut l'intensification de la coopération entre les chambres frontalières et a un rôle précurseur dans le renforcement de la coopération transfrontalière[35]. L'objectif de l'Union est au fond de développer la solidarité et les vues communes entre Rhénans, mais également entre Rhénans et Danubiens ainsi qu'entre Rhénans et Méditerranéens. Comprenant que la montée en puissance de la CEE est inéluctable, l'Union s'attache, sur tous les dossiers qu'elle traite, à rechercher les coordinations indispensables entre ses différents membres. En d'autres termes, l'UCCR développe pour son domaine d'action principale – celui de la navigation et des voies d'eau – une politique tendant à l'uniformisation des législations, politique qui semble aller dans le même sens, voire compléter, celle menée par la CEE dans d'autres domaines[36].

Mais pour se doter des moyens de réaliser son programme, l'Union doit renforcer sa notoriété et être reconnue sur la scène internationale comme l'une des principales associations patronales représentatives des intérêts économiques rhénans. A l'heure de l'Europe, il faut faire connaître l'Union auprès des instances européennes et internationales. Grâce à la domiciliation de son secrétariat permanent à Strasbourg, il est désormais plus facile aux membres de l'Union de nouer des contacts avec les organisations internationales qui ont également leur siège dans la capitale alsacienne. Les échanges de vues qui avaient lieu périodiquement avec la CCNR sont renforcés[37]. En 1967, l'Union obtient par ailleurs le statut consultatif d'organisation internationale non gouvernementale de catégorie I auprès du Conseil de l'Europe qui lui reconnaît ainsi « l'exercice d'une compétence étendue dans au

---

33 « Compte rendu de la réunion du Comité directeur de l'UCCR », 24 septembre 1965, annexe n° 2 au procès-verbal de l'assemblée plénière de la CCI de Strasbourg, 11 octobre 1965, ADBR, 1430 W 62.
34 « Allocution de Jean Wenger-Valentin, président de l'UCCR », citée en note 33.
35 Sur ce point, M. Libera, *Diplomatie patronale aux frontières, op. cit.*, pp. 175–193 et 226–240. Sur la question des jumelages économiques transfrontaliers, M. Libera, « Les jumelages économiques franco-allemands. Le cas des chambres de commerce et d'industrie de Colmar et de Fribourg-en-Brisgau », in *Revue d'Allemagne et des pays de langue allemande*, 2017, n°1, pp. 209–222.
36 « Compte rendu de la réunion du Comité directeur de l'UCCR », 24 septembre 1965, cité en note 34.
37 Ibid.

moins un domaine important de ses activités »[38]. Grâce à ce statut, l'Union peut, après consultation du secrétaire général de l'organisation, proposer au bureau de l'Assemblée consultative du Conseil de l'Europe l'inscription de questions à son ordre du jour[39] et elle peut participer à certaines actions du Conseil. En 1969, elle s'engage ainsi à ses côtés dans une campagne de lutte contre la pollution du Rhin tout en rappelant avec force que l'adoption de lois contre la pollution des eaux ne devra en aucun cas nuire aux intérêts des entreprises par des contributions financières qui pèseraient sur les seuls acteurs économiques. De la même façon, cette lutte contre la pollution ne devrait pas entraîner des distorsions de concurrence entre les établissements industriels des différents Etats européens ou « perturber le libre jeu du marché international auquel [ces derniers] sont quotidiennement confrontés »[40]. Bref, si l'UCCR est favorable à la dépollution des eaux du Rhin, elle refuse que cette dernière soit uniquement financée par les acteurs économiques auxquels elle nuirait alors considérablement. Toujours sur le plan européen, l'Union est en relation avec la Commission de la CEE et la Banque européenne d'investissements qu'elle sollicite pour le financement de ses grands projets d'infrastructures fluviales. Par le truchement des projets d'aménagement de voies navigables en Europe, l'Union noue également des contacts avec la Commission économique et sociale pour l'Europe de l'Organisation des Nations unies. Elle envoie périodiquement ses représentants à Genève où ils participent aux réunions de la Commission et présentent le point de vue des chambres[41].

Dans les années 1960, l'Union se fait également plus présente auprès des décideurs politiques nationaux. Sur les différents projets qu'elle soutient, il n'est pas rare que l'Union invite désormais des ministres, des membres de commissions nationales, des experts gouvernementaux qui lui donnent l'avis de leur pays[42]. La constitution de groupes nationaux de chambres en son sein traduit parfaitement la préoccupation de l'Union d'être davantage à l'écoute des intérêts des pays membres. Le développement du projet de liaison entre le Rhin et le Danube conduit également les chambres à entrer en contact avec les autorités gouvernementales de plusieurs pays de l'Est : la Hongrie, la Roumanie, la Yougoslavie[43].

---

38 Livret sur les relations entre le Conseil de l'Europe et les organisations internationales non gouvernementales, Conseil de l'Europe, sans date, ADBR, 1652 W 149.
39 *Ibid.* Voir aussi le « compte rendu de la réunion du Comité directeur de l'UCCR », 3 mai 1968, cité en note 31.
40 Lettre de Jean Wenger-Valentin, président de l'UCCR, au secrétaire général du Conseil de l'Europe, sans date (postérieure au 26 mai 1970), ADM, 1547 Wd 362.
41 Voir les comptes rendus des réunions du Comité directeur de l'UCCR, 12 janvier 1968, 26 et 27 mai 1970, 3 et 4 novembre 1973, annexés aux procès-verbaux de l'assemblée plénière de la CCI de Strasbourg, 10 février 1968, 1er juin 1970, 17 décembre 1973, ADBR, 1430 W 65, 67 et 70.
42 En janvier 1967, l'UCCR accueille par exemple Pierre Sudreau, ancien ministre, président de la Société d'étude Mer du Nord – Méditerranée. Voir le « compte rendu de la réunion du Comité directeur de l'UCCR », 9 janvier 1967, annexe n° 7 au procès-verbal de l'assemblée plénière de la CCI de Strasbourg, 10 mars 1967, ADBR, 1430 W 64.
43 « Compte rendu de la réunion du Comité directeur de l'UCCR », 24 septembre 1969, annexe n° 2 au procès-verbal de l'assemblée plénière de la CCI de Strasbourg, 27 octobre 1969, ADBR,

CONCLUSIONS

Au total, les années 1960 marquent un véritable renouveau de l'UCCR. En renouant avec les missions classiques des compagnies consulaires – l'expertise, le lobbying auprès des décideurs – et recentrant son action sur des projets concrets – les liaisons entre grands bassins fluviaux européens – centrés sur l'espace rhénan, relevant de ses domaines traditionnels de compétence, l'Union gagne en influence et en efficacité : elle soutient activement la canalisation de la Moselle et, plus encore, la réalisation du canal de grand gabarit Rhin-Main-Danube, inauguré en 1992, qui relie le Main, affluent du Rhin, au Danube. Mais, pour ce faire, il lui a fallu abandonner ses ambitions initiales d'être à l'origine d'une grande Europe libérale des forces économiques, ambitions qui n'étaient en réalité que des chimères au regard des moyens financiers et d'action dont elle disposait réellement. Reste que son projet, singulier, renvoyait en fait à l'Europe que plébiscitaient certains milieux économiques regroupant avant tout des grandes entreprises dans des secteurs importants : la sidérurgie et l'industrie minière, la batellerie et le commerce, le secteur bancaire et les industries mécaniques. Force est de constater qu'avec la création de l'Union européenne, les projets autrefois portés par l'UCCR sont devenus, pour partie au moins, réalité.

1430 W 66, et « comité directeur de l'UCCR », 3 et 4 novembre 1973, procès-verbal de l'assemblée plénière de la CCI de Strasbourg, 17 décembre 1973, ADBR, 1430 W 70.

ENLIGHTENMENT, BALANCE, NAVAL SUPREMACY, AND DIVERGENCE

A SEARCH FOR THE BEGINNINGS OF MODERN EUROPEAN THOUGHT

Jürgen Elvert

The Peace Treaty of Utrecht of 1713 is considered the first classic example of the implementation of a leitmotif of European policy that had emerged from relevant political ideas of the 17th century: the balance principle. It developed from the insight that there was neither any institutionalised cooperation between the developing sovereign states of Europe nor any generally accepted principles for regulating their power relations. Especially important for this insight were the theories of state concepts by Bodin or Macchiavelli, however also those by Thomas Hobbes or John Locke. Since the early 16th century, they had shaped the idea that the relations of the European states might be based on the balance principle.

The balance principle suited the times. It seemed to realise in the political realm what the emerging natural sciences believed to have discovered as the construction principle for man and universe. For example, the medicine of those days – indeed by reaching back to ancient traditions – supported a balance of the various humours as a precondition for health. According to Isaac Newton, even the universe had to be understood as one gigantic equilibrium. And the moral philosophy of the time considered the harmony of reason and passions an expression of the highest form of human existence. Insofar it seemed to be natural to apply this model also to the world of states, to the civic liberty and outer independence of states.

The balance model as a political principle of order was particularly popular in Great Britain, where, in the 18th century, political decision-makers recognized that the balance of the continental states made sure that the British Isles were independent and could unfold their power overseas. In this respect, Britain's location on the fringes of Europe turned out to be an advantage. It is thus no surprise that in many respects the balance principle was also a subject for considerations on the theory of state. For example, David Hume in his essay 'On the balance of power' (1752) made the attempt to provide the balance principle with European dignity. In this context he referred to antiquity as a model, among others, when already Polybius had demanded that 'never one should cease to be careful, that never one should help any power to become so superior that one would not even be capable of claiming stipulated rights from it'. From this Hume concluded that the formation of large empires was against human nature as such.

Immanuel Kant, on the other hand, did not approve of the idea that lasting peace in Europe could be achieved by help of a balance of power. However, although he believed this to be a 'pipe dream', still he assumed that the desired state of public safety would force the people to identify some law of balance as well as a reasonable, unifying power to enforce it. This way Kant developed the concept of a universal balance of the political world as a possible and morally necessary idea of 'eternal peace'. That this peace would be a European peace, after all, was only logical according to his train of thought. Thus seen, also the peace utopias of the 18th century give expression to a European consciousness according to which the states, although waging bloody wars against each other, were members of one community of nations. Such a view is found in many papers of the time. Voltaire explicitly understood Europe to be a literary republic, in Edmund Burke we read of the 'citizen of Europe' who in none of its regions could really feel as a stranger, and diplomat Georg Friedrich von Martens considered Europe a society of nations and states, all of them with their own laws, habits and principles which, however, could be realised only if each individual member of this society showed consideration for the other ones.

The idea of balance because of 'reasonable' political and moral behaviour is an essential feature of European Enlightenment. In the subsequent elaborations the attempt shall be made to demonstrate that European Enlightenment and thus one of the crucial elements of European and Western modernity is immediately related to Europe's overseas aspirations and the establishment of European global naval supremacy.

According to the global collective memory, the 'discovery' of America was Columbus's achievement. The relevant literature furthermore points out to the trips of the Vikings to Greenland and Newfoundland and mentions two or three well-known Portuguese seafarers who are said to have discovered the sea route to India even earlier. However, whereas we can reconstruct Columbus's first crossing of the Atlantic almost in minute detail, there is comparably little information about Bartolomeu Diaz or Vasco da Gama. However, without the achievements of these and other Portuguese seafarers and merchants, without the Portuguese Crown as well as private investors purposefully supporting their overseas expeditions, the Europeans would not at all have been capable of reaching out across the seas.

The fact that these days the discovery of Europe is commonly attributed to Columbus and Spain, whereas the Portuguese contribution is at best mentioned in passing, might have to do with the ways in which the thus connected information was passed on. For, the contemporaries were able to extendedly report on Columbus's voyages because at that time modern printing was already intensively used. On the other hand, much of our knowledge of the Portuguese achievements in the context of discovering the overseas world comes from the reports of contemporary chroniclers which were edited as late as in the mid-19th century and were thus only then made accessible to the sciences. Briefly speaking: the Portuguese discoveries and maritime achievements had been 'too early' to have been appropriately considered by the collective memory![1] Most of the comparably rare pieces of information come from the workshop of one of the earliest Portuguese printers, Valentim Fernandes, who was probably of Moravian origin[2]. Only the Portuguese version of his name is known today, but year and place of his birth are unknown. In his works and letters, he frequently said that he originated 'from Moravia' (*de Moravia* or *de la provincial de Moravia*), later he preferred the addendum 'from Germany' or 'the German' (*Alemão*).

Valentim Fernandes was also active as an author. Among his works there count a history of Portugal from the point of view of a contemporary witness, a genealogical paper on Emperor Maximilian's matrilineal pedigree, as well as an anthology of reports on the Portuguese trips and discoveries on the west coasts of Africa and India. One of Valentim Fernandes's most important works was printed in the year 1500. A compilation of travel accounts of the Portuguese explorations which is considered the first compilation ever of travel accounts from the age of discoveries. He was able to compile these accounts because he was granted access to ships' masters having returned from their trips to India immediately after they had reported to the King himself. This privilege allows for the conclusion that King Manuel himself had a great interest in informing German trade companies about the Portuguese overseas discoveries, for only they could deliver silver ore, copper ore and brass ore, which were so much demanded in Africa and India, directly to Lisbon or via intermediaries in Antwerp and other European emporia. Furthermore, Valentim Fernandes told his readers about the skills of the Africans when it came to producing objects of art. Obviously, he had been particularly impressed by the carvings made by African craftsmen from the region of today's Sierra Leone, probably after European models in the form of prints and/or metal prototypes. Fernandes was also fascinated by the exotic animals which, bit by bit, were taken to Europe from Africa, and he also portrayed them. Thus, probably the famous wood engraving *Das Rhinozeros* (The Rhino) by Albrecht Dürer from the year 1515 is based on drawings made by Fernandes – another indication of his skills as an artist.

Valentim Fernandes is one example of how much the history of the European states as well as the history of the European continent in the Modern Age – since about the end of the 15th century – was crucially influenced by its global connections. The global dimension of modern European history is thus also the history of European colonialism ad imperialism, however just the same it must also those repercussions as coming from the encounters of Europeans with 'others' must be taken into consideration. Due to the lack of better knowledge, the first encounters with 'others' were still characterised by a lack of understanding. The first judgements on 'others' were usually based on the knowledge available in Europe and in most cases came along with devaluating the 'other'. Thus, these literal pre-judices must rather be understood as a yardstick of European knowledge deficits instead of

---

1   On this see P. E. H. Hair, "Before Vasco da Gama", in *Bulletin of Spanish Studies: Hispanic Studies and Researches on Spain, Portugal and Latin America*, vol. 79, n°1, 2010, pp. 54–65.
2   On Fernandes see: J. Elvert, *Europa, das Meer und die Welt. Eine maritime Geschichte der Neuzeit*, München, Deutsche Verlags-Anstalt, 2018, pp. 44–47.

appropriate judgements on members of other civilisations. To the same degree this holds for the 'others'. These flawed judgements were recognized already by the contemporaries who in the course of time developed methods to be able to better understand the 'other' or the 'others'. Thus, the development of the European knowledge landscape and thus, after all, of modern European civilisation as a whole is much influenced – if not even characterised – by the desire, indeed the necessity, of understanding the abundant information coming to Europe as a result of encounters with the non-European 'others'. This concerns the differentiation of the sciences in Europe just like the adoption of certain non-European stylistic elements for European painting and architecture in the Modern Age. At the same time the Europeans covered the world with a dense network of maritime trade and traffic routes for the transport of humans, goods, and information. Via this network, European legal norms and moral values were transferred to all parts of the world, which lastingly influences the further development of the thus concerned regions still today. Thus, overseas conquests were usually organised according to the European model. This did not only concern the spatial organisation of the subjugated settlements and cities but also referred to prevailing law and the Christianity-based moral values, for better or for worse. Vice versa – and across the sea – information, goods and humans were taken to Europe from overseas or to other parts of the world. For example, the import of crop plants did not only result in a change of eating and consumption habits in Europe but also in a lasting change of Europe´s cultural landscape. And finally, the search for a better understanding of non-European matters resulted in a radical change of European thought, for Enlightenment as the foundation of the contemporary Western understanding of the sciences was considerably influenced by European intellectuals dealing with non-European phenomena between the 16th and the 18th century. Thus, even the founding fathers of the process of European integration belong to a tradition of thought which started in the 16th century. In the following this shall be demonstrated by three examples.

EXAMPLE NO.1: ON THE NECESSITY OF SYSTEMATICALLY THINKING IN NEW WAYS

During the first two decades of the 17th century, two books were edited which demonstrate the influence of European overseas activities as well as the significance of the thus gained new insights and experiences in the fields of geography and the natural sciences for the development of the European scientific landscape in the Modern Age. They are thus a suitable criterion for the further development of European scientific thought and work since then. Furthermore, they allow for concluding on the significance the contemporaries attributed to the sciences. On the one hand, there is *Regimiento de navegación e hydrografía*, written by Andrés Garcia de Céspedes and printed in Madrid, on the other hand there is *Instauratia Magna* by Francis Bacon, edited in London 14 years later. The author of *Regimiento* was the chief cosmographer of the *Casa de la Contratacíon* in Seville and counts among the most important pioneers of a cosmography which was, for the time, comparably modern and already oriented at mathematics and the natural sciences, connecting disparate disciplines such as geography, cartography, geodesy and astronomy. By appointing García the *Cosmografo Mayor* of *Casa de la Contratacíon* the Spanish King marked the end of the Crown's policy of non-disclosure as far as the scientific insights gained at the *Casa* and their application was concerned. Insofar García's work is also a kind of stock-taking of the navigational and hydrographic knowledge of the time, which over the preceding decades had been collected and assessed at the *Casa de la Contratacíon*.

Andrés García de Céspedes had acquired his skills at the Portuguese Court. By his *Regimiento* as well as his second main work, *Enmienda al Padrón Real*, he intended to provide evidence for the exactness of the records the Portuguese sailors and cartographers had been keeping throughout their trips across the Atlantic and Indian Ocean. García's appointment to cosmographer as well as his way of working thus mark a paradigm change of the Spanish history of the sciences, as it was, he who replaced the purely descriptive description of phenomena by a natural sciences-oriented analytical approach[3]. This was the first step towards a comprehensive understanding of nature and environment.

Here it is impossible to discuss the contents of *Regimiento de navigación e hydrografía* in detail. Pointing out to the fact that this work was designed as a kind of handbook of the most recent knowledge of the field of navigation may suffice. Furthermore, it provides insight into the work and way of working of *Padrón Real*. The book's frontispiece is of particular interest, as it shows astonishing similarities to Francis Bacon's *Instauratio Magna*. By his main work which, apart from *Novum organum scientiarium*, includes some more of his most important works on the theory of science, Bacon pursued an ambitious plan: he wanted to revolutionise the scientific understanding of his time. His choice of a title reflects his aspirations: he intended a 'great renewal' of the sciences. Although Bacon was not able to complete his work, it is still today considered a turning point of Europe's cultural history, for it marks the final turn away from medieval scholasticism and the turn towards classical empiricism, that is towards observing and experimental research. Insofar Bacon must be said to have been at least partly successful, although in several scientific disciplines the ways of proceeding he had suggested did not push through. Nevertheless, he made his fame in the pantheon of European thinkers of the Modern Age, as the first outstanding representative of British empiricism, for he is considered the founder of a scientific approach which became common first on the British Isles and then all over Europe.

In recent years, scientific works most of all from the Spanish region have demonstrated that Bacon's considerations were based on preliminary works coming from the Iberian Peninsula. For example, not only the frontispiece of *Instauratio Magna* was oriented at *Regimiento de navigación e hydrografía* by García de Cés-

---

3   On Fernandes see: J. Elvert, *Europa...*, *op. cit.*, pp. 44–47; "Cosmography and the New World", in *Bulletin of Hispanic Studies*, 87/7 (2010), pp. 887–888, here p. 888.

pedes, but also the latter's turn towards natural-scientific methods left clearly visible traces in Bacon's work. Indeed, having to cope with the forces of nature and being confronted with 'the other' overseas – independently of subject and place – in Portugal and Spain during the 16th century had made obvious that the traditional scientific methods as they had developed in Europe since antiquity – and particularly since the Middle Ages – were no longer sufficient. To be able to understand why, for example, certain prevailing winds in certain regions of the sea allowed for crossing the Atlantic or the Indian Ocean during certain seasons of the year and prevented crossings during other seasons, new experiences had to be processed and new approaches had to be tried out. Among this there counted e. g. new procedures of data collection.

In this context we may remind to the fact that the encounter with other cultures both overseas and in Europe had triggered the debate on the basic human rights, among others. The overseas territories the Europeans had discovered and conquered, their distance to the mother countries, resulted in the establishment of new practices of rule and administration. These were in the ideal case based on knowledge. That the contemporaries were indeed aware of this is demonstrated by the frontispiece of García's work. It was no coincidence that by the columns he had chosen a motif taken from the Spanish Royal coat of arms. After all, next to the Portuguese it had been the Spaniards who had gone beyond the end of the ancient world, marked by the Pillars of Heracles, to look for new worlds *plus ultra* – as it was the motto of Charles V.'s coat of arms – that is beyond the horizon.

On the one hand, García had intricately connected his new and for his time still revolutionary understanding of the sciences to the overseas activities of his 'employer', the Spanish Crown, but on the other hand he had also expressed that this new way of dealing with insights, knowledge and scientific questions was immediately connected to Portugal's and Spain's overseas expansion[4]. Thus, leaving the space marked by the Pillars of Heracles may as well have been a symbol of the triumph of this new way of thinking over the old one – and just the same of the contribution of seafaring to it. Furthermore, that in the frontispiece a ship crosses the border demonstrates the significance the contemporaries attributed to the expeditions of discovery and the thus gained new insights around the year 1600. That Francis Bacon used an almost identical motif for his main work allows for the conclusion that also for him the intellectual dealing with the new and unknown was not only the reason for revising old patterns of thought but also the starting point for fundamentally turning away from old traditions of thought and for turning towards new horizons of thought. Like his Portuguese and Spanish predecessors, also he knew the traditional tools could no longer guarantee an appropriate way of dealing with the information coming to Europe from across the seas. Furthermore, we might also interpret his making use of García's motif as a kind of symbolic bow to the achievements of the Iberian sailors, cosmographers, and cartographers in the context of the renewal of the canon of scientific methods in Europe.

---

4   On this see e. g. J. Canizares-Esguerra, "Iberian Science in the Renaissance: Ignored How Much Longer?", in *Perspectives on Science*, vol. 12, n°1, 2004, pp. 86–124, here p. 87f.

EXAMPLE NO. 2: RESTRUCTURING

Because of growing overseas trade – a result of the journeys of discovery – at first in Lisbon and later also at Portuguese trade posts elsewhere in Europe there developed a both lively and lucrative trade in animals and prodigies, with both Portuguese agents (*feitores*) and merchants from other parts of Europe participating. If initially animals and other goods were imported via Portugal and Mediterranean ports such as Marseille, during the 16th century the ports on the Atlantic and the North Sea became ever more important for this kind of trade. Apart from Amsterdam, in particular London and Lorient became important trading places for exotic goods[5]. It was from there that overseas imports were delivered to recipients all over Europe. Smaller animals such as parrots or monkeys served most of all for the wealthy bourgeoisie as evidence of their wealth and urbanity, whereas bigger animals such as elephants or rhinos were demanded as status symbols of the high nobility. Not seldom, the collecting of exotic goods became the starting point for establishing cabinets of curiosities or menageries. They gave the admiring subjects an impression of the power of the respective prince and furthermore allowed for first contacts to the fauna and flora existing beyond the boundaries of the European continent[6]. We may thus assume that some of those adventurers sailing into the world in the 16th century were indeed inspired by having been to such a cabinet or by stories about the strange exhibits at such establishments to seek their fortunes in other parts of the world.

The cabinets of curiosities of the Late Renaissance were in most cases designed as chambers where rarities, curiosities, and sometimes also materially valuable exhibits – showpieces indeed – were stored. Their origins may be supposed to have been in Italy, where in Bologna, Milan and Rome during the 15th century some families of patricians, wealthy humanist scholars and natural scientists, worldly and clerical dignitaries as well as noble families had formed a group of private collectors[7]. Usually, the exhibits collected in Italy and later elsewhere in Europe at first served for enhancing the reputation of the collectors who, by way of such cabinets, gave expression to their material wealth. Thus, when it came to choosing the showpieces, initially rather their symbolic value than systematics was in the fore – the more extraordinary and rarer an exhibit, the bigger one considered its symbolic and probably also material value. Accordingly, manmade objects (*artificalia*) were to be found next to objects from the realm of nature (*naturalia*). The showpieces were draped across the floor, presented on tables or in chests, or they were hanging on walls and from ceilings. Still today the *Grünes Gewölbe* in Dresden gives a good impression of the nature of such treasure cabinets[8]. If their stocks consisted mostly of paintings and ancient works of art – no matter if they were original pieces or

---

5 E. Baratay – E. Hardouin-Fugier, *Zoo. Von der Menagerie zum Tierpark*, Berlin, Wagenbach, 2000, p. 18.
6 Ibid.
7 H.-U. Thamer, *Kunst sammeln. Eine Geschichte von Leidenschaft und Macht*, Darmstadt, Philipp von Zabern, 2015, p. 37.
8 Ibid. p. 36.

copies – they were usually called arts cabinets, whereas at the curiosity cabinets most of all exotic pieces were kept at which visitors were looking with amazement. Thus, the latter were the places where exotic exhibits represented and depicted the world. Rare reptiles and fishes, corals, ostrich eggs, coconuts, ivory, or precious stones provided immediate contact to the non-European world, whereas valuable scientific instruments from the fields of astronomy, navigation and physics gave evidence to the Europeans' superiority over non-Europeans who were exhibited wearing exotic clothing or with comparably primitive weapons such as bow and arrow or together with other ethnologic rarities[9].

A way of dealing with the exhibits which, from today's point of view, would have been based on a scientific attitude would have required a precise contextualisation of each object, which was completely unimaginable in the 16th and 17th centuries. However, it must be assumed that over time the ever-greater wealth of material stimulated the contemporaries, interested in further information, to look for classification criteria by help of which the meaningfulness of the exhibits could be increased. At first, however, the treasures of the curiosity cabinets were most of all considered a confirmation, if not even an illustration, of existing book knowledge[10]. Thus, initially the cabinets were not places of knowledge production but places where already existing, however unassessed, knowledge became vivid or, in the truest sense of the word, understandable; thus, the exhibits were still no sources for information but sheer projection surfaces for European collectors and observers[11]. This was to change in the first decades of the 17th century.

To the same degree to which the flow of information from overseas to Europe was more coordinated and systematised and the recipients' expectations towards the expressiveness of the sources was growing, also the keepers of arts and curiosity cabinets had growing demands at the meaningfulness of the collected and presented exhibits. Accordingly, for example the curiosity cabinet of Danish physician, Imperial archivist and archaeologist Ole Worm, Latin: Olaus Wormius, may be considered a kind of hinge between the collection places common in those days and modern museums[12]. Worms did not only want to impress the visitors of his cabinet and make them wonder, but furthermore he provided them with a space of knowledge production and understanding. Whereas many of his contemporaries were still relying on unassessed information provided by travel accounts, he had an interest in demonstrating the meaning which could be attributed to an object outside its natural environment. For example, he succeeded with proving that one exhibit of his exhibition, a skull with a long horn, was not the remains of a unicorn but the skeleton head of a narwhale with its tusk[13]. Already Worm organised the exhibits of his collection, known as *Museum Wormanium* which has been preserved until

---

9   Ibid. p. 37.
10 D. Collet, *Die Welt in der Stube. Begegnungen mit Außereuropa in Kunstkammern der Frühen Neuzeit*, Göttingen, Vandenhoeck & Ruprecht, 2007, p. 349.
11 Ibid. p. 350.
12 On Worm see e. g. J. Shakelford, "Documenting the Factual and the Artefactual: Ole Worm and Public Knowledge", in *Endeavour*, vol. 23, n°2, 1999, pp 65–71.
13 Ibid. p. 67.

today as a part of the geological Museum of Copenhagen, according to a – however still comparably simple – system: minerals, flora, fauna, and artefacts. This classification provides the basis of a fist collection catalogue edited by his son, shortly after Worm's death.

Like the collections of curiosities in the curiosity cabinets, the keeping of exotic animals underwent a process of change during the 16th and 17th centuries. Initially, such compounds served mainly representation and reputation purposes or were meant as entertainment for their wealthy owners who kept the animals in gardens near their residences[14]. Also, there we can identify increasing systematisation during the 17th century. It started rather simply: by reaching back to ancient models, geometrically designed menageries according to the so called *Sternschneisensystem* (star swath system) were established, where animals were accommodated according to species[15]. The architectural design of the Versailles menagerie served as a model for many other menageries in Europe. There, at seven animal courts radiating from the central, octagonal salon of the maison de plaisance, several species were kept. This kind of representation was no longer only meant for entertainment, but it was also about applying a principle of order as an expression of a growing interest in organising and thus better understanding nature as such[16]. Gradually menageries became permanent establishments meant for continuity, reflecting the growing scientific interest in the animals kept there. Natural scientists such as Leonhart Fuchs, Robert Hooke, John Ray, and later Carl von Linné, Conrad Gesner, and Joseph Banks were essentially interested in organising the apparent chaos of nature and in this way working out classification systems[17]. Most of all they viewed at the outer appearance of the animals, for they were rather interested in discovery than in analysis. Initially they considered this way of proceeding the only valid criterion for the definition of typical features and for classification.[18] At least: already the observation of foreign animals at the menageries made strong differences to the existing descriptions obvious, contradictions were identified, and many a fantastic beast could be unmasked as such[19].

Today this gradual change of view at the curiosity cabinets and menageries is frequently considered part of a scientific revolution of the 17th century[20] which resulted in a considerable loss of significance of those literary authorities which previously had been crucially influencing the relevant discourse, and finally it even

---

14 B. Paust, *Studien zur barocken Menagerie im deutschsprachigen Raum*, Worms, Wernersche Verlagsgesellschaft, 1996, p. 194.
15 Ibid.
16 L. Dittrich, D. von Engelhardt, A. Rieke-Müller (Hg.), *Die Kulturgeschichte des Zoos*, Berlin 2001, Verlag für Wissenschaft und Bildung, p. 31.
17 O. Breidbach, „Naturgeschichte", in H. Thoma (Edit.), *Handbuch Europäischer Aufklärung. Begriffe – Konzepte – Wirkung*, Stuttgart/Weimar, Springer-Verlag, 2015, pp. 362–370, here pp. 362–364.
18 A. Baratay et al., *Zoo*, p. 76.
19 Ibid. p. 71.
20 On this see e. g. J. L. Heilbron, "Coming to Terms with the Scientific Revolution", in *European Review*, vol. 15, n°4, 2007, pp. 473–489.

produced the result that the sciences of the 18th century declared immediate observation the only valid criterion for credibility[21]. Thus, during the 17th century the exotica imported to Europe changed from being sheer prestigious objects to becoming subjects of scientific analysis, thus becoming the origin of today's museums and zoological gardens.

Although the scientific observation of exotic phenomena relativized in several ways the written accounts by travellers of the 16th century, still the latter had much influence on the early European reception of the non-European world and produced many a rumour of a wondrous overseas world. In the cases of Southeast Asia and the Indian Ocean such rumours may be supposed to originate from the printed accounts of travels and countries which had been written about this part of the world since the 16th century. Among the earliest accounts from this region, *Suma Oriental* by Tomé Pires may be supposed to have been the most famous one. The *Esmeraldo de situ orbis* manuscript by Portuguese ship's master, discoverer and cartographer Duarte Pacheco Pereira is considered the first attempt at an overall presentation of Portuguese discoveries from the time of Henry the Navigator until the rule of Manuel I., that is until the author's time. The King believed the nautical, geographic, and other information to be so significant that he declared the manuscript classified information and gave the order to keep it under lock and key. Then, in the 1570s, a copy came to the Spanish Court, whereas the original manuscript probably fell into oblivion and was rediscovered and made accessible to the public as late as in the 19th century.

EXAMPLE NO. 3: INTERDISCIPLINARITY

In contrast to earlier journeys of discovery, expeditions in the 18th century claimed to be much more scientific. Now the discoverers were accompanied by proven scientists who made experiments on board and on land and were supposed to both collect and assess insights. Among others, this reflects the growing significance the contemporaries had begun to attribute to the sciences, in particular the natural sciences, since the 16th century. The founding of the *Academia dei Lincei* in Rome in 1603, of the *Académie française* in 1635, of the Royal Society in London in 1662, among others upon the initiative of Bacon, of the *Académie des sciences* in Paris upon the initiative of Colbert, or of the *Kurfürstlich-Brandenburgische Societät der Wissenschaften* in 1700, which was initiated by Gottfried Wilhelm Leibniz, of the Russian Academy of Sciences in St. Petersburg in 1724, or of the *Académie royale des sciences, des lettres et des beaux arts* in Brussels in 1772 demonstrate the growing social-political significance of the sciences. On the one hand, the sheer amount of information which had reached Europe since the first European overseas voyages required restructuring and improved systematics to handle them, on the other hand in the age of mercantilism trade could be successfully done only based on reliable

---

21 Ibid.

knowledge. Obviously, those scientists and political decision-makers as being responsible for the founding of these renowned research institutions believed the traditional universities to be inappropriate or only partly appropriate when it came to accomplishing this task of restructuring and reassessment and thus brought scientific institutions into being which right from the beginning were meant for the exchange of knowledge in the sense of trans- and interdisciplinary cooperation. As their scientists used to exchange their views with leading representatives of their disciplines from all over Europe, the scientific academies of the 17th and 18th centuries were something like the nodes of a Europe-wide knowledge network where the latest theories were discussed, verified, or falsified. At the same time there was a lively competition, the activities of individual academies were carefully watched by the members of the other institutions, and they were even copied – if it seemed to be worthwhile.

Thus, competition had even arrived at the realm of the sciences, and during the 18th century it resulted in a fundamental revaluation of the relations between Europe and the rest of the world, at least as far as the European perception of the non-European world was concerned. Occasionally there happened remarkable alliances. For example, at the end of the 17th century the Protestant Royal Society, despite all its reservations towards the Jesuits, made efforts to start a cooperation with the Order because in London one had come to understand that the Society would considerably benefit from its worldwide information network, and could this way receive reliable information from regions of the world which would otherwise be inaccessible. Much of the London academy's knowledge stock on the Chinese and Indian civilisations of this time and on the Philippines came from this source[22].

Right from the beginning the Royal Society collected travel accounts and systematised and assessed the information found there, from which the natural sciences benefitted. Furthermore, by its *Directions for Seamen, Bound for Far Voyages* it compiled a catalogue of issues which provides indications of the observations desired by the members of the Academy and of how these were to be achieved. According to their own estimation, the members of the Society had *'begun to settle a correspondence through all Countreys (...) that in short time, there will scarce a Ship come up the Thames, that does not make some return of Experiments, as well as of Merchandize'*. According to this, trade was supposed to go hand in hand with the growth of knowledge and to serve Britain which would no longer just be *'mistress of the ocean, but the most proper seat, for the advancement of knowledge'*[23]. Thus, from the point of view of the Fellows of the Royal Society, trade and science were two sides of the same coin and the precondition for world and naval power.

However, the members of academies all over Europe had the same or at least similar views. They considered the knowledge of overseas particularities the key to European power. And more: it was advisable to acquire a certain degree of basic

---

22 J. Gascoigne, "The Royal Society, Natural History and the Peoples of the 'New World(s)'", 1660–1800, in *The British Journal for the History of Science*, vol. 42, n°4, 2009, pp. 539–562, here p. 550.
23 Quoted after ibid. p. 547.

knowledge of non-European specifics, for this promised social recognition, occasionally even social climbing. Against this background, at first the nobility since the 17th century increasingly turned towards scientific issues, preferably those connected to exotica. If initially physical objects had been collected and presented at menageries or arts cabinets, now scientific findings and insights became the subject of lectures and discussions in the salons of the European aristocracy. These salons developed at about the same time as the scientific academies but had no fixed circle of members and topics and were thus of rather an informal nature. There, new scientific insights were discussed but not – like at the academies – published. Anybody having skills, aspirations or knowledge was welcome to lecture at the salons, no matter if he/she was a layman, amateur scientist, or university graduate[24]. Even women were invited to these events, at some places – such as Paris – these so called *salonniéres* became even the main initiators of discussion groups. By way of organising such events, by inviting scientists and by discussing their topics, sometimes also by way of providing scientists with funding, the *salonnières* essentially contributed to rooting the sciences more firmly in society[25].

CONCLUSION

In this contribution I have made the attempt to demonstrate how, during Europe reaching out to overseas, the European understanding of the sciences changed fundamentally and became a foundation of European Modernity. In research, the term 'European miracle' has been coined for this, or when comparing Europe, the West and the rest of the world a 'great divergence'[26] has been stated. In this context, for example Samuel Huntington in the 1990s proposed the thesis of the 'Great Divergence' as an explanation pattern for the 'European miracle'[27], the rise of 'the West' – that is Western Europe and wide parts of the Western World during the Modern Age. For about two decades the question about the reasons for the growing global influence of Europe in the Modern Age has been an issue for several sciences[28]. Nevertheless, still today there is no convincing explanation for the Great Divergence, that is for the amazingly different development processes happening in Europe on the one hand and in other continents on the other since the 15th century and

---

24 G. Noordenboos, "Women in Academies of Science. From Exclusion to Exception", in *Women's Studies International Forum*, vol. 25, n°1, 2002, pp. 127–137, here p. 128.
25 Ibid.
26 E. Jones, *The European Miracle: Environments, Economies and Geopolitics in the History of Europe and Asia*, 4th edit., Cambridge, CUP, 2003.
27 K. Pomeranz, *Great Divergence: China, Europe and the Making of the Modern World Economy*, 2nd edit., Princeton, PUP, 2002.
28 A good overview of the various research approaches and theses on the debate on the causes for the *Great Divergence* is provided by P. Vries, "What We Do and Do Not Know About the Great Divergence at the Beginning of 2016", in Historische Mitteilungen der Ranke – Gesellschaft, vol. 28, 2016, pp. 249–297. See recently also A. Anievas – K. Nişancioğlu, "How Did the West Usurp the Rest? Origins of the Great Divergence over the Longue Durée", in: *Comparative Studies in Society and History,* vol. 59, n°1, 2017, pp. 34–67.

from which Europe, later 'the West', emerged as a global power since the 19th century. A comparison of the various explanatory models, with all their differences and no matter how convincing they may be, produces an astonishing result: obviously for all considerations, they may be oriented at Max Weber or Karl Marx or may come from the 'California School', the space, in our case: the sea – or better: global European naval supremacy – plays hardly any role at all. Just the same, research shows a tendency – perhaps necessarily given the source situation – of not considering Europe in the Early Modern Age one coherent interaction space but a space within which powers were frequently competing, so that different European regions achieved different degrees of development at different times. Granted, part of divergence research accepts that the competition of the European powers and the thus derived energies might provide an approach at an explanation for Europe's particular development compared to other regions of the world. However, it is difficult to accept competition as the sole explanation for Europe's leading role. Thus, rightly so inner-European rivalry is usually given as just one out of many factors leading to Europe's leading role. Among them there count 'typical' European specifics such as the separation of Church and state, the development of European legal thought, the Renaissance, the discovery of America, the Reformation, the Copernican turn, the scientific revolution and a number of other discoveries[29]. One or the other of the here mentioned specifics has certainly to do with the sea, yet still nowhere in the divergence debate one finds any hint that Europe's rule of the seas should be considered an important, if not the crucial reason for Europe's leading role in the Modern Age.

At first this makes one thing obvious: reducing the different development processes all over the world in the Modern Age to just structural or social or economic particularities provides no convincing explanation for the Great Divergence, like the occasionally stated assumption that Europe's global leading role was, after all, only the result of a sequence of coincidences. Certainly, coincidence played a role for Europe's rise which should not be underestimated, but this holds for many historical phenomena. And in most cases the comparison of social structures or processes with economic benchmark data rather indicates that certain phenomena are similar or indeed different from each other, thus rather indications whose explanation requires conclusions or only assumptions again. Then the phenomenon under analysis must be considered from many different points of view. As the search for an explanation for the divergence between Europe and the rest of the world is a global phenomenon, also its geopolitical dimensions and the thus connected consequences for Europe and the world should not be left out of consideration. From this perspective it is highly astonishing that such approaches are still hardly adapted for the appropriate studies[30]. And yet, as it is well-known, Walter Raleigh, one of the

---

29 P. Vries, *op. cit.*, p. 291.
30 See e. g. J. B. Hattendorf, *The Boundless Deep. The European Conquest of the Oceans, 1450 to 1840*, Providence, RI, John Carter Brown Library, 2003; or E. Mancke, "European Expansion, Oceanic Space, and the Creation of a Global International System", in D. Finamore (Edit.), *Maritime History as World History*, Gainesville, University Press of Florida, 2004, pp.

pioneers of British global activities, stated as early as at about 1615 that world domination requires naval domination: "For whosoever commands the sea commands the trade; whosoever commands the trade of the world commands the riches of the world, and consequently the world itself"[31].

149–166; also E. Mancke, "Early Modern Expansion and the Politicization of Oceanic Space", in *Geographical Review*, vol. 89, n°2, 1999, pp. 225–236.

31 W. Raleigh, "A Discourse of the Invention of Ships, Anchors, Compass, &c.", in *The Works of Sir Walter Raleigh, Kt.,* vol. 8 (1829, 1965 reprint), p. 317–334, here p. 325

LA VISION EUROPEENNE DE ROBERT SCHUMAN

ENTRE COOPERATION ET INTEGRATION

Marie-Thérèse Bitsch

« Est-ce que Schuman était favorable aux Etats-Unis d'Europe » ? C'est une question que m'a posée plusieurs fois Jacques-René Rabier[1], grand admirateur de Jean Monnet, qui exprimait souvent le sentiment que les deux pères de la Déclaration du 9 mai 1950 n'avaient pas tout à fait la même vision de l'Europe et que l'entente entre ces deux acteurs pour lancer le projet de Communauté européenne du charbon et de l'acier tenait un peu du miracle. C'est à cette question que je voudrais essayer de répondre dans cet article en l'honneur de mon collègue Eric Bussière, en me souvenant que nous avons eu l'occasion de nous interroger ensemble sur la place de la coopération et de l'intégration dans le processus de la construction européenne[2].

Pour cerner au mieux la pensée de Robert Schuman et son évolution, cet article analyse ses prises de positions sur l'unification de l'Europe, avant et après la Déclaration du 9 mai 1950 qui constitue un moment clé dans son action européenne, pendant et après sa présence à la tête du ministère français des Affaires étrangères qu'il dirige de fin juillet 1948 à tout début janvier 1953. Dans une première phase, Schuman, en tant que membre du gouvernement, défend certes une position officielle mais qui est largement définie sous son impulsion, selon ses options personnelles et, bien sûr aussi, en tenant compte des positions des pays partenaires avec lesquels la coopération est souhaitée. Par la suite, n'ayant plus de responsabilité politique de tout premier plan, il peut s'exprimer très librement et livrer le fond de ses convictions européennes.

LES ENGAGEMENTS DE ROBERT SCHUMAN,
MINISTRE DES AFFAIRES ETRANGERES (1948–1952)

Pendant quatre ans et demi, en tant que ministre des Affaires étrangères, Robert Schuman contribue à la mise en route de différents projets européens : Conseil de

---

1 Jacques-René Rabier a été un proche collaborateur de Jean Monnet, au Plan de modernisation et d'équipement de la France et à la Haute Autorité de la CECA.
2 E. Bussière et M.-Th. Bitsch, « Coopération et intégration dans le processus de la construction européenne », in Robert Frank (dir.), *Pour une histoire des relations internationales*, Paris, PUF, 2012, pp. 579–609.

l'Europe et Communauté européenne du charbon et de l'acier (CECA) qui vont effectivement voir le jour, Communauté européenne de défense (CED) et Communauté politique européenne (CPE) qui vont être abandonnées. Son rôle est décisif dans la création des deux premières de ces organisations.

Avant son arrivée au Quai d'Orsay, Schuman ne s'était guère exprimé publiquement sur la question de l'unification européenne, même si des témoignages, notamment sur l'époque de la Deuxième Guerre mondiale, attestent qu'il réfléchissait alors et échangeait parfois des idées sur l'avenir de l'Europe[3]. Mais à partir de 1948, aussi bien sa fonction que les circonstances internationales – la guerre froide qui se durcit, le plan Marshall d'aide américaine à l'Europe occidentale qui se met en place, le redressement de l'Allemagne de l'ouest qui se reconstitue en Etat – l'obligent à préciser ses conceptions en matière de politique européenne et à prendre des initiatives. Son premier geste de politique étrangère quand il arrive au Quai d'Orsay concerne l'organisation de l'Europe et va aboutir à la naissance du Conseil de l'Europe.

ALLER AU-DELA DE LA SIMPLE COOPERATION INTERGOUVERNEMENTALE ?

Trois mois après le Congrès de La Haye de mai 1948, une instance du Mouvement européen, le Comité international des Mouvement pour l'Unité européenne, adresse un mémorandum aux gouvernements des Etats d'Europe occidentale pour demander la création d'une Assemblée parlementaire européenne, « première étape vers une Union ou une Fédération ». Se poser la question : union ou fédération, c'est dire que les structures institutionnelles de cette Europe souhaitée restent indécises, faute de consensus entre les différentes associations regroupées au sein du Mouvement européen. Le mémorandum envisage bien le transfert ultérieur, par les Etats, de certains de leurs droits souverains vers une autorité européenne mais, dans l'immédiat, l'Assemblée devait être consultative et proposer aux gouvernements des mesures qui pourraient « assurer progressivement l'intégration politique et économique de l'Europe, développer les échanges culturels entre peuples européens, adopter une Charte des droits de l'homme, établir un projet de Cour de justice européenne »[4].

Robert Schuman n'est donc pas à l'origine du projet d'Assemblée mais il va investir beaucoup d'énergie pour le faire aboutir et pour en définir les contours institutionnels. Son engagement européen est alors étroitement lié à sa politique allemande[5]. Convaincu de ne pouvoir poursuivre à l'égard de l'Allemagne la politique

---

3   R. Poidevin, *Robert Schuman, homme d'Etat, 1886–1963*, Paris, Imprimerie Nationale, 1986, p. 131.
4   Mémorandum, 18 août 1948, in *Notes et Etudes documentaires*, n° 1081, Paris, La Documentation française, pp. 11 et 12.
5   R. Poidevin, « Le facteur Europe dans la politique allemande de Robert Schuman (été 1948–printemps 1949) », in R. Poidevin (dir.), *Histoire des débuts de la construction européenne, mars 1948–mai 1950,* Bruxelles, Bruylant, 1986, pp. 311–326.

de contrainte voulue par la France après la guerre mais refusée par les Américains qui veulent le redressement rapide de ce pays, il cherche comment intégrer l'Allemagne tout en rassurant les Français. L'idée de l'associer au sein d'une Assemblée parlementaire européenne lui parait un moyen plus efficace pour l'arrimer aux démocraties occidentales qu'une simple organisation intergouvernementale[6]. Il estime qu'il serait plus difficile de retirer une délégation d'une Assemblée de parlementaires élus que de s'abstenir de participer à un Conseil des ministres. De plus, les autorités françaises sont à la recherche d'une méthode nouvelle pour organiser l'Europe. Dès l'automne 1948, Schuman et une partie au moins de l'administration du Quai d'Orsay semblent prêts à envisager « une abdication volontaire d'une certaine partie de la souveraineté des Etats »[7].

Mais la position française se heurte aux vues des Britanniques qui ne souhaitent pas créer une Assemblée susceptible d'empiéter sur les prérogatives de Westminster et encore moins transférer des parcelles de souveraineté. Le gouvernement travailliste de Londres propose un simple Conseil de ministres représentant les gouvernements. Robert Schuman va batailler contre cette perspective purement intergouvernementale, au cours des réunions des ministres des Affaires étrangères des cinq pays du Pacte de Bruxelles (Belgique, France, Luxembourg, Pays-Bas, Royaume-Uni) qui se tiennent à Paris le 25 octobre 1948 et à Londres les 27 et 28 janvier 1949. Il continue un combat d'arrière-garde lors de la conférence des Dix, qui prépare le Statut de la nouvelle organisation et qui regroupe les cinq du pacte de Bruxelles et cinq nouveaux Etats invités à participer aux ultimes négociations (Italie, Irlande, Danemark, Suède, Norvège). Mais il ne parvient pas à obtenir autre chose qu'un compromis boiteux, prévoyant sous le nom de Conseil de l'Europe, une organisation bicéphale mais dissymétrique, avec une Assemblée purement consultative et un Comité de ministres qui prend les décisions. On est donc loin d'une « union », alors que Schuman aurait voulu au moins sauver cette appellation, et encore plus loin d'une fédération[8]. A aucun moment, il n'a été question de créer des « Etats-Unis d'Europe », concept qui apparait certes à l'époque dans le discours de certains militants de l'unité européenne mais reste extrêmement flou, sauf qu'il semble renvoyer au modèle des Etats-Unis d'Amérique.

Publiquement, malgré les reculades imposées, Robert Schuman ne juge pas trop sévèrement cette structure. Il insiste au contraire sur l'espoir que suscite cette expérience, sur le poids symbolique de cette organisation européenne, la première à être dotée d'une Assemblée de parlementaires. Le 5 mai 1949, lors de la cérémonie de signature du traité de Londres qui crée le Conseil de l'Europe, il déclare : « Aujourd'hui, nous jetons les fondations d'une coopération spirituelle et politique de laquelle naitra l'esprit européen, principe d'une vaste et durable union supranatio-

---

6 M.-Th. Bitsch, « Le rôle de la France dans la naissance du Conseil de l'Europe », in R. Poidevin (dir.), *Histoire des débuts de la construction européenne, mars 1948–mai 1950*, pp. 165–198.
7 *Idem*, p. 171.
8 *Ibidem*, p. 193.

nale »[9]. Un peu plus tard, dans le numéro spécial de la revue *Saisons d'Alsace* publié à l'occasion de la première session du Conseil de l'Europe à Strasbourg, dans l'été 1949, il écrit : « Notre siècle, témoin des catastrophes auxquelles aboutit l'incessant heurt des nationalistes et des nationalismes, doit tenter et réussir la réconciliation des nations dans une association supranationale, sauvegardant les particularités et les aspirations nationales mais les coordonnant comme se sont coordonnées les régions dans l'unité nationale »[10].

« Union supranationale », « association supranationale » : l'idée supranationale est donc bien présente dans le discours de Robert Schuman dès ses débuts au Quai d'Orsay. Sans doute est-elle un peu théorique, un peu floue. Mais la comparaison qu'il risque dans *Saisons d'Alsace* ne manque pas d'audace. Croit-il vraiment pouvoir unir les pays européens aussi étroitement que le sont les régions françaises ? Il faut sans doute laisser sa part à l'utopie des débuts ou au besoin de camoufler les points faibles du Conseil de l'Europe. Mais en tout cas, le mot n'est pas tabou pour lui et ne sera pas un épouvantail quand Jean Monnet lui présente le projet de pool charbon-acier, exactement un an après la création du Conseil de l'Europe.

COMMENT INCARNER LA SUPRANATIONALITE ?

Il est bien connu et reconnu que le texte, qui est passé dans l'histoire sous le nom de « Déclaration Schuman » du 9 mai 1950, a été élaboré en dehors du ministère des Affaires étrangères. Il est préparé en grand secret, par une petite équipe de proches collaborateurs ou amis de Jean Monnet qui dirigeait alors le Commissariat général au Plan dont la mission était la reconstruction et la modernisation de l'économie française[11]. Ce projet préconise une unification progressive de l'Europe, selon une vision fonctionnaliste : « L'Europe ne se fera pas d'un coup, ni dans une construction d'ensemble : elle se fera par des réalisations concrètes créant d'abord une solidarité de fait ». Il propose, dans un premier temps, la mise en place d'un marché commun pour le charbon et l'acier, deux secteurs-clés dans l'économie de l'Europe d'après-guerre et fait ainsi un triple pari. Sur le plan économique et social, cette intégration sectorielle peut favoriser la croissance, la prospérité et le bien-être. Ce modèle d'intégration pourrait alors s'étendre à d'autres secteurs, voire à l'ensemble de l'économie et, finalement aboutir à un système fédéral très différent de la coopération intergouvernementale. Enfin, sur le plan politique, sidérurgie et charbonnages étant des secteurs essentiels en France et en Allemagne, et essentiels pour les industries d'armement, cette association « exige que l'opposition séculaire de la

---

9   Brochure : *Conférence sur la création d'un Conseil de l'Europe, Palais de Saint-James, Londres, 3–5 mai 1949*, p. 23 (chacun des représentants des dix pays fondateurs fait une déclaration. Selon l'ordre alphabétique des pays membres, en langue anglaise, Schuman intervient en troisième position après l'ambassadeur de Belgique et le ministre des Affaires étrangères du Danemark).
10   *Saisons d'Alsace*, n°4, 1949, p. 280.
11   P. Gerbet, « La genèse du plan Schuman. Des origines à la déclaration du 9 mai 1950 », in *Revue française de Sciences Politiques*, 1956, n° 3, pp. 525–553.

France et de l'Allemagne soit éliminée », en contribuant ainsi à la paix mondiale. L'instrument de cette organisation doit être une institution d'un type nouveau, « une Haute Autorité commune »[12].

Paradoxalement, le mot « supranationalité » n'est pas inscrit dans la déclaration mais cet objectif est clairement affirmé, aussi bien par la composition prévue pour ce nouvel organe que par le caractère obligatoire de ses décisions. Le texte précise en effet : « La Haute Autorité commune chargée du fonctionnement de tout le régime sera composée de personnalités indépendantes désignées sur une base paritaire par les gouvernements » et « un président sera choisi d'un commun accord ». Les décisions de cette Haute Autorité « lieront la France, l'Allemagne et les pays qui y adhéreront ». Elles « seront exécutoires, en France, en Allemagne et dans les autres pays adhérents »[13]. Le texte ne laisse donc aucun doute sur le caractère supranational souhaité par Monnet et accepté par Schuman qui en prend la responsabilité politique.

C'est Robert Schuman qui fait adopter le projet, le 9 mai, par le conseil des ministres français dont certains membres, un peu surpris, n'en mesurent peut-être pas immédiatement toute la portée. C'est lui, également, qui présente ce « plan Schuman », lors d'une conférence de presse organisée à la hâte, le soir du 9 mai, au salon de l'Horloge du Quai d'Orsay. Bien évidemment, c'est aussi le ministre des Affaires étrangères qui, au nom du gouvernement français, invite d'autres Etats européens à participer à cette organisation. Surtout, avant l'ouverture de la conférence sur le plan Schuman chargée de négocier le traité fondateur de la nouvelle organisation, c'est lui qui demande aux gouvernements intéressés de s'engager à accepter préalablement le principe de la supranationalité. Précaution utile, pour Monnet qui tenait à la supranationalité et n'avait aucune confiance dans la méthode intergouvernementale et pour Schuman qui avait l'expérience décevante de la négociation pour le Conseil de l'Europe. Tous deux voulaient éviter de voir leur projet complètement dénaturé au cours des négociations[14].

Cinq gouvernements acceptent de s'engager sur ce principe. La République fédérale d'Allemagne (RFA) qui, depuis la défaite de 1945, n'avait pas encore retrouvé sa pleine souveraineté, notamment en politique étrangère, y voit l'occasion de bénéficier de l'égalité des droits au moins dans ce domaine et de mettre fin aux contrôles et contraintes qui pesaient encore sur sa sidérurgie. Le chancelier Adenauer accepte donc la supranationalité avec un certain enthousiasme. De même, l'Italie accepte sans réserve. Belgique et Luxembourg, sans doute moins enthousiastes, tiennent cependant à participer à l'aventure pour ne pas marginaliser leurs industries du charbon et de l'acier qui pèsent dans leur économie. Enfin, les Pays-Bas, qui n'ont pas une sidérurgie importante mais font partie du Benelux, décident de s'engager en se réservant le droit de se retirer de la conférence si la supranatio-

---

12 Texte de la Déclaration Schuman dans P. Gerbet, F. de La Serre et G. Nafilyan, *L'Union politique de l'Europe. Jalons et textes*, Paris, La Documentation Française, 1998, pp. 54–56.
13 Idem.
14 M.-Th. Bitsch, « La triple option de Paris. Pour une Europe supranationale et sectorielle autour d'un noyau franco-allemand », in A. Wilkens (dir.), *Intérêts nationaux et projet européen*, Bruxelles, Bruylant, 2004, pp. 145–164.

nalité, telle que définie au cours des négociations, semblait inacceptable pour eux. Quant au Royaume-Uni, producteur important de charbon et d'acier mais hostile à l'idée supranationale, il décide, après un long échange de notes avec Paris, de rester absent de la conférence du plan Schuman qui s'ouvre à Paris, le 20 juin 1950, entre six pays participants[15].

Si la délégation française à la conférence de Paris est présidée par Jean Monnet, Robert Schuman continue de s'impliquer pour expliquer les missions de la Haute Autorité et pour préserver le caractère supranational de la future Communauté du charbon et de l'acier. Dès le 7 juin, à l'issue d'un déjeuner offert par la presse anglo-saxonne, il prononce une allocution où il est beaucoup question de supranationalité, comme s'il voulait faire comprendre à des interlocuteurs pas tous favorables à cette méthode, qu'il ne peut être question d'y renoncer. Mais il cherche à rassurer : ce projet n'est pas une « espèce d'aventure » car « s'il est vrai que la France a été le pays des révolutions, elle n'a pas le goût des aventures »[16]. De même, dans un télégramme du 27 juin à tous les postes diplomatiques, le ministère précise que la Haute Autorité est supranationale mais pas irresponsable. Elle fonctionne selon des règles démocratiques : elle « ne sera pas conçue comme une tour d'ivoire » mais « devra nécessairement entretenir des rapports étroits avec les syndicats, les associations patronales, les consommateurs » ; ses membres « agiront en vertu d'un mandat collectif et assumeront une responsabilité commune »[17].

Robert Schuman intervient aussi pour déjouer une tentative de neutraliser la Haute Autorité, lancée par les Britanniques qui proposent un pool charbon-acier alternatif, dans le cadre du Conseil de l'Europe et placé sous l'autorité de son Comité des ministres. Dans ces conditions, la soi-disant Haute Autorité perdrait évidemment son indépendance par rapport aux gouvernements et donc son caractère supranational. Schuman monte au créneau le 10 août. A Strasbourg, devant l'Assemblée consultative, il s'efforce de déjouer cette « bombe à retardement » d'ailleurs fort mal accueillie par les parlementaires français et allemands. Il dénonce les points faibles du projet britannique et explique, une fois de plus, que la Haute Autorité doit être « le premier exemple d'une institution supranationale indépendante » ; elle « ne sera pas un Comité des ministres ou des délégués des ministres », elle « ne sera pas, non plus, une représentation des exploitants ou d'intérêts particuliers ». Mais elle « exercera ses pouvoirs par une libre appréciation des besoins et des possibilités. Elle ne connaît d'autre subordination que sa soumission aux objectifs proposés et aux règles qui en découlent »[18].

Cependant, lors des négociations à la conférence de Paris, Monnet et Schuman doivent accepter de limiter quelque peu le caractère supranational de la Haute Autorité sous la pression de certains de leurs partenaires. Plusieurs contre-pouvoirs sont

15 Idem.
16 Compte-rendu de l'allocution de Robert Schuman, circulaire aux ambassades, 8 juin 1950, archives du ministère français des Affaires étrangères (désormais MAE), Affaires économiques et financières, sous-série Coopération économique, volume 500.
17 Télégramme à toutes les ambassades, 27 juin 1950, MAE, Cabinet du ministre, sous-série Robert Schuman, volume 139.
18 *Année politique*, 1950, pp. 184–185.

ainsi prévus par le traité de Paris qui crée la CECA : une Assemblée commune dotée d'un pouvoir de contrôle qui peut aller, à certaines conditions, jusqu'au vote d'une motion de censure contraignant la Haute Autorité à la démission, un Conseil spécial des ministres qui doit donner son avis conforme pour certaines décisions importantes, une Cour de justice qui se prononce sur les recours contre les décisions de la Haute Autorité que peuvent déposer les gouvernements, le Conseil spécial des ministres ou les entreprises. Dans la pratique, au cours des treize années de son existence (1952–1965), la Haute Autorité verra ses pouvoirs grignotés en particulier par les gouvernements nationaux et par les grandes entreprises, à l'instar des cartels de la Ruhr[19]. Mais elle reste une référence en matière institutionnelle, pour s'en inspirer et, plus souvent, pour s'en distancer.

Bien que favorable à la supranationalité, Robert Schuman au pouvoir a donc constamment pratiqué la politique du possible en composant avec les points de vue de ses partenaires. Mais il s'est aussi donné les moyens d'avancer dans la direction souhaitée. En 1950, il renonce à la coopération privilégiée avec le Royaume-Uni, allié de l'époque de la guerre mais hostile aux transferts de souveraineté, pour se rapprocher de l'ancien ennemi et favoriser la réconciliation avec l'Allemagne dans le cadre d'une communauté supranationale. Après son départ du ministère des Affaires étrangères, cette ligne déterminée mais réaliste va-t-elle s'infléchir ou, au contraire, continuer à inspirer ses prises de position ?

REFLEXIONS ET SUGGESTIONS DE ROBERT SCHUMAN, APRES SON DEPART DU QUAI D'ORSAY (1953–1963)

Après son éviction du gouvernement en janvier 1953, Robert Schuman n'occupera plus de poste de tout premier plan lui permettant d'impulser directement la politique européenne. Mais, au moins jusqu'au changement de régime en France en 1958, il exerce un pouvoir d'influence à travers certaines fonctions relativement discrètes et à travers son action auprès de l'opinion publique. Il reste député de la Moselle (réélu en 1956 et 1958) jusqu'en 1962 et ne manque pas d'intervenir dans les grands débats européens, à la Chambre comme au sein de son parti, le Mouvement républicain populaire (MRP). Début 1955, il retrouve, pour un peu moins d'un an, un portefeuille comme Garde des sceaux et ministre de la Justice mais, quoique membre du gouvernement, il n'est pas étroitement associé au début de la relance qui aboutira à la signature des traités de Rome créant la Communauté économique européenne (CEE) et la Communauté européenne de l'énergie atomique (CEEA). En 1955 aussi, succédant dans la fonction à Paul-Henri Spaak, il prend la présidence du Mouvement européen. Enfin, ultime fonction, il devient, de mars 1958 à mars 1960, le premier président de l'Assemblée parlementaire européenne (APE), Assemblée commune aux trois Communautés et ancêtre du Parlement européen.

---

19 D. Spierenburg et R. Poidevin, *Histoire de la Haute Autorité de la Communauté européenne du charbon et de l'acier. Une expérience supranationale*, Bruxelles, Bruylant, 1993.

Pendant toutes ces années, non seulement Robert Schuman s'exprime beaucoup dans le cadre de ses différentes fonctions mais il est très sollicité, en France et à l'étranger, pour des conférences, des interviews ou des articles dans la presse. Il continue à se faire l'avocat de l'unité et à expliciter ses conceptions européennes. Ses idées sont-elles alors en continuité avec celles du ministre des Affaires étrangères ? Schuman reste-t-il fidèle à ses convictions supranationales ? Serait-il prêt ou non à aller vers plus de fédéralisme ?[20]

FIDELITE AUX ORIENTATIONS SUPRANATIONALE ET FONCTIONNALISTE

Non seulement Robert Schuman explique maintes fois ce qu'il a voulu faire en créant la CECA mais il approfondit sa réflexion sur le concept de supranationalité. A force de se faire l'avocat de cette option, il analyse avec plus de précision ce qu'il croit être les avantages politiques de ce choix.

Selon lui, ce choix répond d'abord à une nécessité de solidarité et de coopération entre pays européens qui ne peuvent vivre dans l'autarcie : « tous les grands problèmes qui étreignent les pays sortis de la guerre ont revêtu un caractère international et échappent à l'autonomie politique et économique des pays, même les plus puissants »[21]. Dans tous les domaines, « rien d'efficace ni de durable ne peut se faire dans l'isolement, lorsqu'un Etat est réduit à ses seules ressources »[22]. L'isolement serait le pire des risques pour des pays qui sont, de fait, interrependants. A l'instar de Jaurès pour qui « un peu d'internationalisme éloigne de la patrie, beaucoup d'internationalisme y ramène », il n'y a pour Schuman « aucune antinomie entre les deux termes : patrie-Europe ». Au contraire, « le national s'épanouit dans le supranational. Notre politique européenne a pour objet de fournir aux peuples libres de l'Europe une structure organique susceptible de mettre un terme à l'anarchie dans laquelle ils se débattent, impuissants parce qu'incapables de maitriser par leurs propres moyens les énormes problèmes qui s'imposent à eux »[23]. Ce qui était vrai dans l'après-guerre, le reste au milieu des années 1950 : « Nous sentons de plus en plus, que nous le désirions ou non, que nous ne sommes plus vraiment indépendants les uns des autres. Nous sentons de plus en plus que nous sommes dépendants les uns des autres aussi bien sur le plan économique que sur le plan politique, sur le plan militaire, sur celui des approvisionnements en matières premières tout comme sur la recherche scientifique. Nous ne pouvons plus maintenir les cloisonnements du passé et nous aboutissons ainsi, fatalement, dans tous les

---

20 La deuxième partie de cet article s'appuie sur de nombreux textes de Robert Schuman cités et publiés, en partie ou en intégralité, dans M.-Th. Bitsch, *Robert Schuman, Apôtre de l'Europe, 1953–1963*, Bruxelles, PIE-Peter Lang, collection des Cahiers Robert Schuman, n° 1, 2010.
21 Discours à l'occasion du gala annuel du Cercle français de Genève, 21 mars 1953, Archives de la Fondation Jean Monnet pour l'Europe, Lausanne (désormais FJME), Fonds Schuman, 1/3/3.
22 Idem.
23 Article cité en note 21.

domaines, à quelque chose de supranational, c'est-à-dire à une discipline commune, à une mise en commun de nos ressources et de nos efforts. »[24]

La supranationalité, librement acceptée par des Etats qui adoptent le traité fondateur à l'unanimité, a l'avantage de l'efficacité car, une fois créées, les institutions prennent les décisions à la majorité, sauf cas tout à fait exceptionnels. Le droit de veto, qui paralyse les organisations intergouvernementales, n'existe pas. Dans la Communauté, la minorité s'incline devant la majorité, comme dans les parlements nationaux[25]. Robert Schuman estime que « tout le monde finira par reconnaître qu'il vaut mieux se soumettre à une commune discipline que de rester isolé et faible. Il sera moins humiliant de subir la loi de la majorité que celle du plus fort »[26]. Il considère aussi que le caractère supranational du système institutionnel stimule la volonté de trouver des accords : « le seul fait qu'une décision autoritaire est possible incite aux ententes amicales. Il suffit d'avoir le pouvoir pour n'avoir pas à s'en servir »[27].

Pour autant, la supranationalité n'est ni le dirigisme ni l'arbitraire. « La Haute Autorité n'a de pouvoirs que ceux qui sont indispensables pour l'application des règles » fixées dans le traité et « elle n'a pas le droit d'intervenir dans le fonctionnement des entreprises »[28]. De plus, Schuman ne manque pas de répéter que, dans la CECA, l'organe supranational est flanqué de contre-pouvoirs : il y a un contrôle parlementaire par l'Assemblée qui peut révoquer la Haute Autorité, un contrôle judiciaire par la Cour de Luxembourg qui peut « recevoir les réclamations, les plaintes, les doléances » venant des Etats, des entreprises, voire des particuliers, sans parler du Comité des ministres qui formule des vœux et parfois doit donner son accord ; il y a même un Conseil consultatif où siègent des patrons, des travailleurs, des consommateurs qui ont « leur mot à dire en dehors de toute politique »[29].

Ainsi, la supranationalité ne freine pas la démocratie. Au contraire elle la favorise, déjà par le subtil équilibre entre les pouvoirs, également grâce à l'égalité entre Etats membres. En effet, les traités évitent toute discrimination entre vainqueurs et vaincus (de la dernière guerre), entre grands et petits Etats dont la représentation est bien assurée dans les différentes institutions[30]. Au cours des années 1950, Schuman exprime, de plus en plus souvent, son souci de renforcer le caractère démocratique des Communautés européennes. Certes, l'idée de référendum européen reste un vœu pieux qui date de l'époque où l'opinion publique en France semblait plus

---

24 Communication faite à l'Académie diplomatique internationale, Paris, 24 mars 1955, ADM, 34 J 31
25 Conférence devant les étudiants de l'université de Mayence, 21 mai 1953, Archives départementales de la Moselle, Metz (désormais ADM), 34 J 33.
26 Discours devant l'Assemblée commune de la CECA, Strasbourg, 9 mai 1955, FJME, Fonds Schuman, 1/2/12.
27 Conférence au Rotary de Luxembourg, 3 novembre 1956, Archives historiques de l'Union européenne, Florence, (désormais AHUE), CEAB 2, n°1644.
28 Conférence au Collège de défense de l'OTAN, Paris, 6 mai 1954, ADM, 34 J 34.
29 Idem.
30 Conférence de Mayence citée en note 26.

favorable à l'Europe que la classe politique[31]. Par contre, à partir de 1956, donc avant même la signature des traités de Rome en mars 1957 et avant de prendre la présidence de l'Assemblée parlementaire européenne en mars 1958, Schuman se prononce de façon récurrente en faveur de l'élection de cette Assemblée au suffrage universel direct. Cette élection « permettrait d'organiser une consultation périodique de l'opinion publique en Europe, consultation qui ne serait plus filtrée et souvent déformée dans les parlements nationaux. On puiserait à la source elle-même, c'est-à-dire dans les masses populaires qui auraient à désigner directement des représentants spécialisés pour les problèmes européens »[32].

Son attachement aux principes d'organisation adoptés en 1950 conduit Schuman à déplorer les accords qui renoncent à la supranationalité, notamment les accords de Paris du 23 octobre 1954, qui suivent l'échec de la CED[33]. Il accepte cependant de voter en faveur de leur ratification à l'Assemblée nationale, en décembre 1954, pour sortir de l'impasse politique mais en exprimant ses réserves, ses regrets, ses inquiétudes[34]. Sa déception et sa désapprobation concernent en particulier l'Union de l'Europe occidentale (UEO), organisation pour la sécurité européenne de structure intergouvernementale, où l'Europe ne « trouve aucun avantage »[35].

Dès le début de l'année 1955, Schuman s'engage en faveur d'une relance de l'intégration européenne sur le mode supranational : la CECA ne saurait rester isolée, il faut aller au-delà de la CECA, dans l'esprit de la CECA[36]. En janvier, devant les militants de l'Union européenne des fédéralistes, il déclare : « travailler pour l'Europe, c'est l'asseoir – il faut le dire et le redire – sur le supranational et sur l'intégration. En dehors de cela, il n'y a que duperies et illusions » et il ajoute : « Naturellement, il faudra procéder par étapes. C'est le fait des institutions humaines, elles ne se réalisent jamais d'un seul coup, tout de suite »[37]. La Haute Autorité qui décide à la majorité reste donc pour Schuman « le type d'une intégration véritable » ; c'est par elle que « le supranational a fait son entrée dans notre droit européen »[38]. Mais la CECA qui « servira de précédent et de terrain d'expérience » n'est pas « un modèle à copier servilement »[39]. Il faut « un maximum de souplesse », il faut « une structure appropriée à chaque domaine particulier »[40]. Comme à l'époque où il était ministre des Affaires étrangères, Schuman semble donc décidé à se montrer pragmatique, à jongler entre l'idéal, le souhaitable, et le possible.

31 Interview dans *Europa Union*, 1ᵉʳ novembre 1954, ADM, 34 J 33.
32 Discours devant le comité national du MRP, 16 décembre 1956, ADM, 34 J 41. Voir aussi, conférence du 29 juillet 1958, FJME, Fonds Schuman, 1/2/16 et lettre de Robert Schuman à Jean Monnet, 7 octobre 1958, FJME, AMK C 14/9/53.
33 Interview dans *Europa Union*, citée en note 32.
34 Discours à l'Assemblée nationale, 23 décembre 1954, in *Journal officiel*, 1954, pp. 6808–6810.
35 Conférence de Bruxelles, 1ᵉʳ février 1955, ADM, 34 J 33.
36 Communication à l'Académie diplomatique internationale, citée en note 26.
37 Discours devant le Vème congrès de l'UEF, Paris, 21 janvier 1955, MAE, dossier PA–AP, 2.
38 Conférence à Tilburg, 17 mai 1958, ADM, 34 J 32.
39 Rapport à la conférence parlementaire de Vienne (Autriche), 5 septembre 1956, AHUE, Fonds du Mouvement européen, 1063.
40 Conférence au Rotary de Luxembourg, citée en note 28.

INTERROGATIONS SUR LE DEGRE D'INTEGRATION

Le questionnement sur le souhaitable en matière d'intégration européenne est présent à tout instant chez Robert Schuman. Après avoir quitté le Quai d'Orsay, il se sent très libre – il le dit souvent – pour exposer ses points de vue personnels, suggérer de nouvelles initiatives, critiquer les projets jugés trop timorés ou trop irréalistes. Convaincu de la nécessité d'unifier l'Europe, il se demande dans quels domaines, avec quels pays, quelles méthodes, quelles structures, voire selon quels modèles.

Si l'intégration de caractère supranational est le plus souvent présentée comme un objectif nécessaire, Schuman pose parfois publiquement la question de savoir s'il faut « aller plus loin », s'il faut aller vers un système fédéral. Ainsi, dans sa conférence inaugurale au Collège de Bruges en octobre 1953, il présente le plan Schuman de 1950 puis ajoute : « Tous ces objectifs économiques dans l'intérêt de l'Europe ne peuvent être atteints que par une structure politique nouvelle. [...] Sera-ce une fédération ? Ce n'est pas nécessairement une telle solution qu'il faut envisager. Nous, en tout cas, en 1950, nous ne pensions pas devoir commencer par là. C'eût été trop ambitieux et nous aurions échoué certainement devant la montagne de difficultés et d'obstacles qui auraient surgi sur notre route »[41]. Même tonalité deux mois plus tard, à l'Institut d'études politiques de Paris : « Il faut que cette coopération (européenne) soit ancrée dans des institutions communes, solidement assises sur la solidarité effective des intérêts. Pour être viables et efficaces, de telles institutions doivent être soustraites à l'égoïsme national et ne servir que l'intérêt collectif [...]. Ce n'est pas un vague lien confédéral qui suppose l'unanimité de tous ses membres, pour chaque initiative commune, qui puisse améliorer la situation. [...] Sans aller jusqu'au fédéralisme qui ne pourrait être tenté qu'au bout d'une longue et concluante évolution, nous devons nous borner, pour le moment, à établir quelques institutions européennes, à compétence limitée mais à structure solide et à efficacité certaine »[42]. Parfois, devant certains auditoires, Schuman se veut rassurant : « Il ne s'agit pas de fusionner des Etats, de faire un super-Etat. Nos Etats européens sont une réalité historique ; il serait psychologiquement impossible de les faire disparaitre. Leur diversité est même très heureuse »[43]. Parfois, au contraire, devant un auditoire acquis au fédéralisme, il affirme que, pour l'heure, une organisation supranationale est satisfaisante : « On n'a pas besoin de parler des Etats-Unis d'Europe, on n'a pas besoin de parler de fédération, de confédération, ce qu'il nous faut c'est l'autorité supranationale et c'est l'intégration, c'est-à-dire un certain degré de fusion de nos institutions communes »[44].

Il arrive à Schuman de se référer à la Suisse ou aux Etats-Unis qui sont des fédérations, mais ses remarques sont liées à des circonstances particulières, non à

---

41 Conférence inaugurale au Collège d'Europe de Bruges, 22 octobre 1953, in *Cahiers de Bruges*, décembre 1953, pp. 3–23.
42 Conférence à l'Institut d'études politiques de Paris, 16 décembre 1953, ADM, 34 J 31.
43 Conférence au Collège de défense de l'OTAN, Paris, 6 mai 1954, ADM, 34 J 34.
44 Discours devant le Vème congrès de l'UEF, cité en note 38.

la volonté de considérer ces Etats comme des modèles institutionnels. Dans un ouvrage collectif sur les relations entre l'Europe et les Etats-Unis, il rend hommage au rôle des USA dans l'intégration européenne : « L'Europe doit l'idée d'une réunification véritable en premier lieu aux Etats-Unis d'Amérique. D'une part, ils nous ont donné l'exemple de leur propre force, fondée sur l'unité politique et économique ; d'autre part, par l'aide Marshall et par l'Alliance atlantique, en 1948 et 1949, ils nous ont fait faire les premiers pas dans la voie de l'intégration européenne ». Mais, si l'unification de l'Europe s'inspire de l'exemple américain, elle « ne sera cependant pas et ne pourra pas être l'exacte reproduction de ce qui s'est accompli de l'autre côté de l'océan. Les conditions ne sont pas les mêmes [...]. L'admirable constitution de Georges Washington [...] ne saurait être copiée par nous purement et simplement »[45]. Quant à la Suisse, Schuman lui rend hommage à l'occasion d'une conférence (un peu comme Churchill dans son discours de Zurich) : « la Suisse est et doit être pour nous tous une leçon européenne pour avoir fait son unité dans la diversité »[46]. Sans le savoir, il invente, avec un demi-siècle d'avance, la devise de l'Union européenne, et il ajoute que « dans une Europe unie, il faudra accepter chacun avec ses particularités. Ce qui compte c'est l'esprit européen ». Il dit aussi, malicieusement : « il n'y a pas encore de langue européenne : je ne le regrette pas ! » Et il fait sa conférence partie en français, partie en allemand[47].

Schuman effleure en Suisse, un thème qui lui est cher : il ne saurait y avoir d'uniformisation culturelle ; les coopérations européennes dans le domaine de la culture doivent continuer à relever des compétences nationales. Il a l'occasion de développer ce thème au cours d'une table ronde organisée à Rome en octobre 1953 : « L'unification spirituelle de l'Europe ne pourra se faire que par la voie d'accords libres, à l'exclusion d'une volonté autoritaire supranationale. En d'autres termes, s'il existait une organisation fédérale européenne, on ne saurait envisager un ministère fédéral des affaires culturelles ; celles-ci demeureraient de la compétence exclusive de chaque Etat confédéré. [...] le rapprochement et la coopération sont d'autant mieux acceptés et pratiqués qu'ils le sont librement, avec le souci de s'adapter aux particularités de chaque nation »[48]. Par conséquent, pour promouvoir l'unité culturelle, il encourage la libre circulation des idées et des hommes, la multiplicité des contacts et des coopérations[49].

Par contre, alors que Schuman rejette l'intégration culturelle, qu'il prône avant tout l'intégration économique, qu'il a déclaré en 1953 que « ce serait une erreur de croire que [la] Communauté de défense est l'essentiel de l'intégration européenne »[50], il en vient, à partir de 1956, avant même la signature des traités de Rome qu'il approuve entièrement, à préconiser l'intégration politique. Cette nouvelle orientation s'impose très vite après les crises du mois de novembre – Suez,

---

45 Publication consacrée à une meilleure compréhension entre l'Europe Unie et les Etats-Unis d'Amérique, édité par le Mouvement européen, juillet 1957, pp. 5 à 9.
46 Conférence de Saint-Gall, 9 février 1953.
47 Idem.
48 Exposé introductif à la table ronde de Rome, 13 octobre 1953, FJME, Fonds Schuman, 5/2/3.
49 Idem.
50 Interview dans l'Express, 27 juin 1953, ADM, 34 J 38.

Budapest – qui mettent en évidence l'impuissance de l'Europe. Schuman estime alors qu'il faut parfaire l'unité qui ne doit plus se limiter à l'économie, qu'il faut créer une Communauté politique, certes moins ambitieuse que le projet de CPE de 1953 mais néanmoins capable de prendre des décisions à la majorité. Schuman souhaite la création d'un Comité des ministres permanent, sorte de directoire chargé de coordonner les politiques étrangères des Etats membres et de définir peu à peu une politique commune. Il souhaite également l'élection au suffrage universel direct d'une Assemblée parlementaire qui aurait des compétences à la fois dans le domaine économique et dans le domaine politique[51]. Cette nouvelle Europe devrait aussi veiller à la sauvegarde des valeurs : « dignité de la personne humaine, liberté et responsabilité de l'initiative individuelle et collective, épanouissement de toutes les énergies morales de nos peuples »[52]. Elle devrait par ailleurs se préparer à accueillir les peuples d'Europe de l'Est lorsqu'ils seront délivrés de la domination étrangère[53]. Tout en réfléchissant à l'approfondissement de l'intégration européenne, Robert Schuman se pose donc aussi la question de l'élargissement des Communautés. Mais c'est un dilemme qu'il n'est pas vraiment amené à creuser au cours des années 1950.

Ainsi, la réponse à la question posée en introduction parait sans ambiguïté : non, Robert Schuman ne préconise pas les Etats-Unis d'Europe, même lorsqu'il n'est plus au gouvernement et qu'il aurait pu verser dans une démagogie facile devant des publics acquis au fédéralisme. A cet objectif mal défini et considéré comme irréaliste, il préfère une intégration « raisonnable », progressive, réelle, avec des transferts de souveraineté grâce à des décisions majoritaires et à l'abandon du droit de veto. Si la supranationalité lui parait nécessaire d'abord dans les domaines économiques, en procédant étapes par étapes, il en vient aussi à la souhaiter sur le plan politique, pour répondre aux crises qui menacent l'Europe, en l'accompagnant d'un renforcement de la démocratie grâce à l'élection de l'Assemblée européenne au suffrage universel direct.

---

51 Discours devant le Comité national du MRP, 16 décembre 1956, ADM, 34 J 41.
52 Conférence au Centre catholique des intellectuels français, 20 janvier 1957, FJME, Fonds Schuman, 1/2/13.
53 Conférence au Rotary de Luxembourg, citée en note 28.

GEORGES POMPIDOU : L'ECONOMIE AU CŒUR DE LA POLITIQUE ETRANGERE ET D'UNE NOUVELLE DIPLOMATIE

Sylvain Schirmann

Dès sa première adresse au Parlement français, le 25 juin 1969, à peine élu, le nouveau président de la République, Georges Pompidou, définissait les grands axes de ce que serait sa politique internationale, et par voie de conséquence, celle de la France dorénavant. « Il s'agit de maintenir notre indépendance dans le respect de nos alliances, d'œuvrer au rapprochement et à la coopération avec tous les peuples et d'abord en Europe afin de conduire notre continent à la conscience politique qui lui permettra d'affirmer sa personnalité et de jouer son rôle propre au service de la paix »[1]. La réalisation de tels objectifs supposait conserver les clefs de la puissance militaire, mais également ne pas négliger la puissance économique, principale source d'influence sur la scène internationale dans un monde marquée par la détente. La compétitivité de la France offrirait une garantie à la pérennisation du projet européen, favoriserait l'élargissement de la Communauté et donnerait à l'Europe une influence certaine à l'échelle planétaire. Elle permettrait à la République, mais au-delà à l'Europe communautaire, de dialoguer avec les deux Grands, de coopérer avec eux, sans passer pour un ensemble de seconde zone. Tout cela Georges Pompidou l'avait bien intériorisé. C'étaient les marqueurs de sa politique internationale. Il avait une ambition pour la France et l'Europe dans le monde[2].

Georges Pompidou avait également une conscience de ce qu'était le monde dans lequel le pays dont il reçut la charge en juin 1969 évoluait. Son époque était faite de mutations, qui abandonnaient le cadre cloisonné de la décennie précédente, celui des parités fixes, des frontières commerciales semi-fermées, de l'absence d'une rapidité et d'une volatilité dans la circulation des capitaux, de l'énergie bon marché. Ce monde se dissipait peu à peu vers la fin des années 1960 et la présidence Pompidou affrontait ainsi, étape après étape, les fluctuations monétaires, l'ouverture des économies et le renchérissement de l'énergie. Ces mutations furent les premiers signes d'une nouvelle globalisation économique. S'installer dans ce « nouveau monde » passait, si on voulait conserver un rôle essentiel dans l'économie

---

1   Cité par G. Larcher dans l'introduction de l'ouvrage de E. Bussière, F. Dubasque, R. Frank, N. Vaicbourdt (dir.), Georges Pompidou et les Etats-Unis. Une « relation spéciale » 1969–1974, Bruxelles, PIE-Peter Lang, 2013, p. 12.
2   Deux ouvrages importants pour approcher cette question de l'ambition à la fois pour la France et pour l'Europe dans le monde : E. Bussière, F. Dubesque et al., *op. cit.*, et E. Bussière – E. Willaert, *Un projet pour l'Europe. Georges Pompidou et la construction européenne*, Bruxelles, PIE-Peter Lang, 2010.

internationale, par une modernisation et c'est vers elle qu'il fallait faire tendre le pays. Il n'y avait pas d'autre choix que de renforcer le corps industriel, voire davantage le corps économique de la France pour qu'elle « soit costaud », comme François Xavier Ortoli l'avait exprimé dans une métaphore[3].

Concrètement, à son installation à l'Elysée, le chef de l'Etat savait que la France n'avait plus le rang qu'il lui voyait. Plusieurs préoccupations se firent jour pour la nouvelle équipe présidentielle. D'abord le différentiel avec l'Allemagne s'était amplifié au cours des années 1960. Ensuite, Paris pesait peu face au « condominium américano-soviétique », que ce soit sur la question de la limitation des armements, comme sur les débats en matière de sécurité. La voix française est moins audible à la fin des années soixante qu'elle ne l'avait été quelque temps auparavant. De ce fait, sur certains théâtres diplomatiques, Paris est moins présent et a du mal à imposer son point de vue : en Asie, par exemple, voire sur la scène proche-orientale. Très succinctement, la peur du déclassement est bien présente dans la pensée du président Pompidou. Exister dans un tel contexte supposait rétablir des équilibres au profit de la France.

L'OBJECTIF : RETABLIR L'EQUILIBRE AVEC L'ALLEMAGNE AU SEIN DE L'EUROPE OCCIDENTALE POUR REEQUILIBRER LA RELATION AVEC LES ETATS-UNIS[4]

En refusant de réévaluer le *Mark* en 1968/1969, la RFA signifiait pour la première fois qu'elle utiliserait sa puissance économique et en ferait une arme au service de ses intérêts nationaux. L'Allemagne s'affirmait de plus en plus comme une puissance politique et l'*Ostpolitik* lui permettait de rentrer dans la cour des Etats qui comptent dorénavant. Lorsque Pompidou s'installe à l'Elysée, Bonn réalise environ 30% des exportations de la CEE, alors que Paris en atteint modestement la moitié, à savoir 15%. L'excédent commercial allemand se situe entre 1967 et 1972 aux alentours de 15 milliards de marks en moyenne par an, là où le déficit français ne cesse de croître : près de 3 milliards de francs en 1970 ; 6, 5 milliards en 1975. Entre 1968 et 1976, les investissements étrangers en Allemagne triplent et les placements allemands à l'étranger quintuplent. Pour la France la situation est plus qu'inquié-

---

3   Témoignage de François-Xavier Ortoli, in E. Bussière (dir.), *Georges Pompidou face à la mutation économique de l'Occident 1969–1974*, Paris, PUF, collection Politique d'aujourd'hui, 2003, p. 178; Lire également la biographie consacrée à Ortoli: L. Badel – E. Bussière, *François-Xavier Ortoli. L'Europe, quel numéro de téléphone ?*, Paris, Descartes &Cie, 2011.
4   Sur les rapports de Georges Pompidou avec l'Allemagne, se reporter à S Schirmann – S. Mohamed Gaillard, *Georges Pompidou et l'Allemagne*, Bruxelles, PIE-Peter Lang, 2012; Cl. Hiepel, *Willy Brandt et Georges Pompidou. La politique européenne de la France et de l'Allemagne entre crise et renouveau*, Lille, Presses universitaires du Septentrion, 2016, et G.-H. Soutou, *L'alliance incertaine. Les rapports politico-stratégiques franco-allemands, 1954 – 1996*, Paris, Fayard, 1996, notamment le chapitre 9 : « Georges Pompidou et l'Allemagne : l'impasse stratégique », pp. 311 et suiv.

tante. Pour ne citer que trois secteurs : dans la période 1962–1970, la chimie allemande a investi 994 millions de DM en France ; la construction mécanique 720 millions et l'électromécanique 503 millions. Mais cet effort allemand ne concerne pas que la France. Banques et entreprises allemandes s'installent en Amérique, en Asie et au Proche-Orient.

Comment endiguer cette puissance allemande, dont le président Pompidou se méfie, surtout si elle tend à devenir incontrôlable ? La construction européenne est la réponse adéquate, nécessaire à ce problème. Il faut ressusciter la perspective d'une Europe puissance, qui puisse à la fois permettre à Paris de contrôler son voisin allemand et d'amener ensuite la France à en être le pivot. Cette perspective n'est guère envisageable sans puissance économique. L'économie est ainsi non seulement le moyen de la diplomatie, elle est au cœur de la diplomatie de Georges Pompidou. L'objectif de cette diplomatie économique consiste à parvenir à une modification du système monétaire international, préjudiciable en l'état à la France, à impulser une modernisation économique et technologique de l'Hexagone. A ces nécessités, s'ajoute celle de sauver la PAC, dont la France a impérativement besoin et que l'Allemagne entend à minima réformer[5].

Le sommet de La Haye apporte une première satisfaction à la stratégie française, dans la mesure où le président français obtient le principe du règlement définitif de la PAC. L'élargissement, priorité allemande, viendra après l'achèvement et l'amorce de l'approfondissement. C'est sur le plan monétaire que l'on voit très bien la stratégie pompidolienne. Son approche se situe sur trois niveaux : sauvegarde des intérêts français, solidarité européenne et maintien d'un système monétaire international stable. La préservation des intérêts nationaux passe par la dévaluation du franc qui doit restaurer les équilibres économiques, et, ainsi retrouver une marge de manœuvre en Europe face au *Mark* et une capacité d'initiative à l'échelle internationale face au dollar. C'est le sens de la dévaluation de l'été 1969[6]. Ces choix relèvent d'une vision géoéconomique et géopolitique des enjeux. Ils nécessitent des arbitrages constants et difficiles entre intérêt national, enjeu européen et défi international. Pompidou formula clairement l'ampleur de ce défi : « nous nous trouvons face à ce dilemme : si une monnaie européenne est fixée sur la base de l'or, ce sera une déclaration de guerre aux Etats-Unis ; si elle fixée sur la base du dollar, cela n'aurait aucun intérêt. On ne comprend pas qu'elle pourrait être cette unité de compte »[7]. Cette situation offrait malgré tout une perspective à la France au-delà de

---

5   Sur ces différentes questions voir G. Noël – E. Willaert, *Georges Pompidou, une certaine idée de la modernité agricole et de la ruralité*, Bruxelles, PIE-Peter Lang, 2007 ; E. Bussière – E. Willaert, *Un projet pour l'Europe.... op. cit.*
6   E. Danescu – S. Munoz (dir.), *Pierre Werner et l'Europe: pensée, action, enseignements*, Bruxelles, PIE-Peter Lang, 2015.
7   E. Bussière, « Georges Pompidou, les Etats-Unis et la crise du système monétaire international: 1969–1974 » in E. Bussière, E. Dubasque et al., *Georges Pompidou et les Etats-Unis.... op. cit.*, pp. 133–145 ; E. Bussière, « Georges Pompidou et la crise du système monétaire international : intérêt national, solidarité européenne et enjeux internationaux », in *Georges Pompidou face à la mutation... op. cit.*, pp. 69–106. Sur cette question, se reporter à l'audience accordée

la dévaluation : la perspective d'abord d'un espace monétaire européen qui ne soit pas une zone *Mark* et dans lequel on discuterait ensemble des marges de fluctuation (ce qui du coup relativise le poids de la devise allemande, tout en amplifiant le poids de la monnaie nationale); la participation ensuite, à travers cet espace, à la tentative de préservation d'un cadre de stabilité à l'échelle mondiale, dans un dialogue avec les États-Unis, dialogue qui redonne de l'influence à la France, comme le montrent la rencontre des Açores et les accords de Washington en décembre 1971. C'était la seule façon d'agir, aux yeux de l'équipe Pompidou, pour éviter que le Franc ne subisse l'attraction du dollar et ne soit contraint de suivre le mark dans un système européen. Et de cette manière « contrer » quelque peu la puissance allemande. Cela est également très bien perçu à Bonn, le gouvernement allemand faisant siennes les recommandations de von Braun, son ambassadeur à Paris : « Nous devons éviter tout ce qui pourrait éveiller la peur française à l'égard d'un déséquilibre envers l'Allemagne sur le plan économique, monétaire et en particulier dans le domaine politique »[8].

Pompidou avait de la même manière assez bien analysé une autre évolution, celle d'une opposition d'intérêts croissante entre les Etats-Unis et la CEE. Or pour le président français, il n'était pas question d'opposer un front contre les Américains, d'engager une guerre contre le dollar, à fortiori une guerre commerciale. Bien au contraire il fallait rester dans cette relation transatlantique, et donc pour la France dans une relation bilatérale de qualité avec les Etats-Unis. Elle conditionnerait la participation de l'Europe et de la France à l'équilibre international. Le levier international face aux Etats-Unis, c'est l'Europe. Georges Pompidou le livre sans ambiguïté à Jean Ferniot :

> Imaginez ce que cette Europe est fragile, petite presqu'île menacée et pourtant, il y a là plus de 300 millions d'habitants, il y a là tous les pays qui, depuis cinq cents ans, ont fait l'histoire de l'humanité. Il y a là un réservoir de capacités qui est unique au monde, et il y a là une puissance économique qui est supérieure à tout ce monde soviétique et qui n'est pas loin d'égaler celle de l'Amérique du Nord. Alors, ... nous essayons de regrouper ces nations d'Europe occidentale et de mettre ensemble tout ce qu'elles recèlent de virtualités et de possibilités. C'est l'effort que j'ai entrepris[9].

La possibilité pour la France d'exister dans ce monde dépendait de cette Europe occidentale. Réussite économique européenne et française étaient liées. Mais Pompidou envisageait clairement cette Europe avec une France forte. C'est ainsi qu'il confia à Léo Hamon : « on me reproche de manquer d'un grand dessein, on me reproche de manquer d'ambition. Eh bien si ! J'ai une ambition, je voudrais qu'à la fin de ce septennat, la France soit industriellement et économiquement plus grande

---

    par le Président de la république à Sir Christopher Soames, ambassadeur du Royaume-Uni à Paris, le 20 décembre 1970, Archives nationales, Dossier 5 AG2/1014.

8   Cité dans le témoignage de Sigismund Von Braun, in Association Georges Pompidou, *Georges Pompidou et l'Europe,* Bruxelles, Complexe, 1993.

9   Entretien radiotélévisé avec Jean Ferniot le 24 juin 1971, dans G. Pompidou, *Entretiens et discours 1968–1974,* Paris, Flammarion, 1984, 2 vol.

que l'Allemagne fédérale. Et que dans ce domaine, nous soyons vraiment les premiers en Europe. Oui, voilà mon dessein »[10]. Et après, d'avoir à l'échelle internationale le même projet pour l'Europe, si l'on regarde les perspectives ouvertes par le sommet de Paris en 1972 : irréversibilité de l'UEM, aide aux régions non-développées ou en déclin, participation croissante des partenaires sociaux aux décisions économiques et sociales, extension du champ de l'action communautaire en matière de politique industrielle, scientifique, technologique, d'environnement, d'énergie, politique d'ensemble envers le Sud, Bref un projet d'Union européenne intergouvernementale. Avec à la manœuvre l'Allemagne, le Royaume-Uni et la France. Et la France comme pivot!

LA STRATÉGIE

Pour que la France s'affirme, pour « être en première division politique », il faut également être « en première division économique », selon le mot de François Xavier Ortoli[11]. Cette « première division » , elle l'anime avec l'Europe, non en pensant pouvoir le faire seul, comme le super Etat américain, mais en devenant un pivot de la construction européenne, avec une Allemagne face à laquelle on aura comblé le déficit économique et un Royaume-Uni, dont la relation spéciale avec les Etats-Unis aura été quelque peu atténuée. Cela suppose le renforcement du potentiel économique français. Sans rentrer dans le détail, un rappel de certains objectifs en la matière n'est pas inutile. Pour ce faire, il faut d'abord moderniser les infrastructures françaises et donner au pays les outils du développement économique. Ces outils doivent, à travers une politique d'aménagement du territoire, essaimer sur l'ensemble du territoire. Ensuite, le pays a besoin d'une ambition industrielle, s'appuyant sur des « champions nationaux », une indépendance énergétique, une ouverture aux secteurs nouveaux et un encouragement constant pour la recherche et l'innovation. L'Etat devait être à la manœuvre pour la concrétisation de ce projet. Le témoignage de Bernard Esambert corrobore cela : « L'autre idée force était la consolidation de l'Europe. J'adressais au président de nombreuses notes sur des thèmes sectoriels ou sur des grands projets européens : le nucléaire civil, l'aéronautique, l'aérospatiale notamment. À cet égard le leitmotiv présidentiel était : « on ouvre aux Européens et on avance ». Deux raisons justifiaient cette politique : d'une part, il fallait consolider l'Europe pour pouvoir parler plus haut et plus fort aux Américains ; d'autre part, la création de l'espace économique européen pouvait encore améliorer la croissance ou assurer sa stabilité et réduire nos engagements budgétaires »[12].

---

10 Cité dans E. Roussel, *Georges Pompidou 1911 – 1974*, Paris, Jean-Claude Lattès, 1984 (1ère édition).
11 Témoignage de François Xavier Ortoli in Georges Pompidou face à la mutation économique… op. cit., p.175.
12 Voir à ce sujet le témoignage de Bernard Esambert, in *Georges Pompidou et les Etats-Unis, op. cit.,* p. 156.

Sur le plan diplomatique, cet ambitieux projet se décline de la manière suivante : une action inscrite dès que possible dans le multilatéralisme, avec une nette priorité en faveur des coopérations européennes, tout en n'excluant pas certaines coopérations avec les Etats-Unis ; une diversification des partenaires aussi bien au niveau des investissements extérieurs, que des contrats, sans jamais exclure une action isolée lorsque c'est nécessaire pour la préservation des intérêts français. Tout cela peut s'illustrer avec quelques exemples.

Sur les grands projets, par exemple, priorité a été donnée à l'Europe. Qu'il s'agisse d'Ariane ou d'Airbus, c'est autour du binôme franco-allemand que se construisent les coopérations et l'ouverture aux autres partenaires européens. En matière de nucléaire civil, la logique française était la même. L'apparition cependant d'un projet concurrent, au sein duquel se trouvait l'Allemagne, amena Paris à, conformément à ce que j'indiquais, chercher sa solution. Elle se situait à plusieurs niveaux. Les projets sont de deux ordres : l'enrichissement de l'uranium d'un côté sous la responsabilité d'André Giraud, et de l'autre la construction de réacteurs par EDF sous la responsabilité de Marcel Boiteux[13]. Ce jeux multi-scalaire, Paris l'accepta et se dota également des capacités de réagir rapidement à l'urgence. La décision de créer Eurodif, comme celle de construire l'usine d'enrichissement de l'uranium combinées à celle de se limiter à la filière eau avec francisation de la licence Westinghouse montre bien que Paris, quand ses intérêts majeurs sont en jeu est capable de jouer seul, de prendre les risques et au besoin de s'appuyer sur les technologies américaines pour à terme s'en affranchir[14]. Se ferme-t-on pour autant à l'Europe? La réponse à cette question, c'est Pierre Messmer qui la donne dans un discours au Creusot, le 2 novembre 1973 : « Il faut que la France, et, si elle le veut, l'Europe, aient la maîtrise de tous les maillions de la chaîne qui va des mines d'uranium aux usines de traitement du combustible »[15]. Jeu européen, relations avec les Américains sont ici abordés avec la seule perspective de l'indépendance et de l'influence de la France. Ce jeu se retrouve au niveau de toute la politique énergétique du pays que ce soit pour le gaz et les perspectives de coopération avec les Néerlandais, notamment après les difficultés liées aux nationalisations algériennes, ou encore le contrat gazier conclu avec l'URSS le 28 juillet 1972. La même année 1972 un contrat fut également signé avec la Norvège pour l'exploitation du gisement d'Ekofisk. Paris diversifiait ainsi, dès avant la crise pétrolière, son approvisionnement énergétique, et mettait en place les éléments de la sécurisation de son approvisionnement et donc à terme d'une relative indépendance. Mais Paris fit également des pas en direction de ses partenaires. Pompidou proposa ainsi à Brandt en novembre 1973 un conseil de l'énergie au niveau européen. Il devait cependant se heurter à certaines pratiques (opposition des Néerlandais à une politique énergétique européenne) ou

---

13 Voir la partie consacrée à « La crise de l'énergie » in *Georges Pompidou face à la mutation, op. cit.*, pp. 191 – 281.
14 Voir à ce sujet le témoignage de Bernard Esambert, in *Georges Pompidou et les Etats-Unis, op. cit.*, p. 81 et suiv.
15 Cité par Daviet, « Le nucléaire et l'indépendance nationale : défis, grands projets, décisions, 1969–1974 » in *Georges Pompidou face à la mutation... op. cit.*, p. 256.

aux pressions américaines qui conduisirent au début de l'année 1974 à la création de l'Agence internationale de l'Energie, sans la France[16].

Le président Pompidou favorisa ensuite l'adaptation de l'industrie française à la compétition internationale. Dans ce domaine l'horizon fut à la fois européen et mondial. Il s'agissait de favoriser l'investissement étranger en France, tout en encourageant par des aides et des garanties les investissements français à l'étranger. Cette orientation, Pompidou l'avait résumée d'une phrase : « le protectionnisme c'est une certaine sécurité, mais une médiocrité certaine »[17]. Ce projet devait se faire dans un cadre européen, à travers, c'était le vœu du président de la République, une véritable politique industrielle européenne. Il insista beaucoup sur ce point au sommet de Paris en octobre 1972, mais force est de constater que cette politique industrielle européenne ne fut pas au rendez-vous. Pompidou choisit alors à défaut la voie bi-ou multilatérale pour les industries stratégiques françaises. Les programmes Ariane, Airbus, Unidata fournissent ainsi un cadre européen aux entreprises et aux projets français. Mais il s'agissait également de créer des champions nationaux, capables de peser sur la scène commerciale mondiale[18]. Une première vague de fusions encouragée par l'Etat permit à certains groupes français d'obtenir une taille critique sur les marchés planétaires. Citons dans ce cadre les fusions réussies de Saint-Gobain avec Pont-à-Mousson, de Thomson avec CSF, ou encore de Péchiney avec Ugine-Kuhlmann. Mais d'autres projets furent par la suite bloqués, notamment lorsque ces fusions pouvaient menacer l'autorité de l'Etat, les groupes formés se retrouvant en situation de quasi-hégémonie sur le marché national. C'est ainsi qu'on découragea le rapprochement de la Compagnie Générale d'Electricité (CGE) avec le nouvel ensemble Thomson-CSF. D'autres exemples soulignent la difficulté de l'entreprise de rénovation industrielle de la France. Dans le domaine sidérurgique, par exemple, fallait-il privilégier la constitution d'un groupe sidérurgique européen avec des partenariats allemands ? Ou alors chercher exclusivement une réponse nationale, en soutenant le rapprochement entre Usinor et Wendel-Sidelor ? Les discussions entre le géant allemand Thyssen et Wendel-Sidelor, qui avaient la faveur de l'Elysée jusqu'en 1972, sont lettre morte en 1972, et la perspective d'un groupe européen s'efface devant une solution nationale en octobre 1972, suite à un accord conclu entre les deux entreprises françaises. Un accord en faveur duquel le ministre des Finances, Valéry Giscard d'Estaing s'était beaucoup mobilisé. La solution Thyssen ouvrait la voie à l'internationalisation de la sidérurgie française. Mais Paris n'a pas su en saisir l'opportunité[19].

---

16 A. Beltran, « La question énergétique en France de 1960 à 1974: dépendance, crise et rôle de l'Etat », in *Georges Pompidou face à la mutation... op. cit.,* pp. 191–200.
17 Cité par P. Griset « Entre pragmatisme et ambition: la politique industrielle de Georges Pompidou face au contexte des années 1970 » in *Georges Pompidou face à la mutation... op. cit.,* p. 289.
18 *Ibidem,* pp. 283–295.
19 Ph. Mioche, « Georges Pompidou et la modernisation manquée de la sidérurgie française, 1969–1974 » in *Georges Pompidou face à la mutation.... op. cit,* pp. 297–313.

Ces exemples abordent la question de la modernisation économique de la France avec toutes ses ambiguïtés. Faut-il miser exclusivement sur des solutions nationales ? Ou chercher des partenariats internationaux et prioritairement européens ? Ces interrogations ne traversent pas simplement les secteurs cités. Elles concernent tous les secteurs majeurs de l'économie française. Elles affectent l'automobile, comme les télécommunications. Pour le premier secteur, stratégie internationale dans le cas du rapprochement Chrysler-Simca cohabite avec des paris nationaux, comme celui de la diversification chez Renault, ou avec des opérations avortées comme la tentative de rapprochement entre l'italien FIAT et Citroën[20]. Ces évolutions qui ont débuté à la fin des années 1960 sont affectées au moment de la disparition de Georges Pompidou par la crise pétrolière. Celle-ci accélère les mutations amorcées précédemment. Pour les télécommunications la solution nationale prévaut. Dès lors le dessein cohérent de Georges Pompidou s'est heurté à des choix difficiles entre solution nationale, européenne voire internationale. Il a été fragilisé par des antagonismes au sein l'équipe gouvernementale, tout comme par des visions différentes de certains partenaires européens, chez lesquels les règles du marché tiennent lieu de politique industrielle. Réussir ce pari supposait également des outils capables d'accompagner cette quête de diplomatie économique.

LES OUTILS DE LA DIPLOMATIE ECONOMIQUE

Il allait de soi pour le président Pompidou que la puissance de la France passa par l'exportation de ses productions et par sa présence et son influence dans des structures internationales, comme la CEE, l'OCDE ou le GATT, toutes structures qui privilégiaient le multilatéralisme économique, et qui se transformaient de plus en plus en structures de négociations commerciales. Or un Etat a besoin d'une unité d'action économique extérieure, d'une articulation entre les différents modes de négociations (bilatérales, régionales, internationales, etc.) et d'une autonomisation des acteurs privés, essentielle dans toute stratégie économique.

L'unité de l'action économique extérieure, ou l'outil de la diplomatie économique, est assurée au sein d'un pôle présidence de la République, Quai d'Orsay et ministère de l'Economie. L'action se construit dans une logique interministérielle entre la Direction des Relations Economiques Extérieures (DREE – ministère de l'Economie) et la Direction des Affaires économiques et financières (DAEF – Quai d'Orsay). Dans les négociations économiques internationales, la DREE est le chef de file, à cause de sa maîtrise du dispositif technique des négociations, mais elle travaille en étroite concertation avec la DAEF. Ce pôle veille à articuler le passage de négociations fortement bilatérales vers le multilatéralisme, mobilisant les postes d'expansion économique dans les ambassades, comme le montre par exemple le

---

20 L.-L Loubet, « L'industrie automobile française dans la décennie 1965–1974 » in *Georges Pompidou face à la mutation...op. cit.,* pp ; 315–335.

démarrage du Tokyo Round, où la DREE, avec l'aide la DAEF consulte non seulement les acteurs économiques des ambassades du monde développé, mais également ceux de nombreux postes dans les pays en voie de développement. La complémentarité existe également entre les hommes qui incarnent ces administrations, comme le prouve, par exemple, la coopération entre Jean Pierre Brunet, de la DAEF, et Bertrand Larrera de Morel à la DREE. Ce travail entre la DREE et la DAEF est central, et le rattachement double du poste d'expansion économique dans les ambassades (Économie et Quai) permet d'assumer pleinement la visibilité économique de la France à l'étranger[21]. Ce binôme entretient une proximité avec les entreprises, qui captent progressivement aussi les hommes et leur savoir-faire, souvent quand ceux-ci quittent leur fonction. La même porosité existe avec la Banque de France. Olivier Wormser, ancien directeur de la DAEF, en est le gouverneur pendant la période pompidolienne. Jean Pierre Brunet, le successeur de Wormser à la DAEF, siège au Conseil général de la Banque de France en tant que conseiller « représentant les intérêts français de l'étranger ». C'est dire qu'à la banque centrale, on discute également des intérêts de la France à l'étranger[22].

Les entreprises et notamment les représentants des grandes entreprises et sociétés exportatrices sont les interlocuteurs constants de ce pôle. On est dès lors en présence d'un vivier homogène, dont les membres, hauts-fonctionnaires comme capitaines d'industrie ont conscience que leurs intérêts fonciers convergent : modernisation économique du pays et affirmation d'une influence française, d'un côté, présence croissante sur les marchés extérieurs, de l'autre. À ce monde entrepreneurial, la puissance publique fournit information, à travers le Centre français du Commerce extérieur ou le *Moniteur officiel du commerce et de l'industrie,* et l'accompagne dans sa quête de marchés extérieurs, quand elle ne fixe pas des priorités à l'action commerciale de la France. Elle lui fournit un système d'appui financier, à travers la Banque française du commerce extérieur ou encore la COFACE (Compagnie française d'assurance pour le commerce extérieur). Ce dispositif pensé pour l'essentiel à la Libération permet malgré tout pendant la présidence de Georges Pompidou d'offrir un gage politique aux entreprises pour l'approfondissement des échanges économiques avec les pays du bloc socialiste, voire la Chine populaire. Il montre encore son efficacité, au lendemain de la crise pétrolière, lorsque la France réfléchit à une logique de pays-cibles à travers l'obtention de grands contrats au Moyen-Orient, ou chez d'autres producteurs de pétrole et matières premières[23].

Mais Georges Pompidou a également conscience des limites de ce dispositif et bien compris que certaines logiques étaient parvenues à leur terme. Premier élément :

---

21 L. Badel, « Diplomatie et entreprises en France au XX° siècle », in *Les Cahiers Irice,* n°3 : L. Badel – S. Jeannesson (dir.), *Diplomaties en renouvellement*, Paris, IRICE, 2009, pp. 103–128 ; voir également J. Bouvier, « Les relations entre l'Etat et la Banque de France depuis les années 1950 » in *Vingtième siècle. Revue d'histoire,* n° 13, janvier–mars 1987, et L. Badel, « L'Etat français et la conquête des marchés extérieurs au XXème siècle », in *Bulletin de l'Institut Pierre Renouvin,* n° 28, automne 2008, pp.133–140.
22 L. Badel, « Diplomatie et entreprises », *op. cit.*

la politique d'exportation active vers les pays de l'Est et certains pays du Tiers-Monde, à travers les grands contrats, pour compenser les déficits commerciaux montre des limites. Pour exister dans le monde du début des années 1970, la diversification s'imposait, comme s'imposait également une présence plus active sur les marchés des pays qui nous gratifiaient de la plus grosse part de notre déficit commercial : l'Allemagne, les Etats-Unis et le Japon. Deuxième élément : la puissance publique était certes importante en matière de financement de crédits à l'exportation, ils devaient cependant reculer au profit d'un financement davantage privé. Enfin dernier élément : il faut accélérer l'évolution du métier de diplomate pour que les activités économiques soient perçues comme vitales pour la diplomatie française. Sur le premier point, point n'est besoin de relever l'implication personnelle du président, de son équipe, et du premier Ministre, Pierre Mesmer, dans l'action commerciale de la France. Il se suffit de se reporter aux politiques déjà mentionnées. Sur le second point, le rapport Marjolin-Sadrin-Wormser recommande dès le début du septennat que l'on crée un marché monétaire plutôt que de financer la majeure partie des crédits à l'exportation sur l'affectation de fonds publics. Il faudra plus d'une décennie pour y parvenir, suite également à la pression des partenaires internationaux de la France qui critiquaient ces subventions indirectes accordées aux exportateurs français, CEE et OCDE en tête. La DREE le reconnaît, elle également. Dans une note du 27 février 1974, Larrera de Morel affirmait sans détour : « D'une manière générale, les risques devraient être acceptés de manière moins timorée... »[24]. Sur le dernier point, dans une conférence de presse en septembre 1972, le président de la République décrivait en ces termes l'évolution en cours dans la diplomatie française : « nos ambassadeurs ont renoncé à l'exercice permanent de la tasse de thé et du petit gâteau et commencent à se dire que des crédits, des traités commerciaux, des prêts financiers, ce sont des problèmes qui ne les déshonorent pas »[25]. Lui-même en donne l'exemple, avec les voyages présidentiels à vocation commerciale, jadis pratique usitée lors des voyages des ministres de l'Economie et dorénavant apanage des voyages présidentiels. Si l'adaptation de l'outil est ainsi clairement envisagée par l'équipe présidentielle, le temps fit défaut, de même que certaines résistances liées à la culture administrative et économique française, notamment ces attentes vis à vis de l'interventionnisme public, pour que cette adaptation produise ses effets du vivant du président Pompidou.

Il convient *in fine* d'ajouter une considération importante : les avancées obtenues par Georges Pompidou en la matière furent indéniablement favorisées par l'équipe dont il a su s'entourer. Les travaux de Sabrina Tricaud ou de Bernard Lachaise ont longuement présenté les cercles autour de Pompidou, leur fonctionnement et leur champ d'intervention[26]. Juste un témoignage, celui de François Xavier

---

24 Ibidem.
25 Conférence de presse du 21 septembre 1972.
26 S. Tricaud – L. Badel, « Les cabinets de Georges Pompidou à Matignon et à l'Elysée (1962–1974) », in « *Histoire@Politique*. Revue électronique du Centre d'histoire de Sciences Po » n°8, mai–août 2009, pp. 86 et suiv. et F. Audigier, B. Lachaise, S. Laurent (dir.), *Les Gaullistes : hommes et réseaux,* Paris, Nouveau Monde éditions, 2013.

Ortoli, qui a suivi, à divers postes, Pompidou tout au long de son passage aux responsabilités. Ce témoignage montre encore s'il en était besoin l'importance du placement des hommes aux bonnes responsabilités. Racontant comment Pompidou à l'issue du conseil des Ministres au cours duquel Chaban-Delmas avait remis la démission de son gouvernement, l'avait pratiquement envoyé à Bruxelles, il s'exprima ainsi : « j'ai été envoyé à Bruxelles, en mission d'Europe » pour ajouter plus loin qu'il ne lui déplaisait pas d'y aller, car « Georges Pompidou traçait pour l'Europe un exaltant programme »[27]. F. X. Ortoli peut ainsi à Bruxelles se faire l'avocat de ce dessein.

CONCLUSION

S'agit-il d'une nouvelle diplomatie ? Difficile de répondre clairement à cette question. Il s'agissait en tout cas d'inscrire la diplomatie de la France dans le contexte dont Pompidou hérita à son accession à la présidence de la République. Le développement et la modernisation économique sont des leviers pour créer la cohésion sociale, élément clef de la cohésion nationale. Celle-ci est un atout dans une compétition internationale dont les paradigmes évoluaient. Les négociations multilatérales allaient croissant à travers la CEE, le GATT ou l'OCDE. S'affirmer dans ce monde, nécessitait à côté d'attributions plus classiques de la puissance, de renforcer le potentiel économique français. Pompidou l'avait pleinement compris, et sa politique essaya de donner corps à ce dessein.

La réorientation de la politique économique extérieure du pays n'entraîna pas la remise en question de l'objectif gaullien d'indépendance nationale. Simplement, il en définit un cadre et des modalités nouvelles. Ce n'est plus l'objectif de l'Europe française qui est poursuivi, mais celui d'une France européenne, une France pivot en Europe. La modernisation économique lui permettrait de parler d'une voix forte face aux partenaires européens, et être entendu avec ses partenaires des puissants. Les acquis de cette réorientation porteront leurs fruits dans les septennats suivants.

---

27 Voir le témoignage de François Xavier Ortoli, in *Georges Pompidou face à la mutation... op. cit.*, p. 173.

« SAUVEGARDER LA PAIX ET LA LIBERTE »

NAISSANCE ET DEVELOPPEMENT DE LA PREMIERE COMMISSION DE LA C.E.E. (1958 – 1962)

Michel Dumoulin

L'installation de la première Commission de la CEE en janvier 1958 inaugure une dynamique institutionnelle et technocratique qui constitue à la fois une matrice identitaire et un socle de référence. Elle connaîtra des modifications substantielles dues à la fois aux circonstances – fusion des exécutifs, premier élargissement – et à la volonté de réaliser des réformes internes sur la base de l'expérience acquise.

Acteur de la construction européenne, la Commission fait l'objet d'une abondante littérature. Compte tenu de celle-ci, nous nous proposons de traiter la façon dont, de janvier 1958 à janvier 1962, la première Commission CEE, dite première Commission Hallstein, est mise en place et se développe en privilégiant l'examen de la vision européenne, de la perception des enjeux et du rapport au souvenir de la guerre non seulement des commissaires mais aussi, autant que faire se peut, des fonctionnaires.

En janvier 1958 tout est à faire en même temps qu'il existe un acquis constitué de trois expériences qui sont celles de la Haute Autorité de la CECA, des travaux du Comité Spaak suivis par les négociations des Traités de Rome, et du Comité intérimaire. La mise en place et le développement de la nouvelle institution ne surgissent donc pas du néant. Mais, écrit Monnet à Adenauer le 7 décembre 1957, si « nous sommes maintenant à même de mettre sur pied un ensemble économique européen, qui sera la préface de l'unité politique (…), le danger que nous courons est que des décisions soient prises fragmentairement en fonction de commodités immédiates ». Et Monnet d'insister sur deux points essentiels à ses yeux : le choix des hommes qui feront partie des nouvelles institutions et celui de l'installation de celles-ci dans le même endroit, quel que soit cet endroit[1].

Ne nous arrêtant pas à la question du siège[2], concentrons-nous sur le choix des hommes et sur leur vision du projet européen qui n'est ni uniforme ni univoque. Ce choix témoigne de conceptions différentes de l'organisation et du fonctionnement

---

1 Archives historiques de la Commission européenne, Bruxelles (AHCE), Papiers Hallstein, HA 1276, fiche 1, Monnet à Adenauer, 7 décembre 1957.
2 M. Dumoulin – M. Lethé, « La question du siège », in M. Dumoulin (dir.), *La Commission européenne, 1958-1972. Histoire et Mémoires d'une institution,* Luxembourg, OPOCE, 2007, pp. 283-288.

du nouvel exécutif, révélant ainsi la présence ou l'absence d'ambition de voir celui-ci façonner un espace de pouvoir(s) inédit.

Cet espace est-il construit sur la base d'une dynamique visant la synthèse de six cultures administratives nationales ou, au contraire, existe-t-il des « bastions » nationaux ? Dans quelle mesure le poids du passé joue-t-il un rôle, que ce soit à travers le souvenir des affrontements d'hier ou, au contraire, des solidarités nées dans les rangs du militantisme européiste ? Mais avant de chercher à répondre à ces questions, rappelons quelques traits généraux du traité de Rome instituant la CEE., utiles à notre propos

TRAITS GÉNÉRAUX

Le Traité confère à la CEE des attributions purement administratives et des pouvoirs de nature interétatique ou intergouvernementale.

Les juristes précisent à propos de ses attributions que la Communauté assure trois fonctions : normatrice en exécutant le texte fondateur ; de police en intervenant si les Etats, les entreprises ou les individus contreviennent à la norme ; de gestion enfin, c'est-à-dire d'organisation et de fonctionnement des services publics à l'image de la Banque Européenne d'investissements.

La nature interétatique de la Communauté est caractérisée par son appareil institutionnel en partie partagé avec la CEEA et en partie distinct des deux autres Communautés (Conseil et Commission). Or cet appareil, dans sa composante exécutive, est le reflet du renforcement du caractère intergouvernemental voulu par le traité puisque celui prévoit que les 9 membres de la Commission, « choisis en raison de leur compétence générale », sont nommés d'un commun accord par les gouvernements (art. 158). Pour les partisans du caractère supranational du projet européen, ceci marque un recul par rapport au traité CECA (art. 10). Ils observent en outre que la CEE relève de la coopération fonctionnelle puisqu'elle a vocation administrative et non pas politique à promouvoir la collaboration des Etats dans divers domaines techniques liés à la création d'un Marché commun. Cette coopération qui implique que les Etats acceptent des restrictions de souveraineté suppose qu'ils définissent une politique commune. C'est donc au niveau des Etats et de leur organe commun, le Conseil, que se situe le nœud politique de la question. Dans ces conditions, certains espèrent modifier le cours des choses afin que « les institutions, par novation contractuelle ou révolutionnaire, accèdent à l'indispensable supranationalité »[3] car la Commission détient « l'exclusivité de la proposition législative et de l'exécution de la législation »[4]. Le traité lui ouvre donc la voie d'une démarche originale qui consiste à opérer un mouvement dialectique entre intérêts nationaux et communautaires dans une perspective intégrationniste en même temps que

---

3 G. Héraud, « Observations sur la nature juridique de la Communauté Economique Européenne », in *Revue Générale de Droit International Public*, 1958, p. 56.
4 B. Olivi, L'Europe difficile. Histoire politique de l'intégration européenne, 2ᵉ éd., Paris, Gallimard, 2001, p. 62.

respectueuse du compromis au niveau européen puisque c'est le Conseil qui approuve les propositions à la majorité qualifiée. Dans ces conditions, le choix des hommes nommés par les gouvernements afin de composer la Commission ou Collège, puis celui opéré par les commissaires afin de construire l'exécutif sont cruciaux.

LA COMMISSION HALLSTEIN

Les grandes manœuvres relatives à la désignation d'un président de la Commission débutent dès le printemps de 1957. Cette fonction et cette institution ne sont pas les seules en cause. En effet, ce sont 36 nominations au total qui doivent être effectuées afin de satisfaire aux besoins des trois exécutifs, de la Cour de Justice et de la BEI. Au terme d'une sage politico-diplomatique qui dure plusieurs mois, c'est le candidat de Bonn, Walter Hallstein, qui est désigné afin de présider le Collège dont voici la composition.

Na	Nom	N	P	M	ED	CI
A	Hallstein	1901	–	x	x	
F	Lemaignen	1893	–	–		
I	Malvestiti*	1899	x	x		
NL	Mansholt	1908	x	x		
F	Marjolin	1911				x
I	Petrilli**	1913				
L	Rasquin***	1899	x	x		
B	Rey	1902	x	x	x	
A	v. d. Groeben	1907			x	x
Remplacements						
I	Caron*	1904	x	x	x	
I	Levi Sandri**	1910			x	
L	Schauss	1908	x	x	x	x

Na = nationalité ; N = Date de naissance ; P = parlementaire ; M = membre d'un gouvernement national ; ED = études de droit ; CI = membre du comité intérimaire

La Commission compte 9 membres, deux par grand pays et un pour chaque petit. Leur mandat est de 5 ans. Tous les membres nommés ne l'exerceront pas entièrement. D'une part, le luxembourgeois Rasquin décède en avril 1958 et, d'autre part, les deux premiers commissaires italiens sont assez rapidement remplacés par d'autres pour des motifs relevant de la politique intérieure de leur pays.

Tous les commissaires sont des hommes. La moyenne d'âge est de 53,5 ans. Le plus jeune est l'italien Giuseppe Petrilli (44 ans), le plus âgé, le français Robert Lemaignen (64 ans). A une exception près, tous ont fait des études supérieures, universitaires ou techniques. Les juristes, du fait des remplacements intervenus en cours de mandat, sont majoritaires en 1961.

Le parcours antérieur des commissaires permet de relever que 4 d'entre eux, 6 en 1961, ont une expérience parlementaire. 5, puis 7, ont participé à un ou plusieurs gouvernements dans leur pays. Trois ont une expérience technocratique de haut niveau (Marjolin, Petrilli, von der Groeben). Lemaignen, figure importante du CNPF, et l'italien Giuseppe Caron, fort d'un solide bagage de chef d'entreprise dans le secteur de la chimie, sont issus de la sphère économique.

Au plan politique, les trois grandes familles sont représentées avec une dominante démocrate-chrétienne et socialiste. Au plan de l'engagement européen, la diversité est de mise comme elle l'est à la CECA[5]. Robert Marjolin, secrétaire général de l'OECE de 1948 à 1955 qui n'est pas « un Européen lyrique » et ne voit pas dans le Traité de Rome « le début d'une Fédération européenne »[6], ajoute, parlant de la tendance d'Hallstein à vouloir faire de la Commission un gouvernement européen que le président « avait un peu perdu la tête (...). Il voulait faire une construction fédérale européenne avec la Commission au sommet. C'était absurde »[7].

Mansholt, en revanche, se définit comme « un homme de l'école de Jean Monnet, Robert Schuman, Paul-Henri Spaak »[8]. D'autres avec lui, sans nécessairement se réclamer des mêmes influences, appartiennent à la veine fédéraliste même si celle-ci, à son tour, présente plusieurs visages. Le fédéralisme de Jean Rey qui a éclos dans le contexte belge dès avant la seconde guerre mondiale a d'abord été à usage domestique avant d'inspirer une vision européenne. Celui de certains Italiens – Caron, Levi Sandri – se situe à la charnière des dimensions nationale et européenne. Même si ses racines sont plus lointaines, il a été élaboré dans les années trente, souvent sans distinction entre familles idéologiques, parmi les opposants au fascisme. En revanche, Piero Malvestiti « n'a pas été fédéraliste et il a cherché à trouver dans l'approche fonctionnaliste les instruments les plus utiles pour renforcer la collaboration entre les Etats, sans considérer cette deuxième méthode comme exclusive »[9]. Fonctionnaliste, von der Groeben s'est lui aussi expliqué sur sa vision :

> Il y avait certaines différences entre moi et les gens des Affaires étrangères parce que je n'ai pas cru à l'institutionnalisme. C'était toujours l'idée de juristes, comme Hallstein, de créer des

5   M. Carbonell, *Des hommes à l'origine de l'Europe. Biographies des membres de la CECA*, Aix-en-Provence, Presses universitaires de Provence, 2008.
6   Fondation Jean Monnet pour l'Europe, Lausanne (FJME), Interview du Professeur Robert Marjolin par Roberto Ducci et Maria Grazia Melchionni, 24.09.1984, p. 34.
7   *Ibidem*, p. 35.
8   R. Priouret, « Avec Sicco Mansholt », in *L'Expansion*, n°57, novembre 1972, p. 199.
9   A. M. Fiorentini, « La conception de l'Europe de Piero Malvestiti. Une réflexion historiographique », in K. Rücker – L. Warlouzet, (dir.), *Quelle(s) Europe(s) ? Nouvelles approches en histoire de l'intégration européenne. Which Europe(s). New Approaches in European Integration History*, Bruxelles, PIE-Peter Lang, 2006, p. 76.

institutions (…). Et moi, j'étais toujours d'avis que c'était un faux chemin. Je croyais qu'il était nécessaire de commencer organiquement (…), de faire une politique ensemble[10].

L'allusion qui a été faite à la lutte contre le fascisme conduit à dire un mot de l'expérience que les membres du Collège ont de la guerre. Parmi les 12 commissaires cités deux ont fait la première. Breveté de Saint-Cyr, Lemaignen est capitaine dans l'aviation en 1918. Malvestiti a servi très jeune comme officier dans l'infanterie. Tous les autres étaient soit enfant soit adolescent à la fin de « la der des der ».

Le collège est donc composé d'hommes en âge d'avoir fait la seconde guerre mondiale. Les deux Allemands ont servi sous l'uniforme de la Wehrmacht. Professeur de droit à Rostock puis à Francfort, Walter Hallstein a 41 ans quand il le revêt en tant qu'officier en 1942. Fait prisonnier en Normandie en 1944, il est interné aux Etats-Unis jusqu'en 1946, date à laquelle, revenu dans son pays, il devient recteur de l'université de Francfort. Hans von der Groeben a 32 ans en 1939. « Oberregierungsrat » au ministère de l'Agriculture et du Ravitaillement dans le civil, il sert comme lieutenant lors de l'invasion de la Pologne. Rendu à l'administration, il reprend du service en novembre 1942, date à laquelle il arrive en Avignon. Il y est affecté à l'état-major de la XIXe Armée. Il y reste jusqu'en août 1944, date à partir de laquelle commence un périple qui s'achève en mars 1945 au Nord du Lac de Constance par la capitulation de ce qui reste de la XIXe Armée. Fait prisonnier par les Américains, il est libéré en juillet 1945 et renoue avec une activité administrative en février 1946 après avoir satisfait au contrôle de la dénazification[11].

Ceci étant, les deux hommes ont suivi de très près l'élaboration du traité CECA et leur spécialisation dans les matières européennes ira se renforçant. Hallstein est « Staatssekretär im Auswärtigen Amt » à partir de 1951. von der Groeben, nommé directeur de ministère au ministère fédéral de l'Economie en 1953, prend une part active aux travaux du comité Spaak puis à ceux de la conférence intergouvernementale. Co-auteur du Rapport Spaak d'avril 1956, il préside, à Val Duchesse, le comité du Marché commun chargé d'élaborer le Traité CEE.

En face ou aux côtés des deux Allemands – la nuance est importante – siègent des commissaires dont, a priori, on peut penser que les sentiments à l'égard de l'Allemagne et des Allemands ne sont pas empreints de sympathie.

Lemaignen est médaillé de la Résistance à l'issue du deuxième conflit mondial. Mansholt s'est lui aussi illustré dans la lutte contre l'occupant au même titre, et cela est intéressant à noter, que trois Italiens. A commencer par Malvestiti, « un homme qui avait fait une belle résistance »[12]. Il a été membre du CNL de la Haute Italie

---

10 FJME, Interview de Hans von der Groeben par R. Ducci et M. G. Melchionni, 22.05.1984, p. 35.
11 H. von der Groeben, *Deutschland und Europa in einem unruhigen Jahrhundert. Erlebnisse und Betrachtungen*, Baden-Baden, Nomos Verlag, 1995, pp. 200-203.
12 Sauf indication contraire, les témoignages cités ont été recueillis entre 2003 et 2005 dans le cadre de la préparation de l'ouvrage cité à la note 2. Ils sont mentionnés sous la cote qui leur a été attribuée par les Archives historiques de l'Union européenne (AHUE) qui les conserve et où ils sont consultables à l'adresse https://archives.eui.eu/en/oral_history/#ECM [information vérifiée le 10 février 2020]. Nous citons ici Henri Varenne (INT 722).

tout comme Caron l'a été dans celui de la province de Trévise. Levi Sandri qui a combattu dans le Nord est décoré à titre militaire[13].

Le parcours des autres commissaires renvoie lui aussi à la guerre. Réfugié en France en 1940 avec sa famille, le luxembourgeois Rasquin y perd sa fille tuée par un éclat d'obus. Journaliste, il est rédacteur en chef, à Marseille, en 1944, de l'hebdomadaire *Vérité*. Son compatriote Lambert Schaus a passé l'essentiel de la guerre en Allemagne où il a été soumis au STO à cause de son attitude antinazie.

Robert Marjolin passe la guerre entre Londres et les Etats-Unis au service de la France libre[14]. Jean Rey, enfin, lieutenant de réserve en 1940 est prisonnier de guerre après la campagne des 18 jours. Il passe cinq ans dans un « Oflag ». Evoquant en 1971, à Athènes, cette période de sa vie, il déclare :

> Lorsqu'en 1945, rentrant après cinq ans de captivité (…) qui ont contribué à améliorer ma connaissance de la langue allemande… qu'est-ce qu'on constate ? C'est que plus aucune décision mondiale ne peut être prise en Europe. Elles sont prises à Washington et à Moscou. Je crois que rien n'a davantage contribué à donner conscience aux Européens que le moment était venu pour eux (…) de tourner la page (…) de leurs guerres civiles, et à rendre à l'Europe sa place dans le monde (…) et qu'il fallait pour cela se réconcilier (…)[15].

Ce propos qui renvoie aux motivations européistes, tant de fois répétées, de la génération qui a connu la seconde guerre est cependant loin de psalmodier le seul thème de la réconciliation. Son objectif est on ne peut plus pragmatique : rendre à l'Europe une grande place dans les affaires mondiales et, pour ce faire, « tourner la page du passé ». Ce qui ne revient pas nécessairement à faire table rase de ce dernier. Certes, la Commission CEE n'a pas connu l'équivalent du cas Hettlage, cet ancien haut responsable de l'administration du IIIe Reich devenu membre de la Haute Autorité de la CECA en 1962[16]. Mais il est évident que, au sein même du collège, la tension peut être vive à la simple évocation d'un patronyme qui sert de catalyseur à un non-dit. A cet égard, la proposition de Walter Hallstein de nommer son porte-parole, Joachim von Stülpnagel, neveu du général Karl-Heinrich von Stülpnagel, porte-parole de la Commission, conduit Marjolin et Lemaignen à piquer une colère[17]. En effet,

> il est apparu à certains membres de la Commission, notamment à MM. Marjolin et Lemaignen, qu'il était encore trop tôt pour la France sans doute, mais aussi pour ses voisins et pour la Commission, pour confier une charge nécessairement aussi exposée, aussi médiatique que celle de porte-parole de l'institution, à un homme apparenté au général du même nom, indépendamment de ses qualités personnelles et professionnelles qui étaient grandes[18].

---

13 R. Anni, «L'Italia rinasce. L'esperienza partigiana di Lionello Levi Sandri», in A. Varsori-L. Mechi (dir.), *Lionello Levi Sandri e la politica sociale europea*, Milan, Franco Angelli, 2008, pp. 19-32.
14 R. Marjolin, *Le travail d'une vie. Mémoires 1911-1986*, Paris, Robert Laffont, 1986, pp. 113-135.
15 Cité par R. Fenaux, *Jean Rey, enfant et artisan de l'Europe*, Bruxelles, Labor, 1972, pp. 73-74.
16 M. Carbonell, « Karl-Maria Hettlage (1902-1995) : un expert au service de l'Europe et des Allemagnes », in *Journal of European Integration History*, vol. 12, 2006, n°1, pp. 67-85.
17 INT 729 Bino Olivi.
18 INT 719 Manuel Santarelli.

En d'autres termes, le fait que l'oncle, commandant des forces d'occupation allemandes en France à partir de mars 1942 ait été exécuté à Berlin le 30 août 1944 pour avoir participé au complot de juillet de la même année contre Hitler ne change pas la donne[19].

Ceci étant, et parce que l'appréciation de ce qui fut une situation complexe est soumise à un effet de balancier, il faut souligner que l'expérience partagée par certains membres du Collège dans le cadre des négociations relatives aux projets européens qui se succèdent depuis 1950 joue un rôle important dans le rapprochement entre les hommes. Ainsi, le « clan des anciens de Val Duchesse (…), un réseau qui s'entendait très bien »[20], est, selon Marjolin, « une espèce de complicité, une espèce de conjuration » s'exprimant surtout en privé[21]. Au plan de la méthode, cette expérience laisse des traces. Jacques Donnedieu de Vabres, ancien secrétaire général du Comité interministériel pour les questions de coopération économique européenne mis en place par le gouvernement français, observe en effet deux choses. D'une part, le travail des conférences intergouvernementales de 1955 et 1956 a « été facilité par les cadres, méthodes et traditions de discussion et l'organisation commune préexistante entre les six pays ». D'autre part, « les institutions de la CEE, telles qu'elles sont décrites dans le Traité, et surtout telles qu'elles fonctionnent pratiquement, ressemblent, avec les développements nécessaires, aux procédures mêmes de négociation qui ont conduit au Traité »[22]. Ce qui ne rend toutefois pas compte de la manière dont l'institution est mise en place sous l'impulsion d'Hallstein qui, non sans être conduit à composer, impose un modèle.

LE MODÈLE HALLSTEIN

La question a souvent été posée de savoir si le mode d'organisation de l'administration communautaire était calqué sur celui de la fonction publique française ou était issu du moule de la *Verwaltung* allemande[23]. Aux yeux de ceux qui en ont connu les débuts, « c'était quelque chose d'hybride, un think tank dans un certain sens »[24] dont la « façon de travailler était très originale, particulière même »[25].

Dans cette « ruche où chacun essayait de retrouver sa case (…) et de comprendre ce que le traité voulait dire »[26], une orientation maîtresse est donnée par

---

19 Von der Groeben connaît bien un autre membre de la famille, le lieutenant-colonel F. von Stülpnagel en compagnie duquel il est fait prisonnier puis libéré en 1945. Voir H. von der Groeben, *op. cit.,* p. 204 et 206.
20 INT 737 Henri Etienne.
21 FJME, témoignage de Robert Marjolin, *op. cit.*, p. 29.
22 J. Donnedieu de Vabres, « Souvenirs de négociations », in *Marché Commun*, n°100, mars 1967, p. 122.
23 R. Hugoueneng – B. Ventelou, « Les services publics français à l'heure de l'intégration européenne », in *Revue de l'OFCE*, janvier 2002, p. 8
24 INT 734 Claudio Segré.
25 INT 691 Jean Degimbe.
26 INT 693 Jean Durieux.

Hallstein. Il veut, selon son expression, « une grande administration »[27] dotée d'« un organigramme comme celui d'un gouvernement, calqué sur l'organisation du gouvernement allemand »[28]. Or, pour de nombreux Français, « c'était effarant d'avoir un organigramme ».[29]

Cet organigramme est pourtant mis en place. La Commission comporte neuf directions générales (DG), un secrétariat et un service linguistique. Trois services communs aux trois exécutifs – service juridique, statistiques, presse – complètent le dispositif.

Chaque DG dont le directeur général est aidé par un assistant comprend plusieurs directions comportant elles-mêmes plusieurs divisions. Ces DG ne relèvent pas d'un seul commissaire mais bien d'un groupe de commissaires présidé par l'un d'entre eux qui doit être d'une autre nationalité que le directeur général concerné. La DG administration, pour sa part, est placée « sous le contrôle du président assisté par les trois vice-présidents ». Cette méthode de travail originale a ses limites. Jean Rey la remettra en cause en janvier 1962, c'est-à-dire au début du mandat de la deuxième commission Hallstein.

Les commissaires ne disposent pas d'un cabinet pléthorique. Cet organe, inconnu en Allemagne, est français[30]. Hallstein en accepte la création qui se révèlera « une bénédiction pour la Commission ».[31] En revanche, il « ne veut absolument pas des cabinets à la française »[32]. Un chef de cabinet et un chef de cabinet adjoint doivent suffire même si certains commissaires, von der Groeben surtout, aime prendre l'avis d'experts, « die Professoren »[33]. Le rôle du cabinet est diplomatique, à la charnière entre le niveau politique, le commissaire, et le niveau technique, le directeur général[34]. Le premier est amené à défendre les intérêts de son pays au sein de la Commission mais aussi à présenter et discuter les positions de cette dernière avec ses autorités nationales [35]. Comme l'explique von der Groeben, son devoir n'était pas de défendre unilatéralement la position allemande mais bien de rechercher le compromis avec les partenaires[36]. La tâche n'est pas simple. Certains, en effet, considèrent par exemple que le ministre français des Affaires étrangères, Maurice Couve de Murville, parle à Bruxelles à travers Marjolin[37] tandis que la Commission n'entretient pas suffisamment le contact avec Bonn[38].

---

27   E. Noël, « Témoignage : l'administration de la Communauté européenne dans la rétrospective d'un ancien haut fonctionnaire », in *Anfänge der Verwaltung..., op.cit.*, p. 150.
28   INT 737 Henri Etienne.
29   INT 702 Georges Berthoin.
30   E. Richie, « The Model of French Ministerial Cabinets in the Early European Commission », in *Anfänge der Verwaltung..., op. cit.*, pp. 99-106.
31   INT 671 Ernst Albrecht: « Es war ein Segen für die europäische Kommission ».
32   INT 722 Henri Varenne.
33   INT 686 Marcell von Donat.
34   INT 764 Camille Becker.
35   INT 774 Karl-Heinz Narjes.
36   FJME, témoignage de von der Groeben, p. 3.
37   INT 774 Karl-Heinz Narjes.
38   FJME, Papiers Monnet, AMK 120/2/24, Conversation Narjes 28.11.1963, p. 3.

De la même nationalité que les commissaires, les membres du cabinet doivent bel et bien veiller à jouer un rôle d'interface avec les directeurs généraux qui du fait de leur nationalité, de leur passé, de leurs compétences et pour d'autres motifs encore, considèrent qu'ils ne sont pas aux ordres. « A Paris, on prenait son téléphone, on appelait un DG et on lui donnait des ordres. C'est comme si le ministre avait parlé. Je me suis rendu compte qu'à Bruxelles cela ne pouvait pas fonctionner comme ça » rapporte un chef de cabinet[39].

De fait, les directeurs généraux, certains devenant, au fil du temps, « les grands barons de l'administration »[40] forment « un club ou encore une couche ou strate » dans l'édifice administratif[41]. Dans le même temps, certains transforment leur DG en bastion possédant une forte identité, que celle-ci relève de « la dictature du drapeau »[42] ou de la personnalité même du patron.

Les directeurs généraux, selon Hallstein, doivent « être de plain-pied avec le plus haut niveau de la hiérarchie nationale dans chaque pays »[43]. Leur nomination ne s'effectue pas sur la base « d'un quota à proprement parler mais d'une répartition géographique »[44]. Celle-ci est respectueuse de la taille des pays membres tout en souffrant des exceptions. L'Allemagne, la France et l'Italie ont chacune deux directeurs généraux, la Belgique en a un, le Luxembourg n'en a pas mais les Pays-Bas en ont deux. Cette particularité est due au fait que le directeur général de l'Administration (DG IX) est placé hors répartition.

Hallstein qui entend bien avoir la haute main sur l'administration place un compatriote à la tête de la direction du Personnel qui est chargée du recrutement[45]. Mais un deuxième signe, politiquement beaucoup plus fort, ne trompe pas. La Commission comprend un secrétariat et non pas un secrétariat général. Son responsable, auquel est adjoint un Allemand, est français. Emile Noël, figure mythique de l'histoire de la Commission, porte le titre de secrétaire exécutif. Les mots traduisent parfaitement bien la conception que le président se fait d'une fonction à laquelle le titulaire donnera toutefois une consistance exceptionnelle.

Enfin, Hallstein veille à avoir la responsabilité du service juridique dirigé par un Français, Michel Gaudet, un « Monnetiste », dont le rôle est lui aussi déterminant attendu précisément la place du droit dans les objectifs et les moyens de l'institution. Une institution, enfin, qui impose le recrutement d'agents dans un contexte fortement marqué par la recherche d'une organisation scientifique du travail,

---

39 INT 706 Jean Chapperon. Le témoin commet un lapsus révélateur quand il parle du commissaire en disant « mon ministre ».
40 INT 719 Manuel Santarelli.
41 INT 748 Claus-Dieter Ehlermann.
42 Selon l'expression de V. Dimier, « De la dictature des drapeaux au sein de la Commission européenne ? Loyautés multiples et constitution d'une identité commune au sein d'une administration multinationale », in R. Dehousse – Y. Surel, *VIIe congrès de l'Association française de science politique. Lille, 18, 19, 20 et 21 septembre 2002*. Table ronde n°5 : « L'institutionnalisation de l'Europe », 23 pp.
43 E. Noël, Témoignage..., *op. cit.*, p. 151.
44 Ibidem.
45 Voir à ce sujet les nombreux éléments de réflexion fournis dans le témoignage de Manuel Santarelli déjà cité.

qu'elle soit d'inspiration externe – l'enquête Bosboom & Hegener[46] – ou interne comme l'illustre le rapport Ortoli de 1961[47].

RECRUTEMENT

L'administration compte 1482 personnes en juin 1959[48]. Les fonctionnaires à proprement parler forment naturellement le gros du contingent mais il faut néanmoins relever que le nombre d'agents dits auxiliaires et d'agents locaux augmente au fil des ans puisqu'il se situe entre 20% et 25% du total des effectifs.

Si le Collège souhaite « un certain équilibre » au point de vue de la nationalité des fonctionnaires et des agents[49], force est de constater que, dans les deux catégories, les Belges occupent assez rapidement la première place. Ils représentent en effet 25% du total. Viennent ensuite les Allemands (24%) suivis par les Français et les Italiens qui représentent dans les deux cas 18% de l'ensemble. Les Néerlandais (8%) et les Luxembourgeois (3%) ferment la marche. Du côté des agents, les Belges (31%), les Italiens (25%) et les Allemands (20%) se taillent la part du lion. La proximité géographique explique la forte proportion de Belges mais également celle d'Italiens issus de l'immigration en Belgique. Quant aux Allemands, des motifs d'ordre linguistique – de fonctions liées au secrétariat à celles relevant du service traduction/interprétation – expliquent leur relativement grand nombre.

Enfin, à l'instar de ce qui a été esquissé à propos des commissaires, interrogeons-nous sur la « topographie idéologique » de l'institution. Autrement dit, que nous apportent les sources – plus particulièrement orales – au sujet de la manière dont les fonctionnaires de l'époque ont perçu, d'une part, les enjeux liés à la mise en place et au développement de l'institution, et, d'autre part, leurs collègues d'une autre nationalité ?

PERCEPTION DES ENJEUX ET MEMOIRE DE LA GUERRE

Les réponses, nécessairement incomplètes, apportées à ces deux questions sont issues d'entretiens avec 80 anciens fonctionnaires[50] dont la répartition par nationalités correspond asses bien aux pourcentages généraux présentés plus haut[51]. 71% de

---

46 AHCE, Procès-verbal de la 39e réunion de la Commission, 26 novembre 1958, 2e partie, IX, p. 3.
47 AHUE, Papiers Franco Maria Malfatti, FMM 41, Rapport sur l'organisation des services de la Commission Economique Européenne.
48 *Stellenplan der Kommission für 1959*, document IX/2628/59-D, 3 juin 1959.
49 AHCE, *Procès-verbal de la 4e réunion de la Commission,* 7 février 1958, 1ère partie, X, p. 5-6 : « Il n'est pas prescrit de quotas nationaux. Cependant il faut, dans la répartition des personnes, tenir compte d'un certain équilibre entre les nationalités ».
50 Voir note 15 ci-dessus.
51 La répartition des témoins par nationalité est la suivante : Allemands (28,7%), Français (25%), Italiens (22,5%), Belges (13,75%), Néerlandais (7,5%) et Luxembourgeois (2,5%).

ces témoins sont nés entre 1912 et 1928, 81% possèdent un ou plusieurs diplômes universitaires. Parmi eux, une majorité de juristes (53,8%).

Les témoignages traduisent d'intéressantes perceptions des enjeux. A la base, il existe une séparation entre les fonctionnaires européistes, voire fédéralistes, et les autres qui venaient uniquement pour gagner leur vie[52]. Cela dit, en plus des difficultés inhérentes au fait de quitter son pays, ses amis et, le cas échéant, sa famille, le choix de Bruxelles est loin d'être facile. A cet égard, fédéraliste, européiste ou indifférent, le fonctionnaire, surtout français, est aux prises, avant son départ, avec les sarcasmes de collègues et de supérieurs hiérarchiques ne comprenant pas comment il est possible de quitter la prestigieuse fonction publique nationale pour l'aventure chez « les fédérastes »[53].

Pour les fédéralistes et européistes, « l'Europe, c'était vraiment s'engager ensemble pour une nouvelle épopée et une réhabilitation historique »[54]. Mais cela ne signifie pas que tous les fonctionnaires qui disent avoir eu des convictions européennes soient fédéralistes. Au contraire, certains s'en tiennent délibérément éloignés[55], voire ont adhéré, au lendemain de la guerre, à un mouvement en faveur du rapprochement entre Européens qui soit tout sauf fédéraliste car ils se méfient de ce courant[56].

Les militants européens, fédéralistes ou non, sont nombreux et actifs. Ils forment un réseau de connivences fondé sur des expériences partagées. Les anciens de la Campagne européenne de la Jeunesse font référence à celle-ci d'une manière appuyée[57]. Pour d'autres, l'appartenance au Mouvement Européen évoque surtout la référence à une personnalité marquante qui a été leur boussole[58]. Ceci pour ne rien dire des fonctionnaires qui ayant été proches de Monnet, aussi bien en France qu'à Luxembourg, forment eux aussi un réseau[59]. Enfin, sans épuiser la liste des exemples, épinglons encore celui de ce Luxembourgeois, fondateur des Nouvelles Jeunesses Socialistes à Luxembourg où il a milité au sein du Mouvement Européen mais aussi du Mouvement Socialiste pour les Etats-Unis d'Europe[60].

Tous les témoignages qui précèdent sont, pour l'essentiel, d'origine française, belge et luxembourgeoise. Ils émanent d'hommes « élevés dans l'horreur de la

---

52 INT 689 Paul-Henri Buchet.
53 J.- F. Deniau, *Mémoires de 7 vies*. T. II : *Croire et oser*, Paris, Plon, 1997, p. 150 : « Tout ça ce sont des histoires de fédérastes ». D'autres témoignages vont dans le même sens : « Qu'est-ce que tu vas faire à Bruxelles, tu vas compromettre ta carrière » (INT 729 Robert Toulemon) ou encore : « Ne vous inquiétez pas, votre "truc" durera trois semaines » s'entend dire un fonctionnaire quittant la Cour des Comptes (INT 710 Pierre Duchâteau). Plus direct : « Tu es complètement fou ! » (INT 737 Henri Etienne).
54 INT 702 Georges Berthoin.
55 INT 737 Henri Etienne.
56 INT 703 Jean-Jacques Beuve-Méry.
57 Georges Rencki, cheville ouvrière de l'Union Fédéraliste Interuniversitaire avant de passer à la Campagne, Fausta La Valle, Jean Buchet, Jean Degimbe, évoquent aussi Jean Moreau, par exemple.
58 INT 697 Robert Pendville au sujet d'Etienne de la Vallée Poussin.
59 Jacques-René Rabier, Michel Gaudet, Georges Berthoin, notamment.
60 INT 765 Fernand Braun.

guerre de 1914 »⁶¹ qui ont pour la plupart connu de près la seconde guerre. Mais s'il « y avait une inquiétude vis-à-vis de l'Allemagne »⁶², elle ne s'exprime pas de la même manière et, surtout, ne signifie pas nécessairement un retour sur le passé. Certains se bornent en effet à constater que les Allemands « se tenaient un peu en arrière » au même titre que les Italiens⁶³.

De fait, dans une institution où le français domine largement malgré le fait qu'il existe quatre langues officielles, les Allemands ont tendance à vivre repliés sur eux-mêmes sans qu'il soit possible de discerner si le motif de cette discrétion est à attribuer à leur côté provincial⁶⁴, à leur « guilty complex »⁶⁵ ou, comme l'explique un fonctionnaire allemand, parce qu'« ils n'avaient tout simplement pas droit à leur langue, psychologiquement »⁶⁶.

Ce qui nous conduit au souvenir de la guerre en tant que composante de l'espace mental et de l'ambiance à la Commission à la fin des années cinquante. Non sans observer que la perception du passé proche varie selon les générations, relevons que pour la plus jeune d'entre elles, « le passé est vraiment passé »⁶⁷. Cela dit, la sensibilité reste très grande au sujet de la question de savoir qui a fait quoi durant la guerre⁶⁸. Certains paraissent mettre tous les Allemands dans le même sac. Ainsi, à la DG VIII, un fonctionnaire français qui rencontre pour la première fois son directeur général allemand lui déclare « Ich war ein Terrorist ! ». Provocation sans doute de la part d'un témoin qui ajoute que « c'était très drôle (…) quatorze ans après de se rencontrer en dehors de la mitraillette » non sans préciser que pour dire bonjour aux Allemands de la DG « on s'amusait (…) à faire comme ça [c'est-à-dire en esquissant le salut nazi], et ils avaient encore le réflexe… »⁶⁹. Plus net, le Néerlandais Jan van der Lee, évoquant le directeur général de la même DG VIII, déclare : « C'était un homme très dur et hostile, qui était vindicatif. Qui ne pouvait pas faire face à son passé de guerre »⁷⁰.

Bien que révélateurs, ces témoignages sont pourtant moins forts que celui d'un ancien chef de cabinet adjoint qui affirme que « dès que les Allemands (…) cherchaient à imposer une vue sur le plan politique, immédiatement on leur rappelait qu'ils avaient fait Dora, Ravensbrück et *tutti quanti* »⁷¹. Un souvenir qu'il faut immédiatement contrebalancer grâce à ceux d'un Français – l'important n'était pas

---

61 INT 721 Robert Toulemon.
62 INT 737 Henri Etienne.
63 INT 689 Paul-Henri Buchet.
64 B. von Staden, *Ende und Anfang. Erinnerungen, 1939-1963*, Waihingen/Enz, 2001, pp. 186-187.
65 INT 690 Daniel Cardon de Lichtbuer. Margot Delfosse-Frey (INT 672) déclare : « Les Allemands (…) avaient un petit complexe de culpabilité. Ils venaient tous avec le besoin de montrer qu'ils n'étaient pas nazis, que ce que l'on reprochait aux Allemands était déplacé ».
66 INT 679 Norbert Kohlhase.
67 INT 732 Ernesto Previti.
68 INT 691 Jean Degimbe : « On était très sensible sur ce genre de question ».
69 INT 708 Pierre Cros.
70 INT 762 Jacob van der Lee.
71 INT 722 Henri Varenne.

« qui avait fait quoi mais qui voulait faire quoi »[72] – et d'un Allemand déclarant : « C'est à partir de la guerre que nous nous étions constitués (…). Dans cette optique-là, nous sommes devenus (…) en tous cas des voisins très proches »[73].

Au-delà d'une attitude inspirée par une perception générale des Allemands qui influence l'attitude au quotidien[74], il est également permis de se demander si l'évocation du nom de tel ou tel fonctionnaire ravive la mémoire de difficultés liées à sa nationalité. En effet, alors que le chef de cabinet adjoint de Hallstein, Narjes, officier sous-marinier durant la guerre, s'attire une forme de sympathie de la part des Français sensibles à son profil[75], ou que le rôle qu'aurait joué, dans l'affaire Cicéron, par le directeur général Allardt (DG VIII), conseiller à l'ambassade d'Allemagne à Ankara de 1941 à 1944, renvoie à une part d'ombre du personnage qui n'est pas pour déplaire[76], un autre Allemand, Behr, suscite davantage de témoignages encore. Ils permettent de mieux cerner ce qui constitue le plus souvent une ambivalence dans l'attitude à l'égard des fonctionnaires allemands dont certains sont perçus comme « des convertis d'autant plus forts qu'ils ont choisi l'Europe »[77]. Behr avait été aide de camp du maréchal Paulus à Stalingrad avant d'être affecté à l'état-major de Rommel. Fonctionnaire à la Haute Autorité, ses relations avec le secrétaire général de cette institution, le Néerlandais Max Konsthamm – interné de 1942 à février 1944 – n'étaient pas bonnes. Comme le rapporte Narjes : « Behr und Kohnstamm haben sich nicht immer allzu gut vertragen, weil natürlich Behr an der Ostfront war und Max Kohnstamm ein ganz andere Wahrnehmung hatte »[78]. Et le Français Georges Berthoin, collègue immédiat de l'Allemand, d'ajouter tout en nuançant :

> J'étais de ceux (…) qui disaient qu'on ne peut (…) pardonner. La plupart des Français ou des Hollandais qui étaient là (…) avaient été personnellement victimes de l'Occupation allemande (…) On a dit : ''On ne peut pas oublier, on ne peut pas pardonner. Mais la chance que nous avons (…) c'est qu'on peut ensemble construire l'avenir''. Ça a l'air très romantique. Mais (…) c'était aussi très pratique parce que nous avions mission de créer un instrument qui allait permettre de transformer l'idée de paix[79].

Le passé de résistant de certains est rappelé avec la même chaleur tant par certains fonctionnaires allemands que par des fonctionnaires d'une autre nationalité. Les uns évoquent d'Emile Noël[80], d'autres celui du chef de cabinet de Mansholt, Alfred

---

72 INT 716 Jacques-René Rabier.
73 INT 679 Norbert Kohlhase.
74 INT 702 Georges Berthoin.
75 INT 722 Henri Varenne.
76 INT 708 Pierre Cros.
77 INT 765 Fernand Braun.
78 INT 774 Karl-Heinz Narjes.
79 INT 702 Georges Berthoin.
80 INT 774 Karl-Heinz Narjes: «Was viele Leute nicht wissen: Noël hatte eine ganz ausgeprägte Widerstandsvergangenheit ».

Mozer[81]. En revanche, un groupe d'anciens déportés et résistants se montre vigilant à propos du passé de certains fonctionnaires et exercent, le cas échéant, les pressions nécessaires afin que des mesures soient prises[82]. Mais ces cas sont exceptionnels. En effet, il existe non seulement un contrôle de sécurité, destiné avant tout à s'assurer du non recrutement de « rouges », mais, surtout, il est évident que la mémoire, à propos de l'image de l'Autre, varie selon les témoins. A cet égard, la figure du directeur général Franco Bobba (DG II) est emblématique. Tandis que les uns évoquent sa taille qui était fort grande en effet, d'autres rappellent son passé de parachutiste avec une pointe d'admiration[83] tandis que des témoins d'une troisième catégorie, sans se prononcer de manière aussi abrupte que l'un d'entre eux déclarant que le diplomate italien « était un ancien grand fasciste très connu »[84], expliquent : « Bobba avait été, dans la hiérarchie des Affaires étrangères, bloqué par le fait qu'il avait collaboré avec les Allemands, après l'Armistice [de 1943] (…). Et puis il a été repêché par De Gasperi parce (…) qu'il connaissait les choses »[85].

6. CONSIDÉRATIONS FINALES

Nous n'avons ni traité du rôle de la guerre froide dans la vision européenne des commissaires et des fonctionnaires ni des rapports qu'ils entretiennent avec les Etats-Unis[86]. Pas plus d'ailleurs que nous n'avons abordé la question des éventuelles connivences basées sur les convictions philosophies ou religieuses. En revanche, nous avons cherché à attirer l'attention sur un point quelque peu délaissé par l'historiographie, à savoir la diversité des visions qui prévalent lors de la mise en place de la Commission CEE. Or, celle-ci, du fait de la fusion qui enterrera littéralement Euratom et absorbera l'expérience CECA, constitue la matrice des développements ultérieurs.

Cette diversité des visions, comme celle des motivations, se situe fort loin du discours officiel tendant à présenter l'institution des débuts comme monolithique, animée par une ferveur européiste à toute épreuve et gommant les aspérités dues au souvenir de la guerre toute proche.

---

81   INT 712 Jean Flory. Alfred Mozer (1905 – 1979) né à Munich de père hongrois et de mère allemande a porté la nationalité paternelle avant de devenir allemand puis néerlandais en 1945. Figure marquante de l'émigration antinazie dès 1933, il se réfugie, après l'invasion des Pays-Bas, en France puis au Portugal d'où il revint dans son pays d'adoption afin d'y participer activement à la résistance.
82   INT 693 Pierre Wathelet.
83   INT 689 Paul-Henri Buchet. Le témoin a passé trois ans à Dachau.
84   INT 693 Pierre Wathelet.
85   INT 729 Bino Olivi.
86   Hallstein, Narjes, Henze, notamment, prisonniers de guerre aux Etats-Unis y ont noués des liens. Marjolin qui y a étudié avant-guerre, a travaillé à Washington durant celle-ci et a épousé, en 1944, une Américaine, en est proche (voir FJME, Interview de Robert Marjolin, *op. cit.*, p. 24). Comme l'exprime très simplement Andreas Kees (INT 678) : « Er konnte auf langjährige amerikanische Erfahrungen bauen ».

En plus de la diversité des motivations, des formations et des cultures à l'œuvre à Bruxelles, ainsi que des complicités qui s'expriment à travers des réseaux qui doivent encore être étudiés, ce qui frappe surtout est l'ambivalence de l'attitude à l'égard des Allemands, et dans une moindre mesure des Italiens, qui prévaut parmi les commissaires et fonctionnaires des autres nationalités. Mais c'est sans doute cette ambivalence même, qui est aussi une tension quasi dialectique, qui joue un rôle de moteur. Le travailler ensemble n'efface pas mais contribue à intégrer la mémoire du passé dans une pratique qui illustre à merveille le fonctionnalisme au quotidien dont certains caressent l'ambition d'en faire l'instrument d'une politique.

PARTIE IV : EXPERTS

EXPERTS ET DECIDEURS POLITIQUES DANS LE SECTEUR DES SCIENCES ET DE LA TECHNOLOGIE

TOUTE UNE AUTRE DIPLOMATIE

David Burigana[1]

Face à une décision concernant une politique nationale en matière de science ou de technologie, les responsables politiques peuvent simplement entériner le résultat d'un *decision making process* délégué à des experts parce qu'ils manquent des connaissances nécessaires. Comme le relevait Richard Crossman, British Cabinet Minister de 1964 à 1970: « How can Cabinet come to a sensible decision, when none of us know what these things really are? »[2]. Un autre cas de figure voit les experts transmettre aux décideurs les avantages et les inconvénients de différentes hypothèses car, comme le notait Solly Zuckerman, HMG's Chief Scientific Adviser de 1960 à 1993, « how indeed can Cabinets come to sensible judgements about the political consequences of technological ideas which they do not usually have the time even to try to understand ? »[3].

L'étude de l'interrelation entre les experts jouant le rôle de conseillers et les décideurs politiques dans la gestion des politiques scientifiques ou technologiques ne donne pas seulement l'opportunité de mesurer l'efficacité d'un système décisionnel, et sa capacité de répondre aux défis internationaux. Elle permet aussi, à travers l'examen du rôle de l'*interplay* entre experts et politiciens au sein du processus décisionnel national, de prendre la mesure du niveau démocratique d'un État. En effet, la décision finale doit appartenir au monde politique. C'est ainsi que Pasquale Saraceno, expert économique de plusieurs gouvernements italiens dans les années 1960, insistait sur la « nécessité d'attribuer le dernier mot à celui qui est légitimé pour représenter les intérêts de toute la société civile »[4]. Les experts en

---

1 Les recherches pour cet article ont joui des financements des projets «InsSciDE» (Inventing a shared Science Diplomacy for Europe) subsidié par l'European Union's Horizon 2020 research and innovation program (grant agreement No 770523, 2018–2021) et PRIN 2017 (projet de recherche d'intérêt national italien) «Techno-scientific innovation in Italian aerospace "system" in the 1990s: the interplay between experts/advisers and political representative/stakeholders since the second half of the 1960s».
2 R. Crossman, *Diaries of a Cabinet Minister*, Londres, Mandarin, 1975.
3 S. Zuckerman, *Monkeys Mend and Missiles*, cité, comme Crossman à la note précédente, dans J. Peyton, *Solly Zuckerman, a scientist out of the ordinary*, London, Murray, 2001, p. 131.
4 P. Saraceno, *Il sistema delle imprese a partecipazioni statale nell'esperienza italiana*, Milan, Giuffré, 1975, p. 83.

science ou technologie devraient donc se borner à éclairer les différentes possibilités de choix s'offrant aux décideurs, laissant le soin de boucler le dossier à ces derniers[5].

L'*interplay* entre experts et décideurs est un thème que j'ai pu faire émerger grâce à différentes opportunités de recherche et de publication offertes par le Prof. Éric Bussière tout au long de mon parcours de chercheur depuis l'été 2002. J'en ai croisé l'expertise, la créativité et l'attention aux nouvelles frontières de l'histoire. De plus, ces opportunités ont conduit à d'autres rencontres qui m'ont fortement marqué[6].

Ayant abordé la question du rôle des experts pour des pays tels que la France[7], la Grande-Bretagne[8], et la République Fédérale[9], et l'ayant approfondi à propos d'un secteur spécifique inscrit dans le cadre européen[10], nous nous sommes intéressés au cas italien. Celui-ci est exemplaire du fait, notamment, de l'absence d'une interrelation structurée au niveau institutionnel entre experts et décideurs, et de la rareté des occasions à la faveur desquelles une vision stratégique à long terme en matière de science et d technologie est élaborée.

La recherche historique a privilégié l'étude de la question de la gestion du problème énergétique dans le cadre de travaux portant sur les politiques économiques, monétaires et, plus rarement, commerciales. Elle s'est intéressée au débat sur les « grandes » options relatives aux choix posés aussi bien en matière de politique

---

5   Intervention d'Eric Bussière dans Ch. Bouneau, D. Burigana (ed.), *Experts and Expertise in Science and Technology in Europe since the 1960s. Organized civil Society, Democracy and Political Decision-making*, Bruxelles, PIE Peter Lang, 2018.
6   Avec Michel Dumoulin, Sylvain Schirmann, Jürgen Elvert, sans vouloir oublier personne : Christophe et Christine Bouneau, Pascal Griset, Laurence Badel, Laurent Warlouzet, *last but not the least* Pascal Deloge, un grand ami de bien des moments difficiles.
7   D. Burigana, « Le jeu de dupes. The SNECMA/General Electric Agreement or Survival and Cooperation in Aircraft Cooperation between Communitarian Tensions and Atlantic Alliance», in Ch. Bouneau, D. Burigana, A. Varsori (ed.), *Trends in Technological Innovation and the European Construction. The Emerging of Enduring Dynamics?*, Bruxelles, PIE Peter Lang, 2010, p. 221–240 ; Id., « L'accord SNECMA/General Electric et les origines de CFM International. Succès global franco- ou euro-américain ? Les dessous diplomatiques d'une affaire techno-industrielle », in *Histoire, Economie et Sociétés*, vol. 29, 2010, p. 85–102 ; Id., « L'industrie aéronautique française et l'Europe depuis les années 1950 : entre ancrage territorial et coopérations internationales », in P. Fridenson, P. Griset (ed.), *Entreprises de haute technologie, Etat et souveraineté depuis 1945*, Paris, CHEF, 2013, p. 283–298
8   D. Burigana, « Partenaires plutôt qu'adversaires. Les militaires, un lobby vers l'interopérabilité de la technologie des armements au sein de l'intégration européenne ? Le Comité FINABEL et l'avion Tornado vus à travers le prisme italien », in M. Dumoulin (ed.), *Socio-Economic Governance and European Identit*, YUSTE, Fundacion Academia Europea de Yuste, 2005, p. 25–40.
9   D. Burigana, P. Deloge, A. Pierotti, J. L Plasman « L'aéronautique militaire en Europe, entre dimension nationale, intégration européenne et coopération atlantique (1948–1990) », in E. Bussière, M. Dumoulin, S. Schirmann (ed.), *Economies nationales et intégration européenne*, Franz Steiner Verlag, 2014, p. 47–70.
10 D. Burigana, P. Deloge (ed.), *L'Europe des coopérations aéronautiques*, numéro thématique de *Histoire, Économie et Société*, vol. 29, 2010, p. 1–128

intérieure qu'extérieure. Elle s'est attachée d'une part à l'action d'hommes politiques ayant tenté d'échapper au carcan de la Guerre froide[11] ou à tout le moins de le contourner[12] et, d'autre part, aux décideurs qui, à des degrés divers, ont perçu les opportunités offertes par l'intégration européenne[13] avant de faire de celle-ci une sorte de bouée de sauvetage idéologique leur permettant de donner un sens nouveau à leur « mission » politique.

Cela dit, l'étude des relations bilatérales et multilatérales de l'Italie implique de visiter les archives de différents pays et de multiples organisations internationales ayant constitué des forums de négociations et d'échanges d'avis, ainsi que de perception des politiques des Etats. La consultation des archives « des autres » permet de mieux dessiner les contours de l'évolution de la politique étrangère italienne dont toute analyse souffre de la pauvreté chronique des sources, surtout institutionnelles, à partir du moment où, avec René Girault et Ennio Di Nolfo, on épouse le point de vue selon lequel « le concept de diplomatie n'a aujourd'hui aucun sens à moins qu'il ne soit couplé d'un adjectif : diplomatie politique, diplomatie militaire, économique, culturelle, sportive [nous ajouterons technologique] », ce qui implique d'être poussé « à élargir le champ des analyses en fournissant, à côté des compétences traditionnelles, des compétences sans cesse renouvelables »[14]. C'est ce que nous cherchons à illustrer dans les deux cas présentés dans le cadre de cette contribution.

DES SAVANTS DIPLOMATES DANS LES TRANCHEES : LA RENCONTRE ENTRE SAVANTS ET POLITICIENS AUX ORIGINES DE LA DIPLOMATIE SCIENTIFIQUE DE LA GRANDE GUERRE

Planifiée dès juin 1912, la mission scientifique italienne en Asie centrale (Himalaya, Turkestan et Karakorum) conduite par l'explorateur, médecin et géographe Filippo De Filippi[15], quitte l'Italie en aout 1913. Les secteurs de la recherche concernés par ce qui constitue une des plus éclatantes missions scientifiques italiennes

---

11   G. Formigoni, *Storia d'Italia nella guerra fredda. 1943–1978*, Bologne, Il Mulino, 2016.
12   A. Varsori, *L'Italia e la fine della guerra fredda*, Bologne, Il Mulino, 2013.
13   A. Varsori, *La Cenerentola d'Europa. L'Italia e l'integrazione europea dal 1946 ad oggi*, Soveria Mannelli, Rubettino, 2009.
14   D. Burigana, « De la Storia dei Trattati e di Politica internazionale à la Storia delle Relazioni internazionali. Les échanges Chabod – Renouvin et le débat italien sur l'essor d'une discipline nouvelle », in L. Badel (ed.), *Histoire et relations internationales : P. Renouvin, J.-B. Duroselle et la naissance d'une discipline académique*, à paraitre.
15   En 1909, De Filippi accompagne le prince Luigi Amedeo di Savoia dans la région du K2 où un glacier porte son nom (Ghiacciaio De Filippi). La « dimora delle nevi » e le carte ritrovate. Filippo De Filippi e le spedizioni scientifiche italiane in Asia Centrale (1909 e 1913–14), Florence, Pacini, 2008; A. Gasperini – M. Mazzoni, « La spedizione De Filippi in Himalaya e Karakorum », in Astrum 2009. Astronomia e strumenti. Il patrimonio storico italiano quattrocento anni dopo Galileo, Roma, Musei Vaticani, 2009, pp. 90–105.

sont la physique terrestre (gravimétrie, magnétisme, météorologie, aérologie), l'exploration et le relevé topographique de l'extrémité orientale du Karakorum avec ses glaciers en partie inexplorés, la géologie et la glaciologie ainsi que l'anthropologie et l'anthropogéographie. Après avoir effectué un long périple du Kashmir à Taškent, au Turkestan russe, la mission rentre en Italie en décembre 1914. Si ses résultats ne sont publiés qu'à partir de 1922, du fait de la guerre et des coûts de publication, la mission dont l'explorateur suédois Sven Hedin[16] écrit qu'au point de vue purement scientifique elle se révèle être « without rivals »[17], est récompensée, dès 1915, par la médaille d'or de la Société Géographique italienne et la Patrol's Medal de la Royal Geographical Society. La guerre bat alors son plein. Une guerre dans laquelle l'Italie où une partie de l'opinion penche résolument en faveur d'une intervention aux côtés de l'Entente bien avant le *radioso maggio,* entre au printemps 1915[18].

Au sein de la mission De Filippi, les calculs géodiques sont confiés au jeune florentin Giorgio Abetti[19]. Astronome de formation, il possède une maitrise en physique de l'Université de Padoue (1904) décrochée sous la direction de Giuseppe Lorenzoni, un des fondateurs de la spectrographie en Italie aux alentours de 1870 et fondateur de la Société des spectroscopistes italiens.

Enrôlé en mars 1916, Abetti rejoint au front une unité de téléphotographie. En juillet 1917 il est à Washington en qualité d'attaché scientifique[20]. Il devient ainsi le troisième attaché scientifique nommé par le ministre des Affaires étrangères Sidney Sonnino[21]. La création de cette fonction qui constitue une première dans l'histoire de la diplomatie italienne, a permis de nommer un attaché à Paris et un autre à Londres. Dans la capitale française, il s'agit de l'ingénieur Federico Giordano, professeur au *Politecnico* de Milan, assisté par un secrétaire, le lieutenant, ingénieur

---

16 Hedin dresse la première carte de l'Asie centrale. En 1899 il découvre l'ancien site chinois de Loulan et révèle une vaste collection de manuscrits dans le désert de Takla-Makan. Avec un autre membre de sa mission, il sera le seul survivant de celle-ci.

17 S. Hedin, *Southern Tibet. Discoveries in former times compared with my own researches in 1906–1908,* t. VII, Stockholm, Lithographic Institute of the General Staff of the Swedish Army, 1922, p. 601.

18 Sur la mobilisation de l'opinion publique et la décision d'entrer en guerre : A. Varsori, *Radioso maggio. Come l'Italia entrò in guerra,* Bologne, Il Mulino, 2015.

19 En réalité, Giorgio Abetti est né à Padoue le 5 octobre 1882. Son père, Antonio Abetti, était directeur de l'observatoire de Arcetri à Florence. Son fils lui succède en 1921. Les archives d'Abetti sont déposées à la Bibliothèque de Arcetri : INAF (Istituto Nazionale di Astrofisica), Arcetri, Fonds Giorgio Abetti [désormais INAF-Arcetri, GB]

20 INAF-Arcettri, GB, Rapport final de mission, 1918. Voir aussi R. Tazzioli – L. Mazliak, *Mathematicians at War : Volterra and his French Colleagues in World War I,* Dordrecht, Springer Netherlands, 2009 qui publient (p.103) la lettre que Borel écrit à Volterra le 15 juin 1917 : « J'ai été heureux de voir M. Abetti qui va partir pour rejoindre la mission interalliée (…). La réalisation de cette mission (…) est une nouvelle manifestation de l'accord que nous désirons tous et qui est nécessaire à la victoire ».

21 Archivio Storico Diplomatico del Ministero degli Affari Esteri, Rome [ASDMAE], Série Affari Politici, b. 241 Balcani 1915–18, dossier Ufficio Invenzioni; et Archivio dell'Ufficio Storico della Marina Militare, Rome [AUSMM], b. 604.

de formation, Carlo Passega qui, dans les faits, reste à Milan[22]. A Londres, la fonction est remplie par le lieutenant et futur professeur de chimie Umberto Sborgi. La désignation de ce dernier et celle d'Abetti ont étés suggérées par le mathématicien Vito Volterra, membre de l'Accademia Nazionale Reale dei Lincei et sénateur. Ayant revêtu l'uniforme[23], il sert au sein du Centre expérimental aéronautique dirigé par l'ingénieur Luigi Crocco[24]. Volterra, ami et collègue, dans le domaine scientifique, de Paul Painlevé ainsi que du mathématicien Emile Borel appelé à diriger le secrétariat général du Conseil lorsque Painlevé préside ce dernier, organise, en Italie, un Comitato nazionale per le invenzioni attinenti al materiale di guerra sur le modèle français de la Direction des inventions intéressant la Défense nationale, créée à l'initiative de Painlevé et dirigée par Borel[25]. En outre, Painlevé avait œuvré en faveur de la création d'un Comité interallié des inventions auquel les Italiens sont invités à participer en décembre 1915.

Si des attachés scientifiques italiens sont présents à Paris, Londres et Washington dans le cadre de comités interalliés[26], leurs homologues français, anglais et américain le sont à Rome. Volterra travaille pour faire accréditer Borel, élu associé étranger des Lincei[27] en mai 1918, en juillet de la même année[28]. A la même époque, c'est au tour du minéralogiste Henry Stephens Washington, lui aussi futur associé étranger des Lincei (1919), d'arriver dans la Ville Eternelle en tant que « Chemical Associate » et « Scientific Attachée » auprès de l'ambassade des Etats-Unis[29]. Enfin, relevons que Borel et Washington avaient été précédés, en mars

---

22   AUSSMM b. 604, Giordano au Président du Conseil, Paolo Boselli, 1er août 1916.
23   S. Linguerri, « Vito Volterra in divisa: dalla cooperazione interalleata al Consiglio Nazionale delle Ricerche », in *La Grande Guerra rivoluziona la comunità scientifica. Il ruolo dell'Italia*, Rome, Accademia Nazionale delle Scienze detta dei XL, 2015, p. 109–138 et Idem, «Vito Volterra al fronte: dall'Ufficio Invenzioni al Consiglio Nazionale delle Ricerche», in *Lettera Matematica Pristem* : numéro thématique « La Vittoria calcolata », n° 92, février 2015, p. 58–68.
24   D. Burigana, « L'Italia in volo? L'Istituto Centrale Aeronautico fra tecno-scienza e diplomazia », in F. Agostini (ed.), *Università in Europa e Grande Guerra. Medicina, scienze e diritto*, à paraître.
25   Voir à ce sujet : Anne-Laure Anizan, « La politique des inventions intéressant la défense nationale au cœur des reconfigurations de l'État en guerre », in Patrick Fridenson et Pascal Griset (dir.), *L'industrie dans la grande guerre. Colloque des 15 et 16 novembre 2016*, Paris, CHEFF, 2018, p. 163–175.
26   Au sujet de la représentation italienne dans le Comité interallié des inventions, voir sur la base des archives de l'Armée de Terre italienne : A. Gionfrida, *L'Italia e il coordinamento militare 'interalleato' nella prima guerra mondiale*, Roma, Stato maggiore dell'esercito, Ufficio storico, 2008.
27   Institut de France, Archives Académie des Sciences, Paris [IF, AS], Papiers Borel, M 390, Volterra à Borel, 23 janvier 1918 ; M 391, Volterra à Borel, 4 mai 1918.
28   ASDMAE, Série AP b. 241 Balcani 1915–18, Volterra, au Secrétaire général des Affaires étrangères, juillet 1918 ; et ministre des munitions au ministre des Affaires étrangères, 8 juillet 1918.
29   IF, Académie des Sciences, Archives, Paris, Papiers Émile Picard, autographes, 3450 Washington.

1918, par le capitaine d'artillerie Lancelot Newling Rawes (1894-1976)[30], étudiant en ingénierie, délégué auprès du Comitato de Volterra ou plus exactement auprès du Ministère des Munitions dont ce dernier dépendait, par le Munitions Inventions Department (MID) du Ministry of Munitions britannique.

Abetti, Giordano et Sborgi sont non seulement absents de l'historiographie consacrée aux rapports politico-diplomatiques de l'Italie avec les alliés[31], mais aussi de celle portant sur la diplomatie culturelle de l'Italie dans l'Entente, plus particulièrement de celle développée aux États-Unis[32]. Or, tandis que certains scientifiques, aussi bien dans les tranchées qu'à l'arrière, mettent au point et testent des nouveautés techniques[33] ou effectuent de nouveaux calculs balistiques à l'instar du célèbre mathématicien Mauro Picone[34], d'autres scientifiques sont envoyés à l'étranger sur le front culturel afin de soutenir l'effort de guerre. En juillet 1917, De Filippi lui-même – jusqu'alors Inspecteur de la Croix Rouge italienne pour les unités sanitaires au front – est envoyé en mission de propagande à Londres. Il y reste jusqu'en janvier 1919.

L'action de ces savants transformés en « diplomates » ne figure pas parmi les priorités des responsables de la politique étrangère italienne. Ils ne sont, à l'instar de journalistes et autres personnalités de tous bords, que les relais de l'image de l'effort de guerre italien. De même, leurs homologues alliés, arrivés tard à Rome, ne semblent pas y avoir joué un rôle important. Mais l'appréciation de ce dernier, dans l'un comme dans l'autre cas, est malaisé, tout comme l'est l'impact des missions de scientifiques étrangers en Italie parmi lesquelles on peut épingler celle de Marie Curie, en juillet et août 1918[35], qui effectue un véritable tour du pays pendant

---

30 The National Archives, Kew Gardens, WO 374/56345, Army Officer's personal file, L. N. Rawes. Il sert depuis août 1916 dans la Deuxième Brigade d'artillerie de Londres. Il est au front à partir de janvier 1917.

31 L. Riccardi, *Alleati non amici. Le relazioni politiche tra l'Italia e l'Intesa durante la prima guerra mondiale*, Brescia, Morcelliana, 1992.

32 L. Tosi, *La Propaganda italiana all' estero nella prima guerra mondiale: rivendicazioni territoriali e politica delle nazionalità*, Udine, Del Bianco, 1977; F. Onelli, « La propaganda di guerra italiana negli Stati Uniti: protagonisti, temi e strumenti (1915–1918) », in *Eunomia. Rivista semestrale di Storia e Politica Internazionali*, 2015, n°2, p. 139–166.

33 P. Nastasi, R. Tazzioli, « Italian Mathematicians and the First World War : Intellectual Debates and Institutional Innovations », in D. Aubin et C. Goldstein (dir.), *The War of Guns and Mathematics. Mathematical Practices and Communities in France and its Western Allies around World War I*, Rhode Island, American Matematical Society, 2014, p. 181–228 ; *La Grande Guerra rivoluziona la comunità scientifica. Il ruolo dell'Italia. Atti del convegno (Roma, Consiglio Nazionale delle Ricerche, 10–11 dicembre 2014)*, Roma, Accademia Nazionale delle Scienze detta dei XL, 2015 et A. Guerraggio, *La scienza in trincea: gli scienziati italiani nella prima guerra mondiale*, Milan, Raffaello Cortina, 2015.

34 Archives de l'Accademia dei Lincei, Rome [AL], Papier Mauro Picone.

35 Bibliothèque Nationale, Paris [BN], Archives, Papiers Pierre et Marie Curie, dossier guerre, vol. II, pp. 161 et 165, Rapport, Marie Curie au Comité des Radioactifs, 30 septembre 1918.

lequel elle est escortée par un chimiste spécialisé dans les minéraux uranifères, le lieutenant Camillo Porlezza[36], attaché au Bureau dirigé par Volterra.

La difficulté d'appréciation tient au fait que les archives diplomatiques et militaires italiennes sont pour ainsi dire muettes dans le domaine qui nous intéresse. Or, il est légitime de penser qu'au-delà de leur action diplomatique directe, ces attachés se livrent et sont livrés à un intense travail de networking. A cet égard, le cas d'Abetti, parmi d'autres, est intéressant dans la mesure où il permet d'entrevoir les conséquences des contacts entretenus pendant le conflit sur l'organisation nationale et internationale de la recherche.

Pendant sa mission aux Etats-Unis, Abetti se lie avec George Ellery Hale, un des fondateurs de la spectrographie astronomique. Il visite avec lui divers laboratoires et l'accompagne à l'occasion de la mission d'observation qu'il dirige à l'Observatoire de Mount Wilson et à Green River (Wyoming) à l'occasion de l'éclipse solaire du 8 juin 1918.

Si, du fait de ses contacts avec Hale, Abetti, revenu en Italie, se fait bientôt l'artisan du projet de construire la tour d'observation solaire d'Arcetri, il faut aussi et peut-être surtout relever une autre conséquence de sa mission américaine, à sa savoir sa sensibilisation aux ambitions américaines sur le terrain de l'organisation et de l'internationalisation de l'enseignement et de la recherche[37].

Au lendemain du torpillage du « Lusitania » en mai 1915, Hale s'était fait le promoteur de l'idée de voir la National Academy of Science jouer un rôle de conseil auprès de la présidence des Etats-Unis. Le projet de création d'un National Research Council qu'il expose dans un essai intitulé « National Academies and the Progress of Research » est avalisé par Wilson qui en annonce la mise sur pied en avril 1916 au nom de la sécurité nationale et du « welfare »[38]. Une création qui intervient alors que, du côté des Alliés, la coopération en matière d'invention est à l'œuvre.

Mais l'influence de Hale ne concerne pas uniquement la scène américaine et un scientifique étranger tel que Abetti. En effet, comme le rapporte ce dernier en juillet 1917, Hale défend l'idée de coordonner la recherche au niveau international en tenant compte du futur effondrement de l'Allemagne[39]. La volonté américaine à peine

---

[36] C. Porlezza, article paru dans *Terme e Riviere* (Bagni di Casciana), 30 novembre 1938, cité dans G. Fochi, *Il Giro d'Italia di Madame Curie partì da Pisa nel 1918*, in *Il rintocco del Campano*, janvier–avril 2013, p. 21–24.

[37] Voir les articles publiés par Abetti dans la revue *L'Intesa Intellettuale* dont Volterra était le président. Deux articles sont reproduits dans M. Furiozzi (a cura di), *"L'Intesa Intellettuale" (1918–1919)*, Pérouse, Morlacchi Editore, 2013, p. 171–188 (« La mobilitazione scientifica per la guerra negli Stati Uniti d'America ») et p. 217–228 (« Il "Bureau of Standards" degli Stati Uniti del Nord America »). A signaler aussi, non repris dans l'anthologie : « Le Università americane. Notizie generali. Università di Columbia. Università di Chicago », 2e année, 1919, n° 3–4, p. 176–185.

[38] G. E. Hale, « The national value of scientific research », in *The Technology Review*, 8 novembre 1916.

[39] Archivio Centrale dello Stato, Roma, Ministero Armi e Munizioni, CCMI b. 370, Abetti au ministre des Armements et Munitions, 1er juillet 1917.

dissimulée d'exercer le leadership dans le paysage scientifique issu de la guerre passe par la création d'une instance destinée à remplacer l'Association Internationale des Académies fondée en 1899 par 22 pays[40]. Cette nouvelle instance est l'Inter-Allied Research Counsil devenu, au fil des réunions de Londres puis de Paris, l'International Research Council (IRC)[41], porté sur les fonds baptismaux à Bruxelles du 18 au 28 juillet 1919[42]. Ce « Versailles de la Science » punit les vaincus[43] en les excluant du nouvel organisme ainsi que des associations scientifiques internationales spécialisées qui, comme l'Union Astronomique Internationale, sont alors créées et adhèrent à l'IRC[44].

Cette recomposition du paysage de la recherche a de nombreuses conséquences. Ainsi, en France où, on le sait, le CNRS ne voit le jour qu'en 1939, Painlevé s'est révélé un personnage-clé au point de vue de la prise en compte du rôle des savants et de la mise en valeur de leurs inventions (écoute sous-marine, char d'assaut[45]). Cette impulsion conduit l'Académie des Sciences, au lendemain de la victoire, à servir de moteur à la (re)fondation des sociétés scientifiques internationales excluant les savants des empires centraux[46].

En Italie, nous y avons fait allusion, Volterra, pendant le conflit crée, en mars 1917, le Bureau des Inventions (Ufficio Invenzioni) qui devient celui des Inventions et des Recherches l'année suivante (Ufficio Invenzioni e Ricerche). Volterra bénéficie pour ce faire du soutien du général et sénateur Paolo Morrone, ministre de la Guerre (avril 1916-juin 1917), et de celui du sénateur Francesco Ruffini, ministre de l'Instruction publique (juin 1916-octobre 1917), qui invite les recteurs des universités à soutenir l'initiative. Le Bureau est placé sous la responsabilité du Sous-secrétaire aux armements et munitions du Ministère de la Guerre[47]. C'est, en résumant à l'extrême, dans la foulée de cette mobilisation scientifique que le Conseil

---

40 B. Schroeder-Gudehus, *Les scientifiques et la paix : la communauté scientifique internationale au cours des années Vingt*, Montréal, Presses de l'Université de Montréal, 1978, p. 42.
41 A. J. Cook, Chauvinism and Internationalism in science: The International Research Council 1919–26, in *Notes and Records of the Royal Society of London*, n° 37, 1983, p. 249–288.
42 V. Volterra, La Terza Conferenza del Consiglio Internazionale di Ricerche, tenuta a Bruxelles dal 18 al 28 luglio 1919, « L'Intesa intellettuale », 2 (3–4), 1919, p. 132–150, et AL, Volterra, b. 62.
43 R. Reinbothe, « L'exclusion des scientifiques allemands et de langue allemande des congrès scientifiques internationaux après la Première Guerre mondiale », in *Revue Germanique Internationale* », décembre 2010, p. 193–208.
44 A. Blaauw, *History of the IAU. The Birth and the first half-century of the International Astronomic Union*, Dordrecht, Springer, 1994, p. 21–45 portant notamment sur le rôle central de Hale.
45 Archives Nationale, Paris, 398 AP Jules Breton.
46 IF, AS, Comités Secrets, 1912–18 et 1919–28.
47 Dépêche du général Alfredo Dallolio, Sous-secrétaire d'État pour les armements et les munitions, cité dans L. Venturini, *L'Ufficio Invenzioni e Ricerche e la mobilitazione scientifica dell'Italia durante la grande guerra: fonti e documenti*, in « Ricerche Storiche », 1991, n°3, p. 803. Sur la mobilisation techno-industrielle: L. Tomassini, « Militari, industriali, operai durante la grande guerra: il Comitato Centrale di Mobilitazione industriale dalle origini alla costituzione

national des recherches (Consiglio Nazionale delle Ricerche ou CNR) dont le premier président est Vito Volterra voit le jour en 1923. Son rôle est notamment de représenter la communauté scientifique italienne au sein de l'International Research Council porté par Hale qui, de ce fait, est considéré comme étant à l'origine du CNR[48].

Ce qui précède laisse deviner combien le lien entre science et politique est important dans le cadre d'une paix punitive et d'un système de coordination de la recherche scientifique au niveau international excluant les vaincus. Le rôle des savants dans la reconstitution des sociétés internationales sans les « germaniques » est documenté en France grâce aux archives de l'Académie des Sciences et, en Italie, grâce aux papiers Volterra qui, rappelons-le, était sénateur, conservés dans les archives de Lincei. Pourtant, dans le cas italien, beaucoup d'ombre subsiste à propos du rôle exact des savants dans la prise de décision. A cet égard, il serait opportun d'explorer les papiers de certains décideurs parmi lesquels Sonnino[49] et de s'interroger sur la nature même du système de la prise de décision, plus particulièrement au point de vue de la coordination entre les différentes composantes d'un *establishment* peinant à incarner une classe dirigeante nationale.

1970-80 : L'ENTREE DE L'ITALIE DANS LA COMPETITION POUR L'ESPACE. UNE CLASSE DIRIGEANTE TECHNOSCIENTIFIQUE, ET « SA » DIPLOMATIE.

Des savants comme Edoardo Amaldi, pionnier des organisations européennes de l'Espace et de l'European Space Agency fondée en 1975, mais également des universitaires comme Giuseppe Colombo et Giuseppe Occhialini, voire des hommes comme Luigi Crocco ou Luigi Broglio, proches de l'aéronautique militaire, projettent l'Italie dans la compétition spatiale. En septembre 1959, Francesco Giordani, Amaldi fonde avec le président du CNR le *Centro italiano di ricerca aerospaziali* alors que dans le même temps, encouragé par l'Aéronautique et le CNR, Broglio

---

del Ministero per le Armi e Munizioni », in *Istituto di storia della facoltà di lettere e filosofia. Università degli studi di Firenze, Studi e Ricerche*, vol. II, 1983, pp. 431–503. Tomassini est le premier à avoir étudié, dans *Lavoro e guerra: la mobilitazione industriale* italiana (1915–1918), Naples, Edizioni Scientifiche Italiane, 1997, la mobilisation scientifique italienne.

48 L. Tomassini, « Le origini », in R. Simili – G. Paoloni (ed.), *Per una storia del Consiglio Nazionale delle Ricerche*, Vol. I, Roma-Bari, Laterza, 2001, p. 5–71. ; Idem, « Per una scienza nazionale: l'organizzazione della ricerca scientifica in Italia 1915–1924 », in P. Del Negro (ed), *Le Università e le guerre dal Medioevo alla seconda guerra mondiale*, Bologne, CLEUB, 2011; S. Linguerri, « La ricerca dalla guerra alla pace », in S. Esposito (ed.), *Atti del 35. Convegno annuale / Società Italiana degli Storici della Fisica e dell'Astronomia*, Pavia, Pavia University Press, 2016, p 83–100; D. Burigana, « Vincere la guerra, servire la pace? Scienza e diplomazia dal Piave a Versailles », in D. Burigana – A. Ungari (eds), *Dal Piave a Versailles. Atti del Convegno, Padova, 4–6 giugno 2018*, Rome, Ufficio Storico dello Stato Maggiore dell'Esercito, 2020, p. 414–430.

49 R. Baglioni, *L'inventario dell'archivio Sonnino*, Florence, Polistampa, 2010.

constitue un organisme « concurrent », le *Centro ricerche aerospaziali*, intitulé par la suite *Istituto di Ricerche Spaziali*.. Giuseppe Colombo est quant à lui, avec plusieurs délégués des ministères, membre du Comité de Direction lorsque, le Président du Conseil Amintore Fanfani signe le 31 août 1961 le projet du satellite San Marco. Ce projet porté par Broglio et le nouveau président du CNR Giovanni Polvani fait de l'Italie le troisième pays après URSS et États-Unis, à lancer un satellite le 15 décembre 1964[50]. Face à la crise économique, et face au débat européen qui mènera à la création de l'ESA, l'idée était de parier sur un nouveau satellite, SIRIO (*Satellite Italiano Ricerca Industriale Orientata*), financé en mars 1971 dans le cadre d'une coopération entre le CNR, le Comité interministériel pour les activités spatiales, et la Compagnie Italienne aérospatiale, et, de créer à cette fin un consortium entre les firmes intéressées. À l'automne 1971, la présence d'une mission de la Nasa en Europe faisait suite à la première conférence sur le *Space Shuttle* qui s'était tenue en décembre 1969, au Marshall Space Flight Center en Alabama. À Turin, la mission rencontra Giuseppe Gabrielli, Directeur de FIAT Avio – leader du missile Vega, un des succès actuels de l'Europe – et Ugo Sacerdote, Directeur du Bureau Technique pour les Études Spéciales. En janvier 1972, Nixon approuva le *Space Shuttle Program*, et la *Sortie Can* allait devenir la base de la coopération avec les européens. Le 2 décembre 1972, le Conseil des ministres de l'European Space Research Organization décida de poursuivre le *Spacelab*[51] – *Sortie Can* version européenne – en organisant en janvier 1973 une conférence à Rome. L'Italie participa aux trois consortiums européens COSMOS, STAR et MESH pour l'étude de faisabilité du *Spacelab*[52].Le 18 avril 1974, on conclut le *McDonnell Douglas Astronautics Assistance Agreement* pour le *Spacelab development* avec Aeritalia. Un Comité spécial débuta dès lors les travaux en décembre 1974 avec un *Program Manager* à Seattle, chez Boeing. A sa tête, Roberto Mannu, pilota le comité en lien avec le Directeur général d'Aeritalia, Fausto Cereti. La reconnaissance européenne du rôle leader d'Aeritalia – champion national de l'Aerospace né en 1969 et opérationnel dès 1971 – ouvrait une nouvelle phase au sein d'un débat menant à la naissance de l'ESA. Il fallait alors rationaliser les affaires spatiales, c'est-à-dire jeter les bases d'une agence spatiale italienne. La coordination devait se faire par un *Piano Spaziale Nazionale*. Face à la crise économique, le financement italien à l'ESA devait être compensé par un « just return » véritable pour l'industrie nationale. Celle-ci était construite dès 1968 sur « des modalités stables entre industriels et politiciens »[53], comme le rappelait en 1975, le ministre de la recherche Mario Pedini (juin

---

50 M. F. Simeoni, *I ragazzi del San Marco. I primi italiani nello spazio*, Reggio Emilia, Aliberti, 2018.
51 E. Vallerani, *L'Italia e lo spazio. I moduli abitativi*, McGraw-Hill, Finmeccanica, 1995, p. 15 et 32.
52 Vallerani, *L'Italia e lo spazio*..., cit., p. 14.
53 Archives Historiques de l'Union Européenne, Florence [AHUE], ESA 6921, réunion Pedini et Gibson, Rome, 6 novembre 1975, et Pedini à Gibson, 13 novembre 1975.

1975-mars 1978).[54] En septembre 1976, lors du débat sur la Loi sur l'Espace, Pedini déclara à l'ESA qu'il fallait trouver une solution au faible « geographical returns » italien.[55] Au sein de l'ESA, Pedini misait sur le même niveau de retour que celui octroyé à la France et à la République Fédérale. Cela devait mettre fin au programme SIRIO dont le satellite *competitor* éponyme avait été lancé en août 1977. D'ailleurs, en février1977, les savants italiens avaient salué cette nouvelle phase de coopération européenne dans une conférence avec le premier Directeur général de l'ESA Roy Gibson et le sous-secrétaire d'Etat, Giorgio Postal[56]. En juin 1978, lors d'une autre conférence de Postal avec le Directeur scientifique des programmes ESA, Ernst Trendelenburg, on affirma que « applied science disciplines were to be regarded as optional programs with separate funding and a different series of contributions from that of the mandatory program ».[57] Etaient également présents le diplomate Vincenzo Manno, le physicien et délégué italien à l'ESA,Saverio Valente, de même que Luigi Broglio – futurs membres du Conseil d'Administration de l'Agence Spatiale Italienne –, le Général de l'Aéronautique Cesare De Porto, Giovanni Cammarano, conseiller scientifique du nouveau ministre pour la Recherche scientifique, le DC Dario Antoniozzi (mars 1978-mars 1979), l'ingénieur d' Aérospatial, Alessandro de Iaco Veris, Francesco Scandone, Directeur des Services Spatiaux du CNR, les astrophysiciens Livio Scarsi, Margherita Hack, Giuseppe Colombo, Claudio Chiuderi, Alberto Egidi, Franco Pacini, Giuliano Boella, Giancarlo Setti, qui seront tous engagés pour la *Space Science* dans la coopération et les organismes internationaux.

Du côté des partis politiques, Pedini se pencha en novembre 1978[58], sur le premier Plan Spatial National (1979-83) avec le soutien des Démocrate-Chrétiens et des Socialistes. Dans le même temps, le Sénateur Mario Bolognani, Président de la Commission du Parti Communiste pour la recherche scientifique regrettait l'absence d'un plan industriel et l'opposition de Broglio aux projets européens, mais misait malgré tout sur l'adhésion italienne à l'ESA. Le PSN fut lancé en octobre 1979. Il fut conçu par Pedini avec l'aide du conseiller – depuis mai 1977 – du ministre du Budget, le physicien Giampietro Puppi, qui estime le lien bilatéral avec Washington prioritaire. En décembre, le Directeur du PSN, Luciano Guerriero, visita les Etats-Unis avec Colombo et son élève Francesco Angrilli. Ils participèrent avec Ernesto Vallerani à une réunion sur les laboratoires spatiaux en compagnie des responsables de Boeing. Le nouveau PSN et la conclusion d'un accord avec les

---

54   M. Pedini, *Quando c'era la DC. Ricordi personali di vita politica (1945–84)*, Brescia, Fondazione civiltà bresciana, 1984; Idem, *Tra cultura e azione politica: quattro anni a Palazzo Chigi, 1975–1979*, 2 vols., Rome, Istituto Acton, 2002.
55   AHUE, ESA 6921, Inter-Office Memo from DG (Urgent, Confidential): The "Italian Question", 23 septembre 1976 : visite à Rome de Gibson à Pedini, O. Postal, et au chef de cabinet Antonio Mancini.
56   AHUE, ESA 6921, entretien de R. Gibson avec G. Postal, 1er février 1977 ; note du 9 juin 1978, relations avec l'Italie, entretien entre R. Gibson et Giovanni Cammarano, conseiller scientifique du nouveau ministre italien depuis mars 1978.
57   Ibidem.
58   « Divergenze fra i partiti sul piano per lo spazio », *L'Unità*, 10 novembre 1978.

États-Unis pour des laboratoires spatiaux lancèrent Aeritalia. Ce dispositif fut accompagné par le nouveau ministre démocrate-chrétien Luigi Granelli (juillet 1983-juillet 1987). Celui-ci assista en novembre 1983 au lancement du Spacelab. En octobre 1984, on présenta Aeritalia et son savoir-faire pour les laboratoires spatiaux[59] à Boeing, McDonnell Douglas, Martin Marietta, Lockheed. Il s'agissait d'éviter une trop grande dispersion des ressources,[60] Granelli exposa la nouvelle version du PSN (1982-86).[61] Le lancement de l'*Agenzia Spaziale Italiana* (ASI) suivit au Parlement en octobre 1985.[62] ASI démarra en mai 1988. L'agence fut dirigée par Carlo Buongiorno, Professeur de propulsion aérospatiale à Rome, conseiller ministériel, directeur à l'ESA pour le *Logistic Module Columbus* en charge du *Shuttle* et de la future station spatiale internationale.[63] Le Comité de direction de l'ASI est un exemple de l' *establishment* technocratico-politique qui positionnait l'Italie dans la coopération/compétition globale pour l'exploration spatiale: En voici les principaux représentants : Luigi Broglio à l'époque Président du Comité scientifique du CISE (*Centro Informazioni Studi ed Esperienze)*, Enrico Cerrai, Professeur de technologie des matériaux nucléaires au Polytechnique de Milan, Luigi Gerardo Napolitano, Directeur du Comité scientifique de l'ESA, le chrétien-démocrate Saverio Valente à l'époque membre du Comité scientifique de l'ESA, Angelo Bagnato, Directeur général de la SPE Leasing (IMI group), enfin le dirigeant industriel Vittorio Olcese, du Parti Républicain, ex-Sous-secrétaire à la Défense avec Giovanni Spadolini dans le gouvernement Craxi, Giovanni Battista Urbani, Sénateur communiste et vice-président de la Commission Industrie au Sénat, Mario Bova, Directeur des Relations internationales du ministre de la Recherche. Tous ces savants avaient passé des périodes de recherche et d'enseignement aux Etats-Unis. Ils avaient également des contacts avec les collègues européens, et plus particulièrement avec les Français. Les partis politiques – et aussi l'opposition – étaient présents dans ces structures, tout comme les firmes concernées y avaient leurs contacts.

Le 8 mars 1985, l'Administrateur de la NASA James Beggs présenta le concept de la Station spatiale internationale au ministre Granelli. C'était le point de départ d'une série de négociations dont la première phase allait s'achever en 1992. L'Europe aurait dû se décider sans perdre de temps. La compétition était ardue. On prévoyait un condominium, une formule qui devait encore être définie. L'Europe aurait

---

59 Vallerani, *L'Italia e lo spazio...*, *op. cit.*, p. 120 et 124.
60 Centre des Archives Diplomatiques, Nantes (CADN), Ambassade Italie, 1981–92 579PO/4 172, AFIRIT Association franco-italienne pour la Recherche Industrielle et Technologique 1984–88, Rapport sur le développement technologique de l'Italie, Daniele Mazzonis, Sergio Ferrari, Giuseppe Lanzavechia, Gian Felice Clemente (ENEA) et Daniel Gabay (CNRS et Polytechnique).
61 CADN, Ambassade Italie, 1981–92 579PO/4 172, note de l'ambassade de France, Rome, service scientifique, avril 1982 : Plan Spatial Italien (1982–86).
62 L'ASI sera opérationnelle à partir de la loi n°186 de mai 1988.
63 CADN, Ambassade Italie, 1981–92 579PO/4 172, télégramme n° 847, Rome, 25 août 1988, Lecourtier.

en tous cas eu sa structure de transport spatial, l'« avion spatial » Dassault Hermès.[64] Lors du Conseil des ministres de l'ESA à Rome, le 30-31 janvier 1985, Granelli tout en anticipant le fait que le *Logistic Module Columbus* était un programme préparatoire de la future Station spatiale internationale, déclara malgré tout possible son utilisation par le futur système de lancement européen – Arianne – et avec Hermès envisagea la possibilité d'une indépendance européenne en matière spatiale.

A la suite de l'explosion du shuttle *Challenger* en février 1986, la position italienne était, aux dires de Granelli, encore plus vulnérable,[65] et l'Europe restait dès lors la seule solution[66]. Le *Spacelab* représentait une sorte de carte de visite pour l'Italie afin de renforcer et de développer ses compétences dans les *Logistic Modules*.[67] Le PSN dirigé par Guerriero avec la participation de Buongiorno, Directeur du Bureau Espace au ministère de la Recherche, candidata dès lors comme *prime contractor* au *Procurement Agency for the Pressurized Logistics Module* en juin 1987. Il emmena avec lui Aeritalia comme *element contractor* sous la conduite du *Project Manager* Vallerani.[68] Aeritalia avait pour objectif de devenir un *long-term contractor* pour la future *International Space Station*, en profitant de la *special relationship* avec les Etats-Unis. Mais Rome participait également, grâce au cadre européen au sein duquel la position italienne était garantie, aux programmes *Columbus* et *Ariane V*, tout cela en échange, selon le ministre, d'un soutien réel au projet français Hermès.[69] L'existence de l'ASI permettait au ministre italien de présenter dans les négociations à Washington et en Europe un front homogène, un *establishment* technoscientifique qu'on pouvait bien identifier de l'étranger, et ce malgré ses multiples domaines de savoirs spatiaux. Un seul risque restait cependant : l'inévitable rotation des personnalités politiques, des points de référence pour les interlocuteurs étrangers. Les négociations, les engagements auraient-ils pu en subir le contrecoup ? La présence d'un organisme d'expertise nationale établi – comme l'était l'Agence Spatiale Italienne – garantissait contre les conséquences fâcheuses des rotations des personnalités, des experts négociateurs qui pouvaient changer d'un jour à l'autre, évitant aux interlocuteurs étrangers de rétablir et reconstruire un rapport de confiance avec les nouveaux venus. Il fallait de même garantir une compétence interdisciplinaire des négociateurs – savants ou diplomates – et un attachement à cette « nouvelle » diplomatie dans laquelle ils jouaient les premiers rôles.

---

64 CADN, Ambassade Italie, 1981–92 579PO/4 172, affaires atomiques et spatiales, rapport, 14 mars 1984 ; audition de James Montgomery Beggs, le 8.
65 CADN, Ambassade Italie, 1981–92 579PO/4 172, télégramme, Rome 143, 1er février 1986 : réaction italienne à l'explosion du *Shuttle Challenger*.
66 CADN, Ambassade Italie, 1981–92 579PO/4 51, ministère de l'Industrie, note, sommet italo-français, 3 décembre 1986, entretien de Granelli avec Alain Madelin, ministre de la Recherche, sur l'Espace.
67 Interview d'Ernesto Vallerani, *Europeo*, 18 janvier 1986.
68 E. Vallerani, *L'Italia e lo spazio*..., cit., p. 204.
69 CADN, Ambassade Italie, 1981–92 579PO/4 51, ministère de l'Industrie, Télécommunication, Tourisme, direction générale de l'Industrie, service de la Concurrence, 30 octobre 1987, note sur la rencontre des ministres de la Recherche Antonio Ruberti et Alain Madelin, le 27.

Sans l'ASI, cela aurait-il été possible pour un système qui fonctionne comme celui de l'Italie ?

Le 15 octobre 1979, au cours d'une des nombreuses réunions consacrées au faible retour géographique pour l'Italie, Roy Gibson, le Directeur général de l'ESA, remarqua : « I was surprised agreeably by the Minister's attitude and by his knowledge of our affairs ».[70] Il s'agissait du ministre de la Recherche, le démocrate-chrétien Vito Scalia. En réalité, Gibson avait été impressionné par le chef de Cabinet du ministre, Umberto Vattani. Ce dernier, nommé le 20 septembre, occupait précédemment des fonctions de conseiller d'ambassade et avait dans ce cadre négocié les sujets technoscientifiques – CERN, European Southern Observatory (ESO), ESA. Depuis septembre 1974 il appartenait en effet à la Direction générale de la Coopération culturelle, scientifique et technique. Ce fut un des moments de concordance entre experts et décideurs politiques.

Ces deux exemples de la participation active de l'Italie à des moments de crise intenses– et porteurs de conséquences sur la longue période, tant au niveau national qu'international montrent le rôle essentiel de l'*interplay* entre experts et décideurs. Il fallait en effet une pratique diplomatique forte, mais aussi délicate pour façonner le mixte entre coopération et compétition dans le secteur technoscientifique. La manière dont la relation entre experts et décideurs est construite sur le plan national, notamment pour faire face à des moments de crise intense et imprévisible, donne non seulement la mesure de son efficacité décisionnelle, mais également de son niveau de démocratie.

---

70   AHUE, ESA 6921, Cabinet, 15 octobre 1979, visite au nouveau ministre italien Vito Scalia et d'Umberto Vattani.

UNE RHETORIQUE DE TRANSITION

LA NAISSANCE D'EURATOM ET LE DISCOURS SUR LA MODERNITE TECHNOSCIENTIFIQUE EUROPEENNE

Barbara Curli

INTRODUCTION.
TRANSITIONS ENERGETIQUES ET FANTAISIES DE MODERNISATION

Parmi les premières décisions prises par la nouvelle Commission européenne lors de son installation en novembre 2019 figure le lancement d'un « Pacte vert », dont l'ambition est de rendre l'Europe « le premier continent neutre pour le climat ». Strictement lié au Pacte vert, l'autre pilier de la relance communautaire, la stratégie de transformation numérique de l'UE, va affronter la révolution technologique engendrée par l'intelligence artificielle et les nouvelles perspectives qu'elle ouvre aux entreprises. Par conséquent, le Pacte vert contribuera à faire de l'UE un « acteur global de premier plan » et un modèle de développement[1]. Selon la feuille de route ainsi établie, l'UE devrait mettre en œuvre une série d'initiatives, à partir d'une loi européenne sur le climat qui a été annoncée le 4 mars 2020[2].

A l'heure actuelle, la discussion est ouverte sur la question de savoir si, du fait de la situation sanitaire due à la Covid 19 et à la crise économique qui en résulte, ces projets ambitieux seront revus à la baisse, en particulier en ce qui concerne l'ampleur des investissements et donc la mobilisation massive de ressources communautaires dont une partie pourrait être détournée vers les nouvelles priorités dictées par les conséquences de la pandémie. En même temps, et aussi en raison de la chute des prix du pétrole, on s'attend à voir les intérêts liés aux énergies traditionnelles saisir cette opportunité pour essayer de ralentir la transition déjà en cours. Selon les partisans plus optimistes du Pacte, au contraire, il est aussi possible que la crise offre une opportunité pour accélérer davantage le passage vers une structure énergétique plus soutenable.

Quel que soit le sort du Pacte vert qu'il est aujourd'hui prématuré de prédire, certains aspects de la rhétorique climatique communautaire posent un certain nombre de questions à l'historien de l'intégration européenne. En effet, le discours actuel s'inscrit dans une généalogie qui est celle de la longue tradition rhétorique portant sur la « modernité » de l'Europe. Ce thème est récurrent. Il revient en effet à plusieurs reprises dans l'histoire communautaire à l'occasion de certains moments

---

1 https://ec.europa.eu/info/strategy/priorities–2019-2024/european-green-deal_fr.
2 https://ec.europa.eu/commission/presscorner/detail/en/FS_20_360.

de transition énergétique et de développement technoscientifique. Comme le montre la nouvelle historiographie sur les transitions, bien loin d'être des passages de « substitution » d'une source à une autre, les transitions énergétiques se profilent plutôt comme le résultat d'une plus large redéfinition de priorités politiques, économiques et sociales ; stratégies militaires et notions de sécurité ; choix technologiques et de politique industrielle, qui pourtant continuent à dialoguer et interagir avec les structures préexistantes[3].

La transformation des pouvoirs publics et des rapports entre science – au sens large du terme – et politique qui en résulte entraîne par conséquent la recherche de nouvelles formes de légitimation/re-légitimation, qui tendent à s'appuyer sur des « discours », des « fantaisies rhétoriques », des « imaginaires technoscientifiques » qui se veulent comme nécessairement « modernisateurs » par rapport à l'ordre énergétique-social du passé[4]. Selon Benjamin Sovacool, qui écrit à propos des énergies renouvelables, mais dont les remarques pourraient être étendues à d'autres passages historiques, le succès de la transition à une économie verte

> will require not only new energy technologies, but also new ways of understanding language, visions, and discursive politics. The discursive creation of the energy systems of tomorrow are propagated in polity, hoping to be realized as the material fact of the future, but processed in conflicting ways with underlying tensions as to how contemporary societies ought to be ordered[5].

L'étude des transitions du passé peut donc nous offrir une opportunité de réflexion sur la question du rôle joué par le langage, les codes culturels et symboliques, les discours et les imaginaires sociaux dans les politiques de légitimation des sources et des technologies énergétiques[6].

Alors que ces aspects ont été étudiés surtout à l'échelle nationale ou comparative, ou bien ont été encadrés dans une approche théorique globale de l'histoire des technologies énergétiques,[7] la dimension communautaire a été relativement moins

---

3   Y. Bouvier – L. Laborie (dir.), *L'Europe en transition. Énergie, mobilité, communication, XVIII–XXI siècles*, Paris, Nouveau Monde, 2016 ; J.-B. Fressoz, *Pour une histoire désorientée de l'énergie*, Entropia. Revue d'étude théorique et politique de la décroissance, vol. 15, automne 2013 ; R. W. Unger (ed.), *Energy Transitions in History: Global Cases of Continuity and Change*, RCC Perspectives, 2013, n° 2; V. Smil, *Energy transitions: history, requirements prospects*, Santa-Barbara, Praeger, 2010.

4   S. Jasanoff, Future Imperfect: Science, Technology, and the Imaginations of Modernity, in S. Jasanoff – Sang-Hyun Kim (eds), Dreamscapes of Modernity. Sociotechnical Imaginaries and the Fabrication of Power, Chicago, Chicago UP, 2015.

5   B. K. Sovacool, *Visions of Energy Futures: Imagining and Innovating Low-Carbon Transitions*, Londres, Routledge, 2019; B. K. Sovacool – B. Brossmann, «The rhetorical fantasy of energy transitions: Implications for energy policy and analysis », in *Technology Analysis & Strategic Management*, vol. 26, 2014, n°7, pp. 837–854.

6   U. Hasenöhrl, J.-H. Meyer, « The Energy Challenge in Historical Perspective », in *Technology and Culture*, vol. 61, n°1, 2020, pp. 295–306.

7   D. Edgerton, The shock of the old. Technology and global history since 1900, Londres, Profile Books, 2006.

approfondie[8]. Pourtant, ce sont précisément deux moments dans l'histoire énergétique de l'Europe (le déclin du charbon, l'essor du nucléaire) qui sont à l'origine du projet communautaire. De plus, les discours sur ces passages se situent dans la perspective plus vaste de la dimension narrative de la construction de l'Europe. Il s'agit d'un sujet qui a de plus en plus mobilisé les spécialistes en études européennes au cours des dernières années, en particulier en ce qui concerne le tournant identitaire engendré par la fin de la guerre froide qui s'est révélé aussi comme un tournant discursif — on a même parlé d'un « champ de bataille discursif » – visant à la construction d'une nouvelle légitimité du projet européen.[9] A tel point que toute une nouvelle branche de l'analyse critique du discours s'est développée précisément au sujet de l'Union européenne, et que la théorie du discours fait désormais partie des théories de l'intégration[10]. D'une certaine façon, on peut lire le Pacte vert comme le dernier épisode de cette recherche d'identité/légitimation post-guerre froide, qui s'appuie aussi sur une redéfinition linguistique et discursive.

Bien que la fin de la guerre froide l'ait évidemment accentuée, la dimension discursive a toujours été centrale dans l'évolution des institutions européennes, qui, en tant qu'institutions pourvues d'une légitimité dite faible, notamment par rapport à celle des Etats membres, ont construit une rhétorique d'autant plus caractérisée par des excès que la perception de la faiblesse de leur légitimité était forte. En même temps, le recours excessif à un répertoire de symboles, de rituels et de stéréotypes, ainsi que la divergence entre discours et réalisations effectives ont été à plusieurs reprises à l'origine de la désaffection du public vis-à-vis du projet européen[11]. La question des représentations et de la communication a été donc centrale dans l'histoire de la légitimation du projet communautaire et de la construction d'une sphère publique européenne[12].

---

8   M. Sarrica, S. Brondi, P. Cottone (eds), *Energy Transitions in Europe: Emerging Challenges, Innovative Approaches, and Possible Solutions*, Energy Research & Social Science, vol. 13, 2016.
9   Th. Diez, « Europe as a Discursive Battleground », in *Cooperation and Conflict*, vol. 36, 2001, 1, pp. 5–38 ; C. Belot, « Le tournant identitaire des études consacrées aux attitudes à l'égard de l'Europe. Genèse, apports, limites», in *Politique européenne*, vol. 30, 2010, n°1, pp. 17–44; B. Stråth, « Introduction: Europe as a Discourse », in B. Stråth (ed), *Europe and the Other and Europe as the Other*, Bruxelles, Peter Lang, 2000, pp. 13–43.
10 R. Wodak, Discourse and European integration, KFG Working Paper Series, The Transformative Power of Europe, n°2, 2018.
11 M. Ceretta – B. Curli, « Rescuing Europe from its Rhetoric », in M. Ceretta – B. Curli (eds), *Discourses and counter-discourses on Europe. From the Enlightenment to the EU*, Londres, Routledge 2017.
12 Parmi les ouvrages plus récents à ce sujet, N. Hubé, « Communiquer l'Europe, légitimer l'Europe. Les enjeux historiques de l'opinion publique pour les institutions européennes», in *Annuaire français des relations internationales*, XIX, 2018, pp. 947–964; K. Sarikakis – O. Kolikytha, *« EU Democratic deficit. The EU project and a European public sphere»*, in K. Arnold, P. Preston, S. Kinnebrock (eds), *The Handbook of European Communication History*, Wiley, Blackwell, 2020.

Dans cette contribution, nous cherchons à remonter aux origines du discours sur l'Europe communautaire à travers une lecture des premiers Rapports annuels d'Euratom et autre documentation officielle produite pendant le démarrage de la Communauté sous la présidence d'Etienne Hirsch (1959–62), quand « l'imaginaire atomique » des années cinquante-soixante est mis au service de la définition d'une nouvelle identité régionale[13]. Bien que les aspects sociaux, culturels et de communicationnels aient de plus en plus attiré l'attention des historiens du nucléaire[14], nous ne disposons encore que de très peu de recherche sur les parcours à travers lesquels ces aspects ont contribué à établir des définitions de l'Europe comme nouveau cadre institutionnel régional et comme projet de modernité[15].

L'EUROPE NUCLEAIRE : UNE RHETORIQUE DE TRANSITION

Projet couteux et ambitieux, Euratom se construit du point de vue rhétorique comme le chef de file d'une modernité technoscientifique capable de gérer la transition de l'Europe vers l'ère post-charbon, et faire de la Communauté un acteur global dans le monde de la guerre froide. L'Europe faite par la science et la technologie fait l'objet d'une historiographie récente qui souligne la manière dont l'intégration matérielle du continent a contribué à la définition d'une identité et d'une « civilisation commune »[16]. Les racines de cette définition remontent aux suggestions de l'internationalisme scientifique du XIXe siècle, un projet « essentiellement européen », lié au développement des économies nationales basées sur la connaissance et à la formation d'élites technocratiques porteuses d'une vision européenne de la croissance quoique poursuivant prioritairement l'objectif d'une modernisation au niveau national[17].

Bien que le régionalisme technoscientifique postérieur à 1945 s'inscrive dans cette généalogie de longue durée, il présente aussi un certain nombre de spécificités, liées tout d'abord à l'émergence du projet communautaire qui contribue à redéfinir

---

13 La documentation ici utilisée provient en partie de la collection digitalisée de l'Archive on European Integration de Pittsburgh [pitts.eu.edu] et en partie des Archives historiques de l'Union européenne de Florence [AHUEF], Fonds Etienne Hirsch, d. 18. Je remercie Andrea Becherucci pour l'assistance amicale.

14 D. Van Lente (ed), *The Nuclear Age in Popular Media: A Transnational History, 1945–1965*, New York, Palgrave Macmillan, 2012; M. V. Melosi, *Atomic Age America*, Boston, Pearson, 2012.

15 Certaines de ces réflexions sont développées dans B. Curli, « Nuclear Europe : Technoscientific Modernity and European Integration in Euratom's Early Discourse », in M. Ceretta – B. Curli (eds), *Discourses and Counter-Discourses on Europe. From the Enlightenment to the EU*, London, Routledge, 2017.

16 J. Schot, Th. J. Misa, R. Oldenziel (eds), *Tensions of Europe: The Role of Technology in the Making of Europe*, History and Technology, Special issue, vol. 21, 2005, n°1, et parmi les titres plus récents : A. Fickers – P. Griset, *Communicating Europe. Technologies, Information, Events*, Londres, Palgrave Macmillan 2019.

17 M. Kohlrausch – H. Trischler, *Building Europe on Expertise. Innovators, Organizers, Networkers*. London, Palgrave Macmillan, 2014, pp.4–5.

l'identité de l'Europe par rapport au reste du monde. Rappelons-en trois, soit le rapport aux Etats-Unis, l'évolution du rôle de l'Etat comme « entrepreneur de science » qui émerge de l'expérience de la grande crise des années Trente et de la guerre[18] et, enfin, le contexte de la guerre froide et la façon dont elle influence les transferts de technologie et la politique économique en matière de recherche scientifique, au niveau national et international, et contribue à mettre en œuvre des dynamiques de compétition/coopération internationale dans les technologies avancées[19].

La dimension discursive de l'Europe technoscientifique de l'après 1945 combine dans un mélange inédit thèmes, clichés et représentations empruntés à des langages différents, bien que liés entre eux : celui de la modernisation (le rôle de l'Etat-scientifique pour favoriser croissance et bien-être), celui de la science (la science comme activité qui surmonte les frontières politiques et promeut paix et prospérité), celui des scientifiques en tant que communauté épistémique au service de l'humanité indépendamment de leur affiliation politique et de leur nationalité, celui de l'intégration européenne qui peut être assimilé à un jargon, avec son insistance sur l'incapacité des Etats nations européens de faire face isolément à la concurrence internationale dans les technologies avancées, mais aussi le rôle que la science et la technologie peuvent jouer pour favoriser la modernisation et surmonter certaines faiblesses structurelles afin de rendre l'Europe capable de rivaliser sur les marchés mondiaux, en particulier avec les Etats Unis. Il s'agit d'une certaine façon de la reprise du jargon de l'internationalisme scientifique du XIXe siècle mais décliné désormais à l'échelle régionale et encadré dans le discours de la coopération européenne et dans le contexte plus large de la guerre froide.

Le discours sur l'énergie nucléaire offre un exemple de cette redéfinition rhétorique du régionalisme technoscientifique. Après la deuxième guerre mondiale, le développement de l'énergie nucléaire pour la production d'électricité est associé à la modernité des technologies de pointe et à une croissance soutenue par le progrès scientifique. On attend de l'atome pacifique, nouveau symbole de progrès, qu'il favorise l'émancipation de l'humanité de la pénurie physique de ressources. En tant que secteur caractérisé dès le début par une intervention massive de l'Etat et par une culture et des valeurs technocratiques, le nucléaire symbolise la nouvelle main publique d'après-guerre et l'Etat nucléaire la version la plus avancée de l'Etat scientifique[20]. En même temps, l'origine militaire de la recherche nucléaire et les

---

18 D. Edgerton, « L'Etat entrepreneur de science », in D. Pestre – Ch. Bonneuil (dir.), *Histoire des sciences et des savoirs*, t. 3 : *Le siècle des technosciences*, Paris, Le Seuil, 2015; D. Pestre (dir.), *Le gouvernement des technosciences: gouverner le progrès et ses dégâts depuis 1945*, Paris, La Découverte, 2014.

19 J. Krige, Sharing knowledge, shaping Europe. US technological collaboration and Nonproliferation, Londres-Cambridge Mass., MIT Press, 2016.

20 Parmi les titres classiques : R. Gilpin, *France in the Age of the Scientific Estate*, Princeton, Princeton University Press, 1968; R. Jungk, *The Nuclear State*, London, John Calder 1979, et pour une réflexion plus récente sur la dimension symbolique du nucléaire en termes de transition énergétique et de puissance de l'Etat : B. K. Sovacool, B. Brossmann, « The rhetorical

« rivalités atomiques » entre les superpuissances et au sein du monde occidental lui-même conditionnent de plusieurs façons le lancement des programmes nucléaires nationaux[21]. La centralité du nucléaire dans l'émergence des technosciences de l'après-guerre devient par conséquent une « affaire d'Etat » et un élément clé des relations internationales[22]. En même temps, les physiciens incarnent une communauté épistémique de scientifiques qui après avoir perdu leur innocence pendant la guerre en participant à l'expérience scientifique la plus destructrice de toute l'histoire de l'humanité, se convertissent à l'atome pacifique, producteur d'électricité, démontrant ainsi que la science moderne peut être mise une fois encore au service de la paix et du progrès économique malgré un contexte marqué par les divisions provoquées par la guerre froide et les rivalités internationales.

Dans l'Europe de l'immédiat après-guerre et pendant les années Cinquante et Soixante, les gouvernements nationaux et les nouvelles institutions européennes, aussi bien qu'une multiplicité d'acteurs économiques, politiques, scientifiques et sociaux, partagent la confiance dans le nucléaire comme source d'énergie de l'avenir et comme levier de renaissance technologique du continent afin de rattraper le « technological gap » creusé par les Etats-Unis.

Le lancement d'Euratom est inscrit dans la rhétorique qui fait référence au passé industriel de l'Europe et à sa primauté perdue dans les affaires mondiales, et, en même temps, se fonde sur l'optimisme progressiste du miracle économique des Trente glorieuses qui incarne les peurs aussi bien que les espoirs de la modernité[23]. D'une certaine façon, Euratom est conçu comme la transposition, à l'échelle supranationale, des ambitions nucléaires existant en Europe et d'une nouvelle forme de gouvernance technoscientifique. Comme l'écrit John Krige, Euratom incarne « the emergence of a new structure and a potent source of funding and of legitimation for expensive fields of scientific research and technical development » au niveau européen[24].

Le nucléaire est un secteur qui exige d'énormes investissements, est lié dans l'imaginaire public à son origine militaire et aux questions de sécurité, est caractérisé par le leadership américain sur le marché international des technologies atomiques et par les craintes de prolifération. Par conséquent, il impose dès le début

---

fantasy of energy transitions: Implications for energy policy and analysis», in *Technology Analysis & Strategic Management*, vol. 26, 2014, n°7, pp. 837–854.

21 B. Goldschmidt, Les rivalités atomiques, 1939–1966, Paris, Fayard 1967 et Idem, Le complexe atomique. Histoire politique de l'énergie nucléaire, Paris, Fayard 1980.

22 J. Krige and K.-H. Bart (eds), « Science, Technology, and International Relations », in *Osiris*, vol. 21, 2006, pp. 1–21.

23 Sur l'histoire d'Euratom, O. Pirotte, *Trente ans d'expérience Euratom. La naissance d'une Europe nucléaire*. Bruxelles, Bruylant 1988 ; M. Dumoulin, P. Guillen, M. Vaïsse (dir.), *L'énergie nucléaire en Europe. Des origines à Euratom,* Berne, Peter Lang 1994; G. Skogmar, *The United States and the Nuclear Dimension of European Integration*, Houndmills–Basingstoke–New York, Palgrave Macmillan, 2004.

24 J. Krige, « The Politics of European Scientific Cooperation », in J. Krige – D. Pestre (eds.), *Companion to Science in the Twentieth Century*, Amsterdam–Abingdon, Routledge, 2003, p. 897.

des arrangements institutionnels spécifiques et de nouvelles stratégies de communication et de légitimation.

En effet, l'énergie nucléaire joue un rôle tout à fait particulier dans l'histoire des institutions européennes et du droit communautaire. Il s'agit du seul domaine de coopération européenne qui fait l'objet d'un traité spécifique. Aujourd'hui encore, il règle la production d'énergie nucléaire dans l'UE ainsi qu'un certain nombre d'activités qui lui sont liées (de l'approvisionnement d'uranium aux mesures de sécurité). Enfin, il bénéficie d'un statut spécifique dans la gouvernance et dans l'expérience normative communautaires. Les racines de ces arrangements plongent précisément dans les dynamiques institutionnelles internationales des années Cinquante et Soixante et dans la recherche de nouveaux cadres de coopération européenne dans les secteurs technoscientifiques avancés.[25].

L'autre facteur à l'origine du projet d'Euratom est celui de la transition énergétique entre le charbon et le pétrole. Parmi les thèmes abordés lors des négociations consécutives à la conférence de Messine de 1955, le développement d'une industrie nucléaire européenne s'impose comme devant être la réponse à la dépendance croissante de l'Europe en matière de sources d'énergie, en particulier du pétrole du Moyen Orient, et à la perception du déclin industriel européen par rapport aux Etats-Unis. La transition vers le pétrole représente donc une condition géopolitique inédite dans l'histoire du continent, qui avait fondé sa prospérité industrielle sur sa vaste richesse en charbon.

Ces thèmes sont élaborés originairement par Jean Monnet et son entourage à la Haute Autorité de la CECA. L'idée d'élargir les compétences de celle-ci au secteur nucléaire – l'énergie de l'avenir – est motivée par les « risques » d'une dépendance énergétique croissante de l'Europe et du changement qui en résulterait au point de vue de son rôle dans l'économie mondiale. Dès lors, même s'il semble évident – comme le souligne le Rapport de Pierre Uri présenté pendant les discussions du Comité Spaak – que le développement d'une capacité nucléaire exige une approche stratégique à long terme, le besoin l'action est jugé urgent sur la base du constat selon lequel l'énergie est « rare et chère en Europe »[26].

Le Rapport des trois sages d'Euratom (Louis Armand, Franz Etzel et Francesco Giordani) s'inscrit dans cette logique. Remis juste après la signature du traité, le Rapport avait été rédigé pendant la phase finale des négociations de Bruxelles,

---

25 Sur ces aspects normatifs et historiques de longue durée : B. Curli, « Nuclear Europe », Forum discussion, in E. Bini and I. Londero (eds.), *Nuclear Energy in the Twentieth Century: New International Approaches*, «Contemporanea», vol. XVIII, 2015, n°4; D. Blanc, « L'Euratom et la constitution d'une Europe de l'énergie nucléaire: une politique publique à la vitalité paradoxale », et E. Saulnier-Cassia, « La question nucléaire devant les juges de l'Union européenne », in O. Guézou – S. Manson (dir.), *Droit public et nucléaire*, Bruxelles, Bruylant, 2013.

26 AHUEF, Fonds Pierre Uri (PU), d.53/3 e 53/4, Haute Autorité de la CECA, Division Economique, *Note pour le Groupe de Travail "Messine"*, Luxembourg, 29 octobre 1955 ; Comité intergouvernemental créé par la Conférence de Messine, Commission du marché commun, des investissements et des problèmes sociaux *Note sur l'intégration économique générale d'après l'expérience de la CECA présentée par le représentant de la Haute Autorité* (Pierre Uri), Bruxelles, 27 juillet 1955.

c'est-à-dire au lendemain de la crise de Suez et après la visite des trois sages aux Etats-Unis en janvier 1957. Ils y avaient jeté les bases de ce qui bientôt constituera le premier accord entre les Etats-Unis et Euratom. Pour rappel, les trois sages avaient été chargés par les six ministres des Affaires étrangères concernés de faire rapport « sur les quantités d'énergie atomique qui peuvent être produites dans des délais rapprochés dans les six pays, et sur les moyens à mettre en œuvre à cet effet ». Dans leur Rapport, les trois sages affirment :

> Nous avons été conscients, en cherchant à déterminer cet objectif, de la chance unique qu'offre à nos pays l'avènement de l'énergie nucléaire. Cette chance, personne n'aurait osé l'espérer il y a dix ans seulement, alors que l'Europe paraissait irrémédiablement condamnée à ne disposer que d'une énergie moins abondante et plus chère que celle des États-Unis. Aujourd'hui, nous pouvons affirmer que si nos pays veulent faire — guidés et stimulés par Euratom — l'effort considérable qui s'impose, ils disposeront à l'avenir, comme le Nouveau Monde actuel, d'une source énergétique abondante et bon marché qui leur permettra d'entrer hardiment dans l'ère atomique.

Le Rapport remonte ensuite au XIXe siècle, époque à laquelle l'Europe bénéficiait d'une abondance de charbon qui avait « centuplé l'efficacité de l'effort humain et fait de l'Europe l'atelier du monde (...). Non seulement la Grande-Bretagne et le continent européen détenaient la clé d'un progrès économique sans précédent, mais encore ils étaient devenus les grands exportateurs d'énergie et de produits manufacturés ». En revanche, et malheureusement, la nouvelle phase de croissance de l'après-guerre avait montré

> que cette situation favorable s'était complètement modifiée et qu'un nouveau facteur conditionnait toutes ses perspectives d'avenir : dorénavant, la pénurie d'énergie risque de devenir le frein le plus grave à tout essor économique. C'est de ce point de vue que nous devons apprécier les perspectives qu'ouvre devant nous l'énergie nucléaire, précisément parvenue à l'ère des réalisations au moment où l'Europe aborde un tournant difficile de son histoire.

Avant la deuxième guerre mondiale, les importations de sources d'énergie des Six s'établissaient aux environs de 5% de leurs besoins. A la suite de la croissance d'après-guerre, elles s'étaient brusquement accrues, un phénomène qu'on avait d'abord interprété comme temporaire, et auquel on pensait que la réorganisation de la production de charbon mettrait fin. Mais il était désormais évident qu'il s'agissait d'un phénomène structurel. L'Europe avait « perdu son indépendance énergétique », ce qui mettait en question son « essor économique et même [sa] sécurité politique ». Comme la crise de Suez l'avait démontré, cette dépendance s'était développée à l'égard des pays du Moyen-Orient et d'autres « régions instables ». Sans l'entrée en scène de l'énergie nucléaire, les importations européennes s'élèveraient jusqu'à des niveaux « inacceptables » au point de vue économique et politique.

L'industrie des Six étant en retard par rapport leurs homologues américaine et anglaise, Euratom mettra en commun « les ressources scientifiques et industrielles de nos pays, ainsi que leurs diverses compétences techniques ». Dans la foulée,

> un marché commun d'équipement nucléaire, organisé dans un an, stimulera la spécialisation industrielle. En outre, vis-à-vis des autres États, Euratom représentera nos six pays comme une

seule et même unité, et se trouvera ainsi mieux placé que le serait chacun d'eux isolément, pour obtenir la pleine collaboration de ces autres États[27].

Bien que plus cher que les sources conventionnelles, l'avenir du nucléaire devait être évalué en termes stratégiques et politiques plutôt qu'exclusivement économiques comme le démontrait les conséquences géopolitiques de la dépendance énergétique de l'Europe survenant dans le contexte de la décolonisation et de la dynamique de la guerre froide remettant en question son rôle politique dans le monde.

« NOUS NE VOULONS PAS CREER L'EUROPE DE CHARLEMAGNE [...] NOUS VOULONS CREER L'EUROPE DE DEMAIN »

L'autre thème récurrent dans le discours à l'origine d'Euratom émane directement de la préoccupation stratégique dont il vient d'être question. La nouvelle révolution industrielle provoquée par l'avènement de l'énergie nucléaire doit permettre la renaissance technologique de l'Europe, renaissance étroitement liée au projet politique qui constitue lui-même une autre révolution. Comme le souligne Etienne Hirsch à l'occasion de la visite des trois présidents des Communautés aux Etats-Unis en juin 1959 :

> Euratom's very name is significant, for it couples in a single word two of the revolutionary changes brought about in the 20th Century. The first is the new industrial revolution unleashed by the peaceful application of nuclear energy. The second is the economic and political revolution that is leading toward the unity of Europe[28].

En tant que Communauté chargée de la gestion d'un secteur industriel moderne et avancé (à la différence de la CECA), Euratom entend jouer un rôle de leadership dans cet effort, il doit être « the pioneer of large-scale achievements in Europe »[29]. En fait, aucun pays membre ne peut aspirer à réaliser à lui seul des objectifs aussi ambitieux. Euratom, est donc créé afin de doter l'Europe d'une nouvelle structure institutionnelle capable d'entraîner la révolution nucléaire[30].

En s'adressant à un public de journalistes américains au National Press Club de Washington, Hirsch rappelle la décision d'établir une Communauté atomique :

---

27 *Un objectif pour Euratom*, Rapport présenté par M. Louis Armand, M. Franz Etzel et M. Francesco Giordani sur la demande des gouvernements de la République fédérale d'Allemagne, de la Belgique, de la France, de l'Italie, du Luxemburg et des Pays-Bas, Bruxelles, 1957.
28 *Interview of Three European Community Presidents*, President Paul Finet [High Authority of the ECSC], President Etienne Hirsch [Commission of Euratom], and President Walter Hallstein [Commission of the European Economic Community]. National Press Club. Washington DC, 11 June 1959.
29 European Atomic Energy Commission, Euratom, First General Report on the Activities of the Community (January 1958 to September 1958), 21 Septembre 1958, p. 14.
30 *Ces passages sont rappelés aussi dans les mémoires d'Etienne Hirsch, Ainsi va la vie, Lausanne, Fondation Jean Monnet pour l'Europe, 1988.*

> It was felt that the future of Europe was directly linked to the development which was offered by the nuclear reactions. It was felt that this could not be tackled by the countries working individually, and so my own Commission is in charge of promoting research and development in the nuclear field[31].

Ce propos signifie que la recherche nucléaire, en tant que secteur avancé et politiquement sensible, est vue comme devant promouvoir la modernisation institutionnelle et bureaucratique de l'Europe. Mais pas seulement. En s'adressant au Parlement européen en mai 1960, Hirsch aborde la question de l'intégration supranationale et souligne «la nature révolutionnaire du processus qu'engendre la mise en œuvre des traités. Nos pays, leurs gouvernements, leurs administrations, ont des traditions séculaires. On ne saurait être surpris que la simple mise en vigueur des traités soit insuffisante pour surmonter les habitudes et les traditions ». Par conséquent, poursuit Hirsch, les exécutifs devrons montrer « une compréhension et une patience inlassables »[32]. C'est bien pourquoi le nucléaire se voit en quelque sorte investi de la mission consistant à impulser la nouvelle dynamique. Mais pas seulement. En effet, une Europe faite par la science et la technologie modifiera la notion même d'« hégémonie » :

> Bien des obstacles doivent être surmontés et avant tout ceux de la méfiance. Une véritable construction européenne ne peut résulter que d'une égalité totale entre tous les participants. La seule prééminence, sans parler d'hégémonie, ne peut résulter que de la reconnaissance d'une primauté intellectuelle et spirituelle à laquelle chaque nation, quelle que soit sa taille, peut également prétendre[33].

Deux organes en particulier distinguent Euratom des deux autres Communautés : le Comité scientifique et technique (CST) et le Centre commun de recherche (CCR). Le CST, dont les membres sont nommés par les Etats parmi les scientifiques et experts les plus réputés fournissent l'expertise nécessaire au développement d'un secteur encore peu connu. De ce fait, les experts constitueraient bientôt une nouvelle communauté épistémique dont il était attendu qu'elle transpose au niveau supranational les tâches qui étaient propres aux hommes de science dans l'Etat moderne. Ils contribueraient à la reconstruction d'une « Europe des savants » dont Euratom serait la figure de proue assumant de ce fait l'héritage et la défense de la primauté technologique de l'Europe du passé tout en jouant le rôle de moteur de la projection de l'Europe vers l'avenir.

Comme Hirsch l'explique devant l'Assemblé parlementaire en avril 1959, « nous ne voulons pas faire n'importe quelle Europe ». Dans cet esprit, le but assigné au Comité scientifique et technique est d'associer les scientifiques les plus qualifiés à la gouvernance de la Communauté selon l'exemple des « grands Etats modernes » qui utilisent « leurs meilleurs savants », alors que le Centre commun de recherche attirerait et contribuerait à établir « les meilleures équipes techniques européennes ».

---

31 *Interview of Three European Community Presidents*, op. cit.
32 *CEEA, Euratom, La Commission,* Discours de M. Étienne Hirsch Président de la Commission devant l'Assemblée parlementaire européenne à Strasbourg, 20 mai 1960.
33 *CEEA, Euratom, La Commission,* Discours de M. Étienne Hirsch, Président de la Commission, devant l'Assemblée parlementaire européenne à Strasbourg, juin 1961.

En effet, l'Europe avait les « intelligences » mais pas assez de personnel technique. Euratom devait dès lors contribuer à la formation d'une nouvelle génération de physiciens, ingénieurs, techniciens et experts. En tant que Communauté en charge d'un secteur de pointe, et grâce à son dynamisme, sa force d'imagination et son « style nouveau », Euratom devait conduire l'Europe vers la modernité. Et Hirsch d'affirmer :

> Nous ne voulons pas créer l'Europe de Charlemagne, si brillante qu'elle puisse apparaître dans l'Histoire, nous voulons créer l'Europe de demain et, pour cela, il faut que nous développions d'une manière beaucoup plus importante que jusqu'à présent, la recherche dans tous les domaines scientifiques[34].

« EN VUE DE CONSTITUER L'EUROPE DE DEMAIN » : RECHERCHE NUCLEAIRE ET UNITE DE L'EUROPE

L'atome avait été, à l'origine, une réussite scientifique européenne. Ensuite, l'Europe avait accumulé du retard au point de vue du développement des applications industrielles de la révolution nucléaire parce que, notamment, du fait de la guerre, elle devait reconstruire un environnement viable pour la recherche et le développement. Cet objectif ne pouvait être atteint qu'à l'échelle communautaire régionale. C'est ainsi que Francesco Giordani, chef du programme nucléaire italien et un des Trois sages d'Euratom, envisage la création d'une « université atomique européenne »[35] en tant qu'outil permettant de rivaliser avec d'autres pays bien plus avancés. Hirsch, de son côté, parle d'une Académie des sciences de la Communauté, « en vue de constituer l'Europe de demain et non pas l'Europe d'hier ».[36] Et le commissaire Hans Krekeler déclare, s'adressant à un public d'étudiants européens et américains du Bologna Center de la Johns Hopkins University en mars 1959 :

> While it is true that the discoveries of European scientists such as Planck, Einstein, Curie, Fermi and Hahn – to mention only a few of the early pioneers – provided the scientific basis for subsequent developments in this field, it is obvious that the United States, Great Britain and the Soviet Union are way ahead of the countries of continental Europe in the field of technological development.

Par conséquent, il était impératif que les pays européens fassent « every effort to develop and increase their own contribution in the field of science and research »

---

34 CEEA, Euratom, La Commission, Exposé de M. le Président de la Commission de l'Euratom à l'Assemblée Parlementaire Européenne à Strasbourg, Session du 9 au 17 avril 1959, *Bruxelles, le 14 avril 1959*.
35 *Il Mondo*, 27 mars 1957. Sur Giordani, B. Curli, *Il progetto nucleare italiano, 1952–1964*, Soveria Mannelli, Rubbettino, 2000.
36 CEEA, Euratom, La Commission, Exposé de M. le Président de la Commission de l'Euratom à l'Assemblée Parlementaire Européenne à Strasbourg, Session du 9 au 17 avril 1959, *Bruxelles, le 14 avril 1959*.

comme envisagé par les auteurs du Traité[37]. L'atome doit conduire à la modernisation de l'Europe et contrer son déclin. Selon le Rapport Euratom pour 1962 :

> Si l'Europe veut être à l'avant-garde dans le domaine scientifique et technique et garder la place qui est la sienne, elle doit poursuivre ses efforts pour se préparer à entrer de plain-pied, et très prochainement sur le plan industriel, dans l'ère atomique[38].

Le projet de modernisation nucléaire soulève aussi la question de la responsabilité de l'Europe et celle de son futur rôle dans la compétition qui, au cœur de la guerre froide, oppose une science « communiste » et une science « occidentale ». En s'adressant au Parlement européen en mai 1960, Hirsch souligne qu'il y a « une autre nécessité et une autre urgence de faire l'Europe ». Celles-ci résultent en effet

> de l'évolution qui s'est faite dans les relations à l'échelle mondiale. Il apparaît plus clairement que jamais qu'isolés nos pays ne peuvent avoir la prétention de jouer un rôle efficace et effectif dans les destinées mondiales en présence des deux puissances gigantesques qui à l'Est et à l'Ouest ont, du fait de leurs dimensions, une influence déterminante. (...) Dans le domaine économique et technique, seul un grand marché, seule la mise en commun de nos ressources tant humaines que matérielles, nous permettront de progresser à une cadence comparable à celle d'ensembles qui disposent d'immenses territoires et de ressources considérables.

L'Europe ne pouvant se permettre de manquer de participer à la compétition pacifique en matière de science et de technologie, Hirsch met l'accent sur « les résultats spectaculaires obtenus en Union soviétique, dans le domaine de la science appliquée » et poursuit :

> Si nous voulons que le progrès économique se fasse à une cadence suffisante pour que nous ne soyons pas distancés par les progrès incontestables qui sont réalisés en Union soviétique et si nous voulons éviter que l'on attribue à un régime et à une philosophie fort différents des nôtres des succès qui tiennent dans une large mesure à l'existence dans un seul ensemble de ces immenses ressources, il est nécessaire que nous mettions à profit la totalité de nos moyens, sans cloisons et sans réticences[39].

Dans cet esprit, les centres de recherches d'Euratom sont appelés à devenir des lieux voués à « la création d'un esprit européen » et où se construirait donc une véritable identité transnationale de l'Europe. Et Hirsch, en juin 1961, de préciser :

> Dans notre administration, dans nos centres de recherche, dans les équipes que nous faisons participer aux associations et aux contrats, nous développons des cellules européennes largement réparties dans l'ensemble du territoire de la Communauté. Les nationaux de nos six pays prennent l'habitude de travailler ensemble, de se connaître, de surmonter les préjugés, de s'apprécier et de se respecter mutuellement. Je dois apporter ici le témoignage que dans le travail quotidien, malgré les problèmes linguistiques, aucune difficulté ne freine une coopération fructueuse. Bien au contraire, du fait d'une émulation spontanée, du fait du caractère complémen-

---

37 *Euratom and the Regional Problem of Atomic Energy*. Draft speech delivered at the Bologna Center of the School of International Advanced Studies of the Johns Hopkins University, 16 March 1959, given by Hans L. Krekeler, member of the Commission of the European Atomic Energy Community.
38 European Atomic Energy Commission, Euratom, *Fifth General Report on the Activities of the Community (April 1961 to March 1962)*, 1962.
39 CEEA, Euratom, La Commission, Discours de M. Étienne Hirsch, Président de la Commission, devant l'Assemblée parlementaire européenne à Strasbourg, mai 1960.

taire des formations et des attitudes mentales, on peut parvenir à une efficacité qui serait inconcevable dans un cadre uninational[40].

Le développement du secteur nucléaire qui pouvait alors être perçu comme ne courant pas encore le risque d'être paralysé par des intérêts bien établis, apparaît comme le levier idéal permettant, en exploitant la diversité culturelle existant en Europe, d'encourager l'émergence d'une identité unitaire européenne dans une perspective d'avenir.

La transition énergétique engendrée par le nucléaire pose aussi question au point de vue social et industriel. Selon Hirsch toujours :

> Nous nous trouvons donc devant un problème de transition. Ce problème présente d'abord et surtout un aspect social, car dans certaines régions où toute l'activité est concentrée sur l'exploitation minière, il faut des délais permettant d'installer des activités nouvelles et d'adapter les travailleurs à d'autres techniques. Le problème de transition est également celui du maintien, jusqu'au développement à la cadence voulue de la production d'électricité nucléaire, d'un approvisionnement suffisant en combustible classique.

Au-delà de la rhétorique, la transition est évidemment un passage contraignant aussi bien en termes politiques que sociaux, et ce d'autant plus qu'elle constitue un processus qui s'inscrit dans le long terme.

CONCLUSIONS

Le discours institutionnel qui caractérise le démarrage d'Euratom vise à légitimer la mise en route et le développement d'un secteur nouveau, couteux, techniquement complexe et politiquement sensible, dans le but de créer une industrie nucléaire européenne. Il s'agit d'une tâche difficile et ambitieuse. On sait que ce projet se heurtera à une série de difficultés économiques, politiques et industrielles, au niveau national et international, qui sont en partie spécifiques au tournant historique de la fin des années Cinquante-début des années Soixante (liens avec le nucléaire militaire et question de la non-prolifération, concurrence du pétrole et conditions des marchés internationaux du pétrole). Elles sont aussi, en partie, imputables plus généralement à la nature des technologies nucléaires et à celle de leurs applications industrielles, qui se révèlent bien moins malléables qu'on ne l'envisage à l'époque. Enfin, elles sont en partie liées à toute une série d'obstacles à la coopération européenne dans les secteurs avancés. Celles-ci se manifestent à plusieurs reprises par la suite comme l'illustre la crise prématurée du CCR et, plus généralement, le sort d'une Communauté dont les compétences sont redéfinies et redistribuées à la suite de la fusion des exécutifs en 1967.

Euratom est un sujet encore relativement peu étudié, en particulier en ce qui concerne, d'une part, son développement à la suite de la fusion des exécutifs et, d'autre part, son héritage en matière de politique industrielle commune et d'autres

---

40 *CEEA, Euratom, La Commission,* Discours de M. Étienne Hirsch, Président de la Commission, devant l'Assemblée parlementaire européenne à Strasbourg, juin 1961.

initiatives de collaboration technoscientifique européenne[41]. Sa dimension discursive devrait donc être évaluée dans un contexte plus large et de long terme. Pourtant, certaines réflexions sur les origines de cette construction rhétorique peuvent nous offrir des perspectives générales sur le rapport entre transition énergétique et intégration européenne.

Le discours entourant le démarrage d'Euratom s'inscrit dans le cadre de la redéfinition de la modernité européenne de l'après-guerre, dans celui de la guerre froide et dans l'ambiance d'optimisme technologique des Trente glorieuses. La transition vers le nucléaire qui est envisagée est cohérente et va de pair avec une vision de l'intégration conçue comme instrument destiné à permettre à l'Europe de récupérer sa position industrielle sur les marchés mondiaux, en particulier par rapport aux Etats-Unis et en compétition avec le bloc communiste. Il s'agit, au fond, d'une rhétorique de transition sur l'avenir de l'Europe comme acteur mondial. La question énergétique est dès lors perçue comme un levier de transformation d'un « ordre » économique, à l'échelle nationale et internationale, qui demande un effort de construction d'une nouvelle « main publique européenne » dans un secteur stratégique. En même temps, le discours sur la modernité nucléaire se veut assez visionnaire, légitimant ainsi de nouvelles institutions qui n'ont pas de précédent dans l'histoire de l'Europe.

D'une certaine façon, on retrouve beaucoup de ces éléments dans le discours sur la transition « verte » de l'Union européenne d'aujourd'hui. Ce discours s'inscrit dans le nouveau cadre de la compétition globale de l'après-guerre froide et dans celui de l'essor des nouvelles technologies numériques et d'intelligence artificielle qui posent et poseront toute une série de défis économiques, politiques, culturels et sociaux. Pendant les années Cinquante, l'écart entre rhétorique et ambitions nucléaires illustre une tendance qui deviendra récurrente dans l'histoire de l'intégration et de la recherche de légitimation des institutions européennes, en particulier en ce qui concerne les secteurs stratégiques avancés. Du fait de cette continuité, il sera intéressant de voir si, et comment, cet écart se vérifiera dans le cas de la transition qui est en cours.

---

41 O. Hallonsten, « Continuity and Change in the Politics of European Scientific Collaboration », in *Journal of Contemporary European Research*, vol. 8, 2012, n°3, pp. 300–319; L. Guzzetti – J. Krige, *History of European Scientific and Technological Collaboration*, Luxembourg, OPOCE, 1997; L. Guzzetti (ed), *Science and Power: the Historical Foundations of Research Policies in Europe*, Luxembourg, OPOCE, 2000; P. Papon, *L'Europe de la science et de la technologie*, Grenoble, Presses Universitaires de Grenoble, 2001.

L'IMPORTANCE CROISSANTE DE LA RECHERCHE ÉCONOMIQUE DANS LES BANQUES CENTRALES

LE CAS DE LA BANQUE NATIONALE DE BELGIQUE

Ivo Maes

INTRODUCTION[1]

La recherche économique joue un rôle de premier plan au niveau des banques centrales. Traditionnellement, les banques centrales ont deux grands objectifs : la stabilité monétaire et la stabilité financière. En Belgique, la Banque nationale a été créée en 1850. Elle était essentiellement une banque d'émission. Garantir la convertibilité des billets (en or) était une fonction essentielle, aussi pour sauvegarder la stabilité monétaire et financière.

Cet article examine la manière dont la fonction d'analyse et de recherche s'est développée au fil du temps à la Banque nationale de Belgique (BNB). Il existe deux éléments essentiels pour tout département de recherche d'une banque centrale : la contribution à l'élaboration de la politique monétaire et la mise en place d'un dialogue avec la communauté universitaire. Les départements de recherche remplissent largement une fonction de relais entre l'élaboration de la politique monétaire et le monde universitaire. Il s'agit également plus ou moins d'une constante dans l'histoire du département des Études de la BNB.

Trois grandes phases seront distinguées dans cette contribution : le début de l'histoire du service économique ; la seconde moitié du 20e siècle ; et l'analyse et la recherche économique dans l'époque de l'Eurosystème.

LE DÉBUT DE L'HISTOIRE DU SERVICE ÉCONOMIQUE

En Belgique, comme dans d'autres pays, les crises financières ont mis en lumière le fait que la stabilité du système monétaire était une question d'intérêt public. Les crises financières de 1838 et de 1848 ont donné à Walthère Frère-Orban, le ministre des Finances de l'époque, l'impulsion pour le développement d'un projet visant à créer une banque d'émission et d'escompte[2]. La loi instituant la Banque nationale

---

1 L'auteur remercie toutes les personnes ayant contribué à ce document, notamment Hugues Famerée. Les réserves d'usage s'appliquent.
2 E. Buyst, I. Maes, W. Pluym, M. Danneel, La Banque nationale de Belgique, du franc belge à l'euro. Un siècle et demi d'histoire. Préface de G. Quaden, Tielt, Lannoo, 2005.

fut signée le 5 mai 1850. Elle confiait à la Banque nationale trois missions importantes : l'émission des billets de banque, l'organisation du crédit commercial à court terme, en particulier le réescompte d'effets de commerce, et la fonction de caissier de l'État.

Durant les premières décennies, l'expertise monétaire de la Banque se situait presque exclusivement au sein du Comité de direction. La Banque s'est aussi progressivement dotée de capacités statistiques[3]. Celles-ci étaient, au moins à l'origine, très largement centrées sur ses propres activités et étaient renforcées par l'obligation pour la Banque de publier un Rapport annuel. En 1884, la Banque publia une étude appelée « *Diagrammes* ». Celle-ci comportait sept graphiques, qui avaient été réalisés par l'*Institut cartographique militaire*. L'étude analysait différentes rubriques du bilan de la Banque, ainsi que la relation avec des mouvements du taux d'escompte, durant la période 1851-1881. Elle présentait, en outre, une analyse comparative de la relation entre le taux d'escompte et le taux de couverture pour les banques d'émission de la Belgique, des Pays-Bas, de l'Angleterre et de la France.

Les origines du Service économique à la Banque remontent à la création d'une bibliothèque en son sein au début du 20e siècle[4]. Albert-Edouard Janssen joua un rôle déterminant dans ce cadre. Cet étudiant de Victor Brants à l'Université de Louvain fut recruté par la Banque nationale en 1908. Il y fit une carrière rapide, devenant Secrétaire de la Banque en 1914 et Directeur en 1919.

La Première Guerre mondiale conduisit à la suspension de la convertibilité dans de nombreux pays, dont la Belgique. Celle-ci fut envahie par l'Allemagne et, en conséquence de la guerre, la masse monétaire augmenta d'un facteur de six, ce qui entraîna des pressions inflationnistes intenses[5]. La perspective des réparations de guerre allemandes incita le gouvernement belge à mener une politique budgétaire peu rigoureuse. Cette politique affecta également la balance des paiements, avec des déficits courants atteignant 8 à 10 % du PIB par an au début des années 1920. Tous ces déséquilibres ne servirent qu'à miner la confiance dans le franc belge.

Ainsi, la nécessité de renforcer l'analyse économique à la Banque devint impérieuse. Au cours de discussions au sein du Comité de direction, Janssen présenta des arguments de poids en faveur de la création formelle d'un Service économique[6]. C'est dans ce contexte qu'apparait le nom de Paul van Zeeland. Ce brillant étudiant de l'université de Louvain a acquis une profonde connaissance de l'économie monétaire aux Etats-Unis. Il fréquenta la Princeton University, où il suivit plusieurs

---

3   I. Maes, A Century of Macroeconomic and Monetary Thought at the National Bank of Belgium, Bruxelles, BNB, avril 2010.
4   E. Buyst, I. Maes, W. Pluym et M. Danneel, *La Banque nationale de Belgique…*, op. cit.
5   E. Buyst – I. Maes, « Monetary policy controversies and the creation of economics departments at central banks: the case of Belgium », in F. Asso – L. Fiorito (eds.), *Economics and institutions. Contributions from the history of economic thought*, Collana AISPE, 4, Milan, Franco Angeli, pp. 143–162.
6   H. Van der Wee – K. Tavernier, La Banque nationale de Belgique et l'histoire monétaire entre les deux guerres mondiales, Bruxelles, BNB, 1975.

cours du célèbre économiste monétaire Edward Kemmerer[7]. En outre, il effectua un stage à la New York Federal Reserve Bank. A son retour en Belgique, van Zeeland fut recruté par la Banque nationale de Belgique, le 1er octobre 1921, comme conseiller au Service économique[8]. Durant les années qui suivirent, le service se développa, avec Jean-Jacques Vincent, Louis Mahieu, Léon-H. Dupriez et Robert Lemoine.

L'organisation formelle du Service économique prit progressivement forme. Une étape importante fut la création, en juin 1926 du *Bulletin d'information et de documentation*. En 1928, le Service économique se composait de cinq sections : la bibliothèque, la documentation, les statistiques, la recherche et les publications.

Quelques années plus tard, van Zeeland, et le Service économique, allait se trouver au centre d'une controverse sur la politique monétaire et de change. La Belgique, en tant que petite économie ouverte, fut lourdement touchée par la Grande Dépression des années 1930, et particulièrement par le net recul du commerce mondial et par l'effondrement des cours internationaux. Il y eut néanmoins en Belgique un soutien unanime pour maintenir la parité or existante, même après la dévaluation de la livre sterling en septembre 1931[9]. Il n'existait donc pas de réelle alternative à une politique déflationniste dans le cadre de laquelle les prix intérieurs durent être ajustés au niveau plus faible des prix sur les marchés mondiaux en réduisant les coûts. Néanmoins, la mise en œuvre de cette politique déflationniste rencontra une vive résistance. Les fermetures et les restructurations d'entreprises conduisirent à une nouvelle progression du chômage. L'économie belge fut directement entraînée dans une spirale baissière. Le système financier fut, lui aussi, lourdement touché et quelques banques tombèrent même en faillite.

La déflation suscita de grands débats au sein du Service économique de la Banque. Peu à peu, les adeptes d'une dévaluation gagnèrent du terrain[10]. Ainsi, dans un mémorandum du 15 mars 1935, Lemoine, qui était auparavant opposé à la dévaluation du franc, plaida en faveur d'une dévaluation immédiate et officielle. Néanmoins, les avis du vice-gouverneur van Zeeland et du Service économique furent rejetés par le gouverneur Franck.

Fin mars 1935, les cartes politiques furent radicalement rebattues en Belgique. Paul van Zeeland fut chargé par le Roi Léopold III de former un gouvernement d'union nationale et il décida de dévaluer le franc de 28 %. Le gouvernement van Zeeland, avec Hendrik de Man, instaura également des réformes importantes dans le système financier. Son point de vue était que le secteur bancaire remplissait une fonction d'intérêt public. Ainsi, il était parfaitement raisonnable que l'État exerce un certain contrôle sur les activités des banques. Ce point de vue était exposé dans l'arrêté royal n° 185 du 9 juillet 1935. L'avant-projet de cet arrêté royal fut préparé par Dupriez et Lemoine, qui étaient alors détachés du Service économique de la

---

7   R. Gomez Betancourt – I. Maes, « Paul van Zeeland, a monetary economist between two worlds », *European Journal of the History of Economic Thought*, avril 2020.
8   V. Dujardin – M. Dumoulin, *Paul van Zeeland. 1893–1973*, Bruxelles, Éditions Racine, 1997.
9   E. Buyst, I. Maes, W. Pluym, M. Danneel, *La Banque nationale de Belgique…, op. cit.*
10 H. Van der Wee – K. Tavernier, *La Banque nationale de Belgique…, op. cit.*, p. 279.

Banque[11]. Au cœur du nouveau système financier, on trouvait la Commission bancaire. Cette institution avait, entre autres, le pouvoir d'exiger des banques qu'elles maintiennent un ratio de liquidité et un ratio de solvabilité.

L'arrêté royal du 9 juillet 1935 conduisit également à la création, au sein de la Banque nationale, d'un nouveau service pour l'analyse des états financiers des banques appelé « Contrôle des Situations Bancaires »[12]. Ce service, qui plus tard allait fusionner avec le Service économique pour former un nouveau département, fut chargé des activités liées aux statistiques, au contrôle et à l'analyse des comptes et des bilans des banques.

LA SECONDE MOITIE DU XXE SIECLE

En Belgique, la tradition néo-classique en économie demeurait bien ancrée, également au début de la période d'après-guerre[13]. La politique économique menée après la guerre en Belgique était aussi très largement en phase avec l'orthodoxie classique. Au cœur se trouvait l'opération dite « Gutt » de septembre 1944, d'après le nom du ministre des Finances belge de l'époque Camille Gutt. Le défi premier était l'énorme accroissement du volume des billets de banque en circulation, dû au financement de guerre. Le chaos monétaire et financier qui avait suivi la Première Guerre mondiale avait représenté un traumatisme majeur pour les décideurs politiques.

Au début de la période d'après-guerre, sous le gouvernorat de Maurice Frère, la Banque nationale de Belgique souscrivait largement aux points de vue monétaires orthodoxes. Toutefois, les idées keynésiennes gagnaient également en influence. À cet égard, un rôle important fut joué par Franz De Voghel, qui devint directeur en novembre 1944, en charge du Service économique. On trouve un aperçu des idées de De Voghel dans une présentation datant de décembre 1943 et intitulée « Les conditions préalables d'une politique du crédit en fonction d'une politique économique en Belgique »[14]. Ses idées étaient assez éclectiques, combinant des points de vue très keynésiens et interventionnistes avec une profonde préoccupation pour la stabilité monétaire.

Pour De Voghel, une fonction essentielle de l'État était l'organisation d'une politique économique structurelle. Au cœur de cette politique, on trouvait la décision d'investissement, pour les investissements non seulement publics mais également privés. Dans la ligne des idées sur la planification indicative, comme en France durant la période d'après-guerre, il considérait que l'État avait également un rôle à jouer dans l'affectation sectorielle des investissements.

---

11 *Ibidem*, p. 297.
12 Archives de la BNB, B 309, Règlement interne, 1940.
13 I. Maes, « The spread of Keynesian economics: a comparison of the Belgian and Italian experiences (1945–1970) », in *Journal of the History of Economic Thought*, Vol. 30, n° 4, décembre 2008, pp. 491–509.
14 Archives de la BNB, E588

Dans les décennies suivant la guerre, soit une période de mobilité limitée du capital, la politique monétaire en Belgique devint, dans une large mesure, une politique de crédit, dans le cadre de laquelle des instruments de contrôle quantitatifs avaient un rôle non négligeable à jouer. Étant donné l'importance de la politique de crédit, De Voghel réorganisa fondamentalement la fonction de recherche économique de la Banque nationale. En 1948, un Département des Etudes fut créé. Il comprenait trois services : Études et documentation (l'ancien Service économique, mais sans la division statistique), les Statistiques et le Crédit bancaire. La mise sur pied d'un Service statistiques autonome indiquait l'importance grandissante des données statistiques. Avec cette réforme, De Voghel attribua au Département des Etudes un rôle significatif dans la formulation de la politique monétaire et de crédit.

Au début de la période d'après-guerre, l'analyse du cycle conjoncturel devint un des points centraux de la profession d'économiste. C'était également, dès l'entre-deux-guerres, un des points forts de la recherche économique à la Banque nationale de Belgique, sous l'influence de Dupriez. Lorsqu'en 1950, l'*Institut für Wirtschaftsforschung*, l'institut de recherche économique basé à Munich lança un nouveau système d'études du cycle économique, cela attira également l'intérêt des économistes du Département des Etudes de la Banque nationale de Belgique[15]. À partir de 1952, le Département des Etudes commença à travailler sur des enquêtes. Cela a fourni la base pour les enquêtes sur le cycle conjoncturel qui sont toujours un produit phare de la Banque nationale de Belgique.

Durant les « Golden Sixties », la croissance économique, de même que la planification, ont occupé le devant de la scène, en phase avec les idées keynésiennes qui prévalaient à l'époque. Cette tendance s'appliquait également au secteur financier. Comme dans d'autres pays, les gouvernements successifs ont constitué des groupes d'étude chargés de concevoir des projets de réforme du système financier. En Belgique, trois comités de premier plan ont été constitués, tous présidés par le vice-gouverneur Franz De Voghel. Le Département des Etudes de la Banque a joué un rôle crucial dans ces comités et dans les rapports qu'ils ont présentés. Les rapports De Voghel allaient poser les bases de la modernisation du système financier belge dans les années 1960 et 1970.

Au cours de cette période, le système de Bretton Woods constituait le principal fil conducteur des politiques monétaire et de change dans le monde occidental. En Belgique également, il constituait le pilier des politiques monétaire et de change. Après l'effondrement du système de Bretton Woods, entre 1970 et 1998, un taux de change stable pour le franc belge, première devise à intégrer le serpent monétaire européen puis le Système monétaire européen, est demeuré l'objectif premier de la politique monétaire.

Au début des années 1970, l'économie mondiale traverse une période tumultueuse, caractérisée par une inflation galopante et par des turbulences sur les marchés des changes. La suppression du système de taux de change fixes et la première

---

15 W. Pluym – O. Boehme, *Des golden sixties à la chute de Bretton Woods*, Bruxelles, BNB, 2005.

crise pétrolière qui éclate en octobre 1973 sont sources de confusion et d'incertitude. Le choc pétrolier a non seulement fait grimper l'inflation, mais il a aussi eu des répercussions sur l'activité économique.

L'économie belge a été plus sévèrement touchée par la crise économique internationale que d'autres pays[16]. En 1974, l'inflation en Belgique avoisinait les 13 %, un taux qui excédait largement ceux que présentaient à l'époque les Pays-Bas et l'Allemagne. Le Département des Etudes considérait que le taux d'inflation plus élevé de la Belgique était dû à certaines caractéristiques structurelles de l'économie belge : la dépendance marquée de la Belgique envers l'extérieur, en particulier sur le front de l'énergie, et la forte interaction entre les prix et les salaires, vu le système d'indexation des salaires en Belgique. La faiblesse de la position structurelle de la Belgique était par ailleurs exacerbée par une politique budgétaire inappropriée.

Dans les années 1970, l'agenda politique de la Belgique était dominé par les problèmes communautaires, si bien que les responsables politiques accordaient peu d'attention aux défis économiques de l'époque. L'instabilité politique a également empêché la poursuite d'une politique économique efficace. En 1981, une année désastreuse pour l'économie belge, le déficit public totalisait plus de 15 % du PIB.

Dans la seconde moitié des années 1970, la position concurrentielle de la Belgique est devenue une préoccupation centrale. La Banque se montrait des plus sceptique quant au fait qu'une dévaluation puisse améliorer la compétitivité. Elle redoutait que l'avantage sur le plan des prix qu'apporterait une dévaluation s'éroderait rapidement, sous l'effet du degré élevé d'ouverture de l'économie belge et des processus d'indexation et de fixation des prix. La Banque craignait par-dessus tout de voir s'enclencher un cercle vicieux alimenté par la succession d'une dévaluation, d'une inflation puis d'autres dévaluations, tel que ceux qui avaient touché le Royaume-Uni et l'Italie.

À la fin des années 1970, le compte courant de la balance des paiements s'est enlisé. Le déficit a grimpé, de 1 % du PIB en 1978 à 4 % en 1980. Au nombre des facteurs en cause ici, comptaient, bien entendu, le deuxième choc pétrolier et la hausse des prix de l'énergie, mais d'autres éléments ont également joué un rôle dans cette situation. Dans une importante étude intitulée « L'essoufflement de l'économie belge dans la décennie passée », la Banque a analysé la détérioration du compte courant de la balance des paiements. Cette étude, qui ne comptait pas moins de 272 pages, a été publiée entre septembre 1980 et juillet 1981 dans quatre éditions du *Bulletin de la Banque*. Elle soutenait que l'industrie belge présentait deux handicaps majeurs. Le premier avait trait à la structure des exportations. La Belgique était trop spécialisée dans des produits régressifs, autrement dit des produits pour lesquels la demande mondiale n'augmentait que lentement. De plus, en comparaison de ses concurrents, la Belgique était peu présente dans des zones géographiques à forte croissance. Le second handicap, plus fâcheux encore, tenait à l'érosion de la compétitivité de l'industrie. La principale raison à cela était l'élévation des coûts

---

16 I. Maes, A Century of Macroeconomic and Monetary Thought at the National Bank of Belgium, Bruxelles, BNB, avril 2010.

salariaux, qui avait comprimé les marges bénéficiaires. Par voie de conséquence, l'industrie manufacturière se voyait contrainte d'augmenter la productivité, ce qui impliquait aussi la fermeture d'usines. Ce processus a débouché sur une désindustrialisation de l'économie belge. Qui plus est, l'érosion de la rentabilité a été préjudiciable aux investissements et à l'emploi. Le taux de chômage en Belgique a grimpé, passant de 2 % au début des années 1970 à 11 % en 1982.

Lors du Sommet européen de mars 1981, le chancelier allemand Helmut Schmidt a soulevé la question du franc belge et a invité la Belgique à prendre des mesures, en particulier concernant le mécanisme d'indexation. Dans les jours qui ont suivi, les marchés des changes se sont montrés extrêmement chahutés et la Banque a été forcée d'apporter un soutien massif au franc. La Banque a mis sur pied un plan d'ajustement économique, conçu par Roland Beauvois, le directeur du département des Études. Les mesures cruciales qu'il comportait visaient une baisse de 5 % de l'ensemble des revenus ainsi qu'une suspension jusqu'au 31 décembre 1981 de l'indexation.

Si la ligne officielle de la Banque et de son Département des Etudes se voulait fermement opposée à toute dévaluation, l'institution comptait aussi plusieurs dissidents dans ses rangs. Alfons Verplaetse, qui était alors conseiller au Département des Etudes de la Banque, a joué un rôle de premier plan au cours de cet épisode. Il était membre d'un groupe chrétien-démocrate confidentiel et allait par la suite contribuer, en qualité de chef de cabinet adjoint du Premier Ministre Martens, à la mise en œuvre de la nouvelle politique, qui prévoyait une dévaluation.

En février 1982, le franc belge a donc été dévalué de 8,5 %. La dévaluation était clairement conçue comme une opération non récurrente. Elle s'accompagnait d'un train de mesures visant à éviter que l'inflation ne devienne incontrôlable. En procédant à cette dévaluation, le gouvernement a déclenché un choc psychologique qui lui a permis d'introduire des mesures sévères, en particulier la suspension très large de l'indexation.

Dans la seconde moitié des années 1980, l'union monétaire européenne était revenue à l'ordre du jour[17]. Ce revirement tenait clairement au succès du programme du marché intérieur ainsi qu'à la stabilité des taux de change dans le Système monétaire européen. Lors des réajustements périodiques des taux de change calculés dans le cadre du SME au milieu des années 1980, le franc belge occupait généralement une position intermédiaire, enclavé entre les devises plus fortes d'une part et les monnaies plus faibles de l'autre. Grâce aux meilleurs résultats affichés par l'économie belge, une politique de taux de change plus ambitieuse a progressivement pu être menée. Ainsi, le franc belge a commencé à céder de moins en moins de terrain face au mark allemand. En juin 1990, il a été officiellement ancré au mark, une étape cruciale sur la voie menant à l'UEM, à la suite de travaux plaidant dans ce sens du Département des Etudes et de Verplaetse, devenu entretemps Gouverneur de la BNB et Directeur dudit département.

---

17 T. Padoa-Schioppa, *The Road to Monetary Union in Europe*, Oxford, Clarendon Press, 1994.

Dans la période d'après-guerre, des changements significatifs ont également été apportés à la politique de publication de la Banque. En janvier 1945, De Voghel a suggéré une profonde refonte du système existant vis-à-vis des contributeurs externes. L'une des idées centrales consistait à ouvrir le Bulletin à des économistes étrangers réputés. L'objectif de De Voghel était d'asseoir la réputation intellectuelle de la Banque. Étant lui-même universitaire, De Voghel avait pleinement conscience de l'importance de contributions de haut vol signées par des personnalités aussi bien du monde universitaire que de la sphère politique économique. Le Bulletin de la Banque a été la première publication en Belgique à adopter une approche résolument internationale, à rebours des journaux publiés par les universités belges.

Au cours des décennies qui ont suivi la guerre, le Bulletin de la Banque a joué un rôle de premier plan dans la propagation en Belgique d'idées économiques issues de l'étranger[18]. Entre 1949 et 1972, le *Bulletin de la Banque* a publié 93 articles signés par des économistes étrangers. Plus des trois quarts de ces articles étrangers, soit 75 au total, provenaient de contributeurs de la sphère universitaire. Parmi eux figurent de nombreux économistes de renom, comme Bela Balassa, Arthur Bloomfield, Richard Cooper, Jean Fourastié, Arthur Goldsmith, Roy Harrod, Nicholas Kaldor, Peter Kenen, Charles Kindleberger, Fritz Machlup, Alfred Sauvy, Richard Sayers, Robert Stern, Jan Tinbergen et Robert Triffin.

Au cours des années 1960, le nombre d'articles rédigés par des économistes étrangers dans le *Bulletin* a peu à peu diminué. Plusieurs facteurs expliquent cette baisse, parmi lesquels l'intensification des contacts internationaux dans le monde universitaire, qui a réduit la nécessité de ce type d'articles, et la perte d'enthousiasme des universitaires à proposer des contributions (rémunérées) au *Bulletin de la Banque*. Cela étant, on peut légitimement se demander dans quelle mesure il ne s'agissait pas d'un choix stratégique de la Banque.

Il convient de noter que le nombre d'articles rédigés en interne sous la plume des collaborateurs de la Banque a lui aussi sensiblement chuté. Ce déclin était également un sujet de discussion à la Banque. Au cours de la réunion du Comité de direction du 6 décembre 1974, le gouverneur Vandeputte exprimait de sévères critiques à cet égard :

> Si je reprends uniquement dans la liste des études publiées dans le *Bulletin* les articles qui méritent ce nom, je constate, en étant large, qu'au maximum cinq ou six articles ont été publiés depuis le début de l'année (…). Cette prestation est-elle suffisante ? Sincèrement, je ne le crois pas. La Banque aurait tout intérêt à faire mieux[19].

Pour autant, le gouverneur a dû se résoudre à voir son avis ignoré. En 1981, un seul article est publié dans le *Bulletin*, à savoir le dernier volet de la série intitulée « L'essoufflement de l'économie belge ».

---

18   I. Maes, E. Buyst, M. Bouchet, « The Post 1945 Development of Economics in Belgium », in A.W. Coats (ed.), *The Development of Economics in Western Europe since 1945*, Londres, Routledge, pp. 94 112.
19   Archives BNB, R 640/7 Notes du gouverneur Vandeputte.

L'éloignement du monde universitaire s'est également étendu aux méthodes d'analyse utilisées par la Banque[20]. La sphère universitaire, à l'instar d'autres institutions politiques, se concentrait sur le perfectionnement de l'approche économétrique et la construction de modèles économétriques. Or, la Banque n'était pas encore résolue à emprunter cette direction, bien qu'elle fût envisagée. Le département des Études accordait une grande attention à la méthodologie statistique et à l'adoption du système de comptes nationaux et financiers. Dans le discours d'adieu qu'il a prononcé en 1987, Jacques Baudewyns, chef du Département des Etudes et Conseiller économique de la direction, s'est ouvert quant à l'attention qu'il portait aux statistiques ainsi que sur son attitude frileuse envers l'économétrie :

> J'ai aussi passé beaucoup de temps, je crois, à mettre au point les statistiques. Parlant de statistiques, je pourrais peut-être faire part, à l'intention de nos jeunes collègues, d'une réflexion […]. Il est certain que les jeunes économistes du Département font actuellement usage de l'économétrie beaucoup plus que leurs anciens ne le faisaient. [...] L'usage de ces méthodes est certainement un progrès, mais je crois qu'il ne faut jamais oublier que l'économétrie consiste à appliquer un instrument qui est extrêmement raffiné, extrêmement précis à une matière statistique qui laisse souvent fort à désirer malgré tous les efforts que nous avons faits. […] Finalement nous dépendons des données que nous recevons des banques et des entreprises et que ce qui se passe dans une banque ou dans une entreprise, c'est ce qu'on dit à un vague employé : […] la Banque nationale nous demande de remplir tel formulaire, tirez votre plan et remplissez-le. Nous sommes un peu à la merci de la plus ou moins grande attention avec laquelle l'employé en cause remplira ce formulaire[21].

Il a fallu attendre 1990 pour que un groupe « Modèle » voie le jour au département des Études et pour que les travaux sur un modèle économétrique commencent pour de bon. La réticence de la Banque contrastait avec les évolutions observées dans d'autres banques centrales. Ainsi, à la Banca d'Italia, un modèle économétrique avait été créé dès le début des années 1960[22]. Cependant, grâce à un groupe jeune et dynamique, la Banque a rapidement gagné sa place dans le monde des concepteurs de modèles économétriques.

L'ANALYSE ET LA RECHERCHE ECONOMIQUES AU SEIN DE L'EUROSYSTEME : UNE NOUVELLE DONNE

Le 1er janvier 1999, onze États membres de l'Union européenne, dont la Belgique, ont adopté l'euro comme monnaie unique et commencé à mener une politique monétaire commune, formant ainsi la zone euro. Leurs banques centrales, ainsi que la BCE, se sont regroupées pour constituer l'Eurosystème.

Le principal objectif de l'Eurosystème est de maintenir la stabilité des prix dans la zone euro. Les décisions relatives à la politique monétaire commune sont centralisées. La plupart sont prises par le Conseil des gouverneurs de la Banque centrale

---

20   I. Maes, A Century of Macroeconomic and Monetary Thought, op. cit
21   Archives BNB, M880/8.
22   M. Modigliani, *Avventure di un Economista*, Rome, Laterza, 1999.

européenne. Le gouverneur de la Banque nationale de Belgique participe à ces réunions à titre personnel. Il exerce cette mission en toute indépendance. Pourtant, on peut affirmer que l'influence de la Belgique sur la politique monétaire s'est renforcée depuis l'introduction de l'euro. Auparavant, le franc belge était en effet lié au mark allemand. Or, la Belgique n'avait pas de vote dans les décisions de la Bundesbank concernant ses taux d'intérêt. L'autonomie nationale a donc été échangée contre une part du pouvoir de décision supranational.

L'union économique et monétaire se distingue par son asymétrie[23]. Au sein de l'UEM, la politique monétaire est centralisée. Elle relève de la responsabilité du Conseil des gouverneurs de la Banque centrale européenne. En ce qui concerne les autres instruments de politique économique, tels que la politique budgétaire, les compétences demeurent essentiellement décentralisées, aux mains des autorités nationales.

L'union économique et monétaire a aussi eu d'importantes répercussions pour le Département des Etudes de la Banque nationale de Belgique. L'UEM a transformé la Banque en une institution hybride, mêlant les dimensions européenne et belge[24]. D'un côté, la Banque et son Département des Etudes participent à la préparation de la politique monétaire unique supranationale. De l'autre, ils ont un rôle important à jouer dans la cohérence du dosage des politiques, afin de s'assurer que la politique économique de la Belgique soit compatible avec la politique monétaire unique.

Le Département des Etudes de la Banque contribue à l'élaboration de la politique monétaire unique de diverses manières. Premièrement, il a mis en place des capacités d'analyse et de recherche propres dans cette thématique. Ensuite, il interagit avec le gouverneur en vue de préparer les réunions du Conseil des gouverneurs. De plus, de nombreux documents destinés au Conseil des gouverneurs sont préparés en étroite collaboration entre la BCE et les banques centrales nationales. À cet égard, le Comité de politique monétaire (CPM), composé de représentants de la BCE et des banques centrales nationales des pays de l'Eurosystème, occupe une place centrale. Deux membres du Département des Etudes y siègent au nom de la Banque.

Le CPM est assisté par trois groupes de travail : le groupe de travail sur les prévisions (*Working Group on Forecasting*), le groupe de travail sur les modèles économétriques (*Working Group on Econometric Modelling*) et le groupe de travail sur les finances publiques (*Working Group on Public Finance*). D'autres groupes de travail consacrés à des thèmes spécifiques, et plus particulièrement à des questions d'ordre structurel, peuvent aussi être mis sur pied.

Les banques centrales nationales ont élaboré des stratégies pour s'adapter au nouveau contexte créé par l'euro et l'Eurosystème. En 2000, la Banque a lancé un

---

23 I. Maes, Economic Thought and The Making of European Monetary Union, Cheltenham, Edward Elgar, 2002.
24 I. Maes – A. Verdun, « National Bank of Belgium and the Netherlands: Happy with the Euro », in K. Dyson – M. Marcussen (eds.), *Central Banks in the Age of the Euro: Europeanization, Convergence and Power*, Oxford, Oxford University Press, 2009, pp. 91–109.

exercice stratégique de grande envergure, dont l'un des points saillants a été le renforcement de l'analyse et de la recherche. Le Département des Etudes n'a pas été le seul concerné ; deux nouveaux départements ont également vu le jour : Informations microéconomiques et Stabilité financière.

Durant le 21e siècle la stabilité financière est devenue une tâche de plus en plus importante pour la Banque nationale de Belgique, et de fil en aiguille aussi pour le Département des Etudes. Depuis 1999, la Banque était officiellement chargée de la politique macro-prudentielle, qui se focalise sur les risques systémiques pour le système financier. En 2011, dans le sillage de la crise financière, la Banque est aussi devenue responsable pour la supervision micro-prudentielle, la supervision des institutions financières (depuis 2014, avec l'Union bancaire, la Banque collabore avec le Mécanisme de Surveillance Unique). Le fait que la Banque a des responsabilités et dans le domaine macro- et micro-prudentiel, facilite une interaction entre les deux approches, à laquelle aussi le Département des Etudes contribue avec des analyses et recherches et sa participation au Comité macrofinancier de la Banque.

La consolidation du dialogue avec la sphère universitaire est devenue un fil rouge au sein de l'Eurosystème. La BCE a imprimé un élan majeur à cette tendance. Le professeur Otmar Issing, qui en dirigeait les directions générales Questions économiques et Études et recherche, a insisté sur l'importance de la recherche universitaire pour l'élaboration de la politique monétaire. Cela s'explique largement par le caractère unique et sans équivalent de l'UEM, qui représentait un changement de régime économique[25].

La BCE a donc cherché d'emblée à maintenir des contacts étroits avec le monde universitaire. Elle a ainsi noué un dialogue intensif au travers de multiples initiatives, telles que des conférences, des programmes destinés aux visiteurs et des séminaires. Les publications, en particulier dans sa Working Paper Series, ont également été encouragées. La création de la BCE et l'importance qu'elle a accordée à l'étude de l'économie ont rapidement encouragé d'autres banques centrales à développer elles aussi leurs capacités de recherche.

Par ailleurs, le monde universitaire s'est également intéressé à la performance des banques centrales européennes en matière de recherche. Dans un article intitulé « Central banks: from monopolists to competitors », Sylvester Eijffinger écrivait :

> Les banques centrales nationales du SEBC se verront à terme assigner le même rôle que les banques régionales du Système fédéral de réserve des États-Unis. [...] Elles entreront en concurrence sur le plan de la qualité de leurs analyses politiques et de leurs activités de recherche scientifique appliquée. [...] Il leur faudra trouver leur place sur cet échiquier, ce qui signifie aussi qu'elles devront mieux exploiter leurs avantages concurrentiels (position géographique, expérience spécifique en matière de recherche, etc.)[26].

Eijffinger a en outre fourni une première comparaison des performances des banques centrales européennes en matière de recherche, fondée sur leurs publica-

---

25 O. Issing, *The Birth of the Euro*, Cambridge, Cambridge University Press, 2008, p. 79.
26 S. Eijffinger, *Centrale Banken: van monopolisten tot concurrenten*, Tilburg, Faculteit der Economische Wetenschappen, Katholieke Universiteit Brabant, 2001, pp. 6–7.

tions dans des revues économiques dotées d'un comité de lecture, alimentant ainsi la compétition entre ces institutions dans ce domaine.

A la fin des années 1990, plusieurs membres du Comité de Direction de la Banque avaient souligné l'importance pour celle-ci d'une coopération accrue entre les chercheurs universitaires et ceux des banques centrales, tenant compte de son développement plus intense dans bon nombre d'autres banques centrales nationales accédant à l'Eurosystème et de l'importance d'une recherche de bon niveau pour exercer une capacité d'influence dans les organes de celui-ci. L'impulsion que la Banque allait donner à son activité de recherche n'est pas non plus étrangère à l'accession au poste de Gouverneur de Guy Quaden, étant lui-même issu du monde académique. La Banque nationale de Belgique a donc elle aussi décidé de renforcer ses capacités de recherche et ses contacts avec la sphère universitaire. La Banque poursuit une stratégie de niche, d'un point de vue tant géographique que thématique. Au niveau géographique, elle s'attache essentiellement à intensifier ses contacts avec les universités belges, dans le but également d'y stimuler la recherche macroéconomique en apportant un soutien financier. Sur le plan thématique, elle se concentre sur l'analyse de bases de données microéconomiques qui offrent une analyse plus granulaire des déterminants de la productivité, de la compétitivité et de la formation des prix et des salaires, de modèles d'équilibre général dynamique stochastique (*dynamic stochastic general equilibrium models*, DSGE), et de la politique financière.

La construction de modèles DSGE constitue une niche importante pour la Banque. Dans les premières générations de macromodèles, on supposait, dans la tradition du keynésianisme hydraulique, qu'il existait des rapports stables entre des variables économiques telles que le revenu et la consommation. La nécessité de concevoir un nouveau type de modèle est apparue clairement avec la critique de Lucas, dont il ressort que les agents économiques adaptent leur comportement face à des changements de politique. Ces nouveaux modèles DSGE présentent une solide assise microéconomique. Ils prennent en considération le comportement et les attentes des ménages ainsi que des entreprises et, partant, leurs réactions à des changements de politique économique également. Le terme « stochastique » indique que les modèles intègrent la possibilité que les économies soient aussi confrontées à des chocs, tels que le progrès technologique. Les recherches de la Banque sur les modèles DSGE ont obtenu une reconnaissance importante. En 2004, Frank Smets et Raf Wouters, deux chercheurs travaillant respectivement à la BCE et à la Banque nationale de Belgique, ont reçu la médaille Hicks-Tinbergen, décernée par la European Economic Association pour un article intitulé « An Estimated Dynamic Stochastic General Equilibrium Model of the Euro Area »[27]. Les recherches visent depuis lors à développer un modèle similaire pour la Belgique en interaction avec la zone euro et le reste du monde, à intégrer davantage de frictions (processus

---

27 F. Smets – R. Wouters, « An Estimated Dynamic Stochastic General Equilibrium Model of the Euro Area », in *Journal of the European Economic Association*, septembre 2003, pp. 1123–1175.

d'apprentissage, hétérogénéité, ...), et, eu égard aux compétences accrues de la Banque dans le domaine macrofinancier, de développer le secteur financier.

La politique de publication de la Banque a également été remaniée. À l'occasion de son 150ᵉ anniversaire en 2000, elle a décidé d'élargir le public cible de ses publications économiques en lançant la série des Working Papers et, en 2005, elle a relancé sa *Revue économique*.

Le Département des Etudes de la Banque a aussi fait l'objet d'autres réformes en vue de resserrer les liens avec le monde universitaire. Ses principaux objectifs ont toujours été de veiller à ce que la Banque soit constamment informée des dernières avancées de la recherche scientifique et de stimuler la recherche universitaire dans les domaines monétaire et financier. C'est pourquoi la Banque propose des emplois temporaires de maximum deux ans à des docteurs en économie ainsi que des stages de trois à six mois aux jeunes chercheurs préparant une thèse de doctorat. Ces projets ont aussi pour but de permettre aux chercheurs de se familiariser avec les activités de recherche et de formulation des politiques de la Banque.

En 2000, les différents événements marquant le 150e anniversaire de la Banque ont débuté par une conférence internationale sur le thème « How to promote economic growth in the euro area? »[28]. Depuis lors, la Banque renouvelle cette initiative tous les deux ans, et depuis l'édition 2002, des projets de recherches sont menés en amont de ces conférences, l'un des principaux objectifs consistant à stimuler la coopération scientifique entre les chercheurs de la Banque et la communauté universitaire belge. La Banque choisit un thème de recherche pertinent pour l'économie belge et pour la sphère universitaire. Un appel à contributions est lancé pour inviter des chercheurs belges à s'associer à la Banque dans le cadre de ce projet, puis des équipes de recherche sont sélectionnées. Celles-ci participent régulièrement à des réunions et à des discussions avec le Département des Études de la Banque. Les conférences, qui mobilisent aussi des économistes étrangers, à la fois pour la présentation de travaux réputés au plan international et la discussion des contributions émanant de la Banque et des universités belges, servent à présenter les résultats de ces projets de recherche et contribuent à en diffuser les conclusions au niveau international. Ces projets visent donc principalement à améliorer la compréhension du fonctionnement de l'économie belge et à accroître les performances en matière de recherche du monde universitaire belge et de la Banque elle-même.

CONCLUSION

De nos jours, les départements de recherche constituent un élément essentiel des banques centrales modernes. Le développement de ces départements au sein des banques centrales est étroitement lié à la transformation de ces dernières. Les instituts d'émission, qui effectuaient des tâches plus commerciales principalement liées

---

28   J. Smets – M. Dombrecht, *How to Promote Economic Growth in the Euro Area*, Cheltenham, Edward Elgar, 2001.

au crédit d'escompte, se sont en effet muées en autorités monétaires modernes. Cette évolution tient également à la nécessité de gérer le système monétaire et financière, qui s'est particulièrement fait sentir après la disparition de l'étalon-or. En outre, l'essor des départements de recherche, et ce aussi en dehors des banques centrales, montre que la société moderne privilégie de plus en plus une approche plus systématique et plus scientifique.

Les départements de recherche jouent un rôle de passerelle entre les responsables de la politique monétaire et la sphère universitaire. À l'aube du XXe siècle, la notion de service économique était encore vague. Cependant, on pouvait déjà en observer différents éléments à la Banque nationale de Belgique : une bibliothèque, de la documentation statistique et la présence d'un économiste renommé en la personne d'Albert-Edouard Janssen. La Première Guerre mondiale a entraîné un effondrement général de l'étalon-or. La disparition de ce « pilote automatique » a rendu indispensable la disponibilité d'analyses économiques précises. Ainsi, en 1921, la Banque nationale a officiellement créé un Service économique pour analyser les problèmes de politique auxquels le pays était confronté. Cette initiative illustre une fois encore que l'analyse économique dans les instances de décision politique est, avant tout, un processus qui répond à une demande et dont l'évolution est dictée par les problèmes de politique concrets. Le Service économique de la Banque s'est progressivement élargi au fil des années. Au début de l'après-guerre, il est devenu l'un des deux premiers départements de la Banque, baptisé « Département des Etudes ». Avec le temps, bien que certaines activités, comme les statistiques, aient été transférées à d'autres entités, le nombre d'économistes du Département a augmenté de façon régulière et celui-ci s'est concentré de plus en plus sur ses missions essentielles d'analyse et de recherche économiques.

PARTIE V : NOUVELLES DONNES

APRES LA MONDIALISATION

LES EFFETS DE L'URUGUAY ROUND SUR LES RAPPORTS ENTRE L'UE ET LES PAYS ACP

Guia Migani

La création de l'Organisation mondiale du commerce à la fin de l'Uruguay Round modifie profondément les rapports entre l'Union européenne (UE) et les pays ACP (Afrique, Caraïbes et Pacifique)[1]. Les négociations qui se déroulent entre 1986 et 1994 et terminent avec la naissance d'une organisation permanente pour le commerce mondial sont une étape fondamentale dans la normalisation des rapports entre les pays membres de l'UE et leurs anciennes colonies. Depuis la création du marché commun les pays africains associés à la CEE et ensuite les pays ACP avaient toujours bénéficié de conditions d'accès privilégiées au marché européen. La compatibilité de la Convention de Lomé (1975) avec les règles du GATT avait toujours été douteuse mais jusqu'au début des années 1990 elle n'avait jamais constitué un problème. La situation change à partir des années 1990 pour des raisons liées principalement à la réorganisation du système international après la fin de la guerre froide. Après 1995 les pays ACP ne se distinguent presque plus de l'ensemble des pays en développement dans le cadre de leurs relations avec l'UE. A partir des archives françaises cet article vise à reconstruire les raisons qui ont poussé l'UE à modifier drastiquement une politique de coopération au développement qui dans ses éléments essentiels datait de 1975 et à recontextualiser le rapport UE-ACP dans un système international désormais conditionné par l'OMC.

LA CONVENTION DE LOME, UNE EXCEPTION AUX REGLES DU COMMERCE INTERNATIONAL

Lors des négociations pour les Traités de Rome (1957) les six pays membres de la CEE étaient tombés d'accord pour associer leurs colonies au Marché Commun. Cela avait amené à développer une politique d'association basée sur la création d'un Fonds européen de développement (FED) destiné à financer des investissements à

---

1 Le groupe des pays ACP est constitué par les anciens pays africains et malgache associés à la CEE et les pays en développement du Commonwealth auxquels est proposé de participer aux négociations pour le renouvellement de la II Convention de Yaoundé. Le groupe est créé pendant les négociations qui amènent à la signature de la Convention de Lomé en février 1975.

but social et économique. Par ailleurs il avait été aussi prévu que les territoires associés et les pays membres de la CEE constitueraient une zone de libre-échange. L'argumentaire de la zone de libre-échange servait à justifier au GATT la création d'une nouvelle zone de préférences tarifaires mais elle ne sera jamais vraiment finalisée. Cette politique sera poursuivie pendant les années 1960 avec les Conventions de Yaoundé I (1963) et Yaoundé II (1969) signées par les pays africains et malgache associés désormais indépendants et la CEE[2].

Au début des années 1970 l'élargissement de la CEE à la Grande Bretagne pose la question du rapport de la CEE avec les pays en développement du Commonwealth ; par ailleurs le contexte international et notamment les rapports Nord-Sud ont profondément évolué. En 1964 la première Conférence des Nations unies pour le commerce et le développement (CNUCED) avait été réunie et son secrétaire général Raul Prebisch avait défendu l'idée que les pays en développement devaient bénéficier de conditions particulières dans le cadre du commerce international pour sortir de la périphérie du système économique international. Une coalition de pays en développement, le G77, faisait pression à la CNUCED pour obtenir des garanties concernant le prix des matières premières, des avantages tarifaires unilatéraux, et un transfert de ressources du monde développé vers le monde en développement égal au 1% du PNB. Dans les années 1970 la position du G77 se radicalise avec l'adoption par l'Assemblée générale de l'ONU de la Charte des droits et devoirs économiques des Etats et la résolution sur un Nouvel ordre économique international (1974). De leur côté les pays occidentaux, malgré certaines différences, ne souhaitent pas répondre de manière positive à ces pressions ; cependant la Convention de Lomé négociée et signée par la CEE et les pays ACP en février 1975 réalise certaines des attentes des pays en développement, même si seulement les pays ACP étaient concernés. Tout d'abord les pays européens avaient renoncé à l'idée d'une zone eurafricaine de libre-échange : les produits européens exportés dans les pays ACP étaient donc soumis au paiement des tarifs douaniers tandis que le contraire n'était pas vrai. Des clauses de sauvegarde à défense des secteurs sensibles des pays européens résistaient, les produits agricoles couverts par la PAC (politique agricole commune) continuaient à être protégés mais les autres produits exportés par les pays ACP (et notamment les produits tropicaux) entraient librement dans le marché européen. Ensuite un nouveau mécanisme, le STABEX (système de stabilisation des exportations), voyait le jour : la CEE garantissait jusqu'à un certain niveau les revenus découlant des exportations, dirigées vers le Marché commun, de certains produits agricoles. Le sucre exporté par les pays ACP bénéficiait des garanties de prix et de vente de la PAC, un traitement spécial était garanti aux bananes et au rhum des pays ACP et une coopération industrielle était envisagée[3].

2   Cf. entre autres G. Bossuat, M. – Th. Bitsch (dir.), *De l'idée d'Eurafrique à la convention de Lomé I, histoire d'une relation ambiguë*, Bruxelles, Bruylant, 2005, et G. Migani, « La CEE et l'Afrique, quel projet de développement pour la coopération eurafricaine ? » in J.-P Bat, O. Forcade, Sylvain Mary (dir.), *Jacques Foccart : archives ouvertes (1958–1974). La politique, l'Afrique et le monde*, Paris, PUPS, 2017, pp. 309–322.

3   Sur Lomé entre autres W. Brown, *The European Union and Africa: the restructuring of North-South relations,* London, Tauris, 2003, pp. 43–63. M. Lister, *The European Community and*

Malgré une certaine évolution des règles du GATT, par exemple l'introduction de la partie IV en 1965 autorisant la non-réciprocité du baissement des tarifs à l'égard des pays en développement (PVD) et le fait que à partir des années 1970 le GATT accepte la création de systèmes de préférences généralisées,[4] plusieurs éléments de la Convention de Lomé ne respectaient ni la lettre ni l'esprit du GATT. Avec Lomé les pays européens avaient accordé des préférences commerciales aux pays ACP, discriminant entre pays en développement, et cela ne se justifiait plus sur la base de la création d'une zone de libre-échange. Le sucre des pays ACP bénéficiait même des garanties de la PAC. D'ailleurs le GATT, qui avait été signé en 1947 et était entré en vigueur l'année suivante avait très peu à voir avec les problématiques du développement. Son but était la libéralisation du commerce international par une application la plus large possible de la clause de la nation la plus favorisée. Toutefois compte tenu du climat international des années 1970 la Convention de Lomé n'avait pas fait l'objet de contestations particulièrement significatives. Bien sûr, le protocole sur les bananes qui discriminait en faveur des producteurs ACP était critiqué par les pays d'Amérique latine mais il restait un problème circonscrit.

La Convention de Lomé est renouvelée tous les 5 ans. En 1989 la IV Convention de Lomé a une durée de 10 ans avec une révision à mi-parcours pour la partie financière. Toutefois l'esprit, la philosophie, et aussi les rapports de force derrière Lomé se modifient à partir de la fin des années 1970. La première Convention avait été négociée dans un moment où les pays ACP bénéficiaient d'une certaine force de pression grâce au choc pétrolier qui avait renforcé les pays producteurs de matières premières. Cela change à partir de la fin des années 1970 : la crise de la dette affaiblit ces Etats, en même temps la crise économique mondiale rend les pays européens moins disponibles à faire des concessions. Donc, avec Lomé II (1979) et Lomé III (1984) on assiste à une reprise en main des fonds accordés aux pays ACP[5].

---

the developing world: the role of the Lomé Convention, Aldershot, Avebury, 1988. J. Ravenhill, *Collective clientelism: the Lomé Conventions and North-South relations*, New York, Columbia University Press, 1985. E. C. Onwuka, « The Lomé Conventions and the search for a new international economic order », in *The Indian Journal of Economics*, n° 299, avril 1995, pp. 479–493.

4 A. Narlikar, « Fairness in International Trade Negotiations: Developing Countries in the GATT & WTO», pp. 15–16, (http://citeseerx.ist.psu.edu/viewdoc/download?doi=10.1.1.408.7697&re p=rep1&type=pdf); W. Brown, « Restructuring North-South Relations: ACP-EU Development Cooperation in a Liberal International Order », in *Review of African Political Economy*, vol. 27, n°85, septembre 2000, p. 371 et F. McKenzie « Free Trade and Freedom to trade: the development challenge to GATT, 1947–1968 », in M. Frey, S. Konkel, C. R. Unger (dir.) *International organizations and development, 1945–1990*, Basingstoke, Macmillan, 2014, pp. 150–170.

5 Cf. par exemple O. Elgstrom, « Lomé and Post-Lomé: Asymmetric negotiations and the impact of norms, in *European Foreign Affairs Review*, vol. 5, 2000, pp.175–195 et G. Migani, « Lomé and the North-South relations (1975–1984): from the "New International Economic Order" to a New Conditionality», in C. Hiepel (dir.), *Europe in a globalizing world. Global Challenges and European Responses in the "long" 1970s*, Baden-Baden, Nomos, 2014, pp. 123–146.

LE LANCEMENT DE L'URUGUAY ROUND ET LES ATTENTES DES PAYS EN DEVELOPPEMENT

Quand l'Uruguay Round (UR) est lancé en 1986 ses objectifs sont de baisser les tarifs sur les produits agricoles et surtout de libéraliser la PAC et le secteur des textiles, réduire les tarifs sur les produits tropicaux et améliorer la législation sur les clauses de sauvegarde. On avait aussi prévu une réduction des tarifs non-agricoles, un renforcement de la procédure de règlement des différends ainsi que l'adoption de codes concernant le commerce des services et la protection de la propriété intellectuelle[6]. Plusieurs de ces mesures étaient au cœur des intérêts des PVD qui souhaitaient obtenir un meilleur accès aux marchés des Etats développés. En même temps ces derniers désiraient mieux intégrer les pays du Tiers monde dans le système commercial international et ouvrir les négociations dans le secteur des services et de la propriété intellectuelle, des sujets qui n'avaient jamais été concernés par le GATT[7].

Jusqu'au début des années 1980 le rôle joué par les PVD au GATT avait été plutôt limité[8]. L'adoption des décisions par consensus et le fait que plusieurs d'entre eux ne disposaient pas d'une représentation permanente à Genève étaient des facteurs qui expliquent aussi pourquoi le GATT n'était pas sensible aux thématiques importantes pour les PVD[9].

Cette situation commence à changer au début des années 1980 quand débutent les discussions sur le lancement d'un nouveau cycle de négociation : les PVD sont confrontés de plus en plus à des barrières non tarifaires imposées par les pays industrialisés. Face à ces obstacles un des seuls instruments qu'ils peuvent utiliser sont les règles du GATT :

> Developing countries also began to realize that they could not influence the expanding rules of the GATT – rules that would have far-reaching implications for them – by standing on the sidelines[10].

Cependant, les PVD ne constituent pas un groupe monolithique, loin de là. Plusieurs regroupements se forment avant et pendant les négociations : « Le groupe informel des pays en développement » pratique une stratégie du Sud contre le Nord ; il veut inclure l'agriculture et le textile dans les négociations, et cherche à obtenir une ré-

---

6   E. H. Pregg, «The Uruguay Round negotiations and the creation of the WTO», in A. Narlikar, M. Dauton R. M. Stern (dir.), *The Oxford Handbook on the WTO*, Oxford University Press, 2012, pp. 252–276; T. E. Josling, S. Tangermann, T. K. Warley, *Agriculture in GATT*, Basingstoke, Macmillan, 1996, pp. 133–139; E. H. Pregg, *Traders in a brave new world: The Uruguay Round and the future of the international trading system*, Chicago, University of Chicago Press, 1995.
7   S. E. Rolland, *Development at the WTO*, Oxford, Oxford University Press, 2012, p. 74.
8   C. Woll, « Les stratégies des pays émergents au sein de l'organisation mondiale du commerce », in C. Jaffrelot (dir.), *L'Enjeu mondial. Les pays émergents*, Paris, Presses de Sciences Po, 2008, pp. 274–276.
9   A. Narlikar, art. cit., p. 13.
10   *Ibid.*, p. 18.

duction des barrières non tarifaires. En même temps il refuse d'ouvrir les négociations sur les services et les droits sur la propriété intellectuelle. Cette opposition contribue à retarder le lancement des négociations et finit par faire éclater le groupe lui-même. Le noyau dur de la coalition tiersmondiste se retrouve autour de l'Inde et le Brésil constituant le G10. Une coalition alternative sous le leadership de la Colombie par contre estime qu'il ne faut pas rester bloqué sur une attitude négative et il faut utiliser les services comme un levier lors des négociations[11]. Cette coalition s'allie avec un certain nombre de pays développés et créant le groupe 'Café au lait' (sous le leadership conjoint de la Colombie et de la Suisse). La déclaration de Punta del Este (septembre 1986) s'appuie d'ailleurs de manière importante sur les propositions avancées par le groupe Café au Lait. Le succès remporté par cette coalition est un exemple important pour le groupe CAIRNS qui comme le précédent rallie pays développés et en développement. Ces derniers ont en commun le fait d'être tous des exportateurs de produits agricoles (Australie, Brésil, Afrique du Sud, Argentine, Canada…). Leur priorité est la libéralisation de l'agriculture en Europe mais aussi aux Etats-Unis.

La Déclaration de Punta del Este qui pose le cadre des négociations de l'UR inclut des thématiques importantes pour les PVD (les produits tropicaux, l'agriculture, les textiles) et pour les pays industrialisés (la protection de la propriété intellectuelle, les services, les mesures concernant les investissements et liées au commerce). La déclaration réaffirme aussi la nécessité d'une approche unique, stipulant que le résultat final doit inclure à la fois les questions importantes pour les pays en développement et industrialisés[12].

LA POSITION SPECIALE DES ACP SUR LE MARCHE EUROPEEN A RISQUE

Parmi les PVD les pays ACP bénéficient d'un accès privilégié au marché européen. La Communauté leur accorde des avantages particuliers par rapport à l'ensemble des PVD. Or si le Tokyo Round a autorisé une discrimination positive en faveur des PVD, il n'est pas possible de différencier entre pays en développement comme la Convention de Lomé fait, car elle ne concerne que les pays ACP. Il apparait ainsi évident que les ACP ont des intérêts différents par rapport à l'ensemble des PVD : la baisse des tarifs sur les produits tropicaux les inquiète car leurs productions sont moins performantes que celles des autres PVD et leurs exportations entrent librement dans le marché européen sans que cela soit réciproque.

Les pays ACP, et notamment les pays africains sont toutefois à Genève « individuellement très discrets, et collectivement inexistants »[13]. Cela s'explique parce

---

11 Ibid.
12 S. E. Rolland, *op.cit.*, p. 75–76.
13 Archives du Ministère des affaires étrangères français (MAEF), DE CE 1987–1989, 3185, 14ème conférence des chefs d'Etats de France et d'Afrique : les négociations de l'UR et l'Afrique, 4 novembre 1987.

que le GATT prend ses décisions par consensus : du coup cela empêche les Africains de faire jouer leur supériorité numérique (ils représentent un tiers des parties contractantes). Leur poids commercial (3,5% du commerce mondial) aussi est très faible. Cela fait que « l'appartenance au GATT des pays africains est très largement formelle »[14]. Par ailleurs l'intérêt des pays ACP pour le GATT a toujours était très limité : en tant que pays en développement, ils bénéficient du « traitement spécial et différencié » prévu par l'art. 18 et sont donc exonérés de la plupart des règles du GATT. A cela il faut ajouter que la clause de la nation la plus favorisée n'a pas une grande signification pour eux car leurs exportations, dirigées pour l'essentiel vers le marché européen, sont couvertes par le régime de Lomé.

En 1989 la Convention de Lomé est renouvelée une quatrième fois et elle contient des nouveautés importantes parmi lesquelles le soutien à l'ajustement structurel. La conditionnalité politique s'ajoute à la conditionnalité économique : un article de la Convention de Lomé reconnaît que le respect des droits de l'homme est un élément fondamental du développement et que la coopération doit contribuer à la promotion de ce droit.[15] Du point de vue commercial le protocole sur le sucre, les bananes et le rhum, qui accordent des avantages spéciaux aux pays ACP, sont maintenus. A la fin des années 1980 la CEE semble donc confirmer le choix d'une politique de coopération qui privilégie les pays ACP par rapport à l'ensemble des PVD. Cela s'explique pour des raisons liées au passé colonial des Etats européens mais aussi parce que les pays ACP exportent de matières premières d'importance stratégique. Par ailleurs dans un moment où des changements dramatiques sont en cours, notamment en Europe orientale, les gouvernements européens estiment qu'il vaut mieux éviter de révolutionner les rapports avec les pays ACP.

La question de la compatibilité de Lomé avec les principes généraux du GATT est toutefois discutée au niveau européen pendant les négociations. Dans une note consacrée à ce sujet la diplomatie française estime que Lomé doit être considérée à la lumière des liens historiques entre les pays ACP et européens : « Elle substitue un accord négocié avec la Communauté aux liens coloniaux qui attachaient ces ACP aux différents Etats membres, et ne crée donc de discrimination nouvelle. » Ensuite Lomé doit être examinée comme un instrument de la politique d'aide au développement de la Communauté et elle concerne un nombre important de pays, (au moins vingt-sept), qui comptent parmi les moins avancés pour lesquels le GATT autorise déjà des mesures spéciales. Il ne faut donc analyser Lomé sous l'angle exclusivement commercial mais d'un point de vue beaucoup plus large[16].

Cette situation semble être remise en cause seulement quelques mois plus tard par le gouvernement français lui-même qui avait toujours été un des défenseurs des pays ACP. Le Quai d'Orsay s'interroge sur la nécessité de revoir la Convention à la suite des négociations de l'UR : la proposition communautaire avancée dans le

---

14   Ibid.
15   A.-S. Gijs – G. Migani « La politique de coopération au développement », Eric Bussière et al. (dir.), *La Commission européenne 1986–2000. Histoire et mémoire d'une institution*, Luxembourg, OPOCE, 2019, pp. 65–83.
16   Archives MAEF, DE CE 1987–1989, 3185, Note sur la compatibilité du volet commercial de la Convention de Lomé avec les principes généraux du GATT, 26 juillet 1989.

cadre de l'UR sur les produits tropicaux aura « un effet très négatif » pour les pays ACP, analyse la Direction des affaires économiques et financières, car elle porte sur les produits pour lesquels ils sont le plus souvent en concurrence avec les pays d'Amérique latine ou d'Asie, les réductions envisagées sont très significatives et portent sur des droits qui sont d'un montant très élevé[17]. Donc, trois mois après la conclusion de la IV Convention de Lomé qui semble réaffirmer la priorité des relations de l'UE avec une partie du Tiers Monde, les pays européens sont en train de remettre en question cette approche.

LES NEGOCIATIONS DE L'URUGUAY ROUND FACE AU DEFI DE L'AGRICULTURE

En ce qui concerne l'UR les négociations qui se déroulent entre 1987 et 1990 n'avancent pas de manière très satisfaisante. Les progrès les plus importants concernent la baisse des tarifs sur les produits tropicaux, ce qui d'ailleurs ne cesse d'alarmer les pays ACP qui demandent des compensations à la CEE. Un cadre général pour le commerce en matière des services est mis à point mais il doit être précisé secteur par secteur. Des progrès mineurs sont enregistrés sur les clauses anti-dumping et les clauses de sauvegarde mais les discussions sur la protection de la propriété intellectuelle restent à une étape préliminaire parce que les PVD, et notamment l'Inde, manifestent des réserves importantes[18].

Toutefois le blocage le plus important concerne l'agriculture à cause de l'opposition euro-américaine. Les négociations sont même suspendues entre décembre 1988 et avril 1989. Le déblocage arrive quand la Communauté fait des concessions en matière d'agriculture et obtient de la part de l'Inde et des autres pays en développement l'engagement à finaliser un accord sur la protection de la propriété intellectuelle[19].

Les négociations de l'UR auraient dû se terminer en décembre 1990 lors d'une conférence à Bruxelles. Se rapprochant de cette date plusieurs questions importantes sont réglées : un accord sur les clauses de sauvegarde qui aurait limité la possibilité d'imposer des restrictions aux importations, la disparition progressive de l'accord multifibre qui aurait ouvert le marché des pays développés, un accord pour réglementer les subsides aux exportations, un accord général pour les services et plusieurs textes provisoires pour la protection de la propriété intellectuelle. L'agriculture toutefois reste la pierre d'achoppement des négociations et des différences importantes continuent à exister sur la réduction des tarifs pour les produits non-agricoles.

La conférence de Bruxelles, en décembre 1990, s'ouvre dans un contexte international en pleine évolution marqué par la réunification allemande et la chute des

---

17 Archives MAEF, DE CE 1990–1991, 3774, Note pour M. De Boissieu, 30 mars 1990.
18 Archives MAEF, DE CE 1987–1989, 3185, Note sur les négociations sur les services dans le cadre de l'UR : Etat des travaux. Perspectives pour Montréal 28 novembre 198.
19 E. Pregg, *art. cit.*, pp. 256–259.

régimes communistes en Europe orientale, et par l'invasion du Kuwait par l'Irak. Du point de vue du commerce international plusieurs groupements économiques régionaux ont été ou sont sur le point d'être réalisés : l'APEC (Aire de coopération économique Asie pacifique) en 1989, le Marché unique européen en 1992, l'ALENA (Accord de libre-échange nord-américain) entre les Etats-Unis, le Canada et le Mexique en 1994. Deux logiques, compatibles mais aussi en compétition, sont à l'œuvre : celle d'un libéralisme multilatéral et celle d'un renforcement de la coopération régionale.

Cet ensemble de facteurs politiques et économiques aide à situer l'échec de la Conférence de Bruxelles : pour les pays européens la priorité était le marché unique et l'Europe orientale, pour les Etats-Unis la crise du Golfe dictait l'agenda international. Ni les pays européens ni les Etats-Unis (qui devaient aussi tenir compte des difficultés de leur balance commerciale) n'étaient disponibles à faire des choix difficiles par rapport aux textiles ou à l'agriculture dans un moment où les urgences étaient ailleurs. L'agriculture finit par faire échouer les négociations. La CEE, isolée, refuse d'envisager ultérieures concessions, tandis que les autres pays ne sont pas disponibles à un compromis[20].

LA NAISSANCE DE L'OMC, LES GAINS DES PAYS EN DEVELOPPEMENT ET LA REMISE EN CAUSE DES RAPPORTS ENTRE L'UE ET LES PAYS ACP

Selon Ernest Pregg le fait que les négociations ne se terminent pas en décembre 1990 mais durent trois années encore (jusqu'à l'accord de Marrakech en avril 1994) contribue à expliquer pourquoi l'UR se clôt avec un accord beaucoup plus large de celui qui avait été anticipé au début et avec la naissance de l'OMC, une proposition avancée par le Canada juste quelques mois avant la Conférence de Bruxelles mais qui n'avait pas été très discutée[21]. Cette réflexion semble confirmée par l'évolution que connaissent les rapports entre la CEE et les pays ACP.

On a déjà mentionné comment Lomé IV, signée en 1989, contenait des éléments nouveaux qui anticipaient sur les années 1990 (l'ajustement structurel, la conditionnalité politique...) mais elle se situait encore dans la continuité par rapport aux années 1970[22]. Jusqu'à la Conférence de Bruxelles les négociations de l'UR n'avaient pas remis en cause l'orientation régionaliste de la politique de coopération de la CEE. En 1995 avec la révision à mi-parcours de Lomé les rapports entre les ACP et l'UE sont à la veille d'un changement important : pour la première fois, le montant du FED n'augmente quasiment pas malgré l'élargissement de l'UE de 12 à 15 pays membres. De plus, le long processus de ratification montre les réticences des pays européens par rapport à une Convention qui n'est plus considérée à la

---

20 E. Pregg, *art. cit.*, pp. 260–263.
21 E. Pregg, *art. cit.* p. 263.
22 W. Brown, *art. cit.*, pp. 367–383.

hauteur de la situation. De ce fait le contrôle exercé sur la programmation et l'exploitation des fonds européens est très renforcé[23]. Du point de vue commercial les produits agricoles ACP obtiennent un accès légèrement amélioré au marché européen et les règles d'origine sont rendues un peu plus flexibles de manière à inclure des pays qui ne sont pas ACP. Ces concessions indiquent la volonté de compenser de manière limitée l'érosion des préférences commerciales et la tentative d'intégrer les économies ACP avec les acteurs plus compétitifs de leurs aires régionales respectives[24]. Toutefois la légitimité de Lomé est désormais explicitement contestée : d'une part les pays européens sont sceptiques par rapport aux capacités des pays ACP d'exploiter les possibilités et les financements offerts par Lomé, de l'autre la Convention s'insère dans un cadre de relations économiques internationales, celui des années 1970, qui n'existe plus. Par contre l'UE est un acteur clé des négociations de l'UR et son but est de promouvoir la libéralisation des échanges et structurer la mondialisation[25]. Les rapports avec les pays ACP doivent donc s'adapter à ce nouvel contexte et être profondément réformés.

De ce point de vue l'accord de Marrakech, signé à la fin de l'UR, doit être évalué sous deux points de vue : d'abord il faut analyser comment il prend en compte les intérêts des PVD en général et des ACP en particulier. Ensuite il faut évaluer comment le nouvel accord conditionne le renouvellement de la Convention de Lomé et donc les rapports entre l'UE et les pays ACP.

Les négociations de l'UR continuent à tourner autour de l'agriculture jusqu'à quand l'accord de Blair House entre les Etats-Unis et l'UE en novembre 1992 ouvre la voie à un compromis général, qui permet de faire avancer les autres dossiers, notamment les textiles, les clauses anti-dumping et la création d'une nouvelle organisation internationale avec un système de règlement des différends plus intégré et renforcé.

L'accord de Marrakech prévoit la réduction des tarifs sur les produits industriels jusqu'à 40% pour les pays industrialisés et 20% pour les pays en développement. En ce qui concerne l'agriculture les barrières non-tarifaires sont converties en tarifs et réduites de 36% pour les pays industrialisés et 24% pour les pays en développement. Les quotas sur l'importation de textiles sont abolis dans l'espace de 10 ans maximum. L'Accord général sur le commerce des services (le GATS) fournit un cadre de principe et des règles pour le commerce dans le secteur des services. L'accord sur les aspects des droits de propriété intellectuelle qui touchent au commerce (TRIPS) prévoit des clauses beaucoup plus détaillées et contraignantes pour la protection de la propriété intellectuelle.

Le bilan pour le PVD est globalement positif, surtout si on le compare aux résultats obtenus lors des autres rounds. Le protectionnisme européen en matière d'agriculture est sérieusement affaibli, y compris pour les produits tropicaux, ce qui

---

23 A-S. Gjis – G. Migani, *art. cit.*, pp. 76–78.
24 K. Arts – J. Byron, « The Mid-Term Review of the Lomé IV Convention: Heralding the Future? », in *Third World Quarterly*, vol 18, n°1, 1997, p. 85.
25 S. Meunier, *Trading voices: the European Union in international commercial negotiation, Princeton*, Princeton University press, 2007.

ouvre des possibilités importantes aux PVD exportateurs de produits agricoles ; l'accord multifibres a été éliminé et les restrictions concernant les exportations de textiles doivent disparaître progressivement. Enfin, les tarifs sur les produits industriels sont ultérieurement baissés. Les PVD ont dû faire des concessions en matière de commerce des services et sur la propriété intellectuelle mais la création d'une organisation internationale et d'un système de règlement de différends plus renforcé peut jouer en leur faveur[26].

Par contre, le bilan de l'UR pour les pays ACP n'est pas aussi positif. Comme les autres PVD ils vont bénéficier d'un accès amélioré aux marchés extérieures à l'UE, mais à condition de vaincre la concurrence des autres PVD en général plus performants. En revanche, l'érosion des préférences sur le marché européen est susceptible d'entraîner une perte de marché à profit des producteurs non-ACP. Cela concerne non seulement les produits tropicaux mais aussi les exportations de textiles car les Etats ACP vont être confrontés à une concurrence accrue de la part des pays asiatiques. L'accord sur l'agriculture a aussi des implications négatives, car il risque de provoquer une montée de prix ce qui est au désavantage des pays ACP importateurs nets de produits agricoles. Enfin la libéralisation des services comporte des risques importants pour les Etats ACP car ces secteurs, n'étant pas très développés, sont susceptibles de passer sous le contrôle de prestataires plus avancés[27].

L'impact de l'UR sur le renouvellement de la IVème Convention de Lomé est tout aussi lourd et négatif pour les pays ACP. La nouvelle Convention est négociée avec le souci d'être compatible avec les règles de l'OMC tandis que, avant, la compatibilité de Lomé avec le GATT se posait seulement après la signature de la Convention. Pendant les années 1970 et 1980 il avait été tacitement admis que la position commerciale des Etats ACP était globalement non menaçante et que compte tenu des liens de certains Etats européens avec les pays ACP, la CEE pouvait proposer à ces derniers un statut privilégié. Cela change dans les années 1990 et c'est plus particulièrement le régime discriminatoire des préférences accordées aux producteurs ACP de bananes qui pousse le GATT à se pencher en 1994 sur la légitimité de Lomé[28]. Le panel qui se constitue pour évaluer la plainte des pays latino-américains conclut que la Convention est en contradiction avec la GATT et qu'elle constitue une dérogation illégale à la clause de la nation la plus favorisées. Le conflit sur les bananes, finalement réglé par une proposition de compromis de la part de l'UE, relance donc le débat plus général sur les préférences commerciales de Lomé.

---

26 R. Adhikari – P. Athukorala, *Developing countries in the world trading system: the Uruguay Round and beyond*, Cheltenham, Elgar, 2002. Th. Srinivasan, *Developing countries and the multilateral trading system: the GATT to the Uruguay Round and the Future*, Boulder, Westview, 1998.

27 Archives MAEF, DE–CE 1994–95, 5190, Secrétariat général du Conseil, « Révision à mi-parcours : Gatt UR – L'impact sur les Etats ACP des négociations de l'UR » 20 octobre 1994.

28 P. Sutton, « The Banana Regime of the European Union, the Caribbean and Latin America », in *Journal of Interamerican Studies and World Affairs*, vol.39, n°2, 1997, pp. 5–36. C. Huguenau-Moizard – Th. Montalieu, « L'évolution du partenariat UE–ACP de Lomé à Cotonou : de l'exception à la normalisation », in *Mondes en développement*, n°128, 2004, n°4, pp. 69–73.

En 1994 l'UE et les pays ACP demandent ainsi au GATT une exonération du principe de la clause de la nation la plus favorisée. La requête est approuvée mais la dérogation est valable seulement jusqu'en 2000, date d'échéance de la Convention de Lomé, et elle doit être renouvelée tous les deux ans[29].

Dans la deuxième moitié des années 1990 il est de plus en plus compliqué de justifier le régime spécial des pays ACP par leurs liens historiques avec l'Europe. Par ailleurs il est tout aussi difficile de concilier la libéralisation mondiale, un objectif au cœur des intérêts des pays européens, avec le système des préférences régionales de Lomé[30]. A cela il faut évidemment ajouter le fait que dans les années 1990 l'attention de l'UE tend à se concentrer sur l'Europe centro-orientale et sur des pays en développement plus performants que les pays ACP[31]. La Convention de Cotonou, (et le changement de nom n'est pas un hasard), signée en 2000 entre l'UE et les pays ACP, est la manifestation évidente de cette évolution[32]. Politique au développement et politique commerciale sont désormais deux volets complètement séparés : les pays ACP sont partagés entre pays les moins développés et pays en développement. L'aide au développement et les concessions spéciales que l'UE est disposée à accorder vont désormais aux pays les moins développés. En ce qui concerne les pays qui ne rentrent pas dans cette catégorie, ils sont fortement encouragés à créer des aires de coopération régionale. Ces aires ou ces pays, s'ils souhaitent avoir libre accès au Marché européen, doivent négocier des accords de libre-échange, appelés accords de partenariat économique (APE), ce qui implique la réciprocité du baissement des tarifs douaniers. Enfin à démonstration que l'époque a changé, le STABEX et le Sysmin sont abandonnés ainsi que les protocoles sur le sucre, les bananes et les autres produits agricoles qui accordaient des garanties spéciales aux exportations des pays ACP.

CONCLUSIONS

La naissance de l'OMC change complètement les termes du rapport entre l'UE et les pays ACP. Bien évidemment les liens ne disparaissent pas mais la logique est profondément différente : la normalisation des rapports avec l'Afrique amène l'UE à remplacer les pays ACP par les pays les moins développés. En ce qui concerne la

---

29 R. Gibb, « Post-Lomé: the European Union and the South », in *Third World Quarterly*, vol. 21, n°3, 2000, p. 468. A. K. Dickson, « The unimportance of trade preferences », in K. Arts – A.K. Dickson (dir.), *EU Development Cooperation, From model to symbol*, Manchester, Manchester University Press, 2004, pp. 42–59.

30 Pour une analyse des propositions de la Commission pour reformer Lomé cf. P. Watts, « Losing Lomé: the potential impact of the Commission guidelines on the ACP Non-Least Developed Countries », in *Review of African Political Economy*, vol. 25, n° 75, 1998, pp.47–71. K. Arts – J. Byron, *art. cit.*, pp. 73–91.

31 A. Flint, « The End of a 'special relationship'? The New EU-ACP Economic Partnership », in *Review of African Political Economy*, vol. 36, n°119, 2009, p. 83.

32 S. R. Hurt, « Co-operation and coercion? The Cotonou Agreement between the European Union and ACP States and the End of the Lomé Convention », in *Third World Quarterly*, vol 24, n°1, 2003, pp. 161–176.

politique commerciale internationale, l'UE suit deux stratégies parallèles visant d'un côté la construction de zones de coopération régionale qui peuvent négocier des accords entre elles mais sans prévoir des concessions spéciales en raison d'un état de sous-développement, et de l'autre une libéralisation multilatérale poursuivie par l'OMC[33].

Ce changement de stratégie s'explique avec le nouveau contexte international après la fin de la guerre froide. Dans un système international qui est désormais façonné par la mondialisation l'UE souhaite l'adoption de règles communes pour une libéralisation ordonnée du commerce mondial, mais à cette fin elle doit aussi jouer le jeu et le GATT, qu'elle souhaite renforcer, a condamné les aspects commerciaux de Lomé[34]. La Convention de Lomé est donc un sacrifice nécessaire, rendu d'autant plus facile que pendant les années 1990 les pays africains sont particulièrement affaiblis par la fin de la guerre froide et moins intéressants du point de vue économique que les pays asiatiques ou latino-américains. De leur côté, les pays ACP n'ont pas la force de contrer cette évolution : ils font les frais de la faiblesse de leur représentation à Genève malgré le fait que 50 des 70 pays ACP soient membres du GATT. De plus l'absence de coordination les a empêchés de défendre leurs intérêts communs. Leur hétérogénéité n'avait non plus joué en leur faveur malgré l'inquiétude qu'ils partageaient de voir les préférences accordées dans le cadre de Lomé ultérieurement diminuées. Dans ce contexte ils mènent un combat d'arrière-garde, essentiellement dans le cadre des rencontres avec les responsables de l'UE, mais cela n'apporte pas de résultats particulièrement significatifs. Dans la décennie suivante les conséquences de cette situation ne manqueront pas d'être tirées avec la recherche, de leur part, d'autres partenaires commerciaux.

---

33 R. Gibb, *art. cit.*, p. 477.
34 O. Elgstrom, « Outsiders' perceptions of the European Union in International Trade Negotiations », in *Journal of Common Market Studies*, vol. 45, n°4, 2007, pp. 949–967.

BREXIT ET LA CONSTELLATION DES PLACES FINANCIERES EUROPEENNES

Youssef Cassis

Éric Bussière a joué un rôle central dans la réflexion, essentielle, sur les liens entre milieux économiques et construction européenne. Nos chemins se sont croisés à d'innombrables reprises depuis trente ans, dans des colloques, séminaires et soutenances de thèse, ainsi qu'un volume codirigé[1], Éric davantage tourné vers la construction européenne, moi vers les milieux économiques, mais avec une complémentarité qui n'a fait qu'enrichir les débats. Ces débats n'ont cependant jamais porté sur les milieux d'affaires et une possible *déconstruction* européenne. La chose paraissait peu envisageable et les milieux économiques, malgré diverses oppositions, n'étaient pas les plus farouches opposants à l'idée européenne[2]. Mais le Brexit fait désormais partie de l'histoire de la construction européenne et mérite que l'on s'y arrête un instant dans la perspective de ses implications pour les milieux économiques et, plus particulièrement dans cette contribution, financiers.

Le caractère extrêmement récent du Brexit rend impossible toute recherche historique basée sur des documents d'archives. Le vote sur le référendum a eu lieu le 23 avril 2016, la Grande-Bretagne est officiellement sortie de l'Union européenne le 31 janvier 2020, et la période de transition, durant laquelle toutes les règles relatives notamment aux relations économiques et financières continuent à s'appliquer, se termine en principe à la fin de l'année 2020[3]. Est-il dès lors possible de mener une réflexion *historique* sur les conséquences du Brexit sur les places financières européennes ? On a surtout parlé jusqu'ici, à juste titre, des pertes que pourrait subir Londres et des gains que pouvaient en retour espérer les principales places européennes – en termes d'emplois, de domaines d'activités, et de volumes des transactions financières. Le problème est que ces études, menées par des banques, bureaux d'études, instituts universitaires, agences gouvernementales et autres, proposent divers scénarios, variables et souvent contradictoires, d'un évènement qui n'a pas encore eu lieu. Les pertes d'emplois dans la City, par exemple, ont fait l'objet d'évaluations allant de moins de 10.000 à plus de 60.000!

---

1   Y. Cassis et É. Bussière, *London and Paris as International Financial Centres in the Twentieth Century*, Oxford, Oxford University Press, 2005.
2   Voir la récente étude de B. Bruneteau, *Combattre l'Europe. De Lénine à Marine Le Pen*, Paris, CNRS Éditions, 2018.
3   Au moment d'écrire ce texte, en mai 2020, des incertitudes continuaient à peser sur la possibilité d'une extension de la période de transition en raison de la crise du coronavirus.

L'objectif de cet essai est différent. Il s'interroge sur les indications que peut nous donner l'histoire des places financières internationales sur l'évolution possible de la constellation des places financières européennes durant le deuxième quart du vingt-et-unième siècle. Je préfère utiliser ici le terme constellation, qui évoque l'idée de positionnement, que hiérarchie, qui renvoie à celle de classement. Dans la perspective « construire l'Europe », la question première à laquelle je tenterai de répondre est : un centre financier pour l'Europe après Brexit ? et non pas : quel centre financier pour l'Europe après Brexit ?

Des parallèles historiques peuvent- ils nous aider dans notre réflexion ? L'exercice est périlleux, car chaque évènement est un moment unique, qui se produit dans un contexte spécifique – aux plans économique, politique, social, culturel, international – et ne peut donc se répéter. Mais conduite avec prudence, la recherche de précédents offrant suffisamment de similitudes peut s'avérer utile, en particulier pour les phénomènes économiques. Que l'on songe par exemple à l'études des crises financières[4]. Le problème est qu'il n'existe pas vraiment de précédent historique à la situation que présente le Brexit pour les places financières européennes, à savoir le découplage entre un espace économique d'envergure mondiale et son centre ou quasi- centre financier. On pourrait penser à Vienne à la fin de la Première guerre mondiale, qui cesse d'être la capitale financière de l'empire austro-hongrois, un espace économique déclinant mais pas insignifiant ; mais il s'agissait là des conséquences d'une défaite militaire et du démantèlement de l'empire de Habsbourg. On pourrait également penser à au remplacement de Montréal par Toronto comme capitale financière du Canada en raison du séparatisme québécois ; les dimensions sont ici bien moindres, et le Québec n'a pas quitté le Canada. Quoi qu'il en soit, on voit mal les enseignements que l'on pourrait tirer de ces deux cas, qu'il s'agisse des perspectives de Londres ou des celles des autres places financières européennes.

Une autre approche consiste à analyser la dynamique de l'essor et du déclin des principales financières en Europe, en particulier au vingtième siècle, à observer les continuités et les ruptures, et à tenter de situer le Brexit dans ce mouvement à long-terme. Pour ce faire, on discutera successivement de l'essor et du déclin des places financières, puis de leur concurrence et coopération avant de s'interroger sur la question du centre financier de l'Europe, avant et après Brexit.

ESSOR ET DECLIN DES PLACES FINANCIERES

On définira ici une place financière comme le regroupement, sur un espace urbain donné, d'un certain nombre d'activités et de services financiers. De façon plus

---

4 Voir par exemple Ch. Kindleberger, *Manias, Panics and Crashes. A History of Financial Crises*. New York, Basic Books, 1978; C. M. Reinhart and K. S. Rogoff, *This Time is Different. Eight Centuries of Financial Folly*, Princeton and Oxford, Princeton University Press, 2009; Y. Cassis, *Crises and Opportunities. The Shaping of Modern Finance*, Oxford, Oxford University Press, 2011; B. Eichengreen, *Halls of Mirror. The Great Depression, the Great Recession and the Uses – and Misuses – of History*, Oxford, Oxford University Press, 2015.

fonctionnelle, on peut également les décrire comme le lieu où les intermédiaires coordonnent les transactions financières et font en sorte que les paiements soient réglés. Cette concentration s'explique principalement par ce que l'on a coutume d'appeler les économies externes, en d'autres termes les réductions de coûts que les entreprises peuvent réaliser grâce aux effets de taille du lieu à partir duquel elles opèrent. Pour une place financière, il s'agit principalement de la liquidité et de l'efficience des marchés, de la diversité et de la complémentarité des activités financières, de la qualification de la main d'œuvre, et de l'accès à une information de qualité. Ce phénomène existe au niveau national, régional (au sens d'un regroupement de plusieurs pays dans une partie du monde), et mondial ou global, selon l'étendue de l'aire géographique desservie par tel ou tel centre financier.

L'essor des places financières s'explique par des causes à court terme et des causes à plus long terme. La littérature économique et financière identifie toute une série de conditions nécessaires, sinon suffisantes, à leur développement – stabilité des institutions politiques, solidité de la monnaie, existence d'une épargne suffisante et prête à s'investir à l'étranger, institutions financières puissantes, réglementation étatique ferme mais pas envahissante, charges fiscales légères, main d'œuvre qualifiée, moyens de communication efficaces, information fiable et facilement accessible. Ces différents éléments, ou la plupart d'entre eux, se retrouvent bien aux principales étapes de l'histoire des grandes places financières internationales. Mais ils ne permettent pas de saisir les causes profondes des succès de ces places.

Une analyse à plus long terme révèle que l'essor d'une place financière est intimement lié à la puissance économique du pays qui l'abrite. La chose peut paraître évidente, mais elle est souvent occultée. Les trois villes qui ont successivement occupé le premier rang de la finance mondiale depuis trois siècles, Amsterdam, Londres et New York, ont été en même temps le centre financier de l'économie dominante du moment – c'est bien sûr toujours le cas pour New York. En 1913, les quatre premières places financières internationales étaient Londres, Paris, New York et Berlin, et les cinq premières en 2005 étaient New York, Londres, Tokyo, Francfort et Paris. Dans les deux cas, il s'agit des capitales financières des plus grandes puissances économiques. L'adéquation n'est pas parfaite entre le classement des places et celui des économies car l'émergence d'une place financière internationale majeure suit, avec un certain décalage, l'accession d'une nation au rang de première, ou simplement de grande puissance économique. L'Angleterre a déjà dépassé la Hollande lorsque Londres remplace Amsterdam comme centre financier du monde au tournant du dix-neuvième siècle, et les Etats-Unis devancent largement la Grande-Bretagne lorsque New York commence à supplanter Londres dans les années 1920. De même Tokyo met une vingtaine d'années à traduire sur le plan de la finance internationale les prouesses réalisées par l'industrie japonaise. On peut expliquer ce décalage en termes de stades de développement économique, de passage progressif de l'industrie aux services et à la finance, ou en termes de force d'inertie des positions établies[5].

Avant 1914, et jusqu'aux années 1960, l'exportation des capitaux était un prérequis pour l'essor d'une place financière internationales. En 1913, Londres, Paris et Berlin étaient les capitales financières des trois plus gros pays exportateurs de capitaux. De plus, Bruxelles, Amsterdam et Zurich étaient les capitales financières de trois petits pays riches qui pris ensemble exportaient presqu'autant de capital que l'Allemagne. New York, capitale financière du plus gros pays importateur de capitaux, pourrait apparaître comme l'exception, mais même si les Etats-Unis restent un pays débiteur net jusqu'à la fin de la Première guerre mondiale, ils détiennent également le quatrième stock de capitaux placés à l'étranger, principalement sous forme d'investissements directs. D'autres grands pays importateurs de capitaux, comme la Russie, l'Autriche-Hongrie, le Canada, l'Argentine, le Brésil, la Chine, l'Inde, ou l'Afrique du Sud n'ont produit que des centres financiers régionaux, dont l'importance était due à la présence de banques étrangères, dont la fonction première était le financement du commerce international.

Un autre prérequis était de posséder une monnaie forte, entendue au sens générique du terme, c'est-à-dire non seulement une monnaie stable et convertible, mais également une monnaie de réserve. La livre sterling, bien sûr, mais également le franc français et le mark allemand étaient les *key currencies*, les monnaies clé à l'âge classique de l'étalon – or, un statut que le dollar n'acquiert qu'après la Première guerre mondiale. Le déclin de la livre sterling après l'abandon de l'étalon – or en 1931, et surtout les dévaluations de 1949 et 1967 signale un affaiblissement progressif de la place de Londres. Paris subit un déclin encore plus marqué même s'il tire parti d'un franc dévalué mais fort à la fin des années 1920. Berlin est dévasté par l'hyperinflation allemande de 1923 (Amsterdam est alors considéré comme la capitale de financière de l'Allemagne) mais Francfort bénéficie de la force du Deutsche mark à partir des années 1960.

Les choses changent avec l'avènement des eurodollars au début des années 1960. On rappellera ici qu'il s'agit de dollars détenus en dehors des Etats-Unis, indépendamment des réglementations de la Réserve Fédérale américaine qui, pour diverses raisons (guerre froide, investissements étrangers américains, accroissement du déficit de la balance des paiements américaine, Régulation Q) s'accumulent en Europe, en particulier à Londres. Le marché des Eurodollars prend naissance avec l'utilisation de ces fonds, pour la première fois en 1957, lorsque les banques de la City offrent des crédits en dollars plutôt qu'en livres, suite à l'interdiction d'utiliser des livres pour financer le commerce de pays tiers, décrétée par le gouvernement britannique[6]. Le marché des eurodollars, un marché interbanque à court

---

5 Voir Y. Cassis, *Les capitales du capital. Histoire des places financières internationales*, Genève, Slatkine, 2006.
6 Voir notamment C. Schenk, « The Origins of the Eurodollar Market in London, 1955–1963 », in *Explorations in Economic History*, 35, 1998, pp. 221–38; S. Battilossi, « Introduction: International Banking and the American Challenge in Historical Perspective », in S. Battilossi – Y.

terme, donne à son tour naissance à celui des euro-obligations, un marché des capitaux à long terme, en d'autres termes l'émission, à Londres plutôt qu'à New York, d'obligations libellées en dollars. La première émission (pour le compte d'Autostrade Italiane, une filiale de l'IRI) a lieu en juillet 1963 sous l'égide de Siegmund Warburg, un descendant de la fameuse dynastie bancaire de Hambourg qui avait immigré en Angleterre en 1934[7]. Une troisième forme d'eurocrédit, à moyen terme cette fois, se développe au milieu des années 1960 sous forme de prêts bancaires internationaux financés en totalité par des ressources en Eurodollars et accordés en général sur la base de taux d'intérêt flottants[8].

Les euromarchés, qui connaissent une énorme expansion dans les années 1960[9] et trouvent leur domicile naturel à Londres, signalent le retour de la City aux premiers rangs des places financières internationales. Londres était bien équipé pour les accueillir, du fait l'expérience séculaire de ses banquiers dans les affaires financières internationales, et la diversité et la complémentarité de ses institutions et de ses marchés. Mais l'attitude positive des autorités monétaires britanniques a également joué un rôle. Elle contraste très nettement avec celle de leurs homologues d'Europe continentale, qui font tout pour décourager l'implantation de ces marchés à Francfort, Paris ou Zurich.

Il est important de noter ici que la renaissance de la City et l'essor formidable qu'elle connaît ensuite sont basés sur des transactions en dollars et autres devises étrangères beaucoup plus qu'en livres sterling. Jusqu'à la levée du contrôle des changes en 1979, les transactions nationales, libellées en livres sterling, restent strictement réglementées, alors que les transactions internationales en devises étrangères pour le compte de non-résidents sont entièrement libéralisées. Ce découplage du lien entre monnaie forte et place financière internationale majeure (la City continue à prospérer en dépit de nombreuses crises de la livre), caractéristique de la globalisation du capital sous un régime de taux de change flottants, offre des opportunités d'essor non seulement à Londres, mais aux autres place financières : Singapour, notamment avec le développement du *Asian dollar market* – l'équivalent des eurodollars pour l'Asie – dans les années 1980, et Hong Kong, avec les eurocrédits syndiqués pour le compte de gouvernement et d'entreprises des principales économies de la région, en premier lieu la Chine. Sur d'autres places financières en

---

Cassis (eds.), *European Banks and the American Challenge Competition and Cooperation in International Banking Under Bretton Woods*, Oxford, Oxford University Press, 2002, pp. 1–35.

7   I. M. Kerr, *A History of the Eurobond market: the first 21 years*, London, Euromoney Publications, 1984; N. Ferguson, *High Financier. The Lives and Time of Siegmund Warburg*, London, Allen Lane, 2010.
8   R. Roberts, *Take your Partners. Orion, the Consortium Banks and the Transformation of the Euromarkets*, Basingstoke, Palgrave Macmillan, 2001.
9   Le marché des eurodollars passe de 1.500 millions de dollars en 1958 à 132.000 millions en 1973 ; celui des euro-obligations de 258 millions en 1963 à 4.209 millions en 1973 ; et celui des eurocrédits atteint 20.826 millions de dollars en 1973. *International Financial Markets Statistics, 1950/1995*, Paris OCDE, 1996 ; BIS, *Annual Reports*.

revanche, comme Zurich et Francfort, les transactions financières internationales, continuent à se mener principalement en monnaie nationale.

Comment expliquer, dans ce contexte, le déclin des places financières internationales ? Il faut d'abord observer la grande stabilité qui prévaut au sommet de la hiérarchie financière internationales et reflète la longévité remarquable des grandes places, notamment européennes, en dépit des phases d'essor et de déclin qu'elles ont pu connaître au cours de leur existence. Une fois établies, elles se sont maintenues dans le peloton de tête, ou l'ont rattrapé après avoir décroché, même si le classement interne au groupe s'est modifié et que des différences importantes peuvent séparer les places qui en font partie[10].

Le déclin d'une place financières, en particulier un déclin brutal et quelquefois irréversible, est rarement pour ne pas dire jamais causé par une crise économique et financière, quelle que soit sa sévérité. Ni la Grande Dépression des années 1930 (Londres reste en tête devant New York et Paris) ni la Grande Récession qui suit la crise financière de 2008 (New York et Londres ne sont pas supplantés par les grandes places asiatiques) n'ont eu de conséquence dans ce domaine. Le déclin ou la chute d'une grande place financière est le plus souvent précipité par une conflagration militaire, quelle qu'en soit d'ailleurs l'issue, victoire ou défaite. Ce déclin peut également être lié à celui, relatif ou absolu, de l'économie du pays qui l'abrite, mais il s'agit là de mouvements lents, accélérés par une guerre ou plusieurs guerres. La chute d'Amsterdam au tournant du dix-neuvième siècle est très certainement l'exemple le plus probant d'une telle trajectoire, mais il y en a d'autres. La place parisienne marque le pas après la défaite de 1870 et entame un long déclin après la Première Guerre mondiale, aggravé par la défaite de 1940 et l'occupation allemande. La City sort affaiblie de la Première Guerre mondiale et son déclin apparaît irréversible à la suite de la Seconde. Une variation sur ce thème, en raison de sa dimension essentiellement nationale, est l'éclipse de Francfort après la défaite de l'Autriche face à la Prusse en 1866. Quant à la chute de Berlin, elle est une conséquence directe de la défaite allemande de 1945[11].

CONCURRENCE ET COOPÉRATION

Les places financières internationales ont toujours été, dans une certaine mesure, en concurrence les unes avec les autres, quelquefois à l'initiative des autorités politiques, même si cette concurrence est plus forte entre domaines d'activité financière qu'entre centres financiers pris dans leur ensemble. Il y a eu des moments de rivalité intense entre places financières. Le plus fameux est sans doute celui opposant Londres et Paris sous le Second empire, de 1852 à 1870. La France exportait alors plus de capitaux que la Grande-Bretagne, mais la plupart des emprunts étaient émis à Londres. Il est intéressant de noter que les ambitions de Paris se sont concrétisées

---

10 Voir Y. Cassis, *Les capitales du capital...*, op. cit.
11 Ibidem.

par une proposition d'introduction de monnaie universelle, basée sur le franc, faite par la France en décembre 1856[12]. Mais le plan, rejeté par l'Angleterre et la Prusse, n'aboutit pas et la défaite française de 1871 met fin aux ambitions parisiennes.

Avec l'éclatement de la Première guerre mondiale, les Etats-Unis voient une opportunité de supplanter la Grande-Bretagne comme première puissance financière mondiale. Les mesures d'urgence prises par le secrétaire au Trésor William McAdoo pour enrayer la crise du dollar ont clairement cet objectif en tête, et un gros titre du *Washington Post* en janvier 1915 peut annoncer que le centre financier du monde finira par se déplacer de la capitale anglaise à New York[13].

A la fin des années 1920, la faiblesse de la livre sterling et la force du franc modifient le rapport de force entre Paris et Londres. L'excédent de la France lui permet d'amasser des créances en sterling et de faire ainsi pression sur la Banque d'Angleterre. La Banque de France est décidée à tirer profit de la situation pour promouvoir la place parisienne. Durant quelques années, Paris retrouve la gloire de la Belle Époque et l'espoir de supplanter Londres. Mais il s'agit avant tout de diplomatie financière. La prospérité de Paris, essentiellement basée sur l'afflux de capitaux à court terme, ne survit pas à la crise[14].

De vieilles rivalités sont ravivées dans les années 1990. En Europe, Francfort et Paris s'efforcent de supplanter Londres tout en se faisant mutuellement concurrence. La création de « Paris Europlace » en 1993 et « Finanzplatz Deutschland » en 1996, deux organisations dont l'objectif est de soutenir sa place financière nationale, sont l'incarnation de cette détermination. Au début du vingt-et-unième siècle, à la suite de l'effondrement d'Enron et de World.Com et du passage de la loi Sarbanes-Oxley, New York s'inquiète de la montée de Londres et le maire de New York, Michael Bloomberg, demande à McKinsey un rapport, estimé à 600.000 dollars, pour étudier la question.

La publication de classements des principales places financières, plus fréquente depuis une quinzaine d'années, renforce cet esprit de concurrence. Le classement aujourd'hui le plus influent est le *Global Financial Centres Index*, publié deux fois par an, depuis 2007 par Y-Zen – un classement basé sur la compétitivité des places financières, qui ne saurait se confondre avec leur taille ou leur rayonnement. Les résultats peuvent donc être trompeurs. Si Londres et New York ont été constamment en tête, devant Hong Kong et Singapour, d'autres classements sont plus étranges : en mars 2015, pour ne prendre qu'un exemple, Francfort n'arrivait qu'à la dix-neuvième place, derrière Riyad et Vancouver, et Paris à la trente-septième, derrière Tel-

---

12 Voir L. Einaudi, *Money and Politics. European Monetary Unification and the International Gold Standard (1865–1873)*, Oxford, Oxford University Press, 2001.
13 W. L. Silber, *When Washington Shut Down Wall Street. The Great Financial Crisis of 1914 and the Origins of America's Monetary Supremacy*, Princeton and Oxford, Princeton University Press, 2007.
14 O. Feiertag, « La Banque de France et les problèmes monétaires européens de la Conférence de Gênes à la création de la B.R.I. (1922–1930) », in É. Bussière – M. Dumoulin (dir.), *Milieux économiques et intégration européenne en Europe occidentale au XXe siècle*, Arras, Presses Université, 1998, pp. 15–35.

Aviv, Calgary et Stockholm ! Le *Xinhua – Dow Jones International Financial Centers Development Index*, publié de 2010 à 2014, proposait un classement plus réaliste avec, en 2014, Paris en septième et Francfort en huitième position, derrière New York, Londres, Tokyo, Hong Kong, Singapour et Shanghai.

Plus encore qu'elles ne se font concurrence, les places financières coopèrent les unes avec les autres, à travers les acteurs financiers présents sur ces places. Les banques centrales en sont une composante essentielle. Avant 1914, leur coopération, avant tout entre la Banque d'Angleterre et la Banque de France, était essentielle au bon fonctionnement de l'étalon-or[15]. Cette coopération est plus difficile dans les années 1920, du fait notamment de la profonde antipathie entre Montagu Norman, le gouverneur de la Banque d'Angleterre, et Émile Moreau, le gouverneur de la Banque de France, et elle échoue lamentablement à prévenir la Dépression des années trente[16]. La coopération monétaire internationale est institutionnalisée avec la création du Fonds Monétaire International en 1945[17], mais les banques centrales continuent à maints égards à assurer le leadership de leur place financière.

Autre forme de coopération et d'interaction entre places financières : la présence de banques multinationales sur la plupart des principales places. Encore limitée, quoique bien réelle, durant la première moitié du vingtième siècle, elle s'est largement répandue depuis les années 1980. En 2000, 481 banques étrangères étaient présentes à Londres, loin devant New York (287), Francfort (242), Paris (187), et Tokyo (92). Dans les années 1960 et 1970, les clubs bancaires constituent la principale forme de coopération entre banques européennes, en partie en réponse au défi américain, et rapprochent les principales places les unes des autres. Coalitions entre banques commerciales, où chacune conserve son indépendance, leur objectif premier est de permettre à leurs membres d'offrir leurs services dans les différents pays européens, sans avoir besoin d'y être directement représentés. Quatre clubs avaient été formés au début des années 1979 (ABECOR, EBIC, Europartners et Inter Alpha), regroupant la quasi-totalité des grandes banques européennes, y compris britanniques, mais ne comptant en principe pas plus d'une banque par pays. Ils disparaissent au début des années 1980, lorsque les banques européennes entament leur propre expansion multinationale[18].

---

15 B. Eichengreen, *Globalizing Capital. A History of the International Monetary System*, Princeton, Princeton University Press, 1996.
16 L. Ahamed, *Lords of Finance. 1929, the Great Depression, and the Bankers Who Broke the World*, London, William Heinemann, 2009.
17 H. James, *International Monetary Cooperation since Bretton Woods*, New York and Oxford, Oxford University Press, 1996.
18 Voir D. Ross, « European Banking Clubs in the 1960s: A Flawed Strategy », in *Business and Economic History*, 27, 1998; et « Clubs and Consortia: European Banking Groups as Strategic Alliances », in S. Battilossi – Y. Cassis (eds.), *European Banks and the American Challenge...*, op. cit.

UNE CAPITALE FINANCIERE DE L'EUROPE ?

Dans un article pionnier, publié en 1974, le grand économiste et historien américain Charles Kindleberger s'interrogeait sur la formation des places financières et concluait qu'au cours du dix-neuvième siècle, un centre financier national avait émergé dans les principaux pays industrialisés (son analyse portait sur l'Angleterre, la France, l'Allemagne, l'Italie, la Suisse, le Canada et les Etats-Unis). Ce centre pouvait être la capitale politique du pays, comme dans le cas de Londres, Paris ou Berlin, ou un épicentre économique, comme New York, Milan ou Zurich. Cette concentration résultait principalement des avantages provenant de la création d'un système national de paiements. Kindleberger terminait son article en se demandant si le même phénomène se produirait à l'échelle européenne. Le processus lui apparaissait difficile et peu probable avant la fin des années 1980. Mais il s'aventurait quand même à avancer le nom de la ville qui lui semblait avoir le plus de chance de devenir le centre financier de l'Europe et portait son choix sur Bruxelles – en raison de la présence des institutions européennes et du siège de nombreuses sociétés multinationales, ainsi que de la tolérance de la langue anglaise. Londres était écarté en raison de la faiblesse de la livre sterling et la non-disponibilité de l'épargne britannique, et Paris parce qu'il ne serait pas accepté par les autres membres de la Communauté européenne[19].

La prédiction de Kindleberger s'est en partie, mais en partie seulement, réalisée. Plus de quarante ans après la publication de son article, aucune place financière n'a émergé comme véritable capitale financière de l'Europe à la façon de Londres, Paris ou Berlin au dix-neuvième siècle – et ceci malgré l'approfondissement de l'intégration économique et financière. En revanche, une ville s'est clairement affirmée comme le centre financier largement dominant de l'Europe au cours des trente dernières années, et il ne s'agit bien sûr pas de Bruxelles, mais de Londres.

La position de Londres est ambiguë. Contrairement à New York, Tokyo ou Francfort (et Berlin avant lui), Londres a toujours été un centre financier international plus que national. A la veille de la Première guerre mondiale, les émissions étrangères représentaient les deux tiers de toutes les émissions offertes sur le marché de Londres. La proportion tombe juste en dessous de la moitié dans les années 1920, ce qui est encore le double de celle des emprunts étrangers émis à New York, qui a alors dépassé Londres comme pourvoyeur de capital au niveau mondial. Paris était aussi un centre principalement international avant 1914, mais surtout centré sur l'Europe, y compris la Russie, et le Moyen-Orient, alors que les réseaux londoniens s'étendaient au monde entier.

Au tournant du vingt-et-unième siècle, Londres était devenu un place financière véritablement globale, ou supranationale, et arrivait à la première place dans cinq des principaux domaines d'activité financière internationale, à savoir les prêts bancaires, avec 19,5% du marché devant Tokyo (11,5%) ; les transactions en devises

---

19 Ch. P. Kindleberger, « The Formation of Financial Centres », in *Princeton Studies in International Finance*, 36, 1974.

(32%) devant New York (18%) ; la gestion d'actifs, avec 2.600 milliards de dollars, juste devant New York (2.400) ; le nombre de banques étrangères et bureaux de représentations (voir ci-dessus) ; et les émissions d'Euro-obligations, dont le 60% était fait à Londres[20].

Mais Londres était aussi devenu une véritable place financière européenne. Selon une étude menée à la fin de l'année 2000 par le *Centre for Economic and Business Research*, les activités financières de la City représentaient cette année-là 55% des services financiers d'entreprises en Europe, soit 23,2 milliards de livres sur 42,2 milliards. Les auteurs de cette étude estimaient par ailleurs qu'en cas de dispersion des services financiers basés à Londres, les activités financières de la City tomberaient à un tiers à peine de leur valeur à la fin de l'année 2000, soit 7,1 milliards de livres, provoquant la perte de 150.000 emplois, soit la moitié du total. Les autres places financières européennes ne récupèreraient que 48% des activités perdues par la City. Sur les 52% restant, une moitié irait à l'extérieur de l'Union Européenne, essentiellement les Etats-Unis et la Suisse, et une autre moitié serait irrémédiablement perdue[21].

La place financière de Londres et L'Europe apparaissaient donc inextricablement liées. Avec Londres, l'Europe disposait de l'une des deux premières places financières du monde – une situation dont l'Union Européenne a indiscutablement tiré profit. Qui plus est, sous l'effet d'une concentration accrue des activités financières à Londres depuis le début du vingt-et-unième siècle, les autres places financières européennes ont progressivement perdu de leur importance et de leur rayonnement, leur position par rapport à Londres devenant de plus en plus périphérique, un peu comme celle de Boston, Chicago et San Francisco par rapport à New York aux Etats-Unis. Francfort et Paris ont ainsi rétrogradé dans les classements internationaux, ce qui a soulevé des inquiétudes dans les deux grands centres d'Europe continentale.

A la veille du référendum sur le maintien de la Grande Bretagne dans l'Union européenne, Londres n'était pourtant pas la capitale financière de l'Europe au sens où New York est la capitale financière des Etats-Unis ou Tokyo celle du Japon. Il aurait fallu pour cela une intégration plus profonde que celle que connaissait alors, et que connaît encore, l'Europe, aux plans non seulement économique et financier, mais également monétaire (dont la Grande-Bretagne était absente) et politique. La question ne se pose plus avec le Brexit.

BREXIT ET LA CONSTELLATION DES PLACES FINANCIERES EN EUROPE

Quatre conclusions se dégagent de ce survol de la dynamique des places financières internationales depuis près de deux siècles. La première est que les grandes places

---

20 R. Roberts et D. Kynaston, *City State. How the Markets Came to Rule our World*, Londres, Profile Books, 2001, pp. 67–79.
21 Ibid., pp. 188–89.

financières internationales sont le plus souvent les capitales financières de grandes puissances économiques. Il y a bien sûr quelques exceptions qui confirment la règle, comme la Suisse et Singapour, qui exploitent au mieux des circonstances exceptionnelles, et même, quoique dans une moindre mesure, Londres. La deuxième, qui est un peu le corollaire de la première, est qu'une grande puissance économique dispose toujours d'une place financière de tout premier plan, la dernière en date étant la Chine avec Shanghai, en plus de Hong Kong. La troisième est qu'une fois établie, une place financière majeure n'est pas facilement rayée de la carte. Et la quatrième est que les places financières sont plus portées à collaborer qu'à se faire concurrence, même si les deux ne sont pas incompatibles. Ces conclusions suggèrent quelques tendances quant à l'évolution possible, à court et moyen terme, des places financières européennes après le Brexit[22].

Considérons d'abord Londres. Avec le départ du Royaume-Uni de l'Union Européenne, la City ne sera plus la quasi-capitale financière d'une grande puissance économique et à ce titre ne remplira plus les conditions générales requises pour appartenir au groupe des places financières internationales de tout premier plan Ceci indépendamment d'une contraction inévitable due à la perte du « passeport financier » et du rapatriement possible vers l'Union européenne de certaines activités comme la compensation des dérivés en euro. Sur le moyen et long terme, c'est le premier élément qui est déterminant. Et la City dispose ici d'un certain nombre d'atouts, en particulier son héritage historique (les places financières ne disparaissent pas facilement), sa position dominante dans toute une série d'activités financières, son ouverture mondiale (l'Europe ne représente que quelque 20% de ses transactions), et sa capacité d'innover (elle occupe la première place dans le Fin-Tech en Europe) et de se réinventer. On peut donc estimer que Londres sera quelque peu diminué tant par rapport à sa situation actuelle qu'à sa croissance potentielle en l'absence de Brexit. Mais La City devrait rester une place financière internationale de poids. On a vu que des exceptions confirmaient la règle, la City elle-même ayant rebondi dans les années 1960, à la faveur des euromarchés, alors qu'elle était la capitale financière d'une puissance moyenne. Elle devrait rester une place beaucoup plus internationale que celles d'Europe continentale, avec lesquelles elle continuera à collaborer et offrir une ouverture sur le monde. Mais avec un statut diminué, la City devrait être plus comparable à Singapour qu'à New York.

Qu'en sera-t-il des places financières de l'Union Européenne ? L'histoire nous rappelle que toutes les puissances financières disposent, ou finissent pas disposer, d'un centre financer d'envergure mondiale – dans le cas de l'Union Européenne, d'un centre financier du calibre de New York, Tokyo ou Shanghai, ce qui était le cas de Londres, mais pas de Francfort ou de Paris. L'émergence d'une telle place devrait se produire, mais à moyen voire long terme plutôt qu'à court terme. A court terme, aucune des principales places de l'Union Européenne n'est prête à prendre le relais de Londres – ce qui est d'ailleurs un avantage pour la métropole britan-

---

22 On trouvera quelques réflexions sur l'histoire récente des places financières internationales dans Y. Cassis – D. Wójcik (eds.), *International Financial Centres after the Global Financial Crisis and Brexit*, Oxford, Oxford University Press, 2018.

nique. Francfort, Paris, Dublin, Amsterdam, Luxembourg, et dans une moindre mesure Madrid et Milan ont tous obtenus certains gains liés à la délocalisation d'une partie des activités des banques de la City, dans un climat de concurrence plutôt que de coopération entre places. D'aucuns envisagent une Europe financière polycentrique, une constellation de places spécialisées et complémentaires, ce qui correspond sans doute mieux à une Europe décentralisée, où l'union monétaire n'est pas accompagnée d'une union politique. Cette dispersion constitue pourtant un affaiblissement plutôt qu'un renforcement. A terme, et pour autant que le processus d'intégration se renforce après le Brexit et le coronavirus, une capitale financière de l'Europe ne devrait pas manquer d'émerger. Une place de taille conséquente, offrant une gamme complète de services financiers, plus continentale que globale (à l'image de Tokyo ou Shanghai plutôt que Hong Kong ou Singapour), et en liens de concurrence et coopération avec Londres.

HISTOIRE DE LA CONSTRUCTION EUROPEENNE ET MISE EN DONNEES DU MONDE

Frédéric Clavert

INTRODUCTION :
MISE EN DONNEES DU MONDE, MISE EN DONNEES DE L'HISTOIRE

Nous vivons dans un monde mis en données. Issu d'un phénomène de long terme – Newton songeait déjà à trouver des lois de la société par la quantification, qui est l'un des aspects de la mise en données –, cette mise en données ou *datafication* ne peut laisser l'historien ou l'historienne de marbre : de nombreux aspects de nos vies sont désormais stockées sous forme de données, au sein de fermes de serveur partout dans le monde, documentant potentiellement des phénomènes jusqu'alors difficiles à saisir. Si les éléments nés numériques – tweets, archives du web, documents administratifs ou d'entreprises directement archivés sous leur forme numérique – intéressent plutôt les sociologues dans un premier temps, les programmes de numérisation, massifs (Gallica, Google Books) ou non massifs (citons ici un exemple touchant à l'histoire de l'intégration européenne, le *Centre Virtuel de la Connaissance sur l'Europe*), d'archives « papier » a sans aucun doute des conséquences sur notre pratique de la discipline historique, sur ce « goût de l'archive » qui nous est si important.

Numériser n'est toutefois que la première étape de la mise en données. Suivent alors d'autres étapes – l'amélioration de l'accès aux archives, par exemple – qui, toutes, ont une double caractéristique : une perte (le support physique, le contexte) et un gain (la possibilité de rendre le contenu des sources primaires calculable). La conjonction de l'apparition de l'ordinateur personnel (fin des années 1970), de la mise en réseau (fin des années 1980 avec internet, puis la création du web) et de la production massive de données (notamment mais pas uniquement l'apparition du *smartphone*) a non seulement abouti à transformer notre monde définitivement en monde de données, mais a accéléré la calculabilité de tout.

Les conséquences pour l'historien et l'historienne sont larges. Je vais me concentrer dans ce chapitre sur l'histoire de l'intégration européenne, sur la base de mes recherches, sans toutefois m'interdire ni de faire appel aux recherches des autres, ni de sortir du domaine de l'intégration européenne.

SOURCES PRIMAIRES ET MISE EN DONNEES

Il n'y a pas d'histoire sans source. L'historiographie de l'intégration européenne, comme nombre d'autres historiographies, s'est d'ailleurs développée au fil des politiques d'accès aux archives des institutions européennes et, ainsi, à leurs centres d'archives. La compréhension de ces derniers est parfois complexe : chaque institution peut en créer un, tout en devant, théoriquement, verser à terme leurs archives aux Archives historiques de l'Union européenne. Pour « faire » de l'histoire de l'intégration européenne, l'historien ou l'historienne d'aujourd'hui peut également compter sur des projets de numérisation des sources primaires. D'*Archive of european integration* de l'université de Pittsburgh au *Centre Virtuel de la Connaissance sur l'Europe*, aujourd'hui dépendant du *Centre for Contemporary and Digital History* (C2DH), en passant bien entendu par les centres d'archives des institutions européennes, les sources en ligne sont abondantes. Leur usage, toutefois, doit appeler quelques remarques. En outre, ces archives « nées papier » ne doivent pas faire oublier les archives dites nativement numériques.

Sources primaires numérisées

Un historien de l'intégration européenne peut aujourd'hui lire, écouter ou regarder des interviews d'acteurs et témoins de la construction européenne sur le site web du CVCE[1] ou des archives historiques de l'Union européenne[2]. Il pourra trouver des éléments iconographiques et audiovisuels sur le site de la Commission – comme un « stockshot » sur le paquet Delors II[3] et auprès des médiathèques des diverses institutions européennes de manière générale. La Banque centrale européenne lui met à disposition les procès-verbaux de son ancêtre, le Comité des gouverneurs des banques centrales des États membres de la Communauté européenne, de sa fondation en 1964 à 1987, dans diverses langues[4]. L'ensemble des sources ici mentionnées sont dites numérisées : elles sont nées sur un support « analogique » (papier, celluloïd, support photographique argentique pour donner quelques exemples) et ont été transférées sur des supports numériques (disquettes, cd-rom, disques durs) puis ouverts à un accès en ligne. Toutefois, un programme de numérisation est une affaire de choix et trouver un document en ligne n'est pas équivalent à aller dans

---

1 Par exemple : Interview de Jacques de Larosière (Paris, 25 septembre 2012) (durée : 00:32:00), CVCE.EU by UNI.LU, 09.2012 : https://www.cvce.eu/obj/interview_de_jacques_de_larosiere _paris_25_septembre_2012_duree_00_32_00-fr-4629da2b-80e1-4970-8e0f-a1d7800761d1.html.
2 Alexandre Lamfalussy, Transcription de l'entretien accordé par Alexandre Lamfalussy le 15 février 1999 à Louvain-la-Neuve : http://wwwarc.eui.eu/oh/binFR/CreaInt.asp?rc=INT621.
3 European Communities, The Delors II Package, 1992 : https://audiovisual.ec.europa.eu/en/video/I-002178.
4 European Central Bank, Comité des gouverneurs : ordres du jour et procès-verbaux : https://www.ecb.europa.eu/ecb/history/archive/agendas/html/index.fr.html.

un centre d'archives. Si cette affirmation ressort de l'évidence, encore faut-il se demander pourquoi l'est-elle.

Sélection

Le premier élément à prendre en compte est la politique de sélection des documents à numériser par l'institution ayant lancé le programme de numérisation. Il y a ici une rupture souvent non dite mais néanmoins majeure avec un principe fondamental, le respect des fonds. Ce dernier est un principe d'archivistique européenne (à contre balancer par la notion de *series* dans le monde anglo-saxon) : il « implique de respecter l'intégrité matérielle et intellectuelle de chaque fonds sans tenter de séparer les documents les uns des autres et sans les répartir dans des catégories artificielles en fonction de leur sujet » (Wikipédia). Le respect des fonds permet à l'historien d'obtenir des informations qu'il ne pourrait obtenir dans d'autres conditions. Par exemple, pendant ma thèse, un échange de lettre entre le ministre de l'Économie du Reich, Hjalmar Schacht, et le ministre des Finances Chinois ne se trouvait pas dans le fonds du ministère de l'Économie mais dans le fonds de la Chancellerie du Reich. Nous sommes alors en 1937 : la présence de cet échange de lettres dans les archives de la chancellerie montre que le dossier chinois, au moment d'un basculement de la diplomatie allemande de la Chine vers le Japon, n'est plus du ressort d'un ministre comme Schacht, mais directement d'Hitler et de ses collaborateurs directs et, notamment, du secrétaire de la chancellerie, Lammers.

Les institutions menant des programmes de numérisation ne suivent pas nécessairement le principe du respect des fonds et y contreviennent de deux manières : soit en ne numérisant qu'une partie des fonds (tout en les exposant fonds par fonds), soit en numérisant des sources soigneusement sélectionnées et en les exposant dans le cadre de dossiers thématiques. Tout ou partie du contexte des archives est alors perdu. Deux sites web plus particulièrement illustrent cette situation, cvce.eu et aei.pitt.edu. Ces deux sites web reflètent à la fois deux politiques différentes de sélection des sources primaires mises à disposition des chercheurs et chercheuses et deux modes de non-respect du principe de respect des fonds.

Le CVCE regroupe les sources primaires numérisées par grands dossiers thématiques (autour du Portugal et de l'intégration européenne, par exemple[5]) ou chronologique (*Événements historiques*[6]). Les sources présentes dans ces dossiers sont de natures extrêmement variées (photographies, coupures de presse, entretiens de témoins menés par les membres du CVCE, textes d'archives, textes produits par le CVCE, traductions, etc.). Le CVCE, anciennement institution autonome, est ainsi autant producteur (interviews) que reproducteurs (par la numérisation) d'archives. Il n'est pas alors question ici de « fonds » mais plutôt de dossiers documentaires,

---

5 « Le Portugal dans les Communautés européennes », corpus de recherche : https://www.cvce.eu/recherche/unit-content/-/unit/a7b75b14-91dc-48dd-9df0-a0d51a9edfef/056ec260-fbef-4679-9520-a824090e119c/Resources#4ded0031-fa09-4b29-84c8-eca3e435d437.
6 « Événements historiques » : https://www.cvce.eu/epublications/eisc/historical-events.

suffisamment riches pour servir des chercheurs et chercheuses, mais où le contexte auquel l'on a accès grâce au respect des fonds disparaît au profit de métadonnées, ces données sur les données qui indiquent les éléments de provenance et de citation du document. Les critères de sélection des documents sont rarement explicités, si ce n'est dans leur pertinence pour le sujet du dossier. Certains documents peuvent n'être reproduits que partiellement.

Archive or European integration[7] repose sur un principe différent de cvce.eu. Assemblage hétéroclite (comme cvce.eu), AEI est né de la volonté de préserver des *papiers* d'institutions et organisations, y compris privées – dans les organisations contributrices, on retrouve Bruegel, think tank privé, par exemple – qui étaient publiés sur leurs sites web sans politique de conservation (2003). En 2004, des documents d'archive commencent à y être publiées. AEI est à la fois une « archive » au sens du web (un dépôt pérenne de documents) et un service fourni aux chercheurs qui peuvent ainsi télécharger des documents utiles à leurs travaux.

Dans tous les cas, la politique de sélection est aussi une politique de non-sélection. La numérisation engendre autant une prolifération d'information qu'elle ne cache les informations non sélectionnées, ce que Lara Putnam a appelé les « ombres » de la numérisation[8]. Par exemple, certains documents du site du CVCE ne sont que numérisés partiellement, sans nécessairement que l'explication soit donnée clairement – il faut ouvrir le document pour le comprendre. Il peut en outre figurer dans une « collection » en entier et dans une autre par extraits seulement. Ces documents, présents à plusieurs endroits du site sous plusieurs formes, mais potentiellement numérisés et disponibles ailleurs deviennent ubiquitaires, rendant la rigueur de citation des historiens et historiennes d'autant plus importante.

Numérisation

Ces bibliothèques numériques définissent également une politique de numérisation, qui peut évoluer au cours du temps. Cette politique de numérisation est, là encore, une question de choix et, à nouveau, ces choix et leurs évolutions ne sont pas toujours documentés. Parmi les critères, figurent par exemple celui de remettre en forme le document ou de le garder dans un fac-similé de sa forme d'origine, de procéder à une reconnaissance optique de caractères ou non, de corriger le résultat de cette reconnaissance ou non, ou d'appliquer des traitements plus pointus : reconnaissance d'entités nommées (l'ordinateur devient alors capable de faire la distinction entre un nom de lieu, un nom de personne, *etc.* afin d'améliorer les possibilités de recherche par exemple) ou encore reconnaissance de thèmes (ou *topic modeling*: sur la base, souvent, de la cooccurence des mots, l'on peut dégager de grands thèmes traversant soit un document, soit tout un corpus). Bien évidemment, la

---

7 *Archive of European integration* : https://aei.pitt.edu/.
8 P. Lara, « The Transnational and the Text-Searchable: Digitized Sources and the Shadows They Cast », in *The American Historical Review*, vol. 121, n°2, 2016, pp. 377–402. En ligne : https://doi.org/10.1093/ahr/121.2.377.

qualité du numériseur utilisé est déterminante pour la qualité de ces étapes de numérisation. Plus ces étapes de traitement des sources numérisées sont poussées, plus les sources primaires, notamment les textes, sont mis en données, c'est-à-dire objet possible de calculs et, partant, de nouveaux modes de lecture et d'analyse des sources (voir ci-dessous).

Il existe en outre de plus en plus une « nouvelle » forme de numérisation, celle de chaque historien ou historienne en centre d'archives apportant, lorsque c'est autorisé, leur appareil photo numérique. Des études récentes[9] ont montré la généralisation de cette pratique, mais également leur faible prise en compte dans nos réflexions méthodologiques. Historiens et historiennes aux États-Unis ont ainsi en moyenne 12 000 photographies d'archives sur leurs disques durs, qui deviennent ainsi des bibliothèques numériques personnelles qu'il faut savoir gérer.

Nativement numériques

La numérisation touche des archives nées « papier » conservées la plupart du temps en centre d'archives. Les historiens de la construction européenne devront toutefois à terme – dès maintenant pour certains – compter avec des sources primaires nativement numériques. Les sources administratives numériques sont soumises aux mêmes règles de mise à disposition que les sources « analogiques » mais d'autres sources primaires, dont certaines de nature nouvelle, sont déjà disponibles. Ainsi, ai-je démarré un projet de recherche autour des « débats non supervisés en ligne » (voir ci-dessous) reposant sur des sources primaires comme les groupes de nouvelles (*newsgroups*), mais aussi, plus récemment, les pages et groupes Facebook, malgré des difficultés de plus en plus grandes pour les collecter, ou des tweets. Ces sources en ligne permettront peut-être d'analyser des éléments nouveaux et jusqu'ici peu étudiés et, surtout, peu étudiables, en commençant par les échanges directs entre citoyens sur l'Union européenne par exemple.

Toutefois, ces sources primaires ne sont pas des archives, au sens où elles n'ont pas fait l'objet d'un traitement archivistique (de classement et de tri) ou documentaire. L'historien ou l'historienne devient alors son propre archiviste, devant acquérir des qualités qui ne sont pas nécessairement intégrées à sa formation (développement de bases de données, développement d'un schéma de métadonnées, pérennisation de la base de données, mise en place de logiciels spécifiques pour le traitement des données, logiciels d'analyse), d'autant plus que ces sources peuvent être massives. Ainsi, le terme « eurozone » a-t-il été utilisé dans plus de 1,9 millions de tweets depuis la création de Twitter en mars 2006.

---

9   Voir la communication de Ian Milligan à la conférence de l'*American Historical Association* en 2019 : I. Milligan, « Becoming a Desk(Top) Profession: Digital Photography and the Changing Landscape of Archival Research », in *AHA 2019*, 2019 ainsi que l'étude qui a été faite au moment des premières étapes de l'élaboration du logiciel tropy (logiciel de gestion des photographies prises en centre d'archives): M. Abby, *Untangling the Mess: Researchers' Photo Practices*, novembre 2016 : http://tropy.org/blog/untangling-the-mess-researchers-photo-practices/.

Dans tous les cas, historiens et historiennes sont confrontés à une abondance de données, en tout cas en histoire contemporaine. Cette situation est relativement nouvelle : si tout archiviste pourra rappeler que son métier a profondément changé depuis la fin de la Seconde Guerre mondiale par l'explosion du nombre de documents archivés, l'arrivée des archives nativement numériques fait passer un pallier quantitatif qui engendre des conséquences méthodologiques liées à la gestion de l'abondance. Cet élément n'épargne en aucun cas l'histoire de la construction européenne et l'histoire européenne tout court.

MODES DE LECTURE ET ABONDANCE DES DONNEES HISTORIQUES

L'abondance des données produites aujourd'hui, y compris par la numérisation des archives historiques, crée un problème fondamental, lorsque la masse des données devient telle que la lire humainement (seul ou au sein d'une équipe de recherche de taille raisonnable) n'est plus possible. Il s'agit alors de demander à l'ordinateur de lire pour nous, ce que l'historien de la littérature européenne Franco Moretti a appelé la lecture distante (*distant reading*). Moretti se demandait comment faire l'histoire de la littérature européenne sans se contenter de faire l'histoire des grands textes des grands auteurs, en réintégrant dans cette histoire non seulement les textes mineurs des « grands auteurs » mais également les textes des auteurs considérés comme mineurs. La réponse tient en ce que Moretti a qualifié de « petit pacte avec le diable » :

> [...] What we really need is a little pact with the devil: we know how to read texts, now let's learn how *not* to read them. Distant reading: where distance, let me repeat it, *is a condition of knowledge*: it allows you to focus on units that are much smaller or much larger than the text: devices, themes, tropes – or genres or systems[10].

Dès 2007, dans un livre réunissant une série d'articles publiés dans la *New Left Review*, Moretti proposait un raisonnement de lecture distante en trois étapes : *Graphs* – l'approche quantitative héritée des Annales –, *Maps* – adopter les méthodes des géographes pour réaliser une topographie de la littérature –, and *Trees* – user de l'approche de la théorie de la sélection naturelle pour comprendre l'évolution des genres littéraires[11].

Depuis 2007, la notion de lecture distante ou à distance a largement évolué, a été étendue à d'autres méthodes, à d'autres sujets et a fait l'objet de larges critiques également. Parmi ces critiques, la lecture distante a été décrite comme une manière de tordre la réalité à la théorie, comme une manière d'éviter les critiques en faisant montre de la neutralité des statistiques[12]. Quoi qu'il arrive, les techniques

---

10 F. Moretti, *Distant Reading*, Brooklyn–Londres, Verso Books, 2013, édition kindle, emplacement 793. Italique dans le livre original.
11 F. Moretti, *Graphs, Maps, Trees: Abstract Models for Literary History*, Brooklyn–Londres, Verso, 2007.
12 M. Ascari, « The Dangers of Distant Reading: Reassessing Moretti's Approach to Literary Genres », in *Genre*, vol. 47, n°1, 2014, pp. 1–19. En ligne : https://doi.org/10.1215/00166928-

informatiques que nous pouvons utiliser doivent toujours être interrogées : la plupart repose sur des hypothèses implicites[13]. Néanmoins, la notion de lecture distante retient sa pertinence pour de nombreuses sources difficiles à appréhender pour l'humain seul, notamment par leur masse. Il reste surtout intéressant de faire en sorte, contrairement à l'idée d'origine de Moretti, de ne jamais perdre le contact avec sa source et de rester capable de traiter chaque source individuellement ou collectivement : en d'autres termes, d'articuler différents types de lecture, de la lecture proche, classique de l'historien, à la lecture distante, celle du macroscope[14], plus dépaysante.

Concrètement, la lecture distante revient à transformer le texte en matière statistique, d'autant plus exploitable que la mise en données aura été de qualité, et à en déduire différents éléments : les grands thèmes qui traversent un corpus de texte ou encore les réseaux humains (ou autres) que l'on peut déduire du corpus. Pour prendre un exemple qui ne se réfère pas à l'histoire de l'intégration européenne, la lecture distante de millions de tweets sur le Centenaire de la Grande Guerre nous permet ainsi de comprendre les grands thèmes qui sont l'objet des commentaires et discussions des utilisateurs de Twitter et également de les projeter dans le temps du Centenaire. Ainsi, avons-nous pu démontrer que l'hommage aux Poilus morts pour la France, pour les comptes Twitter francophones, était constant mais de nature différente selon les moments de la séquence commémorative du Centenaire : hommage général le jour des grandes commémorations ; hommage particulier, touchant à des Poilus précis et explicitement nommés le reste de l'année. Nous avons également pu observer que pour chaque commémoration, un fonds de contestation était toujours présent, avec des manifestations parfois spectaculaires, par exemple à l'occasion de la commémoration franco-allemande de la bataille de Verdun en mai 2016. Enfin, grâce à cette lecture distante de millions de tweets, nous avons pu observer de nouvelles pratiques commémoratives émerger, et qui ont, par exemple, transformé la base de données des Morts pour la France disponible sur « Mémoire des Hommes » (ministère des Armées) en véritable lieux de mémoire en ligne[15].

2392348 et T. Brennan, « The Digital-Humanities Bust: After a Decade of Investment and Hype, What Has the Field Accomplished? Not Much », in *Chronicle of Higher Education*, vol. 64, n°8, 2017, pp. 1–1.

13 D. Sculley D. et M. Pasanek Bradley M., « Meaning and Mining: The Impact of Implicit Assumptions in Data Mining for the Humanities », in *Literary and Linguistic Computing*, vol. 23, n°4, 2008, pp. 409–424. En ligne : https://doi.org/10.1093/llc/fqn019.

14 S. Graham, I. Milligan et S. Weingart, *Exploring Big Historical Data: The Historian's Macroscope*, Londres, Imperial College Press, 2015. En ligne : https://doi.org/10.1142/p981.

15 F. Clavert, « Face Au Passé : La Grande Guerre Sur Twitter », in *Le Temps des médias. Revue d'histoire*, vol. 31, décembre 2018, pp. 173–186.

QUELQUES EXEMPLES DE LECTURE DISTANTE APPLIQUEE A L'HISTOIRE DE L'INTEGRATION EUROPEENNE

Peut-on donner quelques exemples d'utilisation des méthodologies numériques en histoire de la construction européennes ? Nous allons ici nous arrêter sur trois d'entre eux. Le premier montre les possibilités ouvertes par la numérisation de la presse ancienne en histoire de la construction européenne. Le second, première expérimentation de l'auteur de ce chapitre, montre les limites de cette approche quand il y a un défaut de qualité de numérisation. Le troisième, projet de recherche tout juste démarré de l'auteur, montre comment l'exploitation de nouvelles sources permet de poser de nouvelles questions de recherche.

Les projets de numérisation de la presse ancienne, notamment de la part des grandes bibliothèques nationales, ont abouti à la mise à disposition en ligne d'immenses collections, que l'on peut choisir, en tant qu'historien ou historienne, d'exploiter de diverses manières. Si ces grandes collections, notamment de journaux quotidiens, peuvent poser problème[16], il est possible de poser de nouvelles questions de recherche à ces corpus géants. Ainsi peut-on essayer d'évaluer la circulation de l'information au XIXe siècle par exemple[17]. Dans le cas de l'histoire de l'intégration européenne, une tentative a été effectuée pour exploiter la presse néerlandaise afin de trouver de nouveaux chemins de recherche en histoire de l'intégration européenne[18].

Partant du point de départ que les médias ont été un acteur peu considéré bien qu'important de l'intégration européenne, les auteurs comptent exploiter la numérisation de masse de la presse et l'émergence de nouvelles méthodologies numériques – qui permettent une lecture distante. Ils se concentrent sur des personnes

---

16 I. Milligan, « Illusionary Order: Online Databases, Optical Character Recognition, and Canadian History, 1997–2010 », in *Canadian Historical Review*, vol. 94, n°4, .2013, pp. 540–569. En ligne : https://doi.org/10.3138/chr.694. Depuis la rédaction de cet article où l'auteur montrait que les historiens canadiens utilisaient préférentiellement les journaux quotidiens historiques numérisés, aux détriments de ceux qui ne l'étaient pas, locaux et/ou francophones, la presse canadienne francophone, notamment, a été en grande partie numérisée.

17 C'est par exemple l'enjeu du programme de recherche *Oceanic Exchanges* qui étudie la circulation d'information des deux côtés de l'Atlantique de 1840 à 1914. Voir https://oceanicexchanges.org/. Le programme repose notamment sur les travaux de Ryan Cordell, son directeur : R. Cordell, « Viral Textuality in Nineteenth-Century U.S. Newspaper Exchanges », in V. Alfano Veronica – A. Stauffer (éds.), *Virtual Victorians: Networks, Connections, Technologies*, New York, Palgrave Macmillan, 2015 par exemple. D'autres projets en Humanités numériques se sont penchés sur les grands corpus de presse : Impresso (https://impresso-project.ch/) ou NewsEye (https://www.newseye.eu/).

18 M. Coll Ardanuy, M. van den Bos et C. Sporleder, « Laboratories of Community: How Digital Humanities Can Further New European Integration History », in L. M. Aiello – D. McFarland (éds.), *Social Informatics. SocInfo 2014 International Workshops, Barcelona, Spain, November 11, 2014, Revised Selected Papers*, Heidelberg-Londres, Springer International Publishing, 2014 (Lecture Notes in Computer Science 8852), pp. 284–293. En ligne : https://doi.org/10.1007/978-3-319-15168-7_36.

(*people-centric approach*) afin de procéder à une analyse des réseaux sociaux[19]. Le défi technique n'est pas mince, puisqu'il s'agit de repérer, dans un corpus massif et peu structuré, des noms de personne liés à l'intégration européenne et de trouver des liens entre eux. Reposant sur un corpus principalement néerlandais, les résultats de ces analyses sont parfois peu surprenants – on y parle d'Adenauer, Monnet, Schuman. Les auteurs montrent l'importance des acteurs politiques ouest-européens et états-uniens. Ces derniers, dans cette analyse, restent très présents dans la presse néerlandaise après la création de la CECA alors que la littérature, souvent, se contente d'évoquer l'influence de Washington jusqu'en 1950[20]. Les auteurs, qui se reposent aussi sur des travaux menés sur la base de données du CVCE[21], notent ainsi que les méthodologies des humanités numériques peuvent faire évoluer l'historiographie de l'intégration européenne. Toutefois, il ne semble pas que des travaux supplémentaires aient été menés par la suite.

Ce type d'approches rencontre des limites manifeste liées à la qualité de la numérisation. La reconnaissance optique de caractères (OCR) est un exemple souvent cité à juste titre, malgré l'apparition d'éléments nouveaux et prometteurs[22]. Comme l'a argumenté Tim Hitchcock, même une reconnaissance de texte très performante pourrait mener à des problèmes méthodologiques non-négligeables[23]. Voulant écrire une histoire du comité Werner à l'aide de méthodologie de lecture distante, nous avions pu bénéficier au CVCE des archives originales de la famille Werner[24]. Malheureusement, cette recherche n'a pu aboutir à quelque chose de convaincant, en raison de la qualité de numérisation des documents contenus dans ce corpus. Nous ne parlons pas ici de la manière, convaincante, dont ils ont été ordonnés, recontextualisés et mis en ligne, mais seulement de leur mise en données ou, dit autrement, de la possibilité de les transformer en matériau statistique. Si cette

---

19 On parle ici de réseaux sociaux au sens de la sociologie des réseaux sociaux, non au sens des médias dits sociaux comme *Facebook* ou *Twitter*.
20 Ce constat est celui des auteurs de l'article. Pour notre part, il nous semble que l'historiographie francophone, notamment les travaux de Gérard Bossuat, a investigué plus avant l'influence états-unienne sur la construction européenne après 1950.
21 J. Novak, I. Micheel, M. Melenhorst et al., « HistoGraph A Visualization Tool for Collaborative Analysis of Networks from Historical Social Multimedia Collections », in *2014 18th International Conference on Information Visualisation*, 2014, pp. 241–250. En ligne : https://doi.org/10.1109/IV.2014.47.
22 Le recours à des procédés issus de l'intelligence artificielle dite « faible » (apprentissage machine et apprentissage profond ou *machine learning* et *deep learning*) est en train de permettre de grands progrès, y compris pour l'écriture manuscrite (voir le projet européen Transkribus: https://transkribus.eu/Transkribus/). Voir également : M. Biryukov, E. Andersen et L. Wieneke, « Making Sense of Non-Sense. Tracing Topics in a Historical Corpus on Psychiatry Facing Low OCR Quality », Intervention, DH Benelux 2019, septembre 2019, https://orbilu.uni.lu/handle/10993/40430.
23 T. Hitchcock, « Academic History Writing and Its Disconnects », in *Journal of Digital Humanities*, vol.1, n°1, 2011.
24 « Une relecture du rapport Werner du 8 octobre 1970 à la lumière des archives familiales Pierre Werner » : https://www.cvce.eu/recherche/unit-content/-/unit/ba6ac883-7a80-470c-9baa-8f95b8372811.

recherche a abouti à une publication, ce fut sous la forme d'un chapitre méthodologique[25].

En troisième exemple, nous prendrons la recherche que nous sommes en train de démarrer au *Luxembourg Centre for Contemporary and Digital History*, en binôme avec notre collègue issue de la linguistique computationnelle, Maria Biryukov[26]. Il s'agit ici, cette fois, de se reposer non sur des sources numérisées mais sur des sources nativement numériques, celles des groupes de nouvelles (*newsgroup*) qui, depuis 1980, permettent une communication asynchrone via le courrier électronique sur des groupes thématiques. Les groupes qui ici peuvent nous intéresser ont été la plupart du temps fondés dans la deuxième moitié des années 1990, à l'image de fr.soc.politique, qui comme son nom l'indique, couvre la politique française, ou fr.soc.economie qui regroupe des débats autour de l'économie en français. Au sein de ces groupes, la légitimité d'un interlocuteur se construit par la participation au groupe et non par un statut ou un métier. De plus, ces groupes font partie des modes de communication que l'on peut qualifier de *many-to-many*. En d'autres termes, nous pouvons y observer des débats qui ne font pas l'objet d'une médiation par des experts (y compris des universitaires) ou par des *gate keepers* (dont les journalistes) de l'accès à l'information : ces débats en ligne peuvent ainsi être qualifiés de non-supervisés. En 2005, année de la fondation du réseau social *Facebook* et du référendum sur le traité constitutionnel européen (TCE) en France et aux Pays-Bas notamment, nous avions pu, ici comme témoin, constater l'importance des débats autour du TCE sur les *newsgroups*, alors à leur apogée avant qu'ils ne déclinent face aux réseaux sociaux numériques que nous connaissons aujourd'hui[27]. Cette recherche n'est pas encore au stade des résultats, malheureusement, mais permettra de tenter de répondre à une question importante, celle des relations, dans une campagne mouvementée qui, en France, a abouti au rejet du traité, entre ce qui était encore une marge médiatique (le web et les forums internet comme les *newsgroups*) et le coeur médiatique de l'époque (la presse, la télévision, la radio) : quels ont été les échanges d'idées entre ces deux parties du système médiatique de l'époque ? Des personnalités – outre Étienne Chouard, par exemple – ou des mouvements ont-ils émergé de ces débats ?

---

25 F. Clavert, « L'apport du Numérique aux sciences historiques : Exemple d'une analyse computationnelle des Archives Werner », in E. Danescu – S. Munoz (éds.), *Pierre Werner et l'Europe : Pensée, Action, Enseignements. Pierre Werner and Europe: His Approach, Action and Legacy*, Bruxelles, PIE – Peter Lang, 2015.
26 Pour une histoire de Usenet (le réseau sur lequel se reposaient les *newsgroups*) et sur les forums internet de manière générale : C. Paloque-Bergès, *Qu'est-ce qu'un forum internet ? Une généalogie historique au prisme des cultures savantes numériques*, Marseille, OpenEdition Press, 2018 (Encyclopédie numérique).
27 Sur l'importance du Web dans la campagne référendaire française de 2005 : G. Fouetillou, « Le Web et le traité constitutionnel européen : écologie d'une localité thématique compétitive », in *Réseaux*, 147, 1, 2008, p. 229. En ligne : https://doi.org/10.3917/res.147.0229.

CONCLUSION

L'ère dans laquelle nous vivons, que nous qualifions de numérique, et qui est marquée par cette mise en données du monde que nous avons tentée de décrire, a sans nul doute des conséquences sur le travail des historiens et historiennes, y compris celles et ceux s'intéressant à l'historiographie de la construction européenne. La mise en données des sources primaires, cœur de ce chapitre, ouvre de grandes possibilités pour l'historien et, en premier lieu, offre de nouveaux modes de lecture permettant de faire ressortir des éléments qu'il serait difficile d'observer sans cette approche nouvelle.

Toutefois, l'exploitation de ces nouvelles possibilités requiert une attention méthodologique nouvelle et de tous les instants, afin de prendre conscience de ce qu'implique l'usage de ces sources primaires numérisées ou de logiciels d'analyse. La lecture distante n'est pas miraculeuse mais, finalement, très insérée dans le coeur de métier de l'historien, la compréhension, l'interprétation et la critique de sources primaires historiques.

L'usage de sources primaires nées numériques n'échappe naturellement pas à cette nécessité méthodologique. Parfois difficile à collecter – l'histoire des *newsgroups* en est un exemple, dont l'archive a été acquise par Google pour devenir *Google Groups* et qui souffre de nombreux problèmes, y compris d'encodage des caractères diacritiques –, ils nous permettront, par leur nature – un medium de communication direct sans (ou du moins avec de nouveaux types de) *gatekeepers* –, d'observer de nouveaux éléments pour mieux comprendre certains moments de l'intégration européenne depuis les années 1990.

RESUMES – ABSTRACTS

PARTIE I : ACTEURS

Jean-François Eck, Tirard et le projet rhénan (1919–1930).

During the occupation of the left side of Rhine France's representative was high commissioner Paul Tirard who seemed well designed to put into practice government's policy. To bring together France and Germany he used in Rhineland an efficient cultural policy and tried to establish economic links. But he had to fight against the fear from competition of German products. On the other hand, he had only few relations with the society around. So, his attempts which came too early had little efficiency.

Catherine Lanneau, Le Comité d'Entente franco-belge et son congrès de Liège (septembre 1930). Un « lobby » bilatéral à l'épreuve des réalités.

In September 1930, the Comité d'Entente franco-belge organised an important congress in Liège. Its aim was to study all outstanding bilateral issues and to promote harmonisation in the fields of trade, literature, education, law, and colonial management. The present contribution intends to retrace the history and objectives of this lobby through the proceedings of its congress and the analysis of its press organ, the Revue Franco-Belge. Despite the very slim results obtained, the Comité d'Entente nevertheless deserves to be brought out of oblivion and to have its action re-evaluated.

Paul Feltes, Coopération entrepreneuriale et sociabilité patronale dans l'Europe de l'entre-deux-guerres : le cas des cartels internationaux de l'acier.

The interwar period was the golden age of international cartels. Two large steel cartels dominated this period. The International Steel Cartel (ISC), founded in 1926, set itself the goal of limiting all *production* (for both the domestic market and for export) to increase prices. Rocked in 1931 by the Great Depression, it was restructured and relaunched in 1933, but only covered *exports*. The prices of a handful of products were set by international sales associations (Comptoirs internationaux).

The participating companies of both cartels were the major steel producers of France, Germany, Belgium, and Luxembourg. It was only gradually that agreements were reached between these four founding groups of Western Europe and producers from Central Europe, the UK and Poland. The steel makers were not interested in a *European project* but believed that the economic difficulties could best be overcome together. The raising of prices and the fight against other European and non-European competitors were the decisive factors in this specific solidarity.

Not all companies took part in the ISC. The so-called outsiders, above all the small Belgian companies that were geared to the processing of semi-finished products, took a critical view of the cartelization and were a constant disruptive factor. In addition, even the members of the cartel did not always adhere to the prices set, partly because the ISC did not have a common supranational sales structure right down to the final consumer. Sales of the goods remained in the hands of the company dealers. The relationship between the four founding groups was therefore not without tension.

The industrialists were by no means trying to create a common European market. On the contrary: the protection of the domestic markets remained the guiding principle of ISC until the outbreak of WWII. During the ISC, the markets were divided. Similarly, attempts were made to curb the development and expansion of production in other European countries as well. The inclusion of Japanese industry in the cartel failed, that of the American group failed in the end.

Especially the four founding groups of Western Europe met frequently, knew each other well and learned to appreciate each other. The socio-cultural similarities between the entrepreneurs strengthened the cohesion within the cartel. Although the ISC was vulnerable, the steel barons stuck to the principle of international cartelization.

Caroline Suzor, Electrorail, archétype de la Societas Europaea?

The Empain group was founded by Edouard Empain. Empain established and exploited cable cars and trains, produced electricity, built electricity factories, and constructed what needed for this. His companies were all over Europe, but especially in France and Belgium. After his death, his sons, Jean and Louis Empain, created Electrorail. Electrorail became the main holding of the group. It was located in Brussels, held shares of all the subsidiaries and offered help to its subsidiaries. In 2001, Europe created the "European company". This new statute was imagined for companies who work in more than one European country. Its ambition is to make these companies life easier because the legal will be the same all over Europe. We imagined investigating, to be able to decide if Electrorail could be described as a European company.

Pierre Tilly, De l'argent avec la betterave et non le contraire : sucreries belges et anglaises face à la crise de l'entre-deux-guerres.

The sugar industry is prosperous at the moment where sugar prices are very favourable, the duty extremely high and the protection afforded by the remission of the duty per ton on white sugar, home grown, is enormous. Facing the up and down 'cycles of the global sugar economy during the interwar years, Great-Britain balanced from laxity to state dirigisme in a national market influenced by the confrontation between cane and homegrown beet sugar. Despite international agreements during the 1930's, variations among national regulatory responses remained the key figure of this times as the Belgian and English' cases addressed in this paper show. The reason why most of the Governments cling so stubbornly to beet culture is not to be found mainly in consideration of financial policy, but in agricultural and social considerations during the Interwar period. Beet culture, without reference to sugar production, is for many reasons a vital condition of all intensive agriculture. continued to sponsor refined cane sugar albeit to a lesser extent – in addition to beet sugar.

PARTIE II : LES ETATS

Pascal Deloge, Défendre la Belgique à l'heure des alliances.

In 1830, Belgium became independent. Neutrality was imposed to the newly born country as a condition of its right to exist. But, in 1914 and 1940, Belgium was invaded by Germany and occupied. After the second World war, the Belgian government developed new concepts and strategies in order not to be invaded anymore or in such a case, to recover independence. As a key element of that new policy, Belgium joined alliances. This altogether changed not only the Belgian security policy, but also a set of policies and finally, had many consequences in many sectors of the social and political life in Belgium. This paper summarizes the author's scientific activities from 1994 till 2014, In narrow cooperation with Prof. M. Dumoulin, S. Schirmann and E. Bussière.

Etienne Deschamps, La Belgique coloniale face au projet de Communauté européenne de Défense (1950–1954).

Among the subjects that fueled the debate on European unity in the 1950s, the question of the efforts made by some countries to reconcile their colonial dimension with their commitment to greater European co-operation is key. Participation in an organized Europe posed specific difficulties for countries such as Belgium and France, which had political or economic responsibilities overseas. The existence of these partners' African possessions could not be ignored, particularly in a Cold War context. This essay identifies and discusses the main arguments that were at stake in the debates about a supranational 'European Army' between 1952 and 1954. It shows that Belgium, and particularly colonial leaders, did not consider the full integration of Congo into a European Defence Community as a realistic option, so pronounced was the fear that European integration could be used to open the overseas territories to foreign nationals or military interests.

Piers Ludlow, The Fragilities of British Europeanness.

Ce chapitre essaie d'identifier une série de facteurs qui ont fragilisé la position du Royaume-Uni à l'intérieur de la Communauté/Union européenne. Ceux-ci n'ont pas nécessairement conduit directement au Brexit, mais ils ont compliqué la position britannique et entravé une participation motivée à la construction européenne. Parmi les facteurs économiques il faut prendre en compte la part élevée du commerce britannique avec des pays extra-européens, la position marginale de l'agriculture dans l'économie britannique, et le rôle majeur de la City et du secteur financier. A côté de ces caractéristiques économiques, le chapitre examine aussi certains éléments plus politiques ou culturels. Par exemple, l'importance, tout au long des 46 ans que le Royaume-Uni a passé comme État membre de l'UE, des voix eurosceptiques à l'intérieur des deux principaux partis politiques est à relever, tout comme le refus de la majeure partie de l'élite politique d'Outre-Manche de s'identifier avec les réussites de la construction européenne. Une presse particulièrement indépendante et iconoclaste a aussi fragilisé tout sentiment pro-européen britannique. Et parmi les facteurs culturels plus généraux, le chapitre fait référence à la disparition, dans le débat britannique depuis les années 1980, du sentiment de 'déclin' national un déclin qui avait provoqué l'intérêt du Royaume-Uni des années 1960 et 1970 pour l'Europe. Finalement, la diminution de la pratique des langues européennes, de la part de la population britannique, a aussi marginalisé le poids des cultures européennes au Royaume-Uni, et rendu encore plus faible toute identification britannique avec une civilisation européenne plus large.

Jan Willem Brouwer, Plus petits qu'avant ? La position internationale des Pays-Bas au lendemain du premier élargissement de la Communauté Européenne.

The EC enlargement in 1973 changed the Netherlands' position in Europe. Its weight was relatively diminished. This was a cause of concern as transatlantic relations were in crisis and the larger EC member states showed a tendency to hold talks with each other to the detriment of the smaller ones. To make matters worse OPEC-states confronted the Dutch with an oil boycott. The article analyses how The Hague succeeded in navigating between European, Atlantic, and Arab pitfalls.

Enrique Moradiellos, L'Espagne de Franco et le processus d'intégration européenne (1945–1975)

From 1945 onwards, General Franco's dictatorship maintained a complex relation with the European integration process. Because of its profile and pro-Axis policies during the Second World War, Spain was barred access to the European institutions created in the postwar era. As a result, Francoism adopted an attitude of contempt towards the integration process up to 1957. The establishment of the European Economic Community forced a change in its policies because Spain could not afford to be left out of the Common Market. The search for some sort of participation was a persistent aim for the Spanish regime since February 1962 (first demand for full integration in the EEC) up to June 1970 (Preferential Agreement between Spain and the EEC). But the final aim became a fantasy because a persistent problem active until 1975: the authoritarian political structure of Francoism prevented any real Spanish integration into the EEC.

Antonio Varsori, Italian reaction to the construction and the fall of the Berlin wall (1961 and 1989)

En 1961, la crise qui allait conduire à la construction du Mur de Berlin est suivie avec beaucoup d'attention par la diplomatie et le monde politique italiens. Bien que les diplomates soient, dans l'ensemble, inquiets et méfiants à l'égard de l'URSS, le Premier ministre Amintore Fanfani, y compris pour des motifs de politique intérieure, tente de jouer un rôle de médiateur en se rendant à Moscou au début du mois d'août 1961 afin d'y rencontrer le leader soviétique. La médiation échoue. Au final, c'est l'attitude prudente du ministre des Affaires étrangères Seggni et de la diplomatie estimant que la division de l'Allemagne favoriserait la stabilité en Europe qui prévaut.

La « chute du Mur », en 1989, est saluée par l'opinion publique italienne tandis que, d'une part, le Premier ministre Andreotti est inquiet à la perspective d'une réunification allemande et, d'autre part, que le ministre des Affaires étrangères De Michelis et la diplomatie la considèrent comme inévitable. Malgré les sollicitations de Margaret Thatcher, Andreotti finit par accepter cette issue qu'il redoutait. En outre, l'Italie considère que, concomitamment à la réunification, trois objectifs devront être atteints : a) une plus grande intégration politique européenne, b) le maintien de l'OTAN et de la présence américaine en Europe, c) la réforme de la CSCE. Cela explique l'engagement de l'Italie dans la naissance de l'Union européenne et la déclaration De Michelis-Hurd sur l'OTAN.

PARTIE III : INDIVIDUS ET GROUPEMENTS

Françoise Berger, Retour sur « l'esprit de Westminster » (1949) : l'urgence d'une Europe économique unie

By organizing a major economic conference in Westminster in April 1949, the European Movement wanted to propose pragmatic solutions to European governments to achieve, within a limited time, a genuine European economic union. The proposed resolutions, sometimes very innovative, especially on industry, were the result of lengthy preparation and a conference in which personalities from all economic circles debated. The tendencies represented are very broad, but the desire to achieve at a clear and simple discourse has enabled compromises. The hopes placed in the Council of Europe were, however, immediately disappointed, because of the blockade by the British and the northern countries.

Martial Libera, L'Europe des chambres de commerce rhénanes (1949 – fin des années 1960).

Founded in 1949, the Union of Boards of Trade of the Rhine (UCCR) promotes a European project principally animated by its economic partners. Endorsing economic liberalism, the UCCR envisages Europe as the basis for an extensive free market. With insufficient funds to pursue this larger project, the UCCR instead acts as a lobby exerting pressure on European institutions for projects aimed at improving the interconnection of the different fluvial regions across Europe.

Jürgen Elvert, Enlightenment, Balance, Naval Supremacy and Divergence. A Search for the Beginnings of Modern European Thought.

L'hypothèse initiale de cet article suppose que l'histoire des Etats européens ainsi que l'histoire du continent européen à l'ère moderne – depuis la fin du 15ème siècle – a été influencée de manière cruciale par ses connexions mondiales. La dimension globale de l'histoire de l'Europe moderne est donc aussi l'histoire du colonialisme et de l'impérialisme européens, mais elle doit aussi prendre en compte les répercussions des rencontres des Européens avec les "autres" depuis le XVIe siècle. Les Européens ont rapidement découvert que leurs connaissances conventionnelles ne suffisaient plus pour comprendre pleinement les nouvelles informations et impressions qui arrivaient en Europe d'outre-mer. C'est pourquoi, au fil du temps, les contemporains ont mis au point des méthodes permettant de mieux comprendre « l'autre » ou les « autres » non européens. Ainsi, le développement du paysage européen du savoir et donc, après tout, de la civilisation européenne moderne dans son ensemble, est fortement influencé – si ce n'est même caractérisé – par le désir, voire la nécessité, de comprendre les informations abondantes qui arrivent en Europe à la suite de rencontres avec les « autres » non européens. Cela concerne la différenciation des sciences en Europe, tout comme l'adoption de certains éléments stylistiques non européens pour la peinture et l'architecture européennes à l'époque moderne. Dans le même temps, les Européens ont couvert le monde d'un réseau dense de commerce maritime et de voies de circulation pour le transport des personnes, des marchandises et des informations. Grâce à ce réseau, les normes juridiques et les valeurs morales européennes ont été transférées dans toutes les régions du monde, ce qui influence durablement le développement futur des régions concernées, encore aujourd'hui. Ainsi, les conquêtes d'outre-mer étaient généralement organisées selon le modèle européen. Cela ne concernait pas seulement l'organisation spatiale des colonies et des villes soumises, mais aussi le droit en vigueur et les valeurs morales fondées sur le christianisme, pour le meilleur et pour le pire. A l'inverse, et par-delà les mers, des informations, des biens et des personnes ont été acheminés vers l'Europe d'outre-mer ou d'autres parties du monde. C'est là qu'est né le « miracle européen » ou la « grande divergence », de sorte que Samuel Huntington, par exemple, a pu proposer dans les années 1990 sa thèse de la « grand divergence » comme modèle d'explication du « miracle européen », l'essor de « l'Occident », c'est-à-dire de l'Europe occidentale et de vastes parties du monde occidental au cours de l'ère moderne.

Marie-Thérèse Bitsch, La vision européenne de Robert Schuman, entre coopération et intégration.

Robert Schuman's name is rightly linked to the Declaration of May 9, 1950, which proposed the integration of coal and steel into a European Community. For nearly fifteen years, as Minister of Foreign Affairs and then in more discreet functions, he defended this supranational option, which seemed to him more effective and more democratic than intergovernmental cooperation. He prefers it to federalism, which is more ambitious but considered unrealistic, unsuitable for the European situation and unacceptable to his contemporaries.

Sylvain Schirmann, Georges Pompidou : l'économie au cœur de la politique étrangère et d'une nouvelle diplomatie.

Is this new diplomacy? Difficult to answer on this question clearly. In any case, it was a question of placing France's diplomacy in the context which Pompidou inherited upon his accession to the presidency of the Republic. Economic development and modernization are levers for creating social cohesion, a key element of national cohesion. This is an asset in an international competition whose paradigms were evolving. Multilateral negotiations were growing through the EEC, GATT or the OECD. To assert oneself in this world, required alongside more traditional powers, to strengthen the French economic potential. Particularly against Germany, whose economic power worried the French President. Pompidou had fully understood the need to "muscle up" France, and his policy tried to give substance to this design.

The reorientation of the country's foreign economic policy did not call into question the de Gaulle's objective of national independence. Simply, it defines a new framework and modalities. It is no longer the objective of French Europe, which is being pursued, but that of a European France, a pivotal France in Europe. Economic modernization would allow him to speak with a strong voice in the face of European partners, and to be heard with his partners from the powerful. The achievements of this reorientation will bear fruit in the following years, during the presidencies of Valéry Giscard d'Estaing and François Mitterrand.

Michel Dumoulin, « Sauvegarder la paix et la liberté ». Naissance et développement de la première Commission de la CEE (1958–1962).

The birth of the first EEC Commission illustrates how an unprecedented power space(s), whose components are neither uniform nor unambiguous, is being created. Is this space constructed based on a dynamic aimed at synthesizing national administrative cultures or are there national "bastions"? To what extent does the weight of the past play a role, be it that of yesterday's confrontations or, on the contrary, that of Europeanist militancy?

PARTIE IV : EXPERTS

David Burigana, Experts et politiciens en science et technologie, toute une autre diplomatie.

Thanks to different research programs on the interconnection between technology and foreign policy in the history of international relations, we propose two case studies on a wider consideration of the interplay between experts and political stakeholders/representatives (Governments, Parliaments, parties) in the decision-making process about the international dimension of national managing technological and scientific policies in Italy. The first one is on the origins of Italian Science Diplomacy during the First World War, and the other one on the launch of Italian space activities in a competitive world in the 1970s–80s. Generally, by studying this inevitable interplay of experts and politicians on science and technology policies, researchers aim to understand whether the politicians simply rubber-stamped the outcome of a decision-making process led by experts and delegated to them, either as the politicians lacked cognitive skills… Or alternatively the experts tried lukewarmly to impress on politicians the pros and cons involved. This traditional, and emotional interpretation of the experts/politician's relationship may be overcome, otherwise the decision process might lose any democratic legitimacy, calling into question the responsibility of a ruling class of which the politicians and the experts are part. There is also the question of the "modernity" of contemporary Italy in facing global challenges like in the post Great War Europe or in Space race for new technoscientific frontiers as well as at the present time for Covid-19 crisis.

Barbara Curli, Une rhétorique de transition : la naissance d'Euratom et le discours sur la modernité technoscientifique européenne.

The proposal for a Green Deal put forward by the new European Commission raises several recurrent themes in the history of European integration in relation to energy transitions and techno-scientific cooperation, and to the rhetoric of modernisation meant to legitimize European institutions. The European project had indeed its origins in the 1950s in the framework of an energy transition (the relative decline of coal, the origins of nuclear energy). This article explores how the atom – as the postwar epitome of modernization – contributed to a language of Europe and of European integration in an advanced industrial sector. In particular, the article addresses the discourse at the origins of nuclear regionalism in the early phase of Euratom, in the global framework of Cold war competition, technological change, and of the optimistic discourse on modernity embedded in the culture of the European economic miracle of the 1950s.

Ivo Maes, L'importance croissante de la recherche économique dans les banques centrales : le cas de la Banque Nationale de Belgique.

Economic research plays an important role in central banking. This paper looks at how this analysis and research function has been developing over time at the National Bank of Belgium. There are two key elements to any central bank's research department and those are contributing to monetary policymaking and sustaining a dialogue with the academic community. This is also more or less a constant in the history of the Research Department of the NBB.

PARTIE V : NOUVELLES DONNES

Guia Migani, Après la mondialisation : les effets de l'Uruguay Round sur les rapports entre l'UE et les pays ACP

This chapter aims to analyze the impact of the Uruguay Round and the birth of the WTO on the relations between the EEC/EU and the ACP (Africa Caribbean and Pacific) states. Because of the WTO, the ACP states had to abandon their special access to EU and normalize their relations with Europe. After 1995 the economic relations of the ACP group with the European states were not different from those of the other developing states. Based on French archives, this article investigates the raisons leading the EU to completely modify its development policy and reform its economic relations with the ACP states for considering a new international economic system influenced by the WTO.

Youssef Cassis, Brexit et la constellation des places financières européennes.

Taking a long-term historical perspective on the dynamics of the rise and decline of international financial centres, this chapter discusses the likely effects of Brexit on Europe's financial capitals. This long-term perspective reveals that all major economic powers have hosted a leading international centre; that leading international financial centres have most often been the financial capitals of a major economic power; have enjoyed a remarkable longevity; and have tended to cooperate rather than compete. In this context, the article argues that London is likely to remain a major, though somewhat diminished international financial centre, more akin to Singapore than New York; and that in the medium-term an international financial centre of the calibre of New York, Tokyo and Shanghai is likely to emerge in the European Union.

Frédéric Clavert, Histoire de la construction européenne et mise en données du monde

This article investigates the opportunities and risks that the datafication of primary sources – i.e., not only their digitization but also their transformation into statistical material that can be tabulated – creates for the history of European integration. It uses cases of online digital libraries to show the consequences of digitization policy choices on the way historians can analyse these sources and, therefore, write history. We then explain the principle of 'distant reading', which stems from the work of the historian Franco Moretti, and try, with a few examples of research already carried out or to be carried out, to illustrate its possibilities for this historiographical school. All in all, we attempt to describe what it is to 'write the history of European integration' in the digital era.

LES AUTEURS – AUTHORS

MARIE-THÉRÈSE BITSCH est ancienne élève de l'Ecole normale supérieure de Fontenay-aux-Roses. Agrégée d'histoire, docteure de l'université Paris 1, avec une thèse sur *La Belgique entre la France et l'Allemagne, 1905–1914*, éditée par les Publications de la Sorbonne, elle a enseigné successivement à l'université de Metz (1970–1980) et à l'université de Strasbourg (1980–2005) où elle a été titulaire d'une chaire Jean Monnet *ad personam* en histoire de la construction européenne. Elle a été membre du comité de rédaction de deux revues scientifiques : *Relations internationales* et *Revue d'Histoire de l'Intégration Européenne/Journal of European Integration History*. Elle a publié plusieurs livres dont une *Histoire de la construction européenne* chez Complexe, rééditée plusieurs fois entre 1996 et 2008. Elle a également dirigé des ouvrages collectifs, entre autres : *Jalons pour une histoire du Conseil de l'Europe*, Berne, Peter Lang, 1997 ; *Le couple France-Allemagne et les institutions européennes*, Bruxelles, Bruylant, 2001 ; *Le fait régional et la construction européenne*, Bruxelles, Bruylant, 2003 ; *Cinquante ans de traité de Rome 1957–2007*, Stuttgart, Franz Steiner Verlag, 2009. Elle est membre des jurys du Prix Jean-Baptiste Duroselle et du Prix Pierre Pflimlin qui récompensent des thèses sur les relations internationales ou la construction européenne.

FRANÇOISE BERGER est maître de conférences à l'Institut d'études politiques de Grenoble. Ses thèmes de recherches portent sur les relations franco-allemandes au XXe siècle (en particulier, diplomatiques et économiques), les constructions économiques européennes et les aspects diplomatiques et économiques de la Seconde Guerre mondiale. Sa dernière publication est intitulée : « Economic and Industrial Issues in France's Approach to the German Question in the Post-War Period », in F. Bozo et allii, *France and the German Question, 1945–1990*, New York-Oxford, Berghahn, 2019.

JAN-WILLEM BROUWER est chercheur au Centre d'histoire parlementaire de l'Université de Nimègue et professeur visiteur à l'Ecole interfacultaire en études européennes de l'Université catholique de Louvain.

DAVID BURIGANA is Associate Professor in History of International Relations and member of the Steering Committee of CISAS Centro Studi e Ricerche Aerospaziali "Giuseppe Colombo" (University of Padua). He is Work Package Leader for WP8 Space Diplomacy in H2020 InsSciDE "Inventing a Shared Science Diplomacy for Europe", and leader of the research unity of University of Padua in Italian PRIN (Research Project of National Interest) started in 2019 on "Techno-scientific innovation in Italian aerospace system in 1990s: the interplay between experts/advisers and political representative/stakeholders since the second half of 1960s". Author of articles and book chapters on armaments and aeronautical cooperation, Air transport since the 1950s and on European Defense, he is editor, with Christine Bouneau, of *Experts and Expertise in Science and Technology in Europe since the 1960s. Organised Civil Society, Democracy and Political Decision-making*, Brussels, PIE-Peter Lang, 2018; and with Andrea Ungari, of *Dal Piave a Versailles. Atti del Convegno Padova 3–6 giugno 2018*, Rome, Stato Maggiore dell'Esercito, 2020.

YOUSSEF CASSIS est professeur émérite d'histoire économique à l'Institut Universitaire Européen de Florence. Ses travaux portent principalement sur l'histoire bancaire et financière, l'histoire des entreprises et l'histoire du monde des affaires. Ses livres les plus récents comprennent notamment *Les Capitales du Capital. Histoire des places financières internationales*, Genève, Slatkine, 2006 (traduit en six langues) ; *Crises and Opportunities. The Shaping of Modern Finance*, Oxford, Oxford University Press, 2011; et (avec Philip Cottrell) *Private Banking in Europe. Rise, Retreat, and Resurgence*, Oxford, Oxford University Press, 2015. En 2020, il a été lauréat d'une ERC Advanced Grant pour un projet de cinq ans sur la mémoire des crises financières.

FREDERIC CLAVERT est professeur assistant en histoire contemporaine au Centre for Contemporary and Digital History (Université du Luxembourg). Menant des recherches fondées sur des sources primaires nativement numériques depuis plusieurs années (« Le temps long des réseaux sociaux numériques », dossier spéciale de la revue *Le Temps des Médias*, n° 31, avec Martine Grandjean et Cécile Méadel), il a développé plusieurs projets de réflexion autour du numérique en histoire, dont *Le goût de l'archive à l'ère numérique* avec Caroline Muller (http://www.gout-numerique.net/) et *L'histoire contemporaine à l'ère numérique* avec Serge Noiret (Bruxelles, PIE-Peter Lang, 2013). Il a auparavant travaillé sur Hjalmar Schacht, financier et diplomate (Bruxelles, PIE-Peter Lang, 2009, issu de sa thèse dirigée par Marie-Thérèse Bitsch et Sylvain Schirmann), sur les relations entre banques centrales, banquiers centraux et construction européenne (in *Histoire, économie et société*, 2011) ainsi que sur les résistances à l'Europe (*Contre l'Europe ? Antieuropéanisme, euroscepticisme, altereuropéanisme dans la construction européenne de 1945 à nos jours*, Stuttgart, Steinert, 2010, avec B. Wassenberg et P. Hamman).

BARBARA CURLI is Professor of Contemporary History at the University of Torino, where she teaches Global History of Energy Sources and History of European Integration. She has been Jean Monnet Professor of History of European Integration at the University of Calabria, Fulbright distinguished Chair in European history at Georgetown University and Visiting Professor at Paris IV-Sorbonne, Pompeu Fabra Barcelona, Paris-Est Marne-la-Vallée and Université Catholique de Louvain. She has been editor-in-chief of *Il Mestiere di storico*, and is currently member of the editorial board of *Italia contemporanea* and of the scientific board of Fondazione Leonardo-Civiltà delle macchine. She has extensively researched on Italian nuclear history, Euratom, European industrial and monetary integration. Recent publications include Manuela Ceretta and Barbara Curli (eds), *Discourses and Counter-*

Discourses on Europe. From the Enlightenment to the EU (London, Routledge, 2017).

PASCAL DELOGE, docteur en histoire de l'Université catholique de Louvain (1999) a publié sa thèse sous le titre *Une coopération difficile : la Belgique et la Grande-Bretagne en quête de sécurité à l'aube de la guerre froide*, Bruxelles, Musée royal de l'Armée, 2000 (Travaux du Centre d'histoire militaire, n°34). En plus d'une cinquantaine de contributions à des actes de colloques et dans des revues peer-reviewed, il est l'auteur d'*Une histoire de la Fabrique Nationale de Herstal. Technologie et politique à la division « moteurs » (1889–1992)*, Liège, CEFAL, 2012.

ETIENNE DESCHAMPS, docteur en histoire contemporaine (Institut universitaire européen de Florence) et collaborateur scientifique à l'Université catholique de Louvain, travaille au Secrétariat général du Parlement européen (Direction générale des services de recherche parlementaire). Il est membre du comité scientifique de la Maison Robert Schuman. Publications récentes :« La Belgique, pièce rapportée de la Commission centrale pour la navigation du Rhin en 1919 ? », in S. Schirmann – M. Libera (dir.), *La Commission centrale pour la navigation du Rhin ; Histoire d'une organisation internationale*, Paris, L'Harmattan, 2017, p. 41–60 ; « La Maison de l'histoire européenne au défi d'un récit sur l'unité de l'Europe : une histoire de papier(s) ? », in J.-M. Palayret, I. Richefort, D. Schlenker (dir.), *Histoire de la construction européenne (1957–2015). Sources et itinéraires de recherche croisés*, Paris, Direction des Archives/Ministère de l'Europe et des Affaires étrangères, 2019, p. 207–216 et « Zwischen lokalen Kompetenzen und europäischen Ambitionen. Brüssels städtepartnerschaftliche Erfahrungen in den 1950er Jahren », in C. Defrance, T. Herrmann, P. Nordblom (dir.), *Städtepartnerschaften in Europa im 20. Jahrhundert*, Göttingen, Wallstein Verlag, 2020, pp. 47–57.

MICHEL DUMOULIN est professeur ordinaire émérite de l'Université catholique de Louvain, membre de l'Académie royale de Belgique et président honoraire de l'Institut historique belge de Rome. Il a publié de nombreux travaux consacrés à l'histoire de la construction européenne, à celle des entreprises et à celle des relations internationales de la Belgique, plus particulièrement avec l'Italie. Auteur d'une biographie de Paul-Henri Spaak, il a dirigé ou codirigé plusieurs études portant, e.g., sur l'histoire de la Commission européenne, de la BEI (avec Eric Bussière et Emilie Willaert), de l'idée européenne (avec Eric Bussière et Gilbert Trausch) et des relations de la France et de l'Allemagne avec leurs petits voisins du Nord-Ouest (avec Eric Bussière, Jürgen Elvert et Sylvain Schirmann).

JEAN-FRANÇOIS ECK, professeur émérite d'histoire contemporaine à l'Université Charles de Gaulle – Lille 3, s'est spécialisé dans l'étude des relations économiques entre France et Allemagne au XXe siècle et a dirigé de 2008 à 2011 un projet de recherche intitulé « Efficacité entrepreneuriale et mutations économiques régionales en Europe du Nord-Ouest du milieu du XVIIIe siècle à la fin du XXe siècle ». Il a notamment publié *Les entreprises françaises face à l'Allemagne de 1945 à la fin des années 1960* (Paris, Comité pour l'histoire économique et financière de la France, 2003) et, en collaboration avec Stefan Martens et Sylvain Schirmann, *L'économie, l'argent et les hommes. Les relations franco-allemandes de 1871 à nos jours* (Paris, Comité pour l'histoire économique et financière de la France, 2009).

JÜRGEN ELVERT is Emeritus Professor of Modern History, History of European Integration and Didactics of History at the University of Cologne. He has been visiting professor at the University of Innsbruck/Austria in 1996/97, Senior Fellow at the Center for European Integration Studies at the University of Bonn from 1999 to 2005 and Senior Fellow-in-residence at the Aarhus Institute for Advanced Studies (AIAS) in Aarhus/Denmark from 2014 to 2016. Reference-works: *Europa, das Meer und die Welt. Eine maritime Geschichte der Neuzeit*, München 2018; with Martina Elvert: *Agenten, Akteure, Abenteurer. Beiträge zur Ausstellung »Europa und das Meer« am Deutschen Historischen Museum Berlin*, Berlin 2018; *Die europäische Integration*, Darmstadt, Wissenschaftliche Buchgesellschaft 2. Aufl., 2012 (Geschichte kompakt); *Zur gegenwärtigen Verfassung der Europäischen Union. Einige Überlegungen aus geschichtswissenschaftlicher Sicht*, Bonn, Zentrum für Europäische Integrationsforschung 2005 (Discussion Paper 148); *Mitteleuropa! Deutsche Pläne zur europäischen Neuordnung, 1918–1945*, Stuttgart, Franz Steiner Verlag, 1999.

PAUL FELTES est professeur d'histoire à l'Athénée de Luxembourg. Il a soutenu une thèse sous la direction d'Éric Bussière sur « L'Europe et l'acier (1929–1939) ». Elle a été publiée en 2018 sous le titre *Le Luxembourg, l'Europe et les cartels internationaux de l'acier (1929–1939). Entre concurrence coupe-gorge et marché régulé* (Luxembourg, Archives nationales de Luxembourg). Il est par ailleurs l'auteur de *L'électrification du Luxembourg – Genèse et développement de la CEGEDEL (1928–2003)* (Luxembourg, éditions Saint-Paul, 2003).

CATHERINE LANNEAU est docteur en Histoire et titulaire d'un DEA en Relations internationales et Intégration européenne. Professeure à l'Université de Liège et secrétaire du groupe de contact du F.R.S.-FNRS « Belgique et mondes contemporains », elle consacre ses principales recherches à l'histoire de Belgique, de Wallonie et des relations franco-belges aux XIXe et XXe siècles et, en particulier, à l'action dans les médias de groupes de pression ou de réflexion. Elle a publié *L'inconnue française. La France et les Belges francophones 1944–1945* (Bruxelles, PIE-Peter Lang, 2008) et a co-dirigé divers ouvrages collectifs dont, avec F. Depagie, *De Gaulle et la Belgique* (Bruxelles, Avant-Propos, 2015) et, avec M. Dumoulin, *La biographie individuelle et collective dans le champ des relations internationales* (Bruxelles, PIE-Peter Lang, 2016).

MARTIAL LIBERA est maître de conférences habilité à diriger des recherches en histoire contemporaine à l'IUT Robert Schuman de l'Université de Strasbourg. Ses recherches, d'abord centrées sur les relations économiques franco-allemandes, ont été progressivement élargies à l'histoire de la coopération transfrontalière et à celle de la construction européenne. Sur ces thèmes, il a fait paraître deux livres individuels, codirigé six ouvrages collectifs et publié une quarantaine d'articles scientifiques. Membre de son jury de thèse en décembre 2007, Eric Bussière a présidé son jury d'habilitation à diriger des recherches en juin 2015.

PIERS LUDLOW is Professor of International History at the London School of Economics. His main research interests are the history of European integration and of Britain's troubled relationship with this process, the European role in the Cold War, and Transatlantic relations. His last book was *Roy Jenkins and the Presidency of the European Commission* (Basingstoke, Palgrave, 2016) ; his next, alas, is likely to be an in depth review of the beginning, middle and end of Britain's trajectory as an EC/EU member state.

IVO MAES est conseiller senior au département des Études de la Banque nationale de Belgique et professeur, Chaire Robert Triffin, à l'Université catholique de Louvain, ainsi qu'à l'ICHEC Brussels Management School. Entre mai 2015 et juin 2018, il a été Président du Conseil de la Société européenne d'histoire de la pensée économique. Il a été professeur invité à la Duke University (États-Unis), à l'Université de Paris-Sorbonne et à l'Università Roma Tre. En mai 2018, il a reçu le Prix Camille Gutt pour ses publications scientifiques sur les questions monétaires et financières, en particulier sur la réalisation de l'Union monétaire européenne.

GUIA MIGANI, maîtresse de conférences en histoire contemporaine à l'Université de Tours, est une spécialiste des relations entre l'Europe, l'Afrique subsaharienne et le Tiers Monde. Elle s'est particulièrement focalisée sur l'évolution de la politique de coopération de la CEE entre les années 1960 et 1990. Parmi ses plus publications les plus récentes : "Looking for new forms of cooperation: the EU-ASEAN relations", in Asia Majot, (2018, n°1,pp. 125–144), « Avant Lomé : la France, l'Afrique anglophone et la CEE (1961–1972) », in *Modern & Contemporary France* (vol. 26, n°1, 2018, p.43–58), « La Commission Barroso et le défi de la migration : gérer l'urgence, trouver un consensus et construire une politique », in *Journal of European Integration History* (Special Issue, 2017, p.301–320).

ENRIQUE MORADIELLOS is Professor of Modern Spanish and European History at the University of Extremadura (Spain). Previous to this appointment, he has been lecturing in Spanish History at Queen Mary College (University of London) and Complutense University of Madrid. His field of research is basically XXth Century Spanish History, with particular attention to the period of the Spanish Civil War (1936–1939) and the Franco's Dictatorship (1939–1975). He is the author of several books, amongs them: *Franco. Anatomy of a Dictator* (London, I.B. Tauris, 2016).

SYLVAIN SCHIRMANN, professeur d'histoire contemporaine à Sciences Po Strasbourg, est directeur du Centre d'excellence franco-allemand Jean Monnet, après avoir été directeur de Sciences Po Strasbourg de 2006 à 2015. Il est également professeur invité au Collège Europe et préside le comité scientifique de la maison

Schuman. Titulaire d'une chaire Jean Monnet, ses recherches portent sur les relations franco-allemandes, les acteurs socio-économiques dans les relations internationales et l'histoire de la construction européenne. Il a sur ces différents thèmes animé des séminaires et codirigé des ouvrages avec Eric Bussière, Michel Dumoulin et Jürgen Elvert. Parmi ses ouvrages en propre citons : *Les relations économiques et financières franco-allemandes 1932–1939* (1995), *Crise, coopération économique et financière entre Etats européens (*2000), *Quel ordre européen ? De Versailles à la chute du III° Reich* (2006), *Penser et construire l'Europe 1919 – 1992* (2007), *Georges Pompidou et l'Allemagne* (2012, avec Sarah Mohammed-Gaillard), *La Commission centrale pour la navigation du Rhin. Histoire d'une organisation internationale* (2017, avec Martial Libéra), *Culture politique et dynamiques du Parlement européen, 1979–1989* (2019, avec Birte Wassenberg).

CAROLINE SUZOR, juriste de formation, est docteur en histoire contemporaine de l'Université catholique de Louvain. Sa thèse intitulée *Le groupe Empain en France, 1883–1948* a été publiée sous le titre *Le groupe Empain en France, une saga industrielle et familiale* (Bruxelles, PIE-Peter Lang, 2016).

PIERRE TILLY est docteur en histoire et professeur invité à l'UCL. Il est actuellement directeur à la Haute Ecole de Louvain-en-Hainaut en Belgique. Spécialiste des questions économiques et sociales en Europe durant le 20ème siècle, ses publications les plus récentes portent sur l'histoire du sucre au Congo belge et sur le monde du travail dans les colonies africaines.

ANTONIO VARSORI is full professor of History of International Relations at the University of Padova. He is the Chairman of the Italian Society of International History, President of the Liaison Committee of Historians of Contemporary Europe at the EU Commission, and member of the Committee for the publication of the Italian Diplomatic Documents at the Italian Ministry of Foreign Affairs and International Cooperation. He is the editor of the journal *Ventunesimo Secolo* and member of the editorial board of the *Journal of European Integration History* and of the *Rivista Italiana di Storia Internazionale*. He is the editor of the series "Storia internazionale dell'età contemporanea" with the Franco Angeli publishing house and with E. Bussière and M. Dumoulin of the series "Euroclio" with the Peter Lang publishing house. Among his most recent publications in volume: *L'Italia e la fine della Guerra fredda. La politica estera dei governi Andreotti 1989–1992* (Bologna, il Mulino, 2013), *Radioso maggio. Come l'Italia entrò in guerra* (il Mulino, 2015), *Le relazioni internazionali dopo la guerra fredda 1989–2017* (il Mulino, 2018); *Mogadiscio 1948. Un eccidio di italiani tra decolonizzazione e guerra fredda* with *A. Urbano* (il Mulino, 2019); *Storia internazionale dal 1919 a oggi* (2nd ed.) (il Mulino, 2020).